PRENTICE HALL

ENCUENTROS MARAVILLOSOS

Gramática a través de la literatura

Second Edition

Abby Kanter

PEARSON

Boston, Massachusetts
Chandler, Arizona
Glenview, Illinois
Upper Saddle River, New Jersey

Dedication

This book is dedicated, with much love, to the faculty, staff, and students, past and present, of Dwight-Englewood School, who have made it such a nurturing place for the mind and the spirit.

Acknowledgments appear on pp. iii, iv, and v, which constitutes an extension of this copyright page.

(hardcover)
ISBN-13:   978-0-13-369374-4
ISBN-10:   0-13-369374-0
                                  10   16

(softcover)
ISBN-13:   978-0-13-369375-1
ISBN-10:   0-13-369375-9
                                  11   16

Tabla de materias

Premio Nobel de Literatura

Capítulo 5

Capítulo 6

Premio Nobel de Literatura

Capítulo 7

Capítulo 8

Capítulo 9

Capítulo 10

Capítulo 11

Capítulo 12

Credits

Text

Capítulo 1

p. 4: "El otro" from *El libro de arena* by Jorge Luis Borges. Copyright © 1989, 1995, by María Kodama. Reprinted with the permission of The Wylie Agency, LLC.

Capítulo 2

p. 24: "Un perro ha muerto" from the work *Jardín de invierno* by Pablo Neruda. Copyright © Fundación Pablo Neruda, 2008. Reprinted by permission of Agencia Literaria Carmen Balcells, S.A.

Capítulo 3

pp. 48 and 61: Julio Cortázar, "Viajes" and "Tortugas y Cronopios" from the work *Historias de cronopios y de famas.* Copyright © Herederos de Julio Cortázar, 2008. Reprinted by permission of Agencia Literaria Carmen Balcells, S.A.

Capítulo 4

p. 78: Excerpt from *Nada menos que todo un hombre* by Miguel de Unamuno Adarraga. Copyright © 1939 by Espasa-Calpa. Reprinted by permission of Miguel de Unamuno Adarraga.

Capítulo 5

p. 95: Ana María Matute, "El niño al que se le murió el amigo" from the work *Los niños tontos.* Copyright © Ana María Matute, 1956. Reprinted by permission of Agencia Literaria Carmen Balcells, S.A.

Capítulo 6

p. 120: Gabriel García Márquez, Excerpt from the work *Cien años de soledad.* Copyright © Gabriel García Márquez, 1967. Reprinted by permission of Agencia Literaria Carmen Balcells, S.A.

Capítulo 7

p. 142: Excerpt from *Como agua para chocolate* by Laura Esquivel, copyright © 1989 by Laura Esquivel. Used by permission of Doubleday, a division of Random House, Inc.

Capítulo 8

p. 164: "Romance de la luna, luna" by Federico García Lorca © Herederos de Federico García Lorca from *Obras Completas.* (Galaxia Gutenberg, 1996 edition). All rights reserved. For more information regarding Rights and permissions, please contact Lorca@artslaw.co.uk or William Peter Kosmas, Esq., 8 Franklin Square, London W14 9UU, England. Reprinted by permission of Herederos de Federico García Lorca.

Capítulo 9

p. 188: Isabel Allende, an excerpt from the work *La casa de los espíritus*. Copyright © Isabel Allende. Reprinted by permission of Agencia Literaria Carmen Balcells, S.A.

Capítulo 10

p. 215: "La poesía", from the work *Memorial de la isla*. Copyright © Fundación Pablo Neruda. Reprinted by permission of Agencia Literaria Carmen Balcells, S.A.

p. 218: "Caminante, son tus huellas" by Antonio Machado. Copyright by Herederos de Manuel y de Antonio Machado. Reprinted by permission of Herederos de Manuel y de Antonio Machado.

p. 219: "Peso ancestral" by Alfonsina Storni. Editorial Losada S.A., Buenos Aires 1998.

p. 221: "Alturas de Macchu Picchu XII" an excerpt from the work *Canto general,* and "Soneto XXV", an excerpt from the work *Cien sonetos de amor*. Copyright © Fundación Pablo Neruda. Reprinted by permission of Agencia Literaria Carmen Balcells, S.A.

Capítulo 11

p. 243: "Carta a un desterrado" from *Fugues* by Claribel Alegría. Copyright © 1993 by Curbstone Press. Distributed by Consortium.

p. 246: "Día de las madres" from *Clean Slate* by Daisy Zamora. Copyright © 1993 by Curbstone Press. Distributed by Consortium.

p. 248: "Soy un ser peligroso" from *Nunca pensé en un libro...* by Antonio Curis. Copyright © 1991 by Antonio Curis. Distributed by Consortium.

Capítulo 12

p. 274: p. 209: "Las ruinas circulares" from *Ficciones* by Jorge Luis Borges. Copyright © 1995, by María Kodama. Copyright © 1944, Jorge Luis Broges. Reprinted with the permission of The Wylie Agency LLC.

Capítulo 13

p. 295: "Rebelde" from *Obras Completas* by Juana de Ibarbourou. Reprinted by permission of A.G.A.D.U. General Association of Writers of Uruguay.

p. 297: "En Paz" from *Elevación* by Amado Nervo.

Capítulo 14

p. 315: Gabriel García Márquez, "El ahogado más hermoso del mundo" from the work *La increíble y triste historia de la Cándida Eréndira y de su abuela desalmada*. Copyright © Gabriel García Márquez, 1972. Reprinted by permission of Agencia Literaria Carmen Balcells.

Photos

Introduction

Encuentros maravillosos, second edition, offers the upper-level high school Spanish student an introduction to modern Hispanic literature. Through a wide variety of selections, the book aims to instill in students a love of the literature while aiding them in their very real desire for self-expression.

As motivation to students to make the effort to communicate well in Spanish, the literary selections and related activities present irresistible topics. Students will respond to issues that touch them personally and build on their eagerness to express their opinions and tell about their own relevant experiences. By definition, good literature contains vital, universal themes. The challenge for language instructors has always been selecting accessible works geared to the linguistic level of the students and presenting them in a way that avoids frustration. *Encuentros maravillosos, second edition,* contains readings chosen with great care so as to help students discover that this new world of Spanish and Latin American literature is both wondrous and familiar at the same time. The literary selections, some excerpts and others reprinted in their entirety, include many of the best-loved writers: Isabel Allende, Jorge Luis Borges, Laura Esquivel, Federico García Lorca, Gabriel García Márquez, Ana María Matute, Pablo Neruda, Miguel de Unamuno, and many others. The works have been selected for their linguistic accessibility and for their ability to promote meaningful conversations through relevant, stimulating themes. Above all, the works have been chosen based on the desire to introduce students to literature they will enjoy.

New in this second edition

New literary selections in Chapters 10 and 12

Capítulo 10 includes three new poems:
    "La poesía" by Pablo Neruda
    "Proverbios y cantares, XXIX" by Antonio Machado
    "Peso ancestral" by Alfonsina Storni

The inclusion of these three poems, three of the more accessible selections of the Spanish AP Literature course, make *Encuentros maravillosos, second edition,* more useful to teachers who use it as a precursor to that course. In addition, these poems focus in very different ways on literary themes of particular interest to students: identity, self-definition, and the factors that determine who we are and what we can become.

Capítulo 12 now includes an extensive excerpt of *Las ruinas circulares* by Jorge Luis Borges.

This story contains all of Borges' most important metaphysical themes, presented in the most clear and accessible manner possible. Taught in conjunction with *El otro* in *Capítulo 1,* this selection serves as the best possible introduction to the works of this monumental author.

New *Integración* section

Following the *Literatura* section, *Integración* offers listening practice and comprehension and asks students to combine what they hear with what they have read in the literary selection in an oral or written presentation.

Each chapter features a *conferencia* (listening comprehension selection) that expands on the chapter's literary selection, providing additional information about the authors, the reading selections, or the chapter theme. Note that the audio material is *not* a recording of the reading selections themselves. The program audio is available on the *Encuentros maravillosos* Companion Web Site and on a separate audio CD packaged with the Teacher's Resource Book. Student activities (previously located in the Teacher's Resource Book) have been expanded to provide students more opportunities for comprehension, self expression and communication.

Antes de escuchar

- *Para discutir* asks questions designed to engage the students in thinking about and discussing the subject matter contained in the *conferencia* before they hear it. The questions encourage students to relate the material to their own experiences.

- *Instrucciones* is a section which offers students guidance in reviewing the *lectura* of the chapter, as well as suggestions of key points of the *conferencia* to facilitate listening comprehension.

- *Vocabulario* presents students with key words used in the *conferencia* which might be unfamiliar to them. These words are, with very few exceptions, defined in Spanish.

Escuchar

Students listen to the *conferencia*.

Después de escuchar

- *Comprensión* is a multiple-choice exercise designed to assess listening comprehension skills.

Síntesis

- *Presentación oral* and *escrita* activities call for students to integrate aural and written information in order to sharpen their comprehension skills in both areas. Students integrate the literature they have read in the chapter with the information they have gleaned from the *conferencia*. These structured activities provide scaffolding that will be useful in preparing students for the Advanced Placement™ Spanish Language Examination.

- *Comparaciones, Culturas, Conexiones, Comunidades,* and *Educación para toda la vida* activities based on the National Standards for Foreign Language Education. These activities develop an awareness of and enthusiasm for language, literature and culture, which will transcend their formal education. These activities:

  - develop communication skills by having students express their own feelings and opinions and gather information from those around them who speak Spanish.

  - encourage students to learn more about the many cultures and people that make up the Spanish-speaking world, and to compare these cultures with their own.

  - help students to make connections between the material they have read or heard and other course content, such as historical and sociological concepts related to the material.

  - focus on critical-thinking-style questions that guide them to reflect on literature, make comparisons, and start to develop a lifelong love of learning.

Chapter Organization

Vocabulario

- The list presents the most significant and useful vocabulary from each literary selection before students read. This provides for greater ease of comprehension and the satisfaction of recognizing the new words when they are encountered in the reading.
- All words are explained in Spanish and illustrated with a sample sentence to clarify usage.
- Exercises to reinforce vocabulary are presented in contexts related to the chapter theme.

Expresión personal exercises encourage students to use the new words in a context that is personally meaningful and that will thus stimulate class discussion. Vocabulary is consistently recycled throughout the book to aid in retention.

Lectura

- *Vocabulary* needed only to facilitate reading is presented in footnotes. Definitions are mostly in Spanish.
- *Selection of literature* has been based on accessibility and intrinsic interest to students. Consideration has also been given to pairing grammar with literary themes that can best generate discussions fostering practice and reinforcement of the grammar in the chapter.
- *Preguntas de comprensión* check for comprehension in a meaningful way, avoiding the mechanical "regurgitating" of the text.
- *Preguntas de discusión* guide students to recognize and to relate personally to literary themes. Questions encourage students to connect the chapter's literary themes with related issues in their own lives and culture. Literary themes selected for their appeal to students and their capacity to promote discussion include:

Dreams vs. reality	Superstitions
Coping with the loss of someone or something special	Extraordinary behavior
	Cultural diversity and tolerance
Personal idiosyncrasies	Societal expectations and stereotypes
Response to parental expectations	
Pivotal childhood experiences	Identity: what defines us
The real, the unreal, and the absurd	Attitudes about life and death
Intergenerational conflict	Solidarity vs. solitude

Teachers can choose from a wide choice of discussion possibilities, so that any topic that does not stimulate classroom discussion can (and should) be dropped in favor of a more fruitful one. Whenever possible, discussion options reference themes and ideas from previous chapters, to provide both continuity and recycling.

- *Expresándonos* offers suggestions for paired or group activities relevant to each literary selection.
- *Composición dirigida* offers imaginative suggestions for creating writing, as well as essays directly related to the reading.

The new *Integración* section follows the *Expresándonos* section.

Gramática

- All grammar is presented in Spanish and illustrated through the use of examples pertaining to the theme, author or literary selection in each chapter. Grammar, when based on and presented in meaningful contexts, can become more than a necessary but tedious chore.
- Contextualized exercises reinforce grammar usage. Contexts include additional reading selections, themes from other works by featured authors, fairy tales, well-known books, movies, television programs, and mythology. Humor is frequently used.
- Each grammar structure is also reinforced through an *Expresión personal* exercise designed to stimulate self-expression and conversations among students as they practice the grammar.

Repaso

Each chapter (except *Capítulo 1*) ends with a set of review exercises to reinforce grammar from previous chapters.

Verbos and *Vocabulario*

Verb charts contain complete conjugations of many verbs. The end vocabulary provides a Spanish-English dictionary that includes all active vocabulary as well as any vocabulary used in the chapters that might not be generally known to an upper-level high school Spanish student.

Program Components

Encuentros maravillosos 2/e offers the following components:

- Student Edition: available in hardcover and spiral editions
- Chapter Tests: provides a test for each chapter
- ExamView Computer Test Bank: built-in, editable test banks for every chapter
- Teacher's Resource Book, which includes the audio program CD and other resources organized by chapter:
    - -- Teaching Suggestions
    - -- Extra activities
    - -- Audio script for the material on the Audio CD
    - -- Answer Key to Student Edition
    - -- Answer Key to chapter tests from the Student Test Book

- Companion Web Site: additional online vocabulary and grammar practice. Also contains the audio program *conferencias* as downloadable MP3 files.

*my*PearsonTraining.com

In-Service On Demand: online teacher training modules available anytime at myPearsonTraining.com.

Acknowledgments

I wish to acknowledge my enormous and deeply felt gratitude to my many dear friends and colleagues who generously offered help, advice, and support during the preparation of *Encuentros maravillosos*. I am grateful to my wonderful and supportive Language Department colleagues, especially to Kathy Glowski for her generosity and expertise; to José Luis (Joe) Murphy, without whose skill, patience, and persistence in the obtaining of literary permissions there would be no book; to my other wonderful office mates, Peter Bograd, John Stott, and Eli Kaufman; to Jane White, our department chair; to Juliana Anglada for her able proofreading, advice, and kindness; to Barbara Catalano and the staff of Dwight-Englewood library for their gracious help; and to my dear friends Iris Jiménez and Vicente Jiménez, who, once again, have given generously of their time and skills. I would also like to express my heartfelt thanks to Ana Colbert, Marisol Maura, Nancy F. Kelly, and Adam Strieker, who read the manuscript chapter-by-chapter, offering suggestions and providing encouragement. I also want to thank Lyn McLean, whose imagination and enthusiasm guided the inception and concept of *Encuentros maravillosos,* and Pat Echols, whose great care and editorial skills brought the first edition to completion. In addition, I wish to thank the many wonderful students at Dwight-Englewood School who tried out the materials and helped me improve their clarity. In particular, many thanks to my Honors students of 1996–1997 for their insightful suggestions. I also want to express loving gratitude to nine students who are very special and very dear to me. They were the first to use the materials, and they have shared with me their perspectives, wisdom, and love: Jamie Bastek, Chelsea Bendell, Lori Feiler, Stephanie Gayol, Noreen Haider, Emilio Jiménez, Elizabeth King, Jen Nash, and Adriana Suárez. Finally, I wish to thank my parents, Phyllis and Murray Finston, my wonderful children, Jason and Wendy Kanter, and Kristine Lindsey and Scott Carroll, my extended family; their love makes all else possible.

This current edition owes much to the talents and energy of Sharla Zwirek and Gisela Aragón-La Carrubba, of Pearson Education, and Kris Swanson. Their resourcefulness, originality, tireless dedication and organizational skills have been instrumental in the development and structuring of the new material.

¿Sueños o realidad?

LECTURA	"El otro", de *El libro de arena,* de Jorge Luis Borges
GRAMÁTICA	El presente del indicativo; el pretérito; la voz pasiva con *se*

Vocabulario

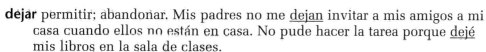

PearsonSchool.com
Web Code: jkd-0001

acercarse a andar más cerca de algo o alguien. Después de una separación larga, los novios <u>se acercaron</u> con gran alegría.

el armario sitio para guardar la ropa; mueble con puertas donde se pone la ropa. El dormitorio parecía limpio y ordenado, pero al abrir la puerta del <u>armario</u>, muchas cosas cayeron al suelo.

asustarse espantarse; tener miedo. La gente <u>se asustó</u> mucho cuando el monstruo del Sr. Frankenstein se le acercó.
el susto sorpresa, alarma, miedo. La tarántula que nadaba en la sopa me dio un <u>susto</u>.

bastar ser suficiente; tener lo suficiente de algo. Aunque tengo mucha hambre, tres hamburguesas me <u>bastan</u>. No quiero oír más. ¡<u>Basta</u> ya!

confundir mezclar sin orden; no saber una cosa de la otra. <u>Confundí</u> la sal con el azúcar y eché a perder *(I ruined)* el café.
confundirse llegar a estar confuso; cometer un error. La niña busca la casa de sus abuelos pero <u>se confunde</u> porque todas son iguales.

dejar permitir; abandonar. Mis padres no me <u>dejan</u> invitar a mis amigos a mi casa cuando ellos no están en casa. No pude hacer la tarea porque <u>dejé</u> mis libros en la sala de clases.
dejar de no hacer una cosa más, cesar de hacerla. Después de tres divorcios, la mujer <u>dejó de</u> casarse.

durar existir durante cierto tiempo; continuar siendo. Normalmente una película <u>dura</u> dos horas.

esconder poner algo donde no se puede encontrar. <u>Escondieron</u> el cadáver debajo del estadio y no se encontró hasta muchos años después.
esconderse ponerse donde no se puede encontrar. Conchita siempre <u>se escondía</u> en el armario cuando jugábamos a las escondidas *(hide-and-seek)*.

fingir simular; presentar como cierto o real lo que es imaginario o irreal *(to pretend)*. Fernando <u>fingió</u> estar enfermo el día del examen.

mentir (ie, i) no decir la verdad. Se dice que Jorge Washington es el único político que no <u>mintió</u> nunca.

mezclar unir dos cosas, combinar. <u>Mezclamos</u> la pintura amarilla con la azul para producir el color verde.

parecerse tener algo o alguien la misma apariencia que otro. Los dos hermanos <u>se parecen</u> tanto que es posible confundir el uno con el otro.
    Me parece que . . . Tengo la impresión de que . . . <u>Me parece que</u> Gabriel García Márquez y Jorge Luis Borges son los mejores escritores del Siglo XX.

probar (ue) demostrar que algo es verdad. Perry Mason es un buen abogado que siempre puede <u>probar</u> la inocencia de su cliente. Experimentar; examinar las cualidades de algo. Antes de comprar el automóvil, debes <u>probarlo</u> para ver si funciona bien.
    la prueba acción y efecto de probar; razón para demostrar la verdad o falsedad de una cosa. El permiso de manejar se usa como <u>prueba</u> de tener cierta edad.

raro, -a extraño; no usual. Es muy <u>raro</u> estar solo en la escuela de noche.

soñar (ue) con ver escenas o imágenes mientras que uno duerme. Anoche <u>soñé con</u> mi perro, que se murió hace años.
    el soñador, la soñadora una persona que sueña. Los <u>soñadores</u> del mundo nos han dado arte magnífico y grandes inventos.

Ejercicios de vocabulario

A. Completa la frase
Usa la palabra apropiada del vocabulario.

1. En sus películas, Steven King _____ lo real con lo

   sobrenatural. Los dos elementos se combinan de una manera fascinante.

2. Cosas extrañas pasan en las películas de Steven King. Él ha creado un

   mundo muy _____.

3. En una película del Sr. King, un niño teme que un monstruo esté

   escondido detrás de la ropa en el _____ del dormitorio.

4. El niño tiene miedo de los monstruos. Por eso no quiere

   _____ al armario, sino quedarse muy lejos de él.

5. Muchas veces el niño _____ debajo de la cama para que

el monstruo no pueda encontrarlo.

6. A veces en una película de terror, un sueño parece tan real que es posible

_____ entre el sueño y la realidad.

7. Después de _____ con una gallina

enorme que atacaba al mundo, la niña nunca quiso

comer más pollo frito.

8. Otro protagonista de una película de terror tuvo un gran

_____ al encontrar una araña

(spider) enorme en su cama.

9. ¿Te _____ fascinantes las películas

de terror o tienes otra opinión?

B. Expresión personal

1. Vas a leer un cuento muy raro y extraño. Piensa en otro cuento, novela o película rara que has conocido. ¿Por qué te parece raro?

2. A veces en los cuentos de Jorge Luis Borges, es difícil distinguir entre los sueños y la realidad. ¿Te parecen reales tus sueños a veces? Da un ejemplo.

3. ¿Qué película has visto en la que se confunden la realidad y los sueños? ¿En qué película u obra de literatura se mezclan lo real y lo irreal?

4. ¿Eres soñador(a) o persona realista y práctica?

5. ¿Cuánto tiempo duran los sueños? ¿Cuánto tiempo parecen durar?

6. ¿Sueñas con cosas absurdas u horrorosas a veces? ¿Te asustas a veces en tus sueños? Describe un sueño tuyo.

7. Borges ha especulado que no somos más que sueños en la mente de Dios. Si es verdad, ¿qué nos pasará si Dios deja de soñarnos?

LECTURA

Estrategia para leer

Para mejorar la comprensión de la lectura que sigue, debes prestar atención a las terminaciones de los verbos. Hay dos personajes: el narrador (el que nos cuenta la historia) y el otro. Para no confundirte sobre quién habla, nota que el narrador habla en primera persona, la forma "yo" del verbo.

Jorge Luis Borges

Jorge Luis Borges (1899-1986) nació en Buenos Aires. En 1914 la familia Borges se mudó a Ginebra, Suiza, donde el joven Borges pasó cinco años. Este gran escritor argentino se destaca como uno de los genios literarios del Siglo XX. Escribió ensayos y poesía, pero es conocido mejor por sus cuentos, en los cuales se mezclan la realidad y los sueños, la realidad y la ficción, de una manera que nos confunde y nos encanta a la vez.

En su cuento "El otro", Borges incluye elementos reales de su propia vida. La acción ocurre en 1969 en Cambridge, Massachusetts, donde Borges ofreció los Norton Lectures sobre la literatura en Harvard. Al principio del cuento, Borges estaba sentado en un banco frente al río Charles, cuando otro hombre se sentó en el mismo banco y le dirigió unas palabras. La voz del otro le dio un susto a Borges. Como Borges nos dice, refiriéndose a la voz:

El otro (fragmento)

La reconocí con horror.

Me le acerqué y le dije:

—Señor, ¿usted es oriental[1] o argentino?

—Argentino, pero desde el catorce[2] vivo en
5 Ginebra —fue la contestación.

Hubo un silencio largo. Le pregunté:

—¿En el número diecisiete de Malagnou, frente a la iglesia rusa?

Me contestó que sí.

10 —En tal caso —le dije resueltamente— usted se llama Jorge Luis Borges. Yo también soy Jorge Luis Borges. Estamos en 1969, en la ciudad de Cambridge.

—No —me respondió con mi propia voz un
15 poco lejana.

Al cabo de un tiempo insistió:

—Yo estoy aquí en Ginebra, en un banco, a unos pasos del Ródano[3]. Lo raro es que nos parecemos, pero usted es mucho mayor, con
20 la cabeza gris.

Yo le contesté:

—Puedo probarte que no miento. Voy a decirte cosas que no puede saber un desconocido. En casa hay un mate[4] de plata
25 con un pie de serpientes, que trajo del Perú nuestro bisabuelo. En el armario de tu cuarto hay dos filas de libros. Los tres volúmenes de *Las mil y una noches* de Lane, con grabados[5] en acero, el diccionario latino de Quicherat,
30 un Don Quijote de la casa Garnier, una biografía de Amiel y, escondido detrás de los demás, un libro en rústica[6] sobre las

---

1. **oriental** de Uruguay
2. **el catorce** referencia a 1914, el año en el que la familia Borges se mudó a Ginebra, Suiza

3. **Ródano** río de Suiza y Francia (Rhone)
4. **mate** recipiente (*urn or pot*) para mate, un tipo de té
5. **grabados** ilustraciones
6. **en rústica** *paperback*

costumbres sexuales de los pueblos balcánicos.
No he olvidado tampoco un atardecer[7] en un
35 primer piso de la plaza Dubourg.

—Dufour —corrigió.

—Está bien. Dufour. ¿Te basta con todo eso?

—No —respondió—. Esas pruebas no
prueban nada. Si yo lo estoy soñando, es
40 natural que sepa lo que yo sé. Su catálogo
prolijo[8] es del todo vano.

La objeción era justa. Le contesté:

—Si esta mañana y este encuentro son
sueños, cada uno de los dos tiene que pensar
45 que el soñador es él. Tal vez dejemos de
soñar, tal vez no. Nuestra evidente obligación,
mientras tanto, es aceptar el sueño, como
hemos aceptado el universo y haber sido
engendrados[9] y mirar con los ojos y respirar.

50 —¿Y si el sueño durara? —dijo con ansiedad.

Para tranquilizarlo y tranquilizarme, fingí un
aplomo[10] que ciertamente no sentía. Le dije:

—Mi sueño ha durado ya setenta años. Al
fin y al cabo, al recordarse, no hay persona
55 que no se encuentre consigo misma. Es lo que
nos está pasando ahora, salvo[11] que somos
dos. ¿No querés saber algo de mi pasado, que
es el porvenir[12] que te espera?

Asintió[13] sin una palabra. Yo proseguí un
60 poco perdido:

—Madre está sana y buena en su casa de
Charcas y Maipú, pero padre murió hace unos
treinta años. Murió del corazón. Murió con
impaciencia de morir pero sin una queja.

65 *Después de charlar algún rato, el joven le
pregunta al viejo:*

—Si usted ha sido yo, ¿cómo explicar que
haya olvidado su encuentro con un señor de
edad que en 1918 le dijo que él también era
70 Borges?

No había pensado en esa dificultad. Le
respondí sin convicción:

—Tal vez el hecho fue tan extraño que traté
de olvidarlo.

75 *Por fin, después de pensarlo mucho, el narrador
llega a la siguiente conclusión sobre su encuentro
con el otro:*

Creo haber descubierto la clave[14]. El
encuentro fue real, pero el otro conversó
80 conmigo en un sueño y fue así que pudo
olvidarme; yo conversé con él en la vigilia[15] y
todavía me atormenta[16] el recuerdo.

---

7. **atardecer** caer el día, fin del día
8. **prolijo** largo, extenso
9. **engendrados** creados; nacidos
10. **aplomo** serenidad, tranquilidad
11. **salvo** excepto
12. **porvenir** futuro

13. **Asintió** Dijo que sí
14. **clave** secreto; explicación
15. **vigilia** estado del que no está durmiendo
16. **atormenta** causa tormento; tortura

Preguntas de comprensión

1. En la primera línea ("La reconocí con horror."), ¿a qué se refiere "la"?
   ~~ese otro~~ Es Jorge pero más ~~menor~~ que se refiere "la".
2. ¿Quién es el narrador del cuento?
   Jorge Luis Borges es el narrador.
3. ¿Quién es el otro personaje?
   El otro personaje es Jorge pero más mayor
4. ¿Dónde está el narrador? ¿Y el otro?
   El narrador está en el ciudad de Cambridge. El otro en un banco.
5. Según el narrador, ¿cuándo ocurre la acción del cuento? ¿Según el otro?
   Cuando está en Cambridge. Cuando está en un banco en Ginebra.
6. ¿Qué información le ofrece el narrador al otro para convencerle de su identidad?
   Cosas de su casa y libros que tiene en su recámara.
7. El otro sigue creyendo que quizás todo lo que pasa es un sueño. ¿Por qué?
   Porque no es algo que es normal.
8. El narrador dice: "mi sueño ha durado ya setenta años". ¿Qué significa
   sueño en esta frase? ¿Qué se implica aquí?
   Su memoria del este encuentro años después. Sí es el futuro, no es un sueño.
9. Según el narrador, ¿por qué no recuerda este encuentro?
   Porque quería era un sueño y ~~estaba~~ no estuvo importante.
10. ¿A qué conclusión llega el narrador por fin sobre el encuentro?
    Que el encuentro fue real, pero el otro conversó era un sueño.
11. ¿Por qué un personaje emplea "tú" mientras que el otro le trata de
    "usted"? Comenta la implicación de esta diferencia.
    *Una de las personas es mayor, y implica ellos con "usted" porque
    es buena ~~since~~.*

Preguntas de discusión

1. ¿Has tenido sueños que te hayan parecido reales? ¿A veces es difícil distinguir entre los sueños y la realidad? Explica en términos de "El otro" y de tu experiencia personal.

2. Según el narrador, es necesario "aceptar el sueño como hemos aceptado el universo". ¿Qué punto de vista se expresa aquí con respecto al problema de distinguir entre los sueños y la realidad?

3. *La vida es sueño* es un drama escrito por Pedro Calderón de la Barca (1600-1681). El protagonista del drama, Segismundo, pasa su niñez encerrado en una torre, porque su padre, el rey, había creído un pronóstico (profecía) astrológico según el cual Segismundo sería el asesino de su padre. Después de veinte años, el padre, que ahora tiene dudas con respecto al pronóstico, trae a Segismundo a la corte. Allí el joven conoce por primera vez la sociedad civilizada. Segismundo se asusta y se confunde a causa del contraste enorme entre la torre y la corte. Le parece que o la vida de la torre es un sueño y la corte es la realidad o al revés, pero no puede decidir. Por fin decide que no importa porque "Toda la vida es sueño, y los sueños, sueños son". Compara esta conclusión con la filosofía expresada por el narrador de "El otro".

4. ¿Puedes probar sin duda que existes en realidad en este momento y que no estás soñando todo esto? ¿Puedes probar que no existes sólo como producto del sueño de otro? ¿Cómo sabes que otra persona (o quizás Dios) no te está soñando? ¿Cómo puedes estar seguro(a)? Explica.

5. La infinidad es un tema frecuente en las obras de Borges. Se puede decir que "El otro" refleja un ciclo infinito, un cuento sin fin. Explica.

6. El tema del doble se expresa de varias maneras: (1) un hombre es (o representa) todos los hombres; (2) en cada ser humano se encuentran las mismas características, buenas y malas; (3) existe la repetición eterna de vidas y eventos; (4) una persona puede ser igual a sí misma en un sueño, en otra edad o en otra encarnación. ¿Qué elementos del tema del doble se encuentran en "El otro"? ¿Cómo se relaciona el tema del doble con el tema de la infinidad en "El otro"?

Expresándonos

Puedes viajar por el tiempo para hablar con una figura histórica o cualquier persona del pasado. ¿Con quién querrías hablar? ¿Qué preguntas le harías? Con un(a) compañero(a) de clase, prepara un diálogo en forma de una entrevista con alguien del pasado.

Integración

Antes de escuchar

Para discutir ¿En qué películas, libros o programas de televisión se encuentra una mezcla de realidad y ficción? ¿Qué ideas que han parecido absurdas antes se aceptan ahora como la verdad?

Instrucciones

1. Relee la selección. Debes enfocarte en los aspectos más importantes de la selección. Piensa en el propósito del autor. Por ejemplo, ¿cuál de los siguientes elementos le importa más a Borges?

   a. el desarrollo de personajes realistas

    b. descripciones de personas y sitios bonitos

    c. plantear ciertas cuestiones filosóficas al lector

    d. criticar a la sociedad

2. Después de repasar la selección, estudia la lista de vocabulario para la conferencia.

3. Escucha la conferencia y toma apuntes sobre las ideas más importantes. Debes prestar atención a:

    a. los temas típicos de Borges

    b. los propósitos que Borges revela en sus cuentos

    c. evidencia de la gran influencia de Borges en nuestra cultura

4. Después de escuchar la conferencia, completa las oraciones de la sección **Comprensión.**

5. Finalmente, vas a preparar una presentación según las instrucciones de la sección **Presentación oral.**

Vocabulario

plantea: presenta

época: período de tiempo

malvado: una persona muy mala

indígena: nativo(a)

mono: animal que vive en la selva; *monkey*

antepasado: pariente de una generación pasada

borrar: hacer desaparecer algo escrito

Escuchar

"El otro" es un cuento que incluye muchos de los temas típicos de Borges. En la conferencia se habla de los temas y propósitos de Borges en su obra en general. Escucha la selección y luego haz las actividades de la sección **Después de escuchar.**

CD, Track 1

PearsonSchool.com
Web Code: jkd-0067

Después de escuchar

Comprensión Selecciona la mejor respuesta.

1. La selección menciona el cine contemporáneo porque _____.

    a. hay películas basadas en cuentos de Borges

    b. ciertas películas de hoy tienen temas semejantes a los cuentos de Borges

    c. Borges era gran aficionado del cine norteamericano

    d. el cine influyó en la obra de Borges

2. Cristóbal Colón sirve como ejemplo de una figura histórica _____.

   a. sobre quien la opinión pública ha cambiado mucho

   b. sobre quien Borges escribió un cuento

   c. que es un modelo por un personaje borgeano

   d. que ha influido en muchos escritores

3. Según Luisa Valenzuela, Borges "nos trastornaba la arrogante seguridad." En el contexto de esta cita, el significado más probable de "trastornaba" es _____.

   a. confirmaba   **c.** escondía

   b. aumentaba   **d.** desordenaba

4. Un gol o propósito de Borges es que el lector _____.

   a. haga conexiones entre el cine y la literatura

   b. no esté tan seguro de sus creencias

   c. cambie su opinión con respecto a los héroes históricos

   d. tenga más fe en las verdades científicas

5. Según la selección, vivimos en una época borgeana porque _____.

   a. Borges es muy popular entre los lectores de hoy

   b. la obra de Borges ha cambiado nuestras opiniones con respecto a figuras históricas

   c. los temas de Borges se encuentran en muchos aspectos de nuestra cultura: el cine, la televisión, la literatura

   d. ahora empezamos a reconocer el gran talento de Borges

Presentación oral Tu presentación va a basarse en la selección "El otro" de Borges, que ya has leído, y la conferencia que escuchaste. Prepara una presentación oral de dos minutos sobre el tema que sigue. Si quieres, repasa la lectura y la conferencia otra vez antes de preparar tu presentación. Puedes hacer tu presentación ante la clase o grabarla, según las instrucciones de tu profesor(a).

Tema: Discute cómo "El otro" refleja los temas y propósitos mencionados en la conferencia.

Síntesis

Comparaciones Se ha dicho que la obra de Jorge Luis Borges, con su mezcla de lo real y lo irreal, ha influido en muchos libros y películas norteamericanas. Discute varias obras norteamericanas que pudieran calificarse de borgeanas. Puedes incluir el cine, la literatura y la televisión.

Conexiones En la conferencia se mencionan los cambios de opinión con respecto a Cristóbal Colón. ¿Qué te parece: héroe o malvado que explotó a la gente indígena? Discute la importancia cultural de la controversia con respecto a Colón.

Composición dirigida

1. Imagínate que tú, joven, te encuentras contigo mismo(a), viejo(a). Escribe un diálogo entre tú joven y tú viejo(a). ¿Qué querrías saber de tu futuro? ¿Qué no querrías saber?

2. La mezcla de sueño y realidad es un tema de "El otro". Piensa en otro cuento, novela o película en la que se mezclan lo real y lo irreal. En un ensayo, compara "El otro" y la otra obra en términos de este tema.

3. En un párrafo bien organizado, comenta el concepto del tiempo que se encuentra en "El otro". ¿En qué dos tiempos ocurre el cuento? ¿Cómo se relacionan las dos épocas? ¿Cómo se juntan?

GRAMÁTICA

El presente

PearsonSchool.com
Web Code: jkd-0002

Ejemplos

a. Siempre <u>leo</u> los cuentos de Borges más de una vez.

b. Sus cuentos normalmente <u>terminan</u> de un modo sorprendente.

c. Borges <u>mezcla</u> lo real con lo irreal de una manera que nos <u>confunde</u>.

d. Nunca nos <u>aburrimos</u> con las obras de Borges.

e. En este momento <u>estudiamos</u> "El otro".

f. <u>Puedes</u> ver la película de uno de sus cuentos, pero el cuento <u>es</u> mejor.

g. Hace muchos años que no <u>leo</u> literatura en inglés porque <u>prefiero</u> la latinoamericana.

Función

El presente se usa (como en inglés) para expresar una acción que:

- ocurre como de costumbre (Ejemplos a, b, c, d)
- ocurre ahora (Ejemplos e, f)

Dos funciones del presente en español que no se encuentran con frecuencia en inglés son:

- para expresar una acción que está ocurriendo ahora mismo, en este momento (Ejemplo e)
- para expresar una acción empezada en el pasado que sigue en el presente (Ejemplo g) (Hace + *tiempo* + que + *el verbo en presente*.)

Formación

Verbos regulares

mirar		vender		vivir	
miro	mir**amos**	vend**o**	vend**emos**	viv**o**	viv**imos**
mir**as**	mir**áis**	vend**es**	vend**éis**	viv**es**	viv**ís**
mir**a**	mir**an**	vend**e**	vend**en**	viv**e**	viv**en**

Verbos de cambio radical

cerrar (e → ie)		perder (e → ie)		sentir (e → ie)	
cierro	cerramos	pierdo	perdemos	siento	sentimos
cierras	cerráis	pierdes	perdéis	sientes	sentís
cierra	cierran	pierde	pierden	siente	sienten
contar (o → ue)		**volver (o → ue)**		**pedir (e → i)**	
cuento	contamos	vuelvo	volvemos	pido	pedimos
cuentas	contáis	vuelves	volvéis	pides	pedís
cuenta	cuentan	vuelve	vuelven	pide	piden

Otros verbos de cambio radical son: *empezar* y *preferir (e → ie); recordar, poder, dormir* y *morir (o → ue); repetir* y *vestir (e → i).*

Verbos que terminan en *-uir*

huir (i → y)		construir (i → y)	
huyo	huimos	construyo	construimos
huyes	huís	construyes	construís
huye	huyen	construye	construyen

Verbos que terminan en consonante + *-cer* o vocal + *-ger* o *-gir*

Éstos cambian $c → z$ o $g → j$ ante la *a* o la *o* para mantener el sonido suave de la *c* o de la *g*. Necesitan el cambio solamente en la primera persona.

convencer	→	**yo convenzo**	vencer	→	**yo venzo**
coger	→	**yo cojo**	dirigir	→	**yo dirijo**

Verbos que terminan en vocal + *-cer* o *-cir*

En éstos, la *c* cambia a *zc* solamente en la primera persona.

conocer	→	**yo conozco**	producir	→	**yo produzco**

Verbos que terminan en *-guir*

En éstos, la *u* sólo sirve para mantener el sonido fuerte de la *g*. Así la *u* desaparece ante la *o* de la primera persona.

distinguir	→	**yo distingo**	seguir	→	**yo sigo**

Verbos irregulares solamente en la primera persona

caber	→	**yo quepo**	dar	→	**yo doy**
estar	→	**yo estoy**	hacer	→	**yo hago**
poner	→	**yo pongo**	saber	→	**yo sé**
salir	→	**yo salgo**	traer	→	**yo traigo**

Verbos de cambio radical, irregulares en la primera persona

decir		tener		venir	
digo	decimos	**tengo**	tenemos	**vengo**	venimos
dices	decís	tienes	tenéis	vienes	venís
dice	dicen	tiene	tienen	viene	vienen

Verbos totalmente irregulares

ir		oír		ser	
voy	**vamos**	**oigo**	**oímos**	**soy**	**somos**
vas	**vais**	**oyes**	**oís**	**eres**	**sois**
va	**van**	**oye**	**oyen**	**es**	**son**

Ejercicios

A. Completa la frase

Emplea la forma correcta del presente.

1. La profesora _____ (conocer) bien las obras de Borges.

2. La mezcla de los sueños y la realidad _____ (ser) un tema

   muy frecuente en las obras de Borges.

3. Los alumnos _____ (leer) sus cuentos con gran

   entusiasmo.

4. Muchas veces el protagonista no _____ (poder) distinguir

   entre lo real y lo irreal.

5. A veces nosotros tampoco _____ (poder) estar seguros.

6. Lo cierto _____ (ser) que los cuentos nos

   _____ (hacer) pensar mucho.

7. A veces yo _____ (soñar) con situaciones borgeanas.

8. A veces yo _____ (seguir) soñando después de que

   _____ (sonar) el despertador y yo me

   _____ (convencer) de que el sonido es parte del sueño.

B. Expresión personal

Contesta con frases completas.

1. ¿Siempre distingues fácilmente entre tus sueños y la realidad?

2. ¿Conoces a una persona famosa? ¿Quién es?

3. ¿Prefieres ir al cine o ver videos en casa? ¿Por qué?

4. ¿De qué tienes miedo?

5. Cuando comes helado, ¿qué sabor sueles escoger?

6. ¿Haces figuras de nieve? ¿Castillos de arena en la playa?

7. ¿Dónde te sientes más tranquilo(a) y cómodo(a)?

8. ¿Qué sabes hacer bien? ¿Qué no puedes hacer bien?

9. ¿Comes más cuando estás triste o contento(a)?

10. ¿Qué haces cuando estás nervioso(a)?

11. ¿Tienes un perro? ¿Cómo se llama? ¿Cómo es? ¿Lo quieres mucho?

12. ¿Adónde vas para estar solo(a)?

13. ¿Eres una persona organizada?

14. ¿Cuál es el aspecto más fuerte de tu carácter? ¿El aspecto más débil?

15. ¿Cuánto tiempo hace que conoces a tu mejor amigo(a)?

El pretérito

PearsonSchool.com
Web Code: jkd-0003

Ejemplos

a. Jorge Luis Borges <u>nació</u> en Buenos Aires y <u>murió</u> en Ginebra.

b. Yo <u>fui</u> a la Argentina y <u>visité</u> la casa del gran autor.

c. Jorge Luis Borges se <u>casó</u> por segunda vez a los ochenta y pico años.

d. Borges y su segunda mujer <u>viajaron</u> por todo el mundo.

e. Borges <u>perdió</u> la vista hace muchos años.

f. Tú <u>leíste</u> parte de un cuento borgeano al principio de este capítulo.

g. Hace cincuenta años que mis padres se <u>casaron</u> y todavía son como novios.

Función

El pretérito se usa para expresar una acción terminada en el pasado.

Formación

Verbos regulares

- **Verbos totalmente regulares**

mirar		vender		vivir	
miré	mir**amos**	vendí	vend**imos**	viví	viv**imos**
mir**aste**	mir**asteis**	vend**iste**	vend**isteis**	viv**iste**	viv**isteis**
mir**ó**	mir**aron**	vend**ió**	vend**ieron**	viv**ió**	viv**ieron**

- **Verbos regulares con un cambio solamente en la primera persona** *(yo)*

  El cambio se hace para conservar el sonido fuerte de la *c* en verbos que terminan en *-car* y de la *g* en verbos que terminan en *-gar.* La misma razón se aplicaba a la *z* en verbos que terminan en *-zar* pero hace muchos años la fonética de la lengua cambió de manera que en la actualidad, por la mayor parte, sólo hay un sonido de la *z:* el sonido suave como la *s.*

buscar *(c → qu)*		**llegar** *(g → gu)*		**empezar** *(z → c)*	
busqué	buscamos	**llegué**	llegamos	**empecé**	empezamos
buscaste	buscasteis	llegaste	llegasteis	empezaste	empezasteis
buscó	buscaron	llegó	llegaron	empezó	empezaron

  En verbos que terminan en *-guar,* la *u* se convierte a *ü* en la primera persona para conservar el sonido.

averiguar *(u → ü)*	
averigüé	averiguamos
averiguaste	averiguasteis
averiguó	averiguaron

- **Verbos regulares con cambios en la tercera persona del singular y la tercera persona del plural** *(él / ella / Ud.; ellos / ellas / Uds.)*

  Hay dos clases:

  Verbos cuya raíz termina en vocal *(caer, creer, huir, leer, oír)*

  La *i* de la terminación se cambia a *y.*

caer *(i → y)*	
caí	caímos
caíste	caísteis
cayó	**cayeron**

  Verbos de cambio radical de la tercera conjugación: verbos que terminan en *-ir (dormir, morir, preferir, mentir, servir, vestir, pedir, repetir)*

dormir *(o → u)*		**mentir** *(e → i)*		**pedir** *(e → i)*	
dormí	dormimos	mentí	mentimos	pedí	pedimos
dormiste	dormisteis	mentiste	mentisteis	pediste	pedisteis
durmió	**durmieron**	**mintió**	**mintieron**	**pidió**	**pidieron**

Verbos irregulares

- **Dar**

  Dar tiene una crisis de identidad. Cree que es un verbo de *-er* en vez de *-ar*, y así usa las terminaciones opuestas.

dar	
di	**dimos**
diste	**disteis**
dio	**dieron**

- *Ir y ser*

  No se parecen a ningún otro verbo, pero se parecen uno al otro.

ir / ser	
fui	**fuimos**
fuiste	**fuisteis**
fue	**fueron**

- **Otros verbos irregulares en el pretérito**

  Todos estos verbos son irregulares en la raíz y en las terminaciones. (Las terminaciones son las mismas para todos.)

  Raíces

andar	→	**anduv-**	estar	→	**estuv-**	tener	→	**tuv-**
poner	→	**pus-**	querer	→	**quis-**	venir	→	**vin-**
caber	→	**cup-**	saber	→	**sup-**	poder	→	**pud**
hacer	→	**hic-***	decir	→	**dij-†**	traer	→	**traj-†**
producir	→	**produj-†**						

  Terminaciones

estar	
estuv**e**	estuv**imos**
estuv**iste**	estuv**isteis**
estuv**o**	estuv**ieron**

Observa: Ningún verbo irregular del pretérito tiene acento.

---

*hacer → **él hizo**

†Cuando la raíz irregular termina en *j*, se omite la *i* de la terminación *-ieron: decir → ellos dijeron; traer → ellos trajeron; producir → ellos produjeron.* Se incluyen todos los verbos que terminan en *-ecir (bendecir, contradecir, predecir, etc.)* y *-ucir (conducir, producir, reducir, traducir, etc.).*

Ejercicios

A. Completa la frase

Emplea la forma correcta del pretérito.

1. Cuando yo _____ (leer) un cuento de Borges por primera

   vez, me _____ (dar) cuenta de que el autor es un genio.

2. Borges _____ (aprender) a leer en inglés antes que en

   español, y, de niño, _____ (leer) *Don Quijote* en inglés.

3. A la edad de seis años, Borges le _____ (decir) a su padre

   que quería ser escritor. ¡Imagínate, seis años!

4. Cuando tenía diez años, Borges _____ (traducir) el cuento

   "El príncipe feliz" de Oscar Wilde del inglés al español. La traducción se

   _____ (publicar) en el periódico *El País* de Buenos Aires.

5. Borges _____ (trabajar) de bibliotecario en la Biblioteca

   Nacional de Buenos Aires hasta 1946.

6. Borges _____ (perder) la vista cuando tenía cuarenta y

   pico años a causa de un defecto genético, como todos los varones

   (hombres) de su familia.

7. El primer matrimonio de Borges no _____ (durar) mucho tiempo.

8. Borges _____ (casarse) por segunda vez cuando tenía

   ochenta y pico años.

9. Borges y su segunda mujer _____ (tener) unos años de

   felicidad antes de la muerte del autor.

10. Una vez mi amigo y yo _____ (conocer) a un hombre que

    había sido amigo de Borges.

11. Me _____ (alegrar) mucho estrechar la mano que había

    estrechado la mano de Jorge Luis Borges.

B. Expresión personal

Contesta con frases completas.

1. ¿Dónde y cuándo naciste?
2. ¿Dónde conoció tu padre a tu madre? ¿Cómo se conocieron?
3. ¿Cuál fue la primera película que viste? ¿Te gustó?
4. ¿Cuál fue el mejor día de tus vacaciones?
5. ¿Mentiste alguna vez? ¿A quién? ¿Sobre qué?
6. ¿Quién te dio los mejores consejos de tu vida?
7. La última vez que viste un insecto horroroso, ¿qué hiciste? ¿Lo mataste?
8. ¿En qué momento de tu vida tuviste mucha suerte?
9. ¿Pudiste leer el fragmento de "El otro" sin problemas?
10. ¿En qué momento de tu vida te encontraste más confundido(a)?
11. ¿Cuánto tiempo hace que aprendiste a utilizar la computadora?

La voz pasiva con *se*

PearsonSchool.com
Web Code: jkd-0004

Ejemplos

a. En la Argentina, el país de Borges, <u>se habla</u> español.

b. Las mejores novelas de hoy <u>se escriben</u> en Latinoamérica.

c. <u>Se puede</u> encontrar la literatura latinoamericana traducida al inglés.

d. *Como agua para chocolate* <u>se publicó</u> en México.

e. <u>Se dice</u> que Jorge Luis Borges fue un genio.

Función

La voz pasiva se usa cuando el sujeto de la frase no hace la acción sino que recibe la acción. En otras palabras, el sujeto es pasivo. La palabra *se* transforma la frase:

En España las langostas **comen** mucho.

En España las langostas **se comen** mucho.

Esta estructura se usa cuando no se menciona el agente, o el que hace la acción. Se usa también en frases impersonales:

Se dice que el perro es el mejor amigo del hombre.

Esto no **se hace** aquí.

No **se puede** creer todo lo que **se oye.**

Se cree que el amor siempre triunfa.

Formación

se + verbo en tercera persona (singular o plural) + sujeto

Se encuentran vampiros en Transilvania.

o

sujeto + se + verbo en tercera persona (singular o plural)

Como agua para chocolate **se publicó** en México.

Ejercicios

A. Cambia la frase a la voz pasiva con *se*

Es necesario omitir el sujeto de la frase original. Por ejemplo:

Muchos hablan español aquí.

Aquí se habla español.

Recuerda: En la frase pasiva, el sujeto *muchos* ya no se usa.

1. Muchas personas en EE.UU. leen la literatura de Borges.

    _____

2. Ellos traducen los cuentos a muchos idiomas.

    _____

3. Encontramos muchas palabras raras en las obras de Borges.

    _____

4. Muchas personas usan un diccionario para leer los cuentos de Borges.

    _____

5. Celebramos el cumpleaños de Borges el veinticuatro de agosto.

_____

6. Encontramos situaciones raras en las obras de Borges.

_____

7. Perdemos el concepto rígido de la realidad.

_____

8. Publicaron un libro de poesía de Borges en 1923.

_____

9. No oímos tanto de su poesía como de sus cuentos.

_____

10. Por todo el mundo la gente entiende los temas borgeanos porque son universales.

_____

B. Expresión personal

Contesta con frases completas, usando la voz pasiva con _se._

1. En tu pueblo, ¿dónde se sirve la mejor pizza?

_____

2. ¿A qué hora se ve tu programa favorito? ¿Cuál es?

_____

3. ¿Se puede estudiar y ver la televisión a la vez?

_____

4. En nuestra sociedad, ¿qué problema se discute mucho?

_____

5. En los EE.UU., ¿qué clase de literatura se lee más?

_____

6. ¿En qué película se encuentra la escena más cómica? ¿Más triste? ¿Más horrorosa?

_____

7. ¿Dónde se fabrican los mejores automóviles?

_____

8. ¿Para qué se usan los apuntes que se llaman *Cliff Notes?* ¿Se permite emplearlos en tu escuela?

_____

9. ¿Cuál es una cosa que no se permite nunca en tu casa?

_____

10. ¿Cuándo se oyen cuentos de fantasmas (*ghosts*)?

_____

C. Completa la frase
Usa tus propias palabras y tu imaginación.

1. Se dice que _____

2. No se puede _____

3. Se cree que _____

4. Se puede _____

5. No se permite _____

D. Traduce la frase al español
Usa la voz pasiva con *se.*

1. You can't do that in our house.

_____

2. They used to believe that the Earth was flat.

_____

3. They say that we all have a double.

_____

4. You can't please everyone.

   _____

5. Many people believe they can see ghosts at midnight.

   _____

Estrategia para comunicarse

¿Cómo se dice?

Explica las siguientes ideas en español. No es necesario traducir palabra por palabra ni emplear la palabra exacta. No se permiten diccionarios. Lo único importante es comunicar la idea.

1. The children played "hide-and-seek."

   _____

2. The little girl played dress-up in her mother's clothes.

   _____

3. Her mind was clouded because of the shock of what she saw.

   _____

4. They never quit lying.

   _____

5. It strikes me as strange.

   _____

6. I got mixed up.

   _____

7. One closet is not enough for me!

   _____

8. Rock 'n' roll is heard on MTV.

   _____

9. You can't see the floor in her bedroom.

   _____

La pérdida de un ser querido

LECTURA "Un perro ha muerto", de *Jardín de invierno*, de Pablo Neruda

GRAMÁTICA El imperfecto; el presente perfecto; el pluscuamperfecto; los usos de *ser* y *estar*

Vocabulario

PearsonSchool.com
Web Code: jkd-0005

la amistad cariño entre amigos. Cuando estoy apenada o triste, cuento con la <u>amistad</u> de mi mejor amigo.

brincar saltar, elevarse en el aire. El gato <u>brinca</u> de una silla a otra sin tocar el suelo.

el cielo espacio que está sobre nosotros, azul de día y negro de noche; paraíso adonde van los buenos después de morir. Los ángeles en el <u>cielo</u> esperan el alma del buen hombre que se murió.

la cola en los animales vertebrales, prolongación de la columna vertebral. Cuando el perro está contento, agita la <u>cola</u>.

el compañero, la compañera una persona que está contigo, que te acompaña. Malos <u>compañeros</u> pueden dañar el carácter de un(a) niño(a).

contra opuesto o contrario. Mucha gente está en <u>contra</u> del aborto.

dulce se aplica a lo que tiene un sabor parecido al azúcar. El bizcocho es muy <u>dulce</u> porque se hace con mucho azúcar.
el dulce un caramelo u otra golosina dulce. Manolo le regaló unos <u>dulces</u> a su novia para el Día de los Enamorados.

la educación instrucción, enseñanza; maneras, modales.
la mala educación se aplica al niño que no ha recibido buena educación de sus padres, que no sabe portarse bien. El chico tiró comida a los otros niños en la fiesta; a todos les disgustó su <u>mala educación</u>. **Mal educado** (adj.).

enterrar (ie) poner algo bajo tierra o cubrir algo con tierra. La policía no podía encontrar el lugar donde los asesinos <u>enterraron</u> al cadáver.

hacer(le) falta ser necesario; causar pena la ausencia de alguien, extrañar. A Pablo <u>le hace falta</u> su mujer Matilde cuando está lejos de ella.

íntimo, -a familiar, cariñoso. Tenemos una amistad muy <u>íntima</u>, y puedo decirte todos mis secretos.
la intimidad relación íntima entre personas. Entre ella y su esposo hay mucha <u>intimidad</u>.

jamás nunca. No debes mentir <u>jamás</u>.

juntar unir dos cosas. En la ensalada <u>se juntan</u> todos los ingredientes. Reunirse dos personas en un mismo lugar. ¡Qué alegría <u>juntarme</u> con mi viejo amigo!
junto a al lado de, muy cercano a. La casa del poeta está <u>junto al</u> mar.
junto, -a unido. Dos personas <u>juntas</u> pueden hacer más que una sola.

la mentira falsedad, acción de mentir. Si dices <u>mentiras</u> con frecuencia, no te van a creer cuando digas la verdad.

molestar fastidiar, irritar, hacer cosas desagradables. La gente egotista me <u>molesta</u> mucho.

la rodilla la parte del cuerpo humano entre el muslo y la pierna. La gente cayó de <u>rodillas</u> ante su dios.

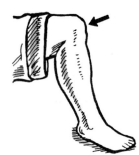

la soledad estado de estar solo. Cuando estoy leyendo una buena novela, no necesito compañía; me gusta la <u>soledad</u>.

vanidoso, -a egotista, lo contrario de humilde. Raúl es tan <u>vanidoso</u> que cree que todas las mujeres están enamoradas de él.

Ejercicios de vocabulario

A. Completa la frase

Usa la palabra apropiada del vocabulario.

1. Mi perro, que se murió hace un año, era mi mejor amigo. Teníamos una

   _____ muy íntima.

2. Este perro mío se llamaba Rover, nombre poco original, pero así lo habían

   llamado en el refugio de animales. Rover y yo pasábamos mucho tiempo

   _____; él era mi _____ constante.

3. Aunque yo siempre le decía a Rover que era el perro más guapo e

   inteligente, el mejor perro del mundo, Rover nunca se puso

   _____ como los seres humanos egotistas.

4. Cuando Rover se murió, yo lo _____ en el jardín cerca de

   mi casa.

5. Rover siempre está en mis pensamientos. No me olvidaré de él

   _____. No paso un día sin pensar en él.

6. Cada día cuando yo regresaba de la escuela, Rover _____

de alegría al verme, agitando su _____ larga.

7. Rover me hace _____ ahora que no está conmigo.

8. A veces me siento muy solo y me molesta la _____ .

B. Expresión personal

1. ¿Tienes perro, gato u otro animal? ¿Cómo se caracteriza tu relación con este animal?

    a. Es el animal que vive en la casa.

    b. Es un miembro más de la familia.

    c. Tenemos una amistad muy íntima.

    d. Es mi compañero favorito.

2. ¿Te parece mejor compañero el perro o el gato? Explica. En tu opinión, ¿cuál es el animal más dulce?

3. ¿Te molesta a veces la soledad? Cuando uno está solo, ¿es posible que a veces la compañía de un animal consuele tanto como la presencia de una persona?

4. ¿Te gusta a veces la soledad? ¿En qué ocasiones?

5. ¿Te molesta la gente vanidosa? ¿Qué característica humana te molesta mucho?

6. Vas a leer un poema sobre la muerte de un perro bien querido. ¿Has perdido a alguien o algo a quien querías? ¿Cuántos años tenías cuando ocurrió?

LECTURA

Estrategia para leer

En la poesía se dice mucho en pocas palabras. Por eso, hay que leer con gran cuidado, pasando tiempo en cada imagen. Nota el uso del tiempo imperfecto ("me miraba. . .", "perdía el tiempo. . .") cuando el poeta describe las actitudes o actividades usuales del perro en el pasado.

Pablo Neruda

Pablo Neruda (1904-1973), gran poeta chileno, recibió el premio Nobel en 1971. Su poesía, muy variada de tema y técnica, incluye poemas sobre el amor, la política, la historia hispanoamericana y celebraciones de cosas ordinarias. A través de toda su obra se percibe un respeto profundo por la libertad y la dignidad humana. El poema que sigue se incluye en la colección *Jardín de invierno*, 1974.

Un perro ha muerto

Mi perro ha muerto.

Lo enterré en el jardín
junto a una vieja máquina oxidada.[1]

Allí, no más abajo,
5 ni más arriba,
se juntará conmigo alguna vez.
Ahora él ya se fue con su pelaje[2],
su mala educación, su nariz fría.
Y yo, materialista que no cree
10 en el celeste cielo prometido
para ningún humano,
para este perro o para todo perro
creo en el cielo, sí, creo en un cielo
donde yo no entraré, pero él me espera
15 ondulando[3] su cola de abanico[4]
para que yo al llegar tenga amistades.

Ay no diré la tristeza en la tierra
de no tenerlo más por compañero
que para mí jamás fue un servidor.

---

1. **oxidada** *rusted*
2. **pelaje** pelo de animal
3. **ondulando** moviendo
4. **abanico** *fan*

20 Tuvo hacia mí la amistad de un erizo[5]
que conservaba su soberanía[6],
la amistad de una estrella independiente
sin más intimidad que la precisa[7],
sin exageraciones:
25 no se trepaba[8] sobre mi vestuario[9]
llenándome de pelos o de sarna[10],
no se frotaba[11] contra mi rodilla
como otros perros obsesos sexuales.
No, mi perro me miraba
30 dándome la atención que necesito,
la atención necesaria
para hacer comprender a un vanidoso
que siendo perro él,
con esos ojos, más puros que los míos,
35 perdía el tiempo, pero me miraba
con la mirada que me reservó
toda su dulce, su peluda[12] vida,
su silenciosa vida,
cerca de mí, sin molestarme nunca,
40 y sin pedirme nada.

Ay cuántas veces quise tener cola
andando junto a él por las orillas
del mar, en el Invierno de Isla Negra,
en la gran soledad: arriba el aire
45 traspasado de pájaros glaciales
y mi perro brincando, hirsuto[13], lleno
de voltaje marino en movimiento:
mi perro vagabundo[14] y olfatorio
enarbolando[15] su cola dorada[16]
50 frente a frente al Océano y su espuma[17].

---

5. **erizo** *porcupine*
6. **soberanía** independencia
7. **precisa** necesaria
8. **trepaba** subía
9. **vestuario** toda la ropa
10. **sarna** enfermedad de los perros *(mange)*
11. **frotar** *to rub*
12. **peluda** de mucho pelo
13. **hirsuto** de mucho pelo
14. **vagabundo** que va de una parte a otra
15. **enarbolando** levantando con orgullo
16. **dorada** color de oro
17. **espuma** *foam*

Alegre, alegre, alegre
como los perros saben ser felices,
sin nada más, con el absolutismo
de la naturaleza descarada[18].

55 No hay adiós a mi perro que se ha muerto.
Y no hay ni hubo mentira entre nosotros.

Ya se fue y lo enterré, y eso era todo.

_____

18. **descarada** insolente, fresca

Preguntas de comprensión

1. ¿Qué frases o palabras expresan más claramente la pena y soledad del poeta por la muerte de su perro?

2. ¿Cómo se caracteriza el perro? ¿Cómo se caracteriza la relación entre el poeta y el perro?

3. Como resultado de la muerte del perro, el poeta cambió su creencia con respecto al cielo. Explica.

4. ¿Qué imagen emplea el poeta para expresar un recuerdo muy feliz?

Preguntas de discusión

1. ¿Cuál es el efecto del cambio entre el título, "Un perro ha muerto", y la primera línea, "Mi perro ha muerto"? ¿Por qué dice el poeta "ha muerto" en vez de "murió"?

2. A veces el estereotipo de un perro es el de un animal totalmente sumiso. ¿Cómo es diferente el perro del poeta? ¿Qué emoción te provoca esta descripción del perro?

3. Discute los elementos antropomórficos (las cualidades humanas) del perro del poeta. ¿Crees que los animales sienten y a veces piensan igual que los seres humanos? ¿Cómo reaccionas ante la idea de tratar a un perro o a un gato como un miembro de la familia?

4. ¿Cuál es la línea o la imagen del poema que te provoca la emoción más fuerte? ¿Por qué?

5. El poeta se refiere dos veces al entierro del perro: "Lo enterré en el jardín / junto a una vieja máquina oxidada", y al final, "Ya se fue y lo enterré, y eso era todo". ¿Cuál es el tono de estas líneas? ¿Cómo las interpretas? ¿Cuál es el tono general del poema? ¿Cuál es la relación entre estas líneas y el tono del resto del poema?

Expresándonos

1. Actualmente hay mucha controversia sobre los derechos de los animales. Con unos compañeros de clase, prepara un debate sobre los derechos de los animales. Se pueden incluir los siguientes puntos:

   a. ¿Debemos llevar abrigos hechos de pieles de animales?

b. ¿Se debe sacrificar la vida de ciertos animales en estudios científicos para el bienestar de los seres humanos?

c. ¿Es aceptable sacrificar la vida de animales para alimentarnos o debemos ser todos vegetarianos?

2. Tu perro querido ha muerto y tienes una pena profunda. Le hablas a un(a) amigo(a) íntimo(a), buscando consuelo y compasión, pero tu amigo(a), que nunca ha tenido perro o gato, no entiende tu tristeza. El (la) amigo(a) sugiere que te compres otro perro. Con un(a) compañero(a) de clase, prepara un diálogo en el que tratas de explicarle al(a la) amigo(a) la importancia en tu vida del perro perdido.

3. A veces nos reímos de las actividades de los animales que nos parecen tontas, como el perro que persigue su propia cola. Con un(a) compañero(a) de clase, imagínense que son dos perros que observan las tonterías de los seres humanos. Preparen un diálogo en el que comenten lo absurdo del ser humano desde el punto de vista del perro.

Integración

Antes de escuchar

Para discutir ¿En qué película u obra literaria has descubierto un concepto del amor con el que te puedes identificar?

Instrucciones

1. Relee el poema. Debes enfocarte en los aspectos más importantes de la relación entre el poeta y su perro:

   a. ¿Cómo se expresa la intensidad de la emoción del poeta por su perro?

   b. ¿Qué imágenes comunican la importancia del perro?

   c. ¿Qué metáforas e imágenes crean un retrato del perro y de las características de su personalidad?

2. Después de repasar el poema, estudia la lista de vocabulario para la conferencia.

3. Escucha la conferencia y toma apuntes sobre las ideas más importantes. Debes prestar atención a:

   a. los temas de la intensidad del amor y de la alegría que se encuentran en la poesía de Neruda

   b. los cambios en la vida de Neruda y cómo estos cambios se reflejan en su obra

4. Después de escuchar la conferencia, completa las oraciones de la sección **Comprensión.**

5. Finalmente, vas a preparar una presentación según las instrucciones de la sección **Presentación escrita.**

Vocabulario

marinero: hombre que trabaja en un barco en el mar

efímero: breve, que no dura mucho

fracasado: se aplica a algo que no tiene éxito, que no termina bien

ansia: deseo muy fuerte

risa: la acción de reírse, la reacción a algo cómico

Escuchar

Has leído *Un perro ha muerto*, en el que Neruda celebra su amor y respeto por su perro. En la conferencia se habla del tema del amor en las obras de Neruda. Escucha la selección y luego haz las actividades de la sección **Después de escuchar.**

CD, Track 2

PearsonSchool.com
Web Code: jkd-0068

Después de escuchar

Comprensión Selecciona la mejor respuesta.

1. En la frase "De joven la pasión amorosa del gran poeta se extendía a varias mujeres", el significado más probable de "se extendía" es _____.

   a. excluía

   b. incluía

   c. se limitaba

   d. criticaba

2. Neruda admira el amor de los marineros porque _____.

   a. ellos no se quedan con una sola mujer

   b. es un amor con más pasión

   c. el amor es más romántico en un barco

   d. le gusta viajar

3. Los poemas de *Veinte poemas de amor y una canción desesperada* tienden a celebrar el amor _____.

   a. muy fuerte y duradero (que dura para siempre)

   b. que trae gran felicidad

   c. apasionado pero breve

   d. espiritual

4. La crítica negativa contra *Veinte poemas de amor y una canción desesperada* _____.

   a. resultó en el fracaso inicial de la obra

   b. sólo aumentó el éxito de la obra

   c. no fue un obstáculo a su gran popularidad

   d. resultó en un cambio en el estilo de Neruda

5. La selección, implica que Neruda se enamoró de Matilde _____.

   a. cuando él era muy joven

   b. después de una variedad de experiencias amorosas

   c. a primera vista

   d. después de muchos años de amistad

6. Comparados con los poemas más tempranos, los de *Los versos del capitán* y de *Cien sonetos de amor* reflejan un amor _____.

   a. igual de apasionado pero más constante

   b. menos apasionado e intenso

   c. estable pero aburrido

   d. más efímero

Síntesis

Presentación escrita Tu presentación va a basarse en el poema "Un perro ha muerto" de Neruda, que ya has leído, y la conferencia que escuchaste. Prepara una presentación escrita de una o dos páginas sobre el tema que sigue. Si quieres, repasa la lectura y la conferencia otra vez antes de preparar tu presentación.

Tema: Discute los varios aspectos del amor en los poemas de Neruda. Debes incluir el amor por su perro en *Un perro ha muerto* y las varias formas del amor romántico discutidas en la conferencia.

Comunidades Busca a personas en tu comunidad que hablen o lean español. Pregúntales qué poemas en español conocen. ¿Cuáles son sus poemas y poetas favoritos? ¿Por qué? Después, compara tus respuestas con el resto de la clase y juntos hagan una lista de los poetas y poemas más populares.

Educación para toda la vida En tu opinión, ¿por qué sigue siendo popular la poesía? Es una forma de expresión muy antigua, pero todavía tiene importancia hoy en día. ¿Has escrito un poema alguna vez? ¿Te gusta leer la poesía? ¿Crees que escribir poesía es muy diferente de escribir la letra para una canción? Piensa en el papel que juega la poesía en nuestra vida diaria y cómo nos ayuda a expresarnos. Busca un poema que te guste (en inglés o en español) y léelo a la clase. Explica en español por qué te gusta.

Composición dirigida

En "Un perro ha muerto", Neruda expresa la pena que siente por la ausencia de su perro. Hay una canción popular titulada "¡Qué falta tú me haces!" (en otras palabras, ¡Cómo sufro por tu ausencia!). Escribe un poema, cuento o ensayo titulado "¡Qué falta tú me haces!". Puedes dirigir tu composición a un animal o a una persona querida que se ha muerto, un(a) amigo(a) o pariente que se ha mudado y está lejos, un aspecto de tu niñez, o cualquier cosa que hayas perdido.

GRAMÁTICA

El imperfecto

Ejemplos

a. Neruda nos dice en su autobiografía que cuando <u>era</u> niño, le <u>fascinaba</u> la naturaleza: "Me <u>atraían</u> los pájaros" y "me <u>asombraba</u> la perfección de los insectos".

b. Pablo Neruda ya no <u>era</u> joven, <u>tenía</u> casi cuarenta y cinco años, cuando encontró a Matilde, el gran amor de su vida.

c. El poeta <u>estaba</u> en México cuando conoció a Matilde.

d. <u>Eran</u> las dos de la tarde cuando la vio por primera vez.

e. En un soneto dedicado a Matilde, el poeta describió su vida antes de conocerla: "Antes de amarte, amor, nada <u>era</u> mío. . . / Nada <u>contaba</u> ni <u>tenía</u> nombre. . . / Todo <u>estaba</u> vacío, muerto y mudo".

f. Según Neruda, los ojos de Matilde <u>tenían</u> "color de luna".

g. En sus poemas, Neruda glorificó cada aspecto de Matilde porque la <u>quería</u> mucho.

h. Cada vez que el poeta <u>decía</u> el nombre de su amada, <u>sentía</u> gran alegría.

i. Yo <u>iba</u> a regalarte una antología de Neruda en inglés pero las traducciones son terribles.

Función

El imperfecto se usa para expresar acciones pasadas que no son "perfectas" porque no tienen límites claros o un fin definido. La falta de límites fijos del imperfecto contrasta con el carácter bien definido del pretérito, que expresa acciones pasadas claramente terminadas. El imperfecto se usa para:

- expresar la edad de una persona o de una cosa (Ejemplos a, b)
- expresar una acción indefinida que continúa en el pasado interrumpida por otra acción pasada terminada (Ejemplos b, c)
- decir la hora en el pasado (Ejemplo d)
- describir acciones o circunstancias que existían en el pasado sin duración definida (Ejemplo e)
- describir condiciones o características físicas en el pasado (Ejemplo f)
- expresar emociones o estados mentales en el pasado (Ejemplo g)
- expresar acciones repetidas en el pasado. Es la única manera de traducir el concepto inglés *used to.* (Ejemplos h, a)
- referirse al futuro, con el verbo *ir.* Se usa *ir* en el imperfecto + *a* + infinitivo. (Ejemplo i)

Observa: Verbos como *conocer, saber, poder* y *querer* cambian de significado en el pasado según el uso del imperfecto o del pretérito. Por ejemplo:

1. Tina Modotti era una amiga de Pablo Neruda; él la <u>conocía</u> bien. La <u>conoció</u> *(met)* en México.

2. Los padres de Luis <u>sabían</u> que su hijo no era muy organizado, pero al entrar en su dormitorio <u>supieron</u> *(found out)* lo desorganizado que era.

3. Ayer Laura me dijo que <u>podía</u> ayudarme a estudiar para mi examen de matemáticas pero <u>no pudo</u> *(didn't manage to)* hacerlo.

4. Eduardo no <u>quería</u> salir y aunque le pedimos otra vez, <u>no quiso</u> *(refused)*.

Formación

Verbos regulares

mirar		vender		vivir	
mir**aba**	mir**ábamos**	vend**ía**	vend**íamos**	viv**ía**	viv**íamos**
mir**abas**	mir**abais**	vend**ías**	vend**íais**	viv**ías**	viv**íais**
mir**aba**	mir**aban**	vend**ía**	vend**ían**	viv**ía**	viv**ían**

Verbos irregulares

ir		ser		ver	
iba	**íbamos**	**era**	**éramos**	**veía**	**veíamos**
ibas	**ibais**	**eras**	**erais**	**veías**	**veíais**
iba	**iban**	**era**	**eran**	**veía**	**veían**

Ejercicios

A. Completa la frase

Emplea la forma correcta del imperfecto o del pretérito según el sentido de la frase.

1. Dorothy _____ (ser) una chica bonita que

_____ (tener) catorce años y _____

(vivir) en Kansas con su tía Em.

2. Ella _____ (querer) mucho a su perro Toto, que

   _____ (ir) con ella a todas partes.

3. Un día un tornado se _____ (llevar) la casa con Dorothy y

   Toto adentro, y la _____ (dejar) caer en la Tierra de Oz.

   Al caerse, la casa _____ (matar) a una bruja mala.

4. Dorothy _____ (querer) volver a Kansas, y los Munchkins

   (la gente pequeña de Oz) le _____ (decir) que el Mago de

   Oz podría ayudarla.

5. Mientras Dorothy y Toto _____ (andar) por el Camino de

   Ladrillos Amarillos, ellos _____ (conocer) a tres nuevos

   amigos: el Espantapájaros, el Hombre de Estaño, y el León Cobarde.

6. Mientras los nuevos amigos _____ (buscar) al Mago de

   Oz, la hermana de la bruja muerta, que también _____

   (ser) fea y mala, los _____ (capturar).

7. Mientras Dorothy y Toto _____ (viajar) por la Tierra de

   Oz, Dorothy les _____ (decir) a todos: "Quiero volver a

   casa, quiero volver a Kansas".

8. Por fin Dorothy y Toto _____ (volver) a Kansas.

   _____ (Ser) las tres de la tarde cuando

   _____ (llegar).

9. La tía Em _____ (trabajar) en el jardín cuando

   _____ (ver) a Dorothy.

10. La tía Em _____ (estar) muy contenta de ver a Dorothy y

    le _____ (dar) un beso.

B. Completa la frase

Emplea la forma correcta del imperfecto o del pretérito del verbo según el sentido de la frase.

1. Mis hijos y yo _____ (ir) al refugio de animales, y cuando

   _____ (ver) a Rover por primera vez,

   _____ (saber) que _____ (ir) a ser nuestro.

2. Rover _____ (tener) dos años cuando yo lo

   _____ (adoptar).

3. Cuando Rover _____ (entrar) en nuestra casa,

   _____ (tener) miedo.

4. El pobre perro _____ (estar) nervioso al encontrarse en un

   sitio extraño, pero después de un rato _____

   (tranquilizarse).

5. La primera noche Rover _____ (dormir) en la cocina, pero

   después siempre _____ (pasar) la noche en mi dormitorio.

6. Rover _____ (querer) a los niños más que a nadie.

   Siempre que ellos _____ (jugar) Rover se

   _____ (encontrar) por medio.

7. Rover _____ (vivir) diez años felices con nosotros.

C. Expresión personal

Contesta con frases completas.

1. ¿Cuántos años tenían tus padres cuando se enamoraron? ¿Qué hacían cuando se vieron por primera vez?

   _____

2. ¿Qué estilo de ropa se llevaba hace años que no se lleva hoy?

   _____

3. Nombra una máquina que tenemos hoy que no existía cuando tus padres eran jóvenes.

_____

4. ¿Qué hacía la gente antes de la invención de la televisión?

_____

5. ¿Qué clase de música escuchaban tus padres cuando eran jóvenes?

_____

6. ¿Qué programa de televisión veías cuando eras un(a) niño(a) pequeño(a)?

_____

7. Describe un accidente que has tenido. ¿Qué hacías cuando tuviste el accidente?

_____

D. Entrevista

Imagínate que eres un(a) desterrado(a) / un(a) exiliado(a) de un país ideal que ya no existe, que fue destruido; un paraíso perdido. Con un(a) compañero(a) de clase, prepara una entrevista. El (la) entrevistador(a) hace preguntas sobre cómo era la vida en el país perdido. El (la) desterrado(a) contesta, describiendo la vida ideal que tenía, lo que causó la destrucción, cómo se escapó, etc. Emplea el imperfecto o el pretérito de los verbos, según el sentido de la frase.

Los tiempos perfectos

PearsonSchool.com
Web Code: jkd-0007

El presente perfecto

Ejemplos

a. El poeta está triste porque su perro <u>ha muerto</u>.

b. No voy a darle más de comer al perro hoy porque ya <u>ha comido</u> bastante con el bistec enorme que mamá había preparado para nuestra cena.

c. Siempre <u>he buscado</u> el consuelo de mi perro cuando me siento solo.

d. Muchas veces <u>hemos andado</u> juntos por el parque.

e. No <u>he visto</u> jamás (nunca) a un perro tan lindo como el mío.

Función

El presente perfecto se usa, como en inglés, para expresar:

- una acción que ocurrió en el pasado reciente pero sin tiempo específico (Ejemplos a, b)

- una acción pasada que se puede repetir en el presente (Ejemplos c, d)

- una acción que no ocurrió, con <u>jamás</u> o <u>nunca</u> (Ejemplo e)

Formación

Los verbos regulares

El presente perfecto se forma con el presente del verbo *haber* y el participio pasado.

haber	
he	hemos
has	habéis
ha	han

El participio pasado

amar	→	**amado**	querer	→	**querido**	vivir	→	**vivido**

Los participios pasados irregulares

abrir	→	**abierto**	cubrir	→	**cubierto**	decir	→	**dicho**
escribir	→	**escrito**	hacer	→	**hecho**	imprimir	→	**impreso**
morir	→	**muerto**	poner	→	**puesto**	resolver	→	**resuelto**
romper	→	**roto**	ver	→	**visto**	volver	→	**vuelto**

- Observa que verbos similares llevan la misma irregularidad:

devolver	→	**devuelto**	imponer	→	**impuesto**
describir	→	**descrito**	descubrir	→	**descubierto**

- Observa también que los verbos que tienen una vocal doble en el infinitivo (excepto el grupo vocálico *ui*) necesitan un acento sobre la *í* del participio pasado:

caer	→	**caído**	creer	→	**creído**
leer	→	**leído**	oír	→	**oído**

Ejercicios

A. Completa la frase

Emplea la forma correcta del presente perfecto del verbo (el presente de *haber* y el participio pasado).

1. Yo _____ (leer) muchos libros sobre la amistad entre el

   ser humano y el perro, y _____ (ver) muchas películas

   sobre el mismo tema.

2. Carlitos siempre _____ (decir) que Snoopy es su mejor amigo.

3. En la película de terror *Cujo,* éste es un perro que se

   _____ (volver) loco.

4. Los padres de Enriquito ya _____ (encontrar) al perro

perdido, y el niño está contentísimo porque se _____

(juntar) de nuevo con su mejor amigo.

5. El perro del poeta Pablo Neruda _____ (morir) y Neruda

lo _____ (enterrar) en el jardín.

6. El poeta nos _____ (dejar) un recuerdo cariñoso de

su perro.

7. Muchos autores _____ (escribir) sobre animales queridos.

8. Otro hispanohablante que _____ (ganar) el premio Nobel

es Juan Ramón Jiménez, quien expresó un gran cariño por su burrito

querido en *Platero y yo.*

B. Expresión personal
Contesta con frases completas.

1. ¿Has tenido un animal querido en tu casa?

_____

2. ¿Qué película has visto en la que el personaje principal es un animal?
   ¿Te gustó?

_____

3. ¿Has sufrido por la muerte de un animal?

_____

4. ¿Has leído cuentos de animales? Nombra uno.

_____

5. ¿Qué animal ha estado en peligro de extinción y se ha salvado?

_____

C. ¿Qué quieres hacer?

Usando los verbos siguientes, prepara una lista de cosas que no has hecho pero que quieres hacer en el futuro. Por ejemplo:

hablar   *No he hablado con una persona famosa.*

1. ver _____

2. encontrar _____

3. viajar _____

4. escribir _____

5. decir _____

6. oír _____

D. Preguntas y respuestas

Usando los siguientes verbos, prepara preguntas para hacer a un(a) compañero(a) de clase. Usa el presente perfecto en tus preguntas. Por ejemplo:

ver   *¿Cuál es la película más triste que has visto?*

1. leer _____

2. aprender _____

3. oír _____

4. hacer _____

5. conocer _____

El pluscuamperfecto

Ejemplos

a. Neruda <u>había nacido</u> solamente unos meses antes de la muerte de su madre.

b. El poeta <u>se había casado</u> dos veces antes de enamorarse de Matilde Urrutia.

c. Neruda <u>había ganado</u> el premio Nobel antes de escribir su último libro de poemas.

Función

El pluscuamperfecto se usa para expresar una acción pasada que ocurrió antes de otra acción también en el pasado (Ejemplos a, b, c).

Formación

El pluscuamperfecto se forma con el imperfecto del verbo haber y el participio pasado.

haber	
había	habíamos
habías	habíais
había	habían

El participio pasado

dejar → **dejado** esconder → **escondido** fingir → **fingido**

Ejercicios

A. Completa la frase

Usa la forma correcta del pluscuamperfecto del verbo (el imperfecto de *haber* y el participio pasado).

1. Antes de la muerte del animal, el poeta _____ (pasar) muchas horas felices con su perro.

2. Él no _____ (conocer) jamás compañero más fiel que su perro.

3. La niña tenía miedo de los perros porque _____ (oír) historias de perros peligrosos.

4. La mañana de la Navidad, el niño se alegró al ver el perrito que sus padres le _____ (comprar).

5. Este niño siempre _____ (soñar) con tener su propio perro.

6. Mi perro Rover _____ (pasar) seis meses en un refugio de animales antes de que yo lo adoptara.

7. Yo me _____ (sentir) muy sola antes de adoptar a Rover.

8. Dorothy y su perro Toto _____ (entrar) en la casa antes del tornado.

B. Expresión personal

Contesta con frases completas.

1. ¿Habías oído hablar de Pablo Neruda antes de leer "Un perro ha muerto"?

   _____

2. ¿Habías tenido miedo de algo o de alguien que después descubriste que era inofensivo? ¿Qué o quién era?

   _____

C. Acontecimientos de la niñez

Emplea el pluscuamperfecto para nombrar dos cosas importantes de tu vida que ya te habían pasado antes de cumplir cinco años. Por ejemplo:

Antes de cumplir cinco años yo ya había vivido en tres países distintos.

1. _____

2. _____

Emplea el pluscuamperfecto para nombrar dos cosas importantes que ya te habían pasado antes de cumplir diez años.

3. _____

4. _____

Los usos de *ser* y *estar*

PearsonSchool.com
Web Code: jkd-0008

Ejemplos

a. Mi perro <u>es</u> dulce e independiente.

b. Pablo Neruda <u>es</u> de Chile; su mujer <u>es</u> chilena también.

c. La casa del poeta <u>es</u> de piedra y <u>está</u> cerca del mar.

d. Ahora la casa <u>está</u> vacía; nadie vive allí.

e. El perro de Neruda <u>está</u> muerto y <u>está</u> enterrado en el jardín.

f. El poeta <u>estaba</u> enamorado de Matilde desde que la vio por primera vez.

g. <u>Está</u> triste porque ya no tiene su compañero.

h. Pablo Neruda no <u>era</u> muy viejo cuando se murió.

i. La conferencia donde se lee poesía de Neruda <u>es</u> en la biblioteca.

Función

- El verbo *ser* se usa para describir características esenciales, las características que *identifican,* que forman parte de la identidad de algo o alguien (Ejemplos a, b, c, h). Por ejemplo, al servir la sopa de pollo, la sopa *está* caliente. Después de unos momentos, la sopa *está* fría. Caliente o fría no es una característica esencial de una sopa de pollo. Pero el gazpacho es una sopa de tomate española que sólo se sirve fría. Se define como una sopa fría. Si se calienta, lo que tenemos es sopa de tomate muy extraña, pero ya no es gazpacho. Por eso:

> La sopa de pollo **está** caliente o fría.

> El gazpacho **es** frío.

- El verbo *ser* también se usa para expresar dónde algo *ocurre* o *tiene lugar:* La fiesta es en casa de Juancito (Ejemplo i).

- El verbo *estar* se usa para expresar la colocación (dónde está algo o alguien) o la condición de algo o alguien (Ejemplos c, d, e, f, g).

Ejercicios

A. Completa la frase

Usa la forma correcta del imperfecto de *ser* o *estar* según el sentido de la frase.

1. Neruda _____ un poeta muy famoso y bien amado.

2. Neruda y Matilde ya no _____ jóvenes cuando se enamoraron.

3. El poeta _____ más contento cuando

   _____ con Matilde.

4. En uno de sus poemas, Neruda dijo que cuando Matilde

   _____ lejos de él, el día _____ muy largo.

5. Según los poemas de Neruda, Matilde _____ la mujer más

   bella del mundo.

B. Completa la frase

Usa la forma correcta del presente de *ser* o *estar* según el sentido de la frase.

1. *Las odas elementales* de Neruda _____ muy simples y

   celebran las cosas más comunes de la vida diaria.

2. En "Oda a la papa", la papa _____ "dulce" y "honrada",

   y se presenta como "tesoro interminable de los pueblos".

3. La "Oda a los calcetines" describe calcetines que _____

tan hermosos "que mis pies me parecen inaceptables".

4. Por lo general pensamos en el jabón como cosa utilitaria, que nos sirve

cuando las manos _____ sucias. Pero en "Oda al jabón",

tiene olor de "corazón mojado" y _____ como "pescado

ciego en la profundidad de la bañera".

5. En la "Oda a la casa abandonada", el poeta escribe con cariño y tristeza

sobre su casa que _____ vacía mientras que su familia

_____ de vacaciones. Todas las ventanas

_____ cerradas, y hay "una opresiva noche prematura" en

las habitaciones.

6. Cuando leo *Las odas elementales* de Neruda, siempre

_____ sorprendida y divertida al pensar en los aspectos

raros de cosas ordinarias. El mundo de Neruda _____

nuevo y fantástico.

C. Expresión personal
¿Quién eres tú?

Emplea el verbo *ser* para escribir diez frases que te definen o que te identifican. Puedes incluir características importantes de tu personalidad, nacionalidad, religión, ocupación, relaciones con amigos o parientes, etc.

1. _____

2. _____

3. _____

4. _____

5. _____

6. _____

7. _____

8. _____

9. _____

10. _____

¿Cómo estás?

Emplea el verbo *estar* para dar información sobre ti. Puedes usar adjetivos como *nervioso, contento, triste, enfermo, furioso, tranquilo,* etc. Por ejemplo:

> *Estoy nerviosa porque voy a ir al dentista.*

> *Cuando estoy enferma me quedo en la cama todo el día.*

1. _____

2. _____

3. _____

4. _____

5. _____

6. _____

D. ¿Quién soy?

En el juego de *¿Quién soy?*, una persona toma una identidad secreta. El resto de la clase trata de determinar quién es, haciendo preguntas de sí o no. Por ejemplo, "¿Es usted real?" o "¿Está usted vivo(a)?" Si no empleas *ser* o *estar* correctamente, la pregunta no debe recibir respuesta. Puedes usar el vocabulario de abajo para ayudarte a jugar a este juego.

real / ficticio, -a

el varón (persona del sexo masculino) / **la hembra** (persona o animal del sexo femenino)

macho (animal del sexo masculino)

viejo, -a / joven

guapo, -a / feo, -a

famoso, -a

el (la) atleta, el político / la política, el actor / la actriz

E. Oda elemental

En sus *Odas elementales* Pablo Neruda celebra la magia de cosas consideradas ordinarias. En este fragmento de "Oda al primer día del año", el poeta le habla directamente al día y le dice:

. . . . . .
y eres
oh día
nuevo
oh nube venidera,
plan nunca visto
torre
permanente!

Escribe tu propia "Oda elemental", en la que hablas directamente con una cosa ordinaria. Debes incluir varias líneas que empiecen *Eres. . .*

F. Imagínate

Imagínate que puedes convertirte en un animal. Puedes ser un animal real o inventado. ¿Qué animal eres? Utiliza el verbo *ser* para describirte a ti mismo(a) como animal. ¿Por qué quieres ser ese animal?

Repaso

A. *Libro de las preguntas*

En su *Libro de las preguntas,* que se publicó en 1974, después de la muerte del poeta, Neruda escribió una serie de poemas en forma de preguntas sencillas, diversas y muchas veces caprichosas. Las preguntas siguientes son de este libro. En cada pregunta, traduce las palabras inglesas al español, empleando el infinitivo o el tiempo verbal apropiado: el presente, el pretérito, el imperfecto, el presente perfecto o el pluscuamperfecto.

1. ¿Hay algo más tonto en la vida que _____ *(to call oneself)*

   Pablo Neruda?

2. ¿A quién le _____ *(can I)* preguntar qué

   _____ *(I came)* a hacer en este mundo?

3. ¿Dónde _____ *(is)* el niño que yo fui? ¿Sigue adentro de

   mí o _____ *(did he go away)*?

4. ¿Por qué no morimos los dos cuando mi infancia se _____

   (died)?

5. Y si el alma se me _____ *(fell)*, ¿por qué me sigue el

   esqueleto?

6. Dime, ¿la rosa _____ *(is)* desnuda o sólo

   _____ *(has)* ese vestido?

7. ¿_____ *(Have you,* fam., *thought)* de qué color es el abril

   de los enfermos?

8. Cuando _____ *(used to cry)* Baudelaire,

   ¿_____ *(did he cry)* con lágrimas negras?

9. Si todos los ríos _____ *(are)* dulces, ¿de dónde saca sal el

   mar?

10. ¿Qué _____ *(did learn)* el árbol de la tierra para conversar

    con el cielo?

B. Preguntas

Escribe tus propias preguntas. Puedes emplear el estilo caprichoso de Neruda
o cualquier otro estilo que prefieras. Puedes escribir preguntas serias o
cómicas. No te olvides de usar el tiempo verbal apropiado.

Las idiosincrasias personales

LECTURA   "Viajes", de *Historias de cronopios y de famas*, de Julio Cortázar

GRAMÁTICA   Los verbos reflexivos; los complementos directos e indirectos; los verbos *faltar, gustar, importar, molestar* y *parecer*

Vocabulario

la alfombra lo que se usa para cubrir el suelo. El perro anduvo por la sala con pintura en las patas, y ahora no se pueden limpiar las manchas de la alfombra.

averiguar (ü) llegar a saber algo, descubrir; hacer preguntas sobre algo. El policía tiene que averiguar la verdad sobre el crimen.

la calidad atributo o distinción de una cosa. Los poemas de Neruda son de la calidad más alta. Se paga más por un objeto de mejor calidad.

cobrar recibir o pedir dinero por algún trabajo u objeto. Los jugadores de béisbol cobran mucho dinero por su participación en el juego.

la costumbre hábito que resulta de la repetición. El conde Drácula tiene la mala costumbre de beber sangre.
acostumbrarse a adquirir una costumbre; llegar a no encontrar raras ciertas cosas. Hace dos años que se me murió mi perro, pero nunca me he acostumbrado a su ausencia.

desanimarse perder el ánimo o espíritu para hacer algo; deprimirse. Empecé a arreglar mi dormitorio pero era una tarea tan grande que después de media hora me desanimé. El alumno se desanimó porque sacó una *F* después de estudiar tanto.

el desorden desorganización; falta de estructura. El tornado dejó el pueblo en un estado de desorden y destrucción.

desorganizado, -a se aplica a lo que no tiene ni estructura ni orden. La profesora es muy desorganizada; pasa mucho tiempo buscando sus libros y otras cosas que ha perdido.

el detalle cada uno de los elementos que forman parte de una descripción o lista. El joven enamorado se interesa por cada detalle de la vida de su amada.

el lío situación de desorden o confusión. ¡Este dormitorio es un lío! Hay ropa, papeles y comida por todas partes.

lleno, -a ocupado; completo; lo contrario de vacío. No puedo estacionar el
automóvil en el garaje porque el garaje está <u>lleno</u> de bicicletas, cajas y
otras cosas. El vaso está <u>lleno</u> de agua.

marcharse irse; salir de un sitio. Llegué a la estación a las ocho y diez, pero el
tren <u>se había marchado</u> a las ocho.

molestarse sufrir una molestia o algo desagradable. Luis me abandonó cuando
lo necesitaba. Ahora ¿por qué debo <u>molestarme</u> en ayudarlo?

los muebles los objetos en una casa, por ejemplo una cama, una silla, una
mesa, etc. Uno no puede sentarse en el sofá o las sillas porque hay ropa
sobre todos los <u>muebles</u> de la casa.

el orden organización. El general insiste en mantener <u>orden</u> entre los hombres
de su tropa.

organizado, -a se aplica a lo que tiene una estructura y orden. Mi mamá es
muy <u>organizada</u>; mantiene todas sus posesiones en su sitio.

el precio el valor monetario que tiene una cosa. Las cosas más importantes de
la vida no se pueden comprar; no tienen <u>precio</u>. El <u>precio</u> de un Rolls
Royce es muy alto.

reunirse (ú) unir de nuevo; juntarse. Vamos a <u>reunirnos</u> en la casa de mi
abuela para celebrar su cumpleaños.

la sábana pieza de tela que se usa para cubrir la cama. Si comes en la cama,
vas a encontrar comida en las <u>sábanas</u>.

Ejercicios de vocabulario

A. Completa la frase
Usa la palabra apropiada del vocabulario.

1. Mi mamá es una persona totalmente _____. Ella insiste

   en un orden perfecto en la casa.

2. Todas las sillas, mesas, sofás y otros _____ de la casa

   tienen su lugar fijo.

3. Yo soy todo lo contrario de mi mamá. Mi dormitorio es un

   _____ total, con libros y ropa por todas partes.

4. No se puede ver el color de las _____ en mi cama porque

   está cubierta de ropa.

5. A veces tengo la _____ de dormir en el suelo porque no

   puedo encontrar la cama.

6. Mi hija es tan desordenada como yo. Hace tantos años que no veo la

   _____ en el suelo de su dormitorio que no me acuerdo

   del color.

7. No puede sentarse uno en las sillas porque están _____ de

   ropa y otras cosas.

8. La última vez que mi mamá me visitó, le molestó tanto el lío que ella

   _____ de prisa.

9. Ella siempre reacciona con sorpresa y horror al lío en mi casa; no puede

   _____ al desorden.

10. Ahora cuando queremos vernos, _____ en la casa de ella.

11. Cuando yo era joven mi mamá trataba de enseñarme a ser más organizada,

    pero después de mucho tiempo ella _____ frente a la

    imposibilidad de cambiarme.

12. Al conocer a una persona por primera vez, siempre le hago preguntas para

    _____ si es una persona organizada como mi mamá o

    desorganizada como yo.

B. Expresión personal

1. ¿Eres organizado(a) o desorganizado(a)? Explica o da un ejemplo.

2. ¿A tus padres les molesta el desorden?

3. Si tienes un(a) compañero(a) de cuarto muy distinto a ti, ¿puedes acostumbrarte a vivir con una persona mucho más organizada (o desorganizada) que tú?

4. ¿Qué costumbres de otras personas te molestan? ¿Por qué? ¿Qué costumbres tienes que les molestan a otros?

5. Cuando conoces a una persona por primera vez, ¿qué aspecto de su personalidad te inspira curiosidad? ¿Qué cosas quieres averiguar?

6. Al tratar de hacer algo difícil, ¿te desanimas fácilmente? ¿Cómo reaccionas a la frustración?

7. Cuando planeas un viaje o una fiesta, ¿te preocupas mucho por los detalles?

LECTURA

Estrategia para leer

El propósito del autor de este cuento es divertir a sus lectores mientras hace un comentario sobre el carácter humano. Mientras lees, trata de formar una imagen mental de la gente que se describe. Piensa en tus amigos y parientes y decide quiénes son similares a las personalidades del cuento.

Julio Cortázar

Julio Cortázar (1914-1984) nació en Bruselas, de padres argentinos. Volvió con su familia a la Argentina cuando tenía cuatro años. Es uno de los autores más estimados del "Boom" literario latinoamericano, el gran florecimiento de la literatura de este siglo. Mucha de la obra de Cortázar pertenece al género llamado *realismo mágico,* o literatura fantástica. Los cuentos de Jorge Luis Borges también se caracterizan por este realismo mágico.

"Viajes" es de una colección de cuentos que se llama *Historias de cronopios y de famas* (1962). Estos cuentos divertidos y cómicos presentan un ambiente de fantasía distinta de la fantasía del realismo mágico. En *Historias de cronopios y de famas,* el autor ha creado tres clases de seres: los cronopios, totalmente desorganizados; los famas, organizados y compulsivos; y las esperanzas, que son, más o menos, observadores de la vida y no se molestan en relacionarse con nadie. Estos seres son caricaturas divertidas del ser humano. Pero a la vez que nos reímos, nos reconocemos en ellos.

Viajes

Cuando los famas salen de viaje, sus costumbres al pernoctar[1] en una ciudad son las siguientes: Un fama va al hotel y averigua cautelosamente[2] los precios, la calidad de las sábanas y el color de las alfombras. El segundo se traslada[3] a la comisaría[4] y labra un acta[5] declarando los muebles e inmuebles[6] de los tres, así como el inventario del contenido de sus valijas[7]. El tercer fama va al hospital y copia las listas de los médicos de guardia y sus especialidades.

Terminadas estas diligencias[8], los viajeros se reúnen en la plaza mayor de la ciudad, se comunican sus observaciones, y entran en el café a beber un aperitivo. Pero antes se toman de las manos y danzan en ronda. Esta danza recibe el nombre de "Alegría de los famas".

---

1. **pernoctar** pasar la noche en alguna parte; dormir
2. **cautelosamente** con gran cuidado
3. **se traslada** transporta, se dirige, se va, cambia de lugar
4. **comisaría** oficina de la policía
5. **labra un acta** escribe una lista oficial
6. **muebles e inmuebles** todas las posesiones
7. **valijas** maletas

8. **diligencias** tareas necesarias para realizar un proyecto

Cuando los cronopios van de viaje,
20 encuentran los hoteles llenos, los trenes ya se
han marchado, llueve a gritos, y los taxis no
quieren llevarlos o les cobran precios altísimos.
Los cronopios no se desaniman porque creen
firmemente que estas cosas les ocurren a todos,
25 y a la hora de dormir se dicen unos a otros: "La
hermosa ciudad, la hermosísima ciudad". Y

sueñan toda la noche que en la ciudad hay
grandes fiestas y que ellos están invitados. Al
otro día se levantan contentísimos, y así es
30 como viajan los cronopios.

Las esperanzas, sedentarias[9], se dejan viajar
por las cosas y los hombres, y son como las
estatuas que hay que ir a ver porque ellas no
se molestan.

---

9. **sedentarias** inmóviles; se aplica a la persona que no
se mueve mucho, que se queda sentada

¿Verdad o falso?

1. Los famas prestan mucha atención a los detalles. _____

2. Antes de salir de vacaciones, los cronopios planean con gran cuidado.

_____

3. Los cronopios se enojan mucho con los problemas que encuentran.

_____

4. Por lo general las esperanzas no viajan. _____

Preguntas de comprensión

1. Los famas se preocupan de muchos detalles de su viaje. ¿Cuáles son?
2. ¿Qué hacen los famas para protegerse en caso de que haya un robo?
3. Después de resolver todos los problemas posibles del viaje, ¿qué hacen los famas para expresar su felicidad?
4. En tus propias palabras, ¿qué problemas tienen los cronopios al viajar?
5. ¿Por qué tienen estos problemas los cronopios y no los famas?
6. ¿Cómo reaccionan los cronopios a estos problemas?
7. ¿Por qué no viajan las esperanzas?

¿De quién se habla?

Decide si cada persona de quien se habla abajo es fama, cronopio o esperanza.

1. Arturo arregla todos sus discos, casetes y discos compactos en orden

alfabético. Arturo es _____.

2. Teresa tiene seis bolsas de azúcar en varios sitios de la cocina,

pero compra otra en el supermercado porque no se acuerda de que

ya tiene seis, o se ha olvidado de dónde están. Teresa es

_____.

3. Raúl mira los deportes en la tele, pero no juega a ninguno ni asiste a los

juegos. Raúl es _____.

4. Rosa es capaz de pagar la misma cuenta dos veces, y no tiene

la menor idea de cuánto dinero tiene en el banco. Rosa es

_____.

5. Los hijos de Isabel juegan con una pelota dura en la casa. Por accidente, la

pelota da contra la pared de la sala y hace un agujero (espacio vacío). Los

niños meten un papel blanco, del color de la pared, en el agujero. Después

de dos años su mamá todavía no lo ha notado. La mamá es

_____.

6. Amalia invita a Salvador a cenar a las siete. Salvador toca a la puerta de

Amalia a las siete en punto. Nadie contesta porque Amalia todavía está

arriba, bañándose. Amalia es _____; Salvador es

_____.

7. Viviana tiene cincuenta y dos álbumes de fotos, todos marcados con la

fecha y la descripción de la foto. Ana tiene algunas fotos en una caja, otras

entre las páginas de varios libros y otras aquí y allá, por varios sitios de la

casa. Viviana es _____; Ana es _____.

8. Pablo y Adela son esposos, pero son muy diferentes. Planean una cena

para sus amigos. Durante los días antes de la cena, Adela invita a varios amigos que encuentra en la calle. No sabe cuántos de ellos van a venir a la

fiesta, pero no le molesta. A Pablo le molesta muchísimo porque ya hace

dos días que puso la mesa, y no le gusta cambiarla. Pablo es

_____; Adela es _____.

9. Carmen no invita a sus amigos a cenar porque le parece mucho trabajo y

   no quiere molestarse. Carmen es _____.

10. El padre de Adriana le ha dado un archivo para guardar todos sus

    documentos importantes. Ella busca los documentos relacionados con la

    salud de su perro. No puede encontrarlos y se olvida si están bajo "P"

    para perro, "R" para Rover, "V" para veterinario, o "G" para González, el

    nombre del veterinario. Adriana es _____.

¿Quién es?

Escribe tus propios ejemplos de famas y cronopios. Los otros estudiantes
tratarán de adivinar de quién se habla.

Preguntas de discusión

1. ¿Eres fama, cronopio o esperanza? Explica. ¿Quieres ser diferente de lo
   que eres? ¿De qué manera?

2. ¿Cómo se caracterizan tus padres? ¿Son famas, cronopios o esperanzas?
   Da ejemplos.

3. Los famas son siempre puntuales. La puntualidad puede ser una cualidad
   individual o determinada por la cultura. Discute lo que sabes de
   diferencias culturales con respecto a la puntualidad y al tiempo por lo
   general. ¿Eres tú puntual?

4. Según una teoría, los cronopios siempre se casan con los famas. Piensa
   en todos los matrimonios que conoces. ¿Te parece verdad la teoría?
   Explica.

5. ¿Cuáles son los beneficios cuando un cronopio vive con un fama? ¿Cuáles
   son los beneficios de dos cronopios que viven juntos? ¿Dos famas? ¿Cúales
   son las desventajas?

6. En tu opinión, ¿qué grupo es más feliz, los cronopios, los famas o las
   esperanzas? ¿Por qué?

7. ¿Cómo sería el mundo si todos fueran famas? ¿Si todos fueran cronopios?

8. Tu amiga es un cronopio que se ha enamorado de un fama. El fama viene a comer por primera vez a la casa del cronopio. ¿Debe ella organizar la casa antes de su visita? ¿O es mejor que el fama sepa la verdad desde el principio?

Expresándonos

1. En tu residencia universitaria, conoces por primera vez a tu compañero(a) de cuarto. Es obvio que uno de ustedes es un fama extremo y el otro, el más cronopio de los cronopios. Con un(a) compañero(a) de clase, prepara un diálogo entre los compañeros de cuarto. Puede ser un diálogo del primer día, o puede ocurrir después de unos meses.

2. De los dos candidatos para presidente del gobierno estudiantil, uno es fama y el otro cronopio. Con un(a) compañero(a) de clase, prepara un debate entre los dos candidatos.

3. Dos jóvenes están enamorados y van a casarse. El único problema que tienen es que uno es fama y el otro es cronopio. Con un(a) compañero(a) de clase, prepara un diálogo entre estos novios, en el que hablan sobre cómo podrán vivir felizmente.

Integración

Antes de escuchar

Para discutir Hay libros que nos hacen reír y hay libros que han cambiado la manera de pensar de toda una cultura. En tu opinión, ¿qué otros propósitos se pueden descubrir en las obras literarias de un autor?

Instrucciones

1. Relee la selección. Debes enfocarte en:

   a. los aspectos cómicos o absurdos de la selección

   b. las características de los cronopios, famas y esperanzas que ves en ti mismo(a) o en otras personas

2. Después de repasar la selección, estudia la lista de vocabulario para la conferencia.

3. Escucha la conferencia y toma apuntes sobre las ideas más importantes. Debes prestar atención:

   a. al contraste entre las varias obras de Cortázar

   b. a lo cómico y lo absurdo en las obras mencionadas en la conferencia

   c. al propósito del autor al escribir cada obra mencionada

4. Después de escuchar la conferencia, completa las oraciones de la sección **Comprensión.**

5. Finalmente, vas a preparar una presentación según las instrucciones de la sección **Presentación oral.**

Vocabulario

quejarse de: expresar descontento; *to complain*

conejo: animalito de orejas largas, que come zanahorias

escoger: seleccionar

reírse: reaccionar a algo cómico; *to laugh*

compañeros de cuarto: personas que viven en el mismo sitio, como en una residencia universitaria

Escuchar

Has leído "Viajes", un cuentito de la colección *Historias de cronopios y de famas,* en el que Cortázar se burla de aspectos de la naturaleza humana. En la conferencia se habla de otras obras del mismo autor que, en contraste con *Historias de cronopios y de famas,* son del género del realismo mágico, en el cual se mezclan lo real y lo irreal. Elementos absurdos y cómicos se encuentran en *Historias de cronopios y de famas* y también en el realismo mágico de Cortázar. Escucha la selección y luego haz las actividades de la sección **Después de escuchar.**

CD, Track 3

PearsonSchool.com
Web Code: jkd-0069

Después de escuchar

Comprensión Selecciona la mejor respuesta.

1. *Rayuela* se puede describir como una novela _____.

   a. cómica   **c.** romántica

   b. innovadora, original   **d.** tradicional

2. Al decir que el señor se ha acostumbrado a la incomodidad de vomitar conejos, el significado más probable de "incomodidad" es _____.

   a. precio   **c.** mentira

   b. amistad   **d.** molestia

3. Al hablar de "mezclar lo fantástico con lo cotidiano", el significado más probable de "cotidiano" es _____.

   a. de todos los dias, ordinario

   b. irreal

   c. sobrenatural

   d. mágico

4. Decir que vomitar conejos es una "incomodidad" _____.

   a. es una exageración

   b. quita importancia a lo que ocurrió

   c. es una descripción realista

   d. es una expresión de alegría

5. El propósito de Cortázar al escribir *Historias de cronopios y de famas* parece ser _____.

    a. hacer al lector cuestionar la realidad

    b. cambiar las opiniones del lector

    c. confundir al lector

    d. divertir o entretener al lector

Presentación oral Tu presentación va a basarse en la selección de "Viajes" de Julio Cortázar, que ya has leído, y la conferencia que escuchaste. Prepara una presentación oral de dos minutos sobre el tema que sigue. Si quieres, repasa la lectura y la conferencia otra vez antes de preparar tu presentación. Puedes hacer tu presentación ante la clase o grabarla, según las instrucciones de tu profesor(a).

Tema: Compara los elementos absurdos y cómicos de "Viajes" con estos mismos elementos en las obras de realismo mágico de Cortázar. Puedes incluir ejemplos de tu propia vida para ilustrar la idea de que lo cómico y lo absurdo de "Viajes" están más cercanos a nuestra vida diaria, en contraste con lo cómico y lo absurdo de las otras obras mencionadas.

Comunidades El propósito de Julio Cortázar en *Historias de cronopios y de famas* es ser gracioso. ¿Has visto o leído obras cómicas de otras culturas? Busca algunas en una librería o tienda hispana en tu comunidad o haz una investigación en el Internet. ¿Qué clase de broma o situación te hace reír? ¿Qué aspectos del humor son universales?

Educación para toda la vida Ver películas en español es una buena manera de mejorar tu español y de aprender a apreciar a otras culturas a la misma vez. Ve a una tienda de videos y DVDs que tenga películas en español. Alquila una película cómica en español. Después de verla, discute los elementos universales y culturales del humor de la película.

Composición dirigida

1. Escribe un ensayo en el que describes a la persona más cronopio y a la persona más fama que conoces. ¿Cómo viven estas personas? ¿Cómo reaccionan a varias situaciones? Puedes describir personas reales o imaginarias.

2. Escribe un cuento corto en el que el protagonista es un cronopio o un fama.

GRAMÁTICA

Los verbos reflexivos

PearsonSchool.com
Web Code: jkd-0010

Ejemplos

a. Los famas <u>se levantan</u> a las siete para explorar la ciudad. Yo no <u>me levanto</u> hasta el mediodía.

b. Las esperanzas no <u>se molestan</u> en <u>relacionarse</u> con otras personas.

c. Mi hermano y yo no <u>nos hemos acostumbrado</u> a la rigidez de nuestros padres.

d. Soy muy desorganizada y a veces <u>me olvido</u> de hacer cosas importantes.

e. Uds. <u>se reúnen</u> con los otros famas cada viernes a las ocho en punto.

f. Los famas y cronopios tienen una cosa en común: sin amor, <u>se mueren</u>.

g. "Adiós, <u>me voy</u>", dijo la esperanza.

h. Cuando un cronopio <u>se casa</u> con un fama, tienen que <u>acostumbrarse</u> a sus diferencias.

Función

Un verbo se llama reflexivo cuando se usa con un pronombre reflexivo *(me, te, se; nos, os, se)*. El sujeto del verbo y su objeto, el pronombre reflexivo, se refieren a la misma persona. Hay tres aspectos del uso del reflexivo:

- El sujeto del verbo recibe la acción del verbo (Ejemplos a; b, segundo verbo; e). *Me levanto. = Yo levanto a mí mismo(a).*

- Muchos verbos reflexivos se usan para indicar un proceso, una transición o un cambio (Ejemplos b, c, f, h). *Me casé. = Era soltera y ahora estoy casada.*

- Hay verbos que se pueden usar como reflexivos o no reflexivos: *permitir (a otro); permitirse (a uno mismo)*. Algunos verbos cambian su significado cuando se usan con pronombres reflexivos (Ejemplo g). *Irse* tiene el significado de *salir* de cierto lugar.

Formación

Los pronombres reflexivos son:

me	**nos**
te	**os**
se	**se**

Colocación

Los pronombres reflexivos se colocan antes de los verbos, con tres excepciones: el infinitivo, el gerundio y el mandato afirmativo.

Uso del pronombre reflexivo antes del verbo

Los famas <u>se reúnen</u> a las ocho en punto.

Los cronopios no <u>se reunieron</u> anoche porque todos <u>se olvidaron</u> de la hora y de la fecha.

Siempre <u>me reunía</u> con mis amigos esperanzas en la casa de ellos porque no <u>se molestaban</u> en visitarme.

Uso del pronombre reflexivo después del verbo

El fama no puede <u>acostumbrarse</u> al lío de mi casa.

Poco a poco estoy <u>acostumbrándome</u> a los hábitos de mi amigo.

¡<u>Acostúmbrese</u> al nuevo orden!

> **Observa:** Cuando se le añade el pronombre reflexivo al gerundio o al mandato afirmativo de más de una sílaba, hay que escribir un acento para indicar que el acento todavía cae en la misma sílaba.

Algunos verbos reflexivos

- **Verbos reflexivos que se encuentran en los Capítulos 1, 2 y 3**

acercarse a	acostarse *(o → ue)*	acostumbrarse a
asustarse	desanimarse	despertarse *(e → ie)*
irse	juntarse	marcharse
molestarse	preocuparse de	reunirse *(u → ú)*

- **Otros verbos reflexivos comunes**

  acordarse de *(o → ue)* tener una cosa en la memoria

  burlarse de reírse de alguien

  casarse con unirse en matrimonio

  dejarse permitirse

  divertirse *(e → ie) (e → i)* alegrarse; entretenerse; encontrar alegría haciendo algo

  dormirse *(o → ue) (o → u)* no estar despierto; pasar de despierto a dormido

  enamorarse de empezar a sentir amor por otra persona

  enojarse irritarse; sentir ira

  equivocarse cometer un error

  morirse *(o → ue) (o → u)* pasar de la vida a la muerte

olvidarse de no tener una cosa en la memoria

quedarse permanecer, no irse

quejarse de expresar descontento o pena

- **hacerse**
  ponerse   Estos verbos se usan para expresar una transición, la idea
  volverse   de "to get" o "to become". Ve el Capítulo 9, p. 194.

Ejercicios

A. Completa la frase

Emplea uno de los verbos reflexivos de la lista. (En ciertas frases hay más de
un verbo posible.)

1. El cronopio llegó tarde a la estación y el tren ya _____.

2. Al fama le gusta _____ con sus amigos para bailar "La

   alegría de los famas".

3. El cronopio trataba de ser más organizado y se hizo una lista de todas las

   cosas que necesitaba hacer. Pero después de perder la lista, el cronopio

   _____ con la imposibilidad de cambiarse y decidió

   quedarse como era.

4. Ya no voy a _____ con organizarme. No vale la pena.

5. Mi madre _____ al ver mi dormitorio. Ella nunca había

   visto un lío tan enorme.

6. Aunque el fama y su novia cronopio son muy diferentes, ellos

   _____ y ahora van a la iglesia para

   _____. Todos los famas _____ temprano

   para ir juntos a la iglesia. Pero los cronopios llegan tarde a la iglesia

   porque _____ de sus casas en el último momento.

7. La esposa cronopio no tiene buena memoria y a veces no

   _____ de la fecha del aniversario pero no

   _____ nunca del amor que tiene por su esposo.

8. Hace años que viven juntos y el esposo ya no _____ por

la desorganización de su mujer. Él controla sus emociones y no

_____ perder la paciencia cuando ella llega tarde o pierde

las llaves de la casa.

B. Contesta con frases completas

1. ¿Cómo se llama el creador del Ratón Miguelito y del Pato Donaldo?

_____

2. ¿Dónde se sentaba la Srta. Muffet?

_____

3. ¿Por qué se asustó la Srta. Muffet?

_____

_____

4. ¿Se equivoca el lobo al entrar por la chimenea?

_____

_____

5. ¿Qué personaje de ficción se enojaba mucho durante la Navidad?

_____

_____

6. ¿Se divierte mucho la Cenicienta en el baile? ¿Por qué se preocupa a medianoche? ¿Con quién se casa después?

_____

7. ¿Quién se durmió después de comer una manzana envenenada *(poisoned)*?

_____

8. En *La Bella y la Bestia*, ¿quién se enamoró de la Bella?

_____

C. Expresión personal

Contesta con frases completas.

1. ¿De qué se quejan Uds. con respecto a la escuela?

_____

2. ¿De qué aspecto de tu vida te quejas?

_____

3. ¿De qué se quejan tus padres?

_____

4. ¿De qué se quejan los maestros?

_____

5. ¿Cuándo te enfadas mucho? ¿Qué haces cuando te enfadas?

_____

6. ¿Cuándo se enojan tus padres contigo?

_____

7. ¿En qué momento de tu vida te asustaste mucho?

_____

8. ¿En qué día de tu vida te divertiste más?

_____

9. Si estás en una fiesta y muchos de los jóvenes toman demasiado alcohol, ¿te quedas o te vas? ¿Por qué?

_____

10. ¿Te duermes a veces en las clases o en el cine?

_____

11. ¿Es posible enamorarse a primera vista?

_____

Los complementos directos e indirectos

PearsonSchool.com
Web Code: jkd-0011

Los complementos directos

Ejemplos

a. Mi amigo el cronopio no es muy observador. A veces parece que me mira sin ver<u>me</u>.

b. "Yo <u>te</u> quiero", le dice el cronopio a la fama.

c. El cronopio escribió una lista, pero después, cuando <u>la</u> buscó, no pudo encontrar<u>la</u>.

d. "Búsca<u>la</u> por favor", dijo el fama.

e. Nuestra amiga la esperanza no <u>nos</u> visita.

f. El cronopio no está aquí. Estamos esperándo<u>lo</u>.

g. Llega tarde porque perdió las llaves y todavía no <u>las</u> ha encontrado.

Función

Los complementos directos se usan para sustituir a un sustantivo, persona o cosa. El complemento directo recibe directamente la acción del verbo.

Formación

Los complementos directos son:

me	nos
te	os
lo la	los las

Colocación

El complemento directo se coloca antes del verbo excepto en el caso del infinitivo, el gerundio y el mandato afirmativo.

> Preparé la cena y mi familia se **la** comió.

> Ejemplos: a (**me** mira); b (**te** quiero); c (**la** buscó); e (**nos** visita); g (**las** ha encontrado)

Hay tres casos en los que el complemento directo se coloca después del verbo, unido directamente a él:

- El infinitivo. Voy a hacer la tarea otra vez y no voy a perder**la** (Ejemplo a: ver**me**; c: encontrar**la**).

- El gerundio. Hace tres años que el cronopio no limpia su dormitorio, pero está limpiándo**lo** ahora (Ejemplo f: esperándo**lo**).

- El mandato afirmativo. Mi mamá se asustó al ver el lío, y me dijo: "Organíza**te**" (Ejemplo d: Búsca**la**).

> **Observa:** Cuando se le añade el complemento directo al gerundio o al mandato afirmativo de más de una sílaba, hay que escribir un acento para indicar que el acento todavía cae en la misma sílaba.

Observa las siguientes posibilidades:

Debo organizar mis cosas.

Voy a organizar**las**. *o* **Las** voy a organizar.

Estoy organizándo**las** ahora. *o* **Las** estoy organizando ahora.

Observa también que en el caso del mandato afirmativo sólo hay una posibilidad: *Organízate.* (Pero: *No **te** organices.*)

LECTURA

Vocabulario

la tortuga *turtle*

la velocidad rapidez en el movimiento; cuan rápidamente se mueve

la tiza materia blanca que se usa para escribir en la pizarra

dibujar representar una figura con un lápiz u otro utensilio *(to draw)*

la golondrina pájaro bonito que habita comunmente en España

el caparazón la parte dura que cubre la espalda de la tortuga

Lee el cuentito y después haz los ejercicios.

Tortugas y cronopios

Julio Cortázar

Ahora pasa que las tortugas son grandes admiradoras de la velocidad, como es natural.
Las esperanzas lo saben, y no se preocupan.
Los famas lo saben, y se burlan.
Los cronopios lo saben, y cada vez que encuentran una tortuga, sacan la caja de tizas de colores y sobre la redonda pizarra de la tortuga dibujan una golondrina.

Ejercicios

A. "Tortugas y cronopios"

Escribe la frase de nuevo, empleando el complemento directo en vez del sustantivo indicado.

1. El cronopio mira <u>la tortuga</u>.

   _____

2. La tortuga, a quien le falta la velocidad, admira <u>la velocidad</u>.

   _____

3. La golondrina es capaz de volar a gran velocidad, y por eso simboliza <u>la velocidad</u>.

   _____

4. El cronopio quiere ayudar a <u>la tortuga</u>.

   _____

5. El cronopio se imagina un pájaro bonito, y dibuja <u>el pájaro</u> en el caparazón de la tortuga.

   _____

B. Tú eres la tortuga

Contesta como si fueras la tortuga del cuento. Contesta usando el complemento directo en vez del objeto directo. Por ejemplo:

> —*¿Por qué miras al pájaro?*
>
> —*Lo miro porque es bonito.*

1. ¿Por qué admiras tanto la velocidad?

   _____

2. ¿Quién quiere ayudarte?

   _____

3. ¿Quién dibujó el pájaro en tu caparazón?

   _____

Los complementos indirectos

Ejemplos

a. Mi amigo el fama <u>me</u> dio un regalo.

b. "<u>Te</u> compré un archivo *(file cabinet)* para organizar tus papeles", <u>me</u> dijo mi amigo, lleno de entusiasmo.

c. Cada vez que <u>le</u> hablo, mi amigo <u>me</u> hace la misma pregunta: "¿Qué tal el archivo? ¿Estás organizándote?"

d. Por fin tuve que decir<u>le</u> la verdad: que no había colocado ni un papel en mi archivo.

e. Ahora mi amigo está enseñándo<u>me</u> su sistema de organización.

f. "Me resulta difícil empezar", le dije. "Enséña<u>me</u> tu sistema".

Función

El complemento indirecto sustituye a la persona que recibe el complemento directo. El complemento indirecto no recibe la acción del verbo directamente. La acción del verbo afecta el complemento indirectamente:

> Mi amigo **me** compró un archivo.

El objeto directo, *el archivo,* recibe la acción del verbo *comprar.* Yo, el objeto indirecto, recibe el archivo y por lo tanto se emplea el complemento indirecto *me.*

Formación

me	nos
te	os
le	les

Colocación

En la colocación del complemento indirecto, se sigue la misma regla del complemento directo: antes del verbo (Ejemplos a, b, c) excepto en el caso del infinitivo (Ejemplo d), el gerundio (Ejemplo e), y el mandato afirmativo (Ejemplo f), donde se coloca detrás del verbo.

> **Observa:** Cuando se le añade el complemento indirecto al gerundio o al mandato afirmativo de más de una sílaba, hay que escribir un acento para indicar que el acento todavía cae en la misma sílaba.

Los complementos directos e indirectos en la misma frase

Cuando hay dos complementos en la misma frase, el complemento indirecto se coloca delante del complemento directo:

> —¿Quién te dio el archivo?

> —Mi amigo **me lo** dio.

Cuando los dos complementos empiezan con una *l,* (*le* o *les* combinados con *lo, la, los* o *las*) el complemento indirecto, *le* o *les,* cambia a *se:*

> —¿Por fin le dijiste la verdad al fama?

> —Sí, **se la** dije.

> —¿Quiénes van a enseñarles el sistema a los cronopios?

> —Los famas van a enseñár**selo.**

> —¿Vas a explicarle las reglas al fama?

> —Sí, estoy explicándo**selas** ahora.

> —¿Debo darle la maleta a la esperanza mañana?

> —No, dá**sela** al cronopio. La esperanza no viaja.

Observa: Cuando se le añade el complemento indirecto junto con el complemento directo al infinitivo, al gerundio o al mandato afirmativo, hay que escribir un acento para indicar que el acento todavía cae en la misma sílaba.

Ejercicios

A. Expresión personal

Contesta empleando los complementos directos e indirectos.

1. ¿Quién les enseña español este año?

   _____

2. ¿Le hablas inglés al (a la) profesor(a) de español?

   _____

3. ¿Les piden Uds. más tarea a los profesores?

   _____

4. ¿Cuál fue el mejor regalo que recibiste? ¿Quién te lo dio?

   _____

5. ¿Vas a pedirle un Lamborghini al Papá Noel?

   _____

6. ¿Quién está gobernando el país?

   _____

7. ¿Mandaste una tarjeta de San Valentín a tu novio(a)?

   _____

8. ¿Quién le trajo mucha alegría al poeta Pablo Neruda?

   _____

9. ¿Quién está enseñándote la historia?

   _____

10. ¿Quién te leía cuentos cuando eras pequeño(a)?

   _____

B. Cuentos de hadas

Contesta empleando los complementos directos e indirectos. (Las respuestas se encuentran entre paréntesis.)

1. ¿Quién le dio los zapatos de vidrio a la Cenicienta? (el Hada Madrina)

   El hada madrina se los dio.
   los zapatos cenicienta

2. ¿Quién le dio los zapatos mágicos a Dorotea? (la Bruja Buena)

   La Bruja Buena se los dio. los
   zapatos mágicos a Dorotea

3. ¿Quién le pidió un corazón al Mago de Oz? (el Hombre de Estaño)

   El hombre de Estaño se lo pidió.

4. ¿Quién les destruyó las casas a dos de los tres cerditos? (el Lobo)

El Lobo se las destruyó.

_____

5. ¿Quién le dio una manzana envenenada a Blancanieves? (la Reina Mala)

La Reina Mala se la dio.

_____

6. ¿Quién quería comerse a Hansel y Gretel? (la Bruja)

La Bruja se los quería comer.

7. ¿Quién le dijo mentiras a su papá? (Pinocho _Pinocchio_)

Pinocho se le dijo.

8. ¿Quién perdió sus ovejas? (La pequeña Bo Peep)

La pequeña Bo Peep se las perdió.

9. ¿Quién les comió la avena a los tres osos? (Ricitos de Oro)

Ricitos de Oro se la comió.

_____

10. ¿Quién le dio un beso a la Bella Durmiente? (el Príncipe Encantador)

El Príncipe Encantador se lo dio.

Verbos comunes que con frecuencia se emplean con el complemento indirecto

PearsonSchool.com
Web Code: jkd-0012

Ejemplos

encantar Al niño <u>le encantan</u> los dulces.

faltar El automóvil no anda porque <u>le falta</u> gasolina.

gustar* Vives en la Florida porque <u>te gusta</u> el sol.

*No se puede traducir literalmente _I like cronopios,_ sino _Cronopios are pleasing to me:_ Me gustan los cronopios.

hacer falta Desde que te fuiste, <u>me haces falta</u>.

importar Al Sr. Scrooge <u>le importa</u> mucho el dinero.

molestar Fumar es una costumbre que <u>les molesta</u> a muchos.

parecer <u>Me parece</u> que los cronopios son muy generosos.

caerle bien <u>Me caen bien</u> los cronopios; son muy amables.

Más ejemplos

a. A los famas <u>les encanta</u> el orden.

b. Al cronopio <u>le faltan</u> los pantalones.

c. A Neruda <u>le hace falta</u> su perro.

d. Al fama <u>le importan</u> los detalles.

e. Al fama <u>le molesta</u> la desorganización del cronopio.

f. A Borges no <u>le parece</u> extraño encontrarse con el joven Borges.

Ejercicios

A. Famas y cronopios

Contesta con frases completas.

1. ¿Qué característica o cualidad les falta a los cronopios?

_____

2. ¿Qué características le importan mucho a un fama?

_____

3. Si llegas tarde a una fiesta, ¿le molesta más a un fama o a un cronopio?

_____

4. ¿Te parecen divertidas las esperanzas?

_____

5. ¿Te gusta más viajar con un fama o con un cronopio?

_____

6. ¿A las esperanzas les gusta viajar?

_____

B. ¿Qué le falta?

Contesta con una frase completa.

1. ¿Qué le falta a la Sra. Gómez?

_____

2. ¿Qué le falta a la casa?

_____

3. ¿ Qué le falta al jinete?

_____

4. ¿Quién le hace falta a Isabel?

_____

C. Expresión personal

Contesta empleando los complementos indirectos.

1. ¿Les gusta a Uds. la comida en la cafetería?

_____

2. ¿Les gusta a tus padres la condición de tu dormitorio?

_____

3. ¿Qué película te gustó más este año?

_____

4. ¿Qué te hace falta para ser totalmente feliz?

_____

5. ¿Te importan mucho las notas? ¿Les importan a tus padres?

_____

6. ¿Te parece que nos importan demasiado las posesiones materiales?

_____

7. ¿Les gusta a tus padres Bruce "Primaverasteen" *(Springsteen)?* ¿Los Muertos Agradecidos *(Grateful Dead)?*

_____

8. ¿Qué grupo musical te encanta?

_____

9. ¿Qué profesión te parece la más noble?

_____

10. ¿Qué virtud le falta más a nuestra sociedad?

_____

11. ¿Qué característica te molesta más de la personalidad de otros?

_____

12. ¿Qué característica te importa mucho en un(a) amigo(a)?

_____

13. ¿Qué haces a veces que les molesta a otros?

_____

14. ¿Qué comida te gusta más?

_____

D. Traduce la frase al español

1. The light bothers Count Dracula.

   _____

2. The Grinch doesn't like Christmas.

   _____

3. King Midas cares a lot about money. (Money is very important to him.)

   _____

4. Fish like to swim, birds like to fly.

   _____

5. My dog likes to sleep near the fire.

   _____

6. I miss you. Do you miss me?

   _____

7. Cinderella *(La Cenicienta)* needs a new dress.

   _____

8. I care about you.

   _____

9. I can't finish the homework. I'm missing the last two questions.

   _____

10. Do politicians generally lack integrity?

    _____

Repaso

A. La Cenicienta

Completa la frase con la forma correcta del verbo según el sentido de la frase. Selecciona entre el presente, el pretérito, el imperfecto, el presente perfecto, el pluscuamperfecto y el infinitivo.

1. Hace muchos años se le _____ (morir) la madre a la Cenicienta, dejándola sola con su padre. Después de algunos años, el padre _____ (casarse), por segunda vez, con una mujer horrorosa y cruel como todas las madrastras de los cuentos de hadas. La madrastra _____ (traer) consigo a la casa de la Cenicienta a sus dos hijas feas, vanidosas y mal educadas.

2. La Cenicienta _____ (ser) todavía muy joven cuando _____ (perder) también a su papá. Antes de la muerte del padre, la madrastra _____ (haber / fingir) cariño hacia la Cenicienta, pero después todo se _____ (cambiar). La madrastra y sus dos hijas _____ (juntarse) contra la Cenicienta y la _____ (convertir) en una sirvienta en su propia casa.

3. Ahora _____ (haber / pasar) unos años y la Cenicienta _____ (ser) una joven bonita y dulce que no _____ (haber / perder) su dulzura, aunque ahora tiene una vida dura. Ella _____ (haber / acostumbrarse) a hacer todo el trabajo de la casa sin _____ (quejarse). Ella nunca _____ (desanimarse).

4. Esta noche hay un baile en el palacio. La Cenicienta

_____ (pensar) que no _____ (poder)

asistir porque no _____ (tener) un vestido. Pero con la

ayuda de su Hada Madrina, la Cenicienta _____ (ir) al

baile y _____ (conocer) al príncipe. El príncipe

_____ (acercarse) a la Cenicienta y los dos

_____ (enamorarse) a primera vista. Ellos van a

_____ (casarse) y _____ (vivir)

felizmente para siempre. La semana que viene, la Cenicienta va a

_____ (estar) en el _Show de Oprah_ sobre "Mujeres que

_____ (escaparse) de la pobreza al _____

(casarse) con príncipes".

B. Los tres cerditos

Completa la frase con la forma correcta del presente de _ser_ o _estar_ según el sentido de la frase.

1. Los tres cerditos _____ hermanos. Ellos

_____ jóvenes y guapos, pero también

_____ perezosos (no les gusta trabajar). Sus casas

_____ en el bosque. Una casa _____ de

madera, otra de paja y otra de ladrillo _(brick)._

2. Un día llega un lobo. Al lobo le gusta comer cerditos. Al lobo le parece

que los cerditos _____ deliciosos. El lobo

_____ muy agresivo, y quiere entrar en las casas de los

tres cerditos para comérselos.

3. Los cerditos _____ dentro de sus casas y las puertas

_____ cerradas. El lobo se acerca a las casas de paja y de

madera y sopla fuertemente. Destruye las dos casas. Sólo la casa de

ladrillo _____ bastante fuerte para resistir.

4. Ahora los tres cerditos _____ en la casa de ladrillo. El

lobo, que _____ muy listo, trata de entrar por la

chimenea. Pero los cerditos no _____ tontos. Ponen una

olla de agua debajo de la chimenea. El agua _____ muy

caliente. Después de caerse en el agua, el lobo _____ muy

triste.

C. Cuentos de hadas

Contesta usando los complementos directos e indirectos. (Las respuestas para los números 1, 2 y 3 se encuentran entre paréntesis.)

1. ¿Quién le lee cuentos de hadas a Peter Pan? (Wendy)

   _____

2. ¿Quién le comió la mano al Capitán Hook? (el cocodrilo)

   _____

3. ¿Quién les prepara las comidas a los "Niños perdidos"? (Wendy)

   _____

4. ¿Vas a leerles cuentos de hadas a tus hijos algún día?

   _____

D. Más cuentos

Contesta usando la voz pasiva con *se.*

1. ¿En qué cuento de hadas se pierde un zapato de vidrio?

   _____

2. ¿En qué cuento de hadas se encuentra una bruja que quiere comerse a dos niños?

   _____

3. ¿Se puede decir que los cuentos de hadas son demasiado espantosos *(scary)* para los niños?

_____

4. En los cuentos de hadas, ¿cómo se presentan las mujeres jóvenes?

_____

5. ¿Cómo se presentan las mujeres viejas?

_____

E. Traduce la frase al español

Usa la voz pasiva con *se.*

1. They say that all princes are handsome.

_____

2. You can't find an ugly prince.

_____

3. Fairy tales are read all over the world.

_____

4. Are fairy tales written today?

_____

F. Discusión

¿Crees que los cuentos de hadas son sexistas? Explica.

G. Composición dirigida

Escribe un cuento de hadas moderno. Puedes inventar tu propio cuento o puedes escribir una parodia antisexista de un cuento de hadas antiguo.

Las reacciones a las expectativas de los padres

LECTURA   *Nada menos que todo un hombre,* Miguel de Unamuno

GRAMÁTICA   El presente del subjuntivo; el uso del subjuntivo después de verbos o expresiones de voluntad, duda, negación y emoción; el presente perfecto del subjuntivo

Vocabulario

PearsonSchool.com
Web Code: jkd-0013

el agüero lo que anuncia la buena o mala fortuna futura que va a pasar. Algunos creen que los gatos negros son animales de mal agüero.

aprovechar utilizar; beneficiar, obtener beneficio; servirse de alguien o algo. Aproveché la ausencia de mis padres para dar una fiesta.
   aprovecharse de uno abusar. El político deshonesto se aprovechó de la gente que creía en él.

la belleza cualidad de bello o muy bonito; perfección estética. Las flores son bellas, y una mañana radiante de primavera también lo es, pero no hay belleza como la de la cara de una persona querida.

el bienestar estado de felicidad y paz. La salud y el amor son necesarios para el bienestar del ser humano.

darse cuenta de observar; llegar a saber algo. Al ver la condición de la casa, mis padres se dieron cuenta de que hubo una fiesta allí cuando ellos no estaban.

la desgracia mala suerte, mala fortuna; miseria. Lancelot tuvo la desgracia de enamorarse de la esposa del rey Arturo.
   por desgracia desafortunadamente. Por desgracia el héroe no pudo llegar a tiempo.

entristecer hacer que alguien esté triste. A la Madre Teresa le entristece la pobreza de los pobres.
   entristecerse ponerse triste. Me entristezco porque me hace falta mi perro.

la esperanza sentimiento optimista de que ocurrirá algo que se desea. Tenemos la esperanza de un mundo sin racismo.

la hermosura belleza. Muchos hombres se enamoraron de Remedios la bella por su gran hermosura.

impedir (i) no permitir que ocurra algo; servir de obstáculo para algo. El lío en mi dormitorio impide que se vea la alfombra.

inquietar quitar la tranquilidad. Me <u>inquieta</u> mucho oír un ruido cuando estoy sola en la casa.

lucir brillar, en el sentido de las apariencias. La Cenicienta lleva un vestido muy bonito al baile; ella <u>luce</u> muy bella.

la pesadumbre gran tristeza; pena. Después de la muerte de John Kennedy, todo el país estaba lleno de <u>pesadumbre</u>.

el porvenir futuro. Algunos dicen que en el futuro toda la literatura se leerá por computadora; se imagina un <u>porvenir</u> sin libros.

profundo, -a muy hondo; a mucha distancia de la superficie; muy intenso. El amor de los padres por sus hijos es el amor más <u>profundo</u> del mundo.

soler (ue) tener la costumbre de hacer algo; acostumbrar. El cronopio <u>suele</u> dejar ropa, libros, papeles y otras cosas por todo su dormitorio.

temer tener miedo de algo o alguien. Todos <u>temen</u> a Freddy Krueger porque es un monstruo con uñas largas que mata a muchas personas.

tonto, -a de poca inteligencia, bobo, estúpido. En la película *Jules y Jim,* dos hombres buenos se enamoran de una mujer superficial. Muchos los llaman románticos; a mí me parecen <u>tontos</u>.
    la tontería una cosa tonta. Es una <u>tontería</u> casarse sin pensarlo bien.

valer costar; importar; servir. Un cuadro de Picasso <u>vale</u> millones de dólares.
    vale la pena es útil, merece el esfuerzo. La obra de Borges es compleja, pero <u>vale la pena</u> leerla porque nos da nuevas perspectivas.

vigilar observar con cuidado. La madre <u>vigila</u> al niño enfermo.

Ejercicios de vocabulario

A. Completa la frase

Usa la palabra apropiada del vocabulario.

1. Muchas veces en nuestra sociedad, se da un valor muy alto a la

   _____ física en vez de a las cualidades espirituales.

2. Es importante considerar los valores más _____ y no sólo

   los superficiales.

3. Muchas personas guapas _____ la vejez porque no

   pueden aceptar la idea de perder la atracción juvenil. Ellas tratan de

   _____ los indicios de la vejez.

4. A estas personas les _____ ver las primeras canas (pelos

   grises). (Hay dos respuestas posibles.)

5. Conozco a una mujer que _____ pasar horas cada día

mirándose en el espejo. ¡Qué costumbre tan rara!

6. Algunos hombres y mujeres basan su amor propio *(self-esteem)* en la

belleza física y, según ellos, todo su _____ y felicidad

dependen de su apariencia.

7. Estas personas tratan de _____ de todos los nuevos

métodos científicos para mantenerse jóvenes.

8. Se aplican toda clase de cremas y maquillajes (cosméticos) y así tienen la

_____ de ser atractivos para siempre, de siempre

_____ guapos.

9. Pero _____ no es posible lucir igual a los sesenta años

que a los veinte.

B. Expresión personal

1. ¿Qué características superficiales valen más en nuestra sociedad? ¿Crees
que hay otras características que deben valer más? ¿Cuáles son?

2. Todos tenemos nuestras tonterías individuales. ¿Cuál es una tontería tuya?
¿La de otra persona?

3. ¿Cuál es la pesadumbre más terrible que puedes imaginar?

4. ¿Crees en los agüeros? ¿Es posible saber algo del porvenir por los sueños?
¿Por las líneas de la palma de la mano? ¿Por lo que dice un adivino
(fortune teller)?

5. ¿Qué personaje de un cuento de hadas solía pasar mucho tiempo delante
del espejo?

C. Completa la frase

1. Me entristezco cuando pienso en _____ .

2. Me inquieta la idea de _____ .

3. Una gran desgracia de que se quejan muchos es _____ .

4. Cada día suelo _____ .

5. Algo que impide el bienestar del ser humano es _____ .

LECTURA

Estrategia para leer

Tanto en su prosa como en su poesía, las obras de Miguel de Unamuno tratan de motivos íntimos de sus personajes: sus obsesiones o los secretos del alma. En el fragmento que sigue, nota la falta de descripción de aspectos físicos. Observa cuánto aprendemos sobre las personalidades de los personajes y de la relación entre ellos, aunque el trozo es bastante corto. Según Unamuno, para crear seres vivos, "no acumules detalles, no te dediques a observar exterioridades de los que contigo conviven, sino trátalos, excítalos si puedes, quiérelos sobre todo y espera a que un día —acaso nunca— saquen a luz y desnuda el alma de su alma.[1]" "Dios planta un secreto en el alma de cada uno de los hombres[2]" y la función del escritor es encontrarlo e iluminarlo. Observa con cuidado lo que se revela del alma de cada personaje en el fragmento que sigue.

Miguel de Unamuno

Miguel de Unamuno (1864-1936) nació en Bilbao, al norte de España, en el País Vasco. Como miembro del grupo de escritores que se llama La Generación del 98, Unamuno expresa gran interés por la identidad y la filosofía de España durante una época de problemas nacionales. Otro tema de gran importancia para Unamuno es el conflicto entre la fe y la razón, tema que refleja una crisis de fe que sufrió el autor en su juventud.

Julia, la protagonista de *Nada menos que todo un hombre,* es típica de las criaturas unamunianas en que tiene una obsesión que determina todo lo que hace. Julia es una mujer hermosa que desea, con gran ansiedad, ser amada no sólo por su belleza sino por sí misma.

*N*ada menos que todo un hombre (fragmento)

La fama de la hermosura de Julia estaba esparcida[3] por toda la comarca[4] que ceñía[5] a la vieja ciudad de Renada; era Julia algo así como su belleza oficial, o como un
5 monumento más, pero viviente y fresco, entre los tesoros arquitectónicos de la capital. "Voy a Renada —decían algunos— a ver la Catedral y a ver a Julia Yáñez." Había en los ojos de la hermosa un agüero de tragedia. Su porte[6]
10 inquietaba a cuantos la miraban. Los viejos se

---

1. Miguel de Unamuno, *Tres novelas ejemplares y un prólogo,* 11th ed. (Madrid: Colección Austral, 1964), pp. 55-56.

2. Miguel de Unamuno, "El secreto de la vida", *Obras completas* (Afrodisio Aguado S.A.), p. 720.

3. **esparcida** extendida

4. **comarca** región, territorio, lugar

5. **ceñía** rodeaba, extendía alrededor

6. **porte** aire, apariencia, aspecto de una persona debido a su propia figura, manera de vestirse, etc.

entristecían al verla pasar, arrastrando tras sí
las miradas de todos, y los mozos se dormían
aquella noche más tarde. Y ella, consciente
de su poder, sentía sobre sí la pesadumbre de
15 un porvenir fatal. Una voz muy recóndita[7],
escapada de lo más profundo de su
conciencia, parecía decirle: "¡Tu hermosura te
perderá!" Y se distraía para no oírla.

El padre de la hermosura regional, don
20 Victorino Yáñez, sujeto de muy brumosos[8]
antecedentes morales, tenía puestas en la hija
todas sus últimas y definitivas esperanzas de
redención[9] económica. Era agente de negocios,
y éstos le iban de mal en peor. Su último y
25 supremo negocio, la última carta que le
quedaba por jugar, era la hija. Tenía también
un hijo; pero era cosa perdida, y hacía tiempo
que ignoraba su paradero[10].
—Ya no nos queda más que Julia —solía
30 decirle a su mujer—; todo depende de cómo
se nos case o de cómo la casemos. Si hace una
tontería, y me temo que la haga, estamos
perdidos.
—¿Y a qué le llamas hacer una tontería?
35 —Ya saliste tú con otra[11]. Cuando digo que
apenas si tienes sentido común, Anacleta…
—¡Y qué le voy a hacer, Victorino!
Ilústrame tú, que eres aquí el único de algún
talento[12]…
40 —Pues lo que aquí hace falta, ya te lo he
dicho cien veces, es que vigiles a Julia y le
impidas que ande con esos noviazgos
estúpidos, en que pierden el tiempo, las
proporciones y hasta la salud las renatenses[13]
45 todas.

—¿Y qué le voy a hacer?
—¿Qué le vas a hacer? Hacerla comprender
que el porvenir y el bienestar de todos
nosotros, de ti y mío, y la honra, acaso, ¿lo
50 entiendes…?
—Sí, lo entiendo.
—¡No, no lo entiendes! La honra, ¿lo oyes?,
la honra de la familia depende de su
casamiento. Es menester que se haga valer[14].
55 —¡Pobrecilla!
—¿Pobrecilla? Lo que hace falta es que no
empiece a echarse novios absurdos, y que no
lea esas novelas disparatadas[15] que lee y que
no hacen sino llenarle la cabeza de humo.
60 —¡Pero y qué quieres que haga…!
—Pensar con juicio, y darse cuenta de lo
que tiene con su hermosura, y saber
aprovecharla.
—Pues yo, a su edad…
65 —¡Vamos, Anacleta, no digas más
necedades[16]! No abres la boca más que para
decir majaderías[17]. Tú, a su edad… Tú, a su
edad…Mira que te conocí entonces…
—Sí, por desgracia…
70 Y separábanse los padres de la hermosura
para recomenzar al siguiente día una
conversación parecida.
Y la pobre Julia sufría, comprendiendo toda
la hórrida hondura de los cálculos de su
75 padre. "Me quiere vender —se decía—, para
salvar sus negocios comprometidos[18]; para
salvarse acaso del presidio.[19]" Y así era.
Y por instinto de rebelión, aceptó Julia al
primer novio.

---

7. **recóndita** secreta
8. **brumosos** oscuros, no claros; nebulosos
9. **redención** salvación
10. **paradero** lugar donde se queda alguien
11. **Ya saliste tú con otra.** Ya dijiste otra tontería.
12. **talento** inteligencia
13. **renatenses** las jóvenes de Renada

14. **Es menester que se haga valer.** Es necesario que ella tenga éxito en la vida.
15. **disparatadas** absurdas; locas
16. **necedades** tonterías
17. **majaderías** tonterías
18. **comprometidos** deshonrados
19. **presidio** cárcel, prisión

Preguntas de comprensión

1. ¿Por qué se compara a Julia con un monumento?

2. ¿Cuál es el efecto de la belleza de Julia sobre otras personas?

3. ¿Qué miedo secreto tiene Julia?

4. Identifica: a) Anacleta, b) don Victorino.

5. ¿Qué problema tiene el padre de Julia? ¿Cómo espera resolverlo?

6. Anacleta le dice a don Victorino: "Ilústrame tú, que eres aquí el único de algún talento . . ." ¿Cuál es el tono con que se dice?

7. Según don Victorino, ¿cuál es la "tontería" que Anacleta debe impedir?

8. ¿Cómo reacciona Julia al plan de su padre? ¿Qué hace como resultado?

Preguntas de discusión

1. ¿Cómo nos comunica Unamuno la gran belleza de Julia sin describirla directamente?

2. ¿Qué aprendemos del carácter de don Victorino? ¿Cómo se caracteriza?

3. Por el diálogo corto entre Anacleta y don Victorino aprendemos mucho de su matrimonio. ¿Cómo se caracteriza la relación entre ellos? ¿Quién domina? ¿Qué palabras indican las emociones de Anacleta?

4. ¿Cuál es el concepto de don Victorino de la honra? ¿Qué ironía se encuentra aquí?

5. ¿Cómo va a expresar Julia su "rebelión" contra su padre? Imagínate cómo será el novio que ella acepta.

Expresándonos

1. Eres un(a) joven que ha encontrado el (la) novio(a) perfecto(a) para fastidiar a tus padres. Con tres compañeros de clase, prepara un diálogo en el que presentas a tu novio(a), el (la) "novio(a) del infierno", a tus padres.

2. El fragmento de *Nada menos que todo un hombre* que leíste refleja los valores sociales relacionados con la belleza física y con el dinero. ¿Qué se puede aprender de los valores y la moralidad de nuestra sociedad por la publicidad, las propagandas o anuncios de varios productos? Trae a la clase unos anuncios de periódicos o revistas y discute las implicaciones sociales.

3. Eres un(a) joven que quiere rebelarse contra sus padres. Has decidido afeitarte la cabeza o cambiar el color del pelo o tatuarte. Con unos compañeros de clase presenta un diálogo entre tú y tus padres.

Integración

Antes de escuchar

Para discutir Nombra algunas obsesiones que tiene la gente. ¿En qué sentido pueden ser beneficiosas? ¿En qué sentido pueden ser destructivas?

Instrucciones

1. Relee la introducción y la selección. Debes prestar atención a los problemas de Julia.

2. Después de repasar la introducción y la selección, estudia la lista de vocabulario para la conferencia.

3. Escucha la conferencia y toma apuntes sobre las ideas más importantes. Presta atención a la relación entre Unamuno y su personaje o creación.

4. Después de escuchar la conferencia, completa las oraciones de la sección **Comprensión.**

5. Finalmente, vas a preparar una presentación según las instrucciones de la sección **Presentación oral.**

Vocabulario

el cura: el líder espiritual de una iglesia; *priest*

la fe: la creencia, una creencia religiosa

la razón: el intelecto, la lógica

Escuchar

En la conferencia se habla de *Niebla,* otra novela de Unamuno. Se describe un debate o confrontación entre Augusto, el protagonista de *Niebla* y Unamuno, el autor. Escucha la selección y luego haz las actividades de la sección **Después de escuchar.**

CD, Track 4

PearsonSchool.com
Web Code: jkd-0070

Después de escuchar

Comprensión Selecciona la mejor respuesta.

1. Unamuno es un escritor de _____.

   a. novelas románticas

   b. tragedias

   c. novelas psicológicas

   d. novelas religiosas

2. Don Manuel es un cura que _____.

   a. no tiene fe pero quiere que otros la tengan

   b. tiene una fe fuerte en Dios

   c. quiere convertir al pueblo a su manera de pensar

   d. ya no quiere ser cura

3. En *Nada menos que todo un hombre,* el problema con el matrimonio de Julia es que _____.

   a. su esposo sólo la quiere por su belleza

   b. su esposo no la quiere

   c. su esposo no expresa su amor

   d. ella no quiere a su esposo

4. La obsesión del protagonista de *Niebla* es la de _____.

   a. ser más real que Unamuno

   b. entender la importancia de su propia existencia

   c. entender a su autor

   d. amar y sufrir

5. Al final de *Niebla,* Augusto _____.

   a. se da cuenta de que de veras no existe

   b. se da cuenta de que Unamuno no existe

   c. es muy sumiso y obediente a Unamuno

   d. parece muy independiente de Unamuno

Síntesis

Presentación oral Tu presentación va a basarse en la introducción y la selección de *Niebla* de Unamuno, que ya has leído, y la conferencia que escuchaste. Con dos compañeros de clase, prepara una escena oral de dos minutos sobre el tema que sigue. Si quieres, repasa la introducción, la lectura y la conferencia otra vez antes de preparar tu presentación. Puedes hacer tu presentación ante la clase o grabarla, según las instrucciones de tu profesor(a).

Tema: En la conferencia se habla de *Niebla,* otra novela de Unamuno. Se describe un debate o confrontación entre Augusto, el protagonista de *Niebla* y Unamuno, el autor. Preparen una escena semejante al debate descrito en la conferencia. Incluye un diálogo entre Unamuno, Augusto y Julia. Primero, Julia y Augusto se explican, uno al otro, sus obsesiones. Después, los dos entran en un debate con el autor, como en la conferencia. La escena puede ser cómica o seria.

Comparaciones culturales En la conferencia se menciona que Alejandro, el protagonista de *Nada menos que todo un hombre,* está obsesionado con su propio machismo. "Macho" es una palabra que se usa en inglés, pero que tiene su origen en español. En el Internet o en un buen diccionario inglés, investiga el origen de la palabra "macho". ¿Cómo se usa en inglés? ¿Cuál es la relación entre el uso de "macho" en inglés y el origen de la palabra en español?

Composición dirigida

1. La rebelión de los jóvenes contra un aspecto del control de sus padres es un tema universal. En un ensayo bien organizado, discute la rebelión de un(a) hijo(a) contra sus padres. Puedes contar un suceso que te pasó a ti o a un(a) amigo(a). Si prefieres, puedes emplear la forma de cuento corto en vez de un ensayo.

2. Escribe una carta a Julia en la que expresas tus reacciones a sus problemas. Explícale los cambios en la sociedad en años recientes, y las semejanzas y diferencias entre nuestra sociedad y la de ella.

3. En la obra de Unamuno, la vida de cada personaje gira alrededor de su secreto íntimo, o su obsesión. Julia está obsesionada con el deseo de ser amada. En otra novela de Unamuno, *San Manuel Bueno, mártir,* don Manuel es un cura, el líder espiritual de una iglesia, obsesionado por su incapacidad de creer en la vida eterna. Si tú fueras un personaje unamuniano, ¿cuál sería tu secreto u obsesión? Explica en un ensayo bien organizado.

GRAMÁTICA

El presente del subjuntivo

PearsonSchool.com
Web Code: jkd-0014

Ejemplos

a. Julia espera que un hombre la <u>quiera</u> por sí misma.

b. Pero ella teme que los hombres no <u>vean</u> más que su belleza.

c. Don Victorino insiste en que su hija <u>se case</u> por dinero.

d. Él no permite que Julia <u>salga</u> con hombres pobres.

e. Según don Victorino es necesario que un hombre <u>tenga</u> dinero para mantener la honra de la familia.

f. La mamá de Julia se entristece al pensar que el padre <u>pueda</u> seleccionar al novio.

g. La madre duda que la pobre Julia <u>encuentre</u> la felicidad.

h. No es probable que un matrimonio por dinero <u>sea</u> feliz.

Función

El uso del subjuntivo es fascinante porque representa una mezcla de gramática y filosofía de la vida. El propósito del subjuntivo es dividir todo lo que decimos en dos categorías: lo que se presenta como realidad y lo que no se presenta como realidad. Todos los tiempos verbales que expresan la realidad se llaman *tiempos indicativos.* Todos los tiempos verbales que has aprendido hasta ahora son tiempos verbales indicativos. El grupo de tiempos verbales que expresan acciones o condiciones que no se presentan como realidad segura se llaman *tiempos verbales subjuntivos.*

Muchas veces el subjuntivo se usa en una cláusula introducida por *que,* como en el ejemplo:

Julia espera **que** su novio la quiera para siempre.

La única realidad segura de esta frase es que *Julia espera;* por eso se usa el presente del indicativo del verbo *esperar. Que su novio la quiera para siempre* es una esperanza, una posibilidad, pero no se presenta como realidad segura. Por eso se usa el subjuntivo *quiera.*

A causa del uso del subjuntivo, si la segunda cláusula está separada de la primera, la segunda no será interpretada como realidad. Por ejemplo, si la Sra. López escribe en inglés en un papel:

I don't believe that all politicians tell the truth.

y si el papel se rompe así:

I don't believe   that all politicians tell the truth.

alguien que sólo lee la segunda cláusula va a pensar: "¡Qué tonta es la Sra. López, que cree tal cosa!" Pero la misma frase en español emplea el subjuntivo y así no permite el mismo error:

No creo   que todos los políticos **digan** la verdad.

En la segunda cláusula, el uso del subjuntivo *digan*, en vez del indicativo *dicen*, muestra que la cláusula <u>no</u> se presenta como realidad. ¡La Sra. López no va a parecer tonta!

Si según el verbo de la primera cláusula, la segunda cláusula representa la verdad, se usa el indicativo:

Creo que algunos políticos **dicen** la verdad.

Al decir *Creo que* estoy presentando la realidad en mi opinión. Por eso empleo el indicativo *dicen*. Quiero que mi opinión sea aceptada como realidad.

Las categorías más comunes de verbos o expresiones que necesitan el uso del subjuntivo en la segunda cláusula son:

- verbos o expresiones de voluntad: *esperar, permitir, desear, querer, insistir en, prohibir, preferir, es importante, es necesario, es mejor* (Ejemplos a, c, d, e)

- verbos o expresiones que expresan emoción: *entristecerse de, alegrarse de, temer, es una lástima, ojalá* (Ejemplos b, f)

- verbos o expresiones de duda o negación: *dudar, es probable, es posible, es imposible, es dudoso* (Ejemplos g, h)

Observa que después de verbos de emoción se usa el subjuntivo aunque se exprese una realidad. Por ejemplo:

Es una lástima que don Victorino no **sea** un buen padre.

Observa que cuando la segunda cláusula tiene el mismo sujeto se usa el infinitivo:

Don Victorino quiere que Julia **se case** por dinero.

Julia quiere **casarse** por amor.

Formación

Verbos regulares

El presente del subjuntivo normalmente se forma usando la primera persona singular del presente del indicativo (yo). Se quita la -o, y se añaden las terminaciones de la vocal opuesta a la raíz.

hablar		volver		decir	
habl**e**	habl**emos**	vuelv**a**	volv**amos**	dig**a**	dig**amos**
habl**es**	habl**éis**	vuelv**as**	volv**áis**	dig**as**	dig**áis**
habl**e**	habl**en**	vuelv**a**	vuelv**an**	dig**a**	dig**an**

Observa que los verbos que terminan con *-car, -gar,* y *-zar* necesitan cambios ortográficos para mantener el sonido:

tocar → **toque**   llegar → **llegue**   empezar → **empiece**

Verbos de cambio radical de la tercera conjugación

En la primera y la segunda persona plural, cambian igual al cambio de las terceras personas del pretérito:

dormir		sentir		pedir	
duerma	durmamos	sienta	sintamos	pida	pidamos
duermas	durmáis	sientas	sintáis	pidas	pidáis
duerma	duerman	sienta	sientan	pida	pidan

Verbos irregulares

Sólo los verbos que no terminan en *o* en la primera persona singular del presente son irregulares en la formación del presente del subjuntivo.

dar → **dé**   estar → **esté**

haber → **haya**   ir → **vaya**

saber → **sepa**   ser → **sea**

Todas las demás formas (tú, él, ella, Ud.; nosotros, vosotros, ellos, ellas, Uds.) del presente del subjuntivo de los verbos irregulares siguen la primera persona singular (yo).

Ejercicios

A. Completa la frase
Emplea la forma correcta del presente del subjuntivo del verbo.

1. Es una lástima que las relaciones entre los padres y sus hijos

   _____ (ser) difíciles a veces.

2. Muchos padres son como el de Julia. Don Victorino quiere que Julia

   _____ (vivir) según reglas determinadas por él.

3. Algunos padres insisten en que sus hijos _____ (estudiar)

   por muchas horas, _____ (llevar) el pelo corto o que

   _____ (vestirse) de cierta manera.

4. Los padres impiden que sus hijos _____ (lucir) como

quieren. No creen que los jóvenes _____ (tener) el

derecho de decidir su arreglo personal.

5. ¡Ojalá que tú _____ (poder) llevarte mejor con tus hijos

algún día!

B. Eréndira

"La increíble y triste historia de la cándida Eréndira y de su abuela
desalmada" es un cuento de Gabriel García Márquez. Como el padre de Julia,
la abuela de la joven Eréndira exige que ella haga cosas injustas. Completa las
frases del resumen que sigue. Emplea la forma correcta del presente del
indicativo o del presente del subjuntivo del verbo.

1. La abuela de Eréndira es muy severa e insiste en que la joven

_____ (hacer) todo el trabajo de la casa. La abuela no

permite que Eréndira _____ (salir) con sus amigos porque

quiere que la joven siempre _____ (estar) allí para

servirle. La vieja prohibe que su nieta _____ (ir) a fiestas

con otros jóvenes y aun impide que Eréndira _____

(dormirse) antes de terminar todo el trabajo de la casa. Es obvio que la

abuela no _____ (querer) a su nieta.

2. Una noche Eréndira está cansadísima, y es imposible que

_____ (hacer) otra cosa más. Por fin la pobrecita se

duerme de pie, sin apagar las velas *(candles)* de la casa. A causa del fuego

que resulta, la casa de la abuela se destruye. La abuela insiste en que la

joven _____ (trabajar) hasta que _____

(poder) pagarle el costo de la casa destruida. La vieja quiere que su nieta

_____ (vivir) sólo para servirle. Es una lástima que la

pobre Eréndira _____ (tener) una abuela tan cruel.

C. Los padres menos ideales

Completa la frase empleando la forma correcta del presente del indicativo, del presente del subjuntivo o el infinitivo.

1. Me parece que la madre de Julia de veras _____ (querer) a su hija pero no creo que a don Victorino le _____ (importar) el bienestar de su hija.

2. Es una lástima que su madre no _____ (luchar) contra la voluntad de don Victorino.

3. Creo que a algunos padres les _____ (faltar) el instinto maternal o paternal.

4. Por ejemplo, el papá león a veces _____ (tener) la mala costumbre de comerse a sus hijos.

5. Saturno, el dios romano, también _____ (comer) a sus hijos porque quiere impedir que uno de ellos le _____ (quitar) el poder a él algún día. No creo que se _____ (celebrar) el Día del Padre en casa de Saturno.

6. También dudo que la madre de Boabdil _____ (recibir) muchas tarjetas el Día de la Madre. Boabdil, el último rey moro de Granada, llora por haber perdido la ciudad a los españoles. Una buena madre debe decirle: "¡Ay, hijo, qué lástima que _____ (haber) perdido la ciudad! ¡Ojalá que tú _____ (conquistar) otra para gobernar!" Al contrario la madre de Boabdil le dice: "No llores como mujer por lo que no pudiste defender como hombre". Dudo que ella _____ (sentir) mucha compasión por su hijo. Es importante que una madre _____ (poder) entender la pena de su hijo.

7. Los casos tristes que acabo de _____ (contar) son casos

extremos. Me alegro de que la mayoría de los padres _____

(querer) mucho a sus hijos. Dudo que muchos padres _____

(ser) tan egoístas como don Victorino y la abuela de Eréndira. Creo que por lo

general los padres _____ (trabajar) por el bienestar de sus hijos.

D. Expresión personal

Completa la frase empleando la forma correcta del presente del subjuntivo.

1. Es importante que los padres _____ .

2. Mis padres insisten en que yo _____ .

3. Me alegro de que mis padres _____ .

4. Mis padres prohiben que yo _____ .

5. Mis padres prefieren que mis amigos _____ .

6. Prefiero que mis padres _____ .

7. Voy a permitir que mis hijos _____ .

8. Voy a insistir en que mis hijos _____ .

E. Actividades

Cada estudiante de la clase tiene cuatro tiras *(strips)* de papel. En los papelitos,
completa las frases que siguen:

Dudo que...   Ojalá que...

Es una lástima que...   Creo que...

Cada estudiante debe romper el papel después de la palabra *que.*

Dudo que   Fred Flintstone sea el próximo presidente.

Creo que   Neruda es un poeta magnífico.

Todos los papelitos se colocan en dos cestas: una para las primeras cláusulas
y otra para las segundas. Cada estudiante escoge un papel de cada cesta y
decide si se pueden unir. También trata de adivinar quién es el (la) autor(a)
de cada frase. Después cada estudiante debe buscar a quien tiene la otra mitad
de su frase.

El presente perfecto del subjuntivo

PearsonSchool.com
Web Code: jkd-0015

Ejemplos

a. Es una lástima que Boabdil <u>haya perdido</u> la ciudad.

b. Don Victorino ha encontrado un novio para Julia. Ahora Julia teme que su padre la <u>haya vendido</u> a un novio rico.

c. Mi amiga se casó la semana pasada. Espero que <u>se haya casado</u> por amor.

d. La abuela no puede encontrar a Eréndira. Es posible que la joven <u>se haya escapado</u>.

Función

El presente perfecto del subjuntivo se usa cuando hablamos de un evento pasado que no se presenta como realidad segura (Ejemplos a, b, c, d). Compara:

> Ella va a casarse en junio. Espero que ella **se case** con un buen hombre.

> Ella se casó hace un año. Espero que **se haya casado** con un buen hombre.

En la primera frase, no sabemos si ella va a casarse con un buen hombre o no. En la segunda frase, sabemos que ella ya se casó, pero no sabemos si el hombre es bueno.

Formación

El presente perfecto del subjuntivo se forma con el presente del subjuntivo del verbo *haber* y el participio pasado.

mirar	
haya mirado	hayamos mirado
hayas mirado	hayáis mirado
haya mirado	hayan mirado

vender	
haya vendido	hayamos vendido
hayas vendido	hayáis vendido
haya vendido	hayan vendido

vivir	
haya vivido	hayamos vivido
hayas vivido	hayáis vivido
haya vivido	hayan vivido

- Recuerda que hay algunos participios pasados irregulares. Por ejemplo: *abierto, cubierto, descrito, descubierto, devuelto, dicho, escrito, hecho, impreso, impuesto, muerto, puesto, resuelto, roto, visto, vuelto.*

- Recuerda también que hay algunos participios pasados como *caído, creído, leído* y *oído* que necesitan un acento sobre la *í.*

Ejercicios

A. Completa la frase

Emplea la forma correcta del presente perfecto del subjuntivo del verbo (el presente del subjuntivo de *haber* y el participio pasado).

1. La esposa de Saturno no ve a sus hijos. Ella teme que su esposo se los

    _____ (comer).

2. Dudo que Julia _____ (tener) una niñez feliz.

3. Es una lástima que el padre de Julia _____ (perder) todo

    su dinero.

4. Anacleta no cree que don Victorino _____ (ser) un buen

    padre.

5. Es posible que la madre de Boabdil siempre le _____

    (decir) palabras crueles.

6. Cuando una persona no tiene amor propio, es dudoso que

    _____ (tener) buenos padres.

B. Expresión personal

Completa la frase con la forma correcta del presente perfecto del subjuntivo.

1. Ayer había un bizcocho entero en el refrigerador. Ahora no lo veo. Es

    probable que _____.

2. Anoche Manuel asistió a una fiesta hasta las tres de la mañana. Hoy tomó

    un examen en la clase de historia. Dudo que _____.

3. Dos niños jugaban en el árbol. Ahora no los veo. Temo que _____ .

4. Mis amigos debían haber llegado a las siete. Son las ocho y todavía no han

    llegado. Espero que no _____.

5. Les dije la verdad a mis padres, pero es una verdad absurda. Es imposible

    que ellos _____.

Repaso

A. Cada loco con su tema

Completa la frase con la forma correcta del verbo según el sentido de la frase. Selecciona entre el presente, el pretérito, el imperfecto, los tiempos perfectos, el presente del subjuntivo, el presente perfecto del subjuntivo y el infinitivo.

1. Según Unamuno, cada persona tiene su obsesión o secreto. "Cada loco con su tema" quiere decir que todos tenemos nuestra propia manía o locura, que _____ (influir) mucho en nuestra vida.

2. Creo que la teoría de Unamuno _____ (ser) cierta. Una tía mía, Cecilia, que _____ (morirse) hace muchos años cuando ya _____ (ser) muy vieja, _____ (ser) una loca graciosa. La obsesión de la tía Cecilia _____ (ser) la salud. Ella _____ (pasar) muchos años sola porque _____ (tener) miedo de los gérmenes y no _____ (querer) acercarse a nadie.

3. El escritor norteamericano James Thurber _____ (haber / escribir) mucho sobre sus parientes locos. Una tía suya tiene miedo de los ladrones. Ella no _____ (preocuparse) tanto por la pérdida de sus posesiones. Ella teme que el ladrón _____ (utilizar) cloroformo (una droga para anestesiarla) antes de _____ (robar) sus cosas. Por eso, cada noche la tía _____ (poner) todas sus cosas fuera de la puerta y _____ (dejar) una nota que dice: "Eso es todo lo que _____ (tener). Tómelo y no utilice su cloroformo, porque esto es todo lo que _____ (tener)".

4. En la película *Dormir con el enemigo (Sleeping with the Enemy)*, Julia

Roberts es una mujer que _____ (estar) casada con un

loco. Este loco, un fama al extremo, insiste en que ella

_____ (mantener) un orden absoluto en la casa. Cada cosa

tiene que _____ (estar) en su sitio, y es necesario que

cada detalle de la casa _____ (ser) perfecto. Si las toallas

del baño no están arregladas perfectamente es posible que el esposo

_____ (volverse) loco. Es una lástima que Julia

_____ (haber / casarse) con un hombre tan loco. Ella

quiere _____ (divorciarse) pero teme que él la

_____(matar). El esposo la vigila todo el día para impedir

que ella _____ (irse). Cuando por fin ella

_____ (escaparse), se alegra mucho de

_____ (estar) libre. Pero no vive tranquila. Siempre

_____ (preocuparse) de que él la _____

(encontrar) y le _____ (destruir) la vida. ¡Ojalá que el loco

no _____ (averiguar) nunca dónde está!

5. Espero que te _____ (haber / gustar) estas historias de

obsesiones. ¿Cuál _____ (ser) la tuya?

B. Composición dirigida
Escribe un cuento, poema o ensayo con el título *Cada loco con su tema*. Este
refrán, muy usado en español, significa que cada persona tiene su propia
obsesión o manía.

Las experiencias que nos definen

LECTURA   "El niño al que se le murió el amigo", de *Los niños tontos*, de Ana María Matute

GRAMÁTICA   El futuro; el futuro perfecto; el condicional; el condicional perfecto; el uso de *se* y el complemento indirecto para hablar de eventos inesperados

Vocabulario

PearsonSchool.com
Web Code: jkd-0016

acabar terminar, dar fin a una cosa; consumir totalmente una cosa. El niño tuvo que <u>acabar</u> sus tareas antes de jugar con los amigos. Tendré que tomar el café negro porque se me <u>acabó</u> la leche.
> **acabar de + infinitivo** se usa para indicar que la acción del infinitivo ha ocurrido poco antes. Ustedes <u>acaban de leer</u> un fragmento de *Nada menos que todo un hombre*.

el camión vehículo grande y resistente para el transporte de mercancías. Un <u>camión</u> lleno de limones chocó con otro lleno de agua y el camino se convirtió en un río de limonada.

el codo la parte del brazo donde se dobla. Según algunos, es una gran descortesía poner los <u>codos</u> en la mesa mientras se come.

crecer (z) aumentar, llegar a ser más grande. El amor entre los dos amantes <u>crecía</u> a lo largo de los años.

la estrella la figura que brilla en el cielo de noche. Las <u>estrellas</u> parecen luces en la oscuridad del cielo.

el juguete objeto con el que juegan los niños. El niño recibió muchos <u>juguetes</u> como regalos de Navidad.

llenar hacer lleno. El Papá Noel <u>llena</u> su bolsa de juguetes para los niños buenos.

el lugar sitio, colocación o posición. No le gusta viajar; su propia casa es su <u>lugar</u> favorito.
> **en lugar de** en sustitución de, en vez de. Me equivoqué y eché sal al café <u>en lugar de</u> azúcar.

el muñeco, la muñeca figura en forma de persona, con la que juegan los niños. La <u>muñeca</u> Barbie es muy popular.

el polvo conjunto de partículas de tierra muy seca, que con cualquier movimiento se levantan en el aire y se caen sobre los objetos. Hace meses que mi madre no limpia la casa y hay mucho <u>polvo</u> en los muebles.

ya no ahora no; se refiere a una situación que existía en el pasado y no en el presente. La cucaracha <u>ya no</u> puede caminar porque le faltan las dos patas de atrás.

Ejercicios de vocabulario

A. Completa la frase

Usa la palabra apropiada del vocabulario.

1. Hace tres meses que no llueve y hay mucho _____ en

   el camino.

2. Mi hija llevó tantas cosas consigo cuando se fue a la universidad, que

   tuvimos que alquilar un _____ para transportarlas.

3. Los niños pasan muchas horas jugando con sus camioncitos, muñecas y

   otros _____.

4. Después de pasar muchas horas sin comida, los pobres niños sólo

   pensaron en _____ las barrigas (estómagos).

5. Hace unos años todos los niños querían las muñecas del Cabbage Patch,

   pero ahora _____ son tan populares como antes.

6. Pinocho *(Pinocchio)* era un _____ que se convirtió por

   magia de un juguete a un chico real.

7. La nariz de Pinocho era pequeña al principio pero _____

   cada vez que él mentía.

8. Si vas a usar los patines *(roller blades)* debes protegerte la cabeza, las

   rodillas y los _____.

9. Nosotros _____ de estudiar el vocabulario del Capítulo 5.

10. En el campo, de noche, hay tantas _____ en el cielo, que

    no se pueden contar.

B. Expresión personal

1. ¿Cuál es tu lugar favorito? ¿Por qué?

2. En tu opinión, ¿cómo se explica la popularidad de la muñeca Barbie? ¿Qué se refleja sobre los valores de nuestra sociedad?

3. De niño(a), ¿cuál era tu juguete favorito?

4. Nombra algo que te gustaba de niño(a) que ya no te gusta.

5. ¿Cuáles son algunas supersticiones asociadas con las estrellas? ¿Crees que son ciertas?

LECTURA

Estrategia para leer

En el cuento que sigue, la autora nos enseña un momento dramático en la vida de un niño. Vemos un cambio profundo en su punto de vista y manera de pensar. Al leer el cuento, observa cómo se manifiesta este cambio.

Ana María Matute

Ana María Matute, que nació en Barcelona, España, en 1926, tenía sólo diez años cuando estalló la Guerra Civil Española. El horror y sufrimiento de la guerra influyeron en Matute como en toda su generación de escritores. Los temas predominantes de Matute son la perspectiva de los niños, que es muy distinta de la de los adultos, y el aislamiento que resulta de la falta de comunicación entre los seres humanos.

El niño al que se le murió el amigo

Una mañana se levantó y fue a buscar al amigo, al otro lado de la valla[1]. Pero el amigo no estaba, y, cuando volvió, le dijo la madre: "El amigo se murió. Niño, no pienses más en él y busca otros para jugar". El niño se sentó en el quicio[2] de la puerta, con la cara entre las manos y los codos en las rodillas. "Él volverá", pensó. Porque no podía ser que allí estuviesen las canicas[3], el camión y la pistola de hojalata[4], y el reloj aquel que ya no andaba, y el amigo no viniese a buscarlos. Vino la noche, con una estrella muy grande, y el niño no quería entrar a cenar. "Entra, niño, que llega el frío", dijo la madre. Pero, en lugar de entrar, el niño se levantó del quicio y se fue en busca del amigo, con las canicas, el camión, la pistola de hojalata y el reloj que no andaba. Al llegar a la cerca[5], la voz del amigo

---

1. **valla** pared baja
2. **quicio** doorjamb; front stoop
3. **canicas** bolas pequeñas de cristal, con las cuales juegan los niños; *marbles*
4. **hojalata** *tin*
5. **cerca** valla, pared baja

no le[6] llamó, ni le oyó en el árbol, ni en el
20 pozo[7]. Pasó buscándole toda la noche. Y fue
una larga noche casi blanca, que le llenó de
polvo el traje y los zapatos. Cuando llegó el
sol, el niño, que tenía sueño y sed, estiró los
brazos y pensó: "Qué tontos y pequeños son
25 esos juguetes. Y ese reloj que no anda, no

sirve para nada". Lo tiró todo al pozo, y
volvió a la casa, con mucha hambre. La madre
le abrió la puerta, y dijo: "Cuánto ha crecido
este niño, Dios mío, cuánto ha crecido". Y le
30 compró un traje de hombre, porque el que
llevaba le venía muy corto.

---

6. **le** Observa que en España a veces se usa como
complemento directo para personas *le* en lugar de *lo.*

7. **pozo** hoyo *(hole)* profundo que se hace en la tierra
para encontrar agua

Preguntas de comprensión

1. ¿A quién busca el niño? ¿Por qué no puede encontrarlo?

2. Según la madre, ¿qué debe hacer el niño?

3. ¿Cómo pasó la noche el niño?

4. Por la mañana el niño tiene otra opinión con respecto a los juguetes. ¿Qué le parecen ahora?

5. ¿De qué manera le parece el niño diferente a su madre?

Preguntas de discusión

1. ¿Cómo se caracteriza la reacción de la madre al decirle al niño lo que pasó?

2. Describe el cambio en la perspectiva del niño. ¿Cómo ha cambiado su manera de pensar?

3. ¿Qué utiliza la autora para simbolizar el cambio dentro del niño?

4. ¿Cómo ha cambiado la percepción que tiene la madre de su hijo? ¿Cómo se manifiesta esta diferencia de percepción?

5. En tu opinión, ¿de qué manera será el niño diferente de aquí en adelante?

6. Describe cómo y cuándo ocurrió tu primer conocimiento de la muerte. ¿Cómo reaccionaste?

Expresándonos

1. Tú eres el padre o la madre de un(a) hijo(a) cuyo perro acaba de morir. Con un(a) compañero(a) de clase, prepara un diálogo en el que el padre o la madre le explica la muerte al (a la) hijo(a) y el (la) hijo(a) le hace preguntas.

2. Muchas veces los jóvenes sienten que los mayores no los entienden. Selecciona un asunto o problema difícil de comunicar. Con un(a) compañero(a) de clase prepara un diálogo en el que el (la) joven trate de explicarle al adulto algo que el adulto tiene dificultad en entender.

Integración

Antes de escuchar

Para discutir ¿Cuándo te has sentido más solo(a) en tu vida?

Instrucciones

1. Relee la selección. Debes enfocarte en los elementos más importantes: las emociones del niño y la reacción de su madre.

2. Después de repasar la selección, estudia la lista de vocabulario para la conferencia.

3. Escucha la conferencia y toma apuntes sobre las ideas más importantes: las que tienen una conexión con lo que has leído.

4. Después de escuchar la conferencia, completa las oraciones de la sección **Comprensión.**

5. Finalmente, vas a preparar una presentación según las instrucciones de la sección **Presentación escrita.**

Vocabulario

el aislamiento; la soledad

el corderito: crío o cría de la oveja; *lamb*

Pascua: fiesta católica que celebra la resurrección de Jesucristo

indefenso: sin poder defenderse

Escuchar

CD, Track 5

PearsonSchool.com
Web Code: jkd-0071

Has leído "El niño al que se le murió el amigo", un cuentito típico de Matute. En la conferencia se mencionan varias otras obras de la misma autora. Escucha la selección y luego haz las actividades de la sección **Después de escuchar.**

Después de escuchar

Comprensión Selecciona la mejor respuesta.

1. Según Matute, el problema más serio de los niños es _____.

    a. que los adultos no entienden los sentimientos de los niños

    b. la falta de amigos

    c. la violencia

    d. la falta de dinero

2. El padre le da el corderito a su hijo _____.

    a. para que el niño no tenga amigos

    b. para divertirle hasta el momento de matar y comer el animal

    c. para ser deliberadamente cruel

    d. para enseñarle a cuidar a un animal

3. En la línea "el niño ya no vio las caras de sus padres, sino las espaldas, mientras que ellos sólo miraban al bebé, diciéndole palabras cariñosas", el significado más probable de "espaldas" es _____.

   a. los pies

   b. el enojo

   c. la parte posterior del cuerpo humano

   d. los labios

4. La personalidad repugnante de Juan Medinao _____.

   a. es totalmente la culpa de sus padres

   b. resulta de muchos factores: sus padres, otras personas, sus problemas físicos

   c. resulta de ser muy pobre

   d. resulta sólo de la falta de amigos

5. El propósito de Matute es _____.

   a. escribir literatura para niños

   b. que el lector recuerde su propia niñez

   c. divertir al lector

   d. recordar la tristeza de su propia niñez

Síntesis

Presentación escrita Tu presentación va a basarse en "El niño al que se le murió el amigo" de Matute, que ya has leído, y la conferencia que escuchaste. Prepara una presentación escrita de una o dos páginas sobre el tema que sigue. Si quieres, repasa la lectura y la conferencia otra vez antes de preparar tu presentación.

Tema: Discute los elementos que tienen en común las obras mencionadas en la conferencia y "El niño al que se le murió el amigo". Debes incluir los personajes, temas, y relaciones entre padres e hijos.

Comparaciones Según la conferencia, la obra de la escritora española, Ana María Matute, se enfoca en los problemas y las penas de la niñez. En *Los niños tontos,* vemos a niños que sufren de la pobreza, la falta de comunicación con adultos o con otros niños, la crueldad física y emocional, y la soledad. A veces los niños tratan de escaparse de sus problemas a través de la fantasía. Lee unos de los cuentitos de *Los niños tontos.* Compara la presentación de la niñez en Matute con la niñez que se presenta en obras norteamericanas que hayas leído. ¿Qué elementos universales se encuentran? Discute los contrastes culturales de las obras.

Composición dirigida

1. En "El niño al que se le murió el amigo", Matute escribe sutilmente sobre la pena que sufre un niño. En forma de un cuento o ensayo, describe la experiencia más triste de tu niñez. Trata de recordar algo que sufriste de la manera única en la que sufren los niños.

2. En "El niño al que se le murió el amigo", el niño pasa por una experiencia que le cambia para siempre ciertas percepciones de la vida. Escribe un cuento en el que el protagonista experimente algo que cambie su manera de pensar o escribe un ensayo sobre una experiencia personal.

3. En un ensayo bien organizado, describe tus propias reacciones al entender por primera vez el concepto de la muerte.

GRAMÁTICA

El futuro

Ejemplos

   a. El amigo del niño no <u>volverá</u> nunca.

   b. El niño <u>estará</u> solo y triste por algún tiempo.

   c. Los dos amigos no <u>jugarán</u> juntos nunca más.

   d. Nosotros <u>seremos</u> amigos para siempre, y sé que siempre me <u>entenderás</u>.

   e. La madre le promete al niño que le <u>comprará</u> un juguete nuevo.

   f. Este niño parece mayor que sus amigos. ¿Cuántos años <u>tendrá</u>?

   g. El reloj no anda. ¿Qué hora <u>será</u>?

   h. No puedo encontrar a mi amigo Carlos. ¿Dónde <u>estará</u>?

   i. Me pregunto qué hora <u>será</u>. Mi reloj no funciona.

   j. Carlos me dijo que necesita algunos libros. Él <u>estará</u> en la biblioteca.

Función

El futuro se usa para:

- expresar acciones que van a pasar en el futuro. Corresponde al inglés *will* (Ejemplos a, b, c, d, e).

- traducir el concepto inglés de *I wonder*. Cuando se emplea de esta manera, siempre se usa en forma de una pregunta directa o indirecta (Ejemplos f, g, h, i).

- expresar posibilidades o probabilidades en el presente (Ejemplo j)

Formación

Verbos regulares

El futuro de los verbos regulares emplea todo el infinitivo como raíz. Al infinitivo se añaden las siguientes terminaciones:

mirar		vender		vivir	
mirar**é**	mirar**emos**	vender**é**	vender**emos**	vivir**é**	vivir**emos**
mirar**ás**	mirar**éis**	vender**ás**	vender**éis**	vivir**ás**	vivir**éis**
mirar**á**	mirar**án**	vender**á**	vender**án**	vivir**á**	vivir**án**

Verbos irregulares

- Hay cinco verbos en los que se cambia la *e* o la *i* del infinitivo en una *d*.

  poner → **pondré*** salir → **saldré** tener → **tendré***

  valer → **valdré** venir → **vendré***

- Hay cinco verbos en los que se omite la *e* del infinitivo.

  caber → **cabré** haber → **habré** poder → **podré**

  querer → **querré** saber → **sabré**

- *Decir* y *hacer*

  decir → **diré** hacer → **haré**

Ejercicios

A. Completa la frase
Emplea la forma correcta del futuro del verbo.

1. Al niño le _____ (hacer) mucha falta su amiguito muerto.

2. La vida le _____ (parecer) muy diferente.

3. No _____ (jugar) nunca más con su amigo.

4. El niño _____ (llevar) pantalones largos de aquí en adelante.

5. ¿_____ (Leer) tú más cuentos de Matute?

6. El año que viene nosotros _____ (estudiar) otra novela

   suya, *Fiesta al Noroeste*.

7. Sé que ustedes _____ (llorar) al leer esta novela porque es muy triste.

8. Es obvio que Juan Medinao, el protagonista de *Fiesta al Noroeste*, no

   _____ (tener) nunca un verdadero amigo.

9. Juan es una figura trágica. Nadie lo ha amado ni lo _____

   (amar) nunca.

10. Al final de la novela ustedes _____ (sentir) gran

    compasión por Juan.

---

*Se incluyen todos los derivados de los verbos *poner* (imponer, suponer, etc.), tener (entretener, mantener, obtener, etc.)
y *venir* (convenir, intervenir, etc.).

B. Expresión personal: Imagínate el futuro

Contesta con frases completas empleando el futuro.

1. ¿Cuántos años tendrás al casarte?

_____

2. ¿Cuántos niños tendrás?

_____

3. ¿Habrá osos polares en el siglo que viene?

_____

4. ¿Estarás en contacto con tu mejor amigo(a) en diez años?

_____

5. En el siglo XXII, ¿habrá libros o leerán sólo por computadora?

_____

6. ¿Qué película popular hoy todavía se verá en cien años?

_____

7. ¿Habrá paz por todo el mundo algún día?

_____

8. ¿Podremos impedir otra guerra mundial?

_____

9. ¿Durará para siempre nuestro mundo?

_____

10. ¿Dejaremos de destruir el medio ambiente algún día?

_____

C. Traduce la frase al español

Emplea el futuro.

1. We will live forever.

2. The child will look for his friend.

3. I wonder where he is.

4. He's probably near the toys.

5. I wonder how he is.

6. He must be very sad.

D. Expresándonos

Tú eres periodista. Con un(a) compañero(a) de clase prepara una entrevista con una de las personas siguientes. Debes emplear el futuro para averiguar sus planes para el porvenir.

1. un ser de otro planeta (un extraterrestre) que acaba de llegar a la Tierra
2. un hombre que acaba de salir de la cárcel después de pasar diez años allí por un crimen que no cometió
3. una persona que acaba de descubrir una manera de hacerse invisible
4. una persona que acaba de ganar diez millones de dólares en la lotería

E. Composición dirigida

1. Los científicos acaban de anunciar que el mundo terminará dentro de un año. Empleando tu imaginación, describe lo que pasará en el futuro. ¿Cómo reaccionarás? ¿Cómo reaccionarán tus amigos y tu familia? ¿Cómo reaccionarán los líderes políticos? ¿Los líderes espirituales?
2. Según tu visión ideal del porvenir, ¿cómo será el mundo del futuro?

El futuro perfecto

Ejemplos

a. En junio ya <u>habremos terminado</u> este libro.

b. Ustedes ya <u>habrán leído</u> una novela de Matute antes de graduarse.

c. Antes de volver a casa el niño <u>se habrá dado</u> cuenta de que su amigo está muerto.

d. ¿Dónde <u>habrá pasado</u> la noche el niño? ¿Qué <u>habrá hecho</u>?

e. <u>Habrá pasado</u> la noche entre los juguetes del amigo muerto.

Función

El futuro perfecto se usa para:

- expresar una acción que habrá terminado antes de cierto punto del futuro (Ejemplos a, b, c)

- expresar el concepto de *I wonder* con respecto a algo del pasado (Ejemplo d)

- expresar posibilidad o probabilidad en el pasado (Ejemplo e)

Formación

El futuro perfecto se forma con el futuro del verbo *haber* y el participio pasado.

ver	
habré visto	**habremos visto**
habrás visto	**habréis visto**
habrá visto	**habrán visto**

Ejercicios

A. Completa la frase

Emplea la forma correcta del futuro perfecto del verbo (el futuro de *haber* y el participio pasado).

1. Antes de terminar una novela de Matute, tú _____ (llorar)

más de una vez.

2. Después de que él pasó la noche afuera, pensando, el mundo del niño

_____ (cambiar) mucho.

3. Al llegar a ser padres, ustedes ya _____ (olvidar) mucho

de su propia niñez.

4. ¿De veras _____ (cambiar) el niño o solamente le parece

   así a la madre?

5. Él no _____ (crecer) físicamente en una noche. No es

   posible.

6. Matute escribe tanto de la pena de los niños. ¿Qué experiencias infantiles

   le _____ (influir)?

7. Ella estaba enferma con frecuencia. _____ (Estar) muy

   sola.

B. Expresión personal

Imagínate y pronostica el futuro empleando el futuro perfecto. Pensando en todos tus amigos:

1. ¿Quién ya se habrá casado antes de los veintitrés años?

   _____

2. ¿Quién ya habrá ganado un millón de dólares antes de los treinta años?

   _____

3. ¿Quién habrá viajado por todo el mundo antes de establecerse en un lugar?

   _____

4. ¿Quién ya habrá escrito una novela famosa antes de los veinticinco años?

   _____

5. ¿Quién ya habrá perdido sus libros tres veces antes del fin de este año?

   _____

6. ¿Quién ya habrá sido castigado (grounded) por sus padres dos veces en el próximo mes? ¿Por qué?

   _____

C. Traduce la frase al español

Emplea el futuro perfecto.

1. You will have finished this chapter by next week.

   _____

2. I wonder if Matute wrote other stories about children.

   _____

3. She's probably written many.

   _____

4. I wonder where the children went.

   _____

5. They must have grown a lot.

   _____

El condicional

Ejemplos

   a. Sin amigos, el niño <u>estaría</u> solo y triste.

   b. Matute no <u>podría</u> describir las emociones infantiles sin sus propios recuerdos.

   c. La madre le prometió al niño que le <u>compraría</u> pantalones nuevos.

   d. Al principio el niño creía que su amigo <u>volvería</u>.

   e. ¿Qué hora <u>sería</u> cuando el niño volvió a casa?

   f. <u>Serían</u> las ocho de la mañana, más o menos.

Función

El condicional se usa para:

- expresar acciones potenciales o condicionales. Corresponde al concepto *would* (Ejemplos a, b, c, d).

- expresar el concepto *I wonder* cuando se aplica a acciones pasadas (Ejemplo e). Observa que muchas veces se emplea el futuro perfecto. (Ve la página 100, Ejemplo d, bajo *el futuro perfecto.)*

- expresar posibilidades o probabilidades en el pasado (Ejemplo f)

Formación

Verbos regulares

El condicional de los verbos regulares emplea todo el infinitivo como raíz.
Al infinitivo se añaden las siguientes terminaciones:

mirar		vender		vivir	
miraría	miraríamos	vendería	venderíamos	viviría	viviríamos
mirarías	miraríais	venderías	venderíais	vivirías	viviríais
miraría	mirarían	vendería	venderían	viviría	vivirían

Verbos irregulares

Los mismos verbos irregulares del futuro tienen la misma irregularidad en
el condicional.

- Hay cinco verbos en los que se cambia la *e* o la *i* del infinitivo a una *d:*

  poner → **pondría***   salir → **saldría**   tener → **tendría***

  valer → **valdría**   venir → **vendría***

- Hay cinco verbos en los que se omite la *e* del infinitivo.

  caber → **cabría**   haber → **habría**   poder → **podría**

  querer → **querría**   saber → **sabría**

- *Decir* y *hacer*

  decir → **diría**   hacer → **haría**

Ejercicios

A. Completa la frase

Emplea la forma correcta del condicional del verbo.

1. Los padres les dijeron a los niños que el Papá Noel _____

   (llegar) aquella noche.

2. Los niños le habían prometido que _____ (ser) buenos.

3. Los niños creían que el Papá Noel les _____ (traer)

   muchos juguetes.

4. ¿Cuántos años _____ (tener) el niño del cuento?

5. No estoy seguro; _____ (tener) unos seis años.

6. ¿_____ (Querer) el niño jugar con los juguetes sin su

   amigo?

7. Él no _____ (poder) jugar como antes.

8. Una persona mayor _____ (entender) la muerte mejor que

un niño, me parece.

B. Expresión personal

Contesta con frases completas empleando el condicional.

Si tuvieras que pasar un año solo(a) en una isla, . . .

1. ¿Qué tres cosas llevarías contigo?

    _____

2. ¿Qué dos personas querrías que fueran contigo? ¿Por qué?

    _____

3. ¿Qué comida comerías?

    _____

4. ¿Qué juego o juguete llevarías?

    _____

5. ¿Preferirías una isla tropical o una isla templada? ¿Por qué?

    _____

6. ¿Qué animales querrías en tu isla?

    _____

C. Traduce la frase al español

Emplea el condicional.

1. I would rather (prefer to) be a dog than a cat.

    _____

2. They would want to know the secret.

_____

3. He promised that he would tell the truth.

_____

4. He must be sick or he would be here.

_____

5. I wonder what time it was when he got back.

_____

6. It was probably after midnight.

_____

D. Expresándonos

Con un(a) compañero(a) de clase prepara una serie de preguntas y respuestas sobre actividades peligrosas o tontas. Usa el condicional. Por ejemplo:

> —¿Saltarías al "Bungee"?

> —Sí, saltaría.

E. Composición dirigida

Si pudieras tener un poder mágico, ¿qué poder querrías? ¿Qué harías con tu poder mágico? Contesta en forma de un ensayo.

El condicional perfecto

PearsonSchool.com
Web Code: jkd-0018

Ejemplos

a. Habríamos leído otra novela de Matute pero no tuvimos tiempo.

b. El niño habría jugado con su amigo pero no pudo encontrarlo.

c. Yo habría ido al cine con ustedes pero ya había visto la película.

d. ¿Quién habría abandonado al pobre niño?

e. Habría sido una persona sin corazón.

f. Nadie contestó el teléfono. Ya se habrían ido cuando llamé.

Función

El condicional perfecto se usa para:

- hablar en el pasado de una acción que no se realizó (Ejemplos a, b, c)
- expresar el concepto de *I wonder* en el pasado (Ejemplo d)
- expresar probabilidad o posibilidad en el pasado (Ejemplos e, f)

Formación

El condicional perfecto se forma con el condicional del verbo *haber* y el participio pasado.

ver	
habría visto	habríamos visto
habrías visto	habríais visto
habría visto	habrían visto

Ejercicios

A. Completa la frase

Emplea la forma correcta del condicional perfecto del verbo (el condicional de *haber* y el participio pasado).

1. Hansel y Gretel _____ (comer) toda la casa, pero la bruja

   se lo impidió.

2. Ricitos de Oro _____ (dormir) toda la noche en la cama

   del oso pequeño, pero los tres osos volvieron a casa.

3. El Lobo se _____ (comer) a Caperucita Roja, pero un

   hombre llegó para salvarla.

4. La Reina Mala _____ (estar) contenta si hubiera sido la

   más bella.

5. La Bella Durmiente _____ (dormir) para siempre, pero un

   príncipe la despertó con un beso.

B. Expresión personal

Emplea el condicional perfecto para nombrar cuatro cosas que habrías hecho de una manera diferente si pudieras cambiar el pasado. Por ejemplo:

Habría estudiado más para mi último examen de historia.

1. _____

2. _____

3. _____

4. _____

Emplea el condicional perfecto para nombrar cuatro cosas que no habrías hecho si pudieras cambiar el pasado. Por ejemplo:

No le habría mentido a mi papá.

1. _____

2. _____

3. _____

4. _____

C. Traduce la frase al español

Emplea el condicional perfecto.

1. I would have eaten the whole cake, but I didn't want to get sick *(enfermarme)*.

    _____

2. We would have left early, but I couldn't find my shoes.

    _____

3. I wonder why they had left so early.

_____

4. They had probably realized their error.

_____

5. They had probably known the truth for a long time.

_____

El uso de *se* y el complemento indirecto para hablar de eventos inesperados

PearsonSchool.com
Web Code: jkd-0019

Ejemplos

a. El cuento se llama "El niño al que <u>se le murió</u> el amigo".

b. <u>Se me acabaron</u> los dulces.

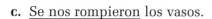

c. <u>Se nos rompieron</u> los vasos.

d. <u>Se le cayeron</u> las plumas.

e. <u>Se me olvidaron</u> los libros y no pude hacer la tarea.

Función

Se usa para expresar un evento que ocurre sin querer. El complemento indirecto indica la persona afectada por el evento. En el Ejemplo a, el amigo se murió. El uso de *le* para referirse al niño indica que es él quien es afectado por la muerte del amigo.

    A veces el uso de esta estructura sirve para disculpar a la persona responsable. En el Ejemplo c, en vez de decir: *Rompimos los vasos,* decimos que se rompieron los vasos y nos afectó el evento.

Formación

    se + el complemento indirecto *(me, te, le, nos, os, les)* + verbo (singular

    o plural según el número del sujeto pasivo)

        Se me olvidó el nombre de la chica que conocí ayer.

Ejercicios

A. Describe los dibujos

Completa la frase empleando *se* + el complemento indirecto + verbo. Usa los verbos *acabar, perder, caer, romper* y *olvidar.* Por ejemplo:

nuestros exámenes *A la profesora se le perdieron nuestros exámenes.*

1. _____

_____ el auto.

2. _____

_____ la leche.

3. _____

_____ el dinero.

4. _____

_____ los zapatos.

5. _____

_____ los pantalones.

B. Traduce la frase al español

Emplea *se* + el complemento indirecto + verbo.

1. My TV broke down on me.

   _____

2. We ran out of sugar.

   _____

3. All my furniture broke.

   _____

4. The children lost their toys.

   _____

5. You *(fam.)* forgot your tickets.

   _____

Repaso

A. Completa la frase

Emplea la forma correcta del verbo según el sentido de la frase. Selecciona entre el presente, el pretérito, el imperfecto, los tiempos perfectos, el futuro, el condicional, el presente del subjuntivo, el presente perfecto del subjuntivo y el infinitivo.

1. Ana María Matute _____ (tener) dieciocho años cuando

   _____ (escribir) su primera novela.

2. La familia de Ana María _____ (ser) de Barcelona.

   Cuando Ana María _____ (ser) muy joven, la niña

   _____ (quedarse) con frecuencia en la casa de sus abuelos

   cuando ella _____ (estar) enferma.

3. Es una lástima que ella _____ (haber / ser) una niña

   solitaria. Pero es posible que los niños solitarios _____

   (ser) más creativos que los que tienen muchos amigos.

4. Matute, que actualmente _____ (vivir) en España,

   _____ (haber / escribir) nueve novelas y muchos

   cuentos cortos.

5. Ella _____ (tener) un hijo que _____

   (llamarse) Juan Pablo, que _____ (nacer) en 1954.

6. Uno de mis cuentos favoritos de Matute _____ (llamarse)

   "La rama seca".

7. En este cuento, una niña pobre tiene una rama *(twig)* que ella

   _____ (fingir) que es una muñeca.

8. La niña está muy triste y _____ (quejarse) de que su

   hermano le _____ (haber / quitar) su "muñeca".

9. Una vecina muy simpática, doña Clementina, quiere

   _____ (ayudar) a la niña. Doña Clementina quiere que la

   niña _____ (estar) contenta y por eso le

   _____ (comprar) una muñeca bonita.

10. Doña Clementina cree que la niña _____ (estar) contenta

    al recibir la muñeca, pero la mujer _____ (haber /

    equivocarse).

11. A la niña no le importa que la muñeca _____ (ser) nueva

y bonita. Ella sólo desea que su hermano le _____

(devolver) la misma rama seca que ella ama.

B. Contesta la pregunta
Emplea los complementos directos e indirectos.

1. ¿Quién le quitó la rama seca a la niña?

_____

2. ¿Quién le compró una muñeca a la niña?

_____

3. Cuando eras muy joven, ¿quién te compró tu juguete favorito? ¿Cuál fue?

_____

4. ¿Vas a comprarles muñecas o muñecos *(action figures)* a tus hijos

algún día?

_____

5. ¿Les comprarías una muñeca Barbie o un muñeco como el Hombre

Murciélago *(Batman)?*

_____

C. Completa la frase
Emplea la forma correcta del presente de *ser* o *estar* según el sentido de
la frase.

1. El niño _____ muy joven y por eso no entiende que su

amigo _____ muerto.

2. La niña _____ triste porque perdió su muñeca.

3. La rama seca no _____ bonita, pero a la niña no le

importa.

4. La manera de pensar de los niños _____ diferente de la

de los adultos.

5. Aunque muchos cuentos de Matute _____ deprimentes,

su obra literaria _____ magnífica.

Lo real, lo irreal y lo absurdo

LECTURA "La peste del insomnio", de *Cien años de soledad*, de Gabriel García Márquez

GRAMÁTICA El imperfecto del subjuntivo; el pluscuamperfecto del subjuntivo

Vocabulario

PearsonSchool.com
Web Code: jkd-0020

alcanzar llegar a cierto punto. Corrí muy rápido pero no pude <u>alcanzar</u> el autobús. Obtener, conseguir. Después de muchos años de trabajo, <u>alcanzó</u> la vida que siempre había deseado. Haber bastante. Los dulces no <u>alcanzan</u> para todos los niños.

amenazar decir a alguien que le hará daño; presentar la posibilidad de un daño. Un hombre con una pistola entró en el autobús y <u>amenazó</u> a los pasajeros.
la amenaza acción de amenazar. El SIDA *(AIDS)* es una <u>amenaza</u> a la salud de todo el mundo.

la casualidad se aplica a las cosas que ocurren sin planearlas. Fue una pura <u>casualidad</u> que los dos se conocieron.
por casualidad por suerte, por coincidencia, inesperadamente. Los dos enemigos no querían verse, pero se encontraron en el mismo tren <u>por casualidad</u>.

colgar (ue) suspender una cosa de otra. Las perlas <u>cuelgan</u> del cuello de la mujer.

conseguir (i) lograr, obtener; llegar a alcanzar un fin u objeto deseado. Después de seis horas de espera, por fin <u>conseguí</u> dos entradas para el concierto de los Muertos Agradecidos *(Grateful Dead)*.

desterrar (ie) mandar que alguien salga de su patria; forzar al exilio. El dictador <u>desterró</u> a todos los que no estaban de acuerdo con sus ideas políticas.
el destierro el estado de exilio. Muchos cubanos viven en el <u>destierro</u> en los EE.UU.

eficaz, *pl.* **eficaces** se aplica a lo que consigue el efecto deseado; que funciona bien; eficiente; poderoso. La aspirina es muy <u>eficaz</u> cuando uno tiene dolor de cabeza.
la eficacia capacidad de lograr el efecto deseado. No hay duda sobre la <u>eficacia</u> del amor para motivar al ser humano.

la época período, cierta cantidad de tiempo. La <u>época</u> más feliz de mi vida fue cuando mis niños eran pequeños.

hay que es necesario. Hay que ser paciente y cariñoso para ser un buen padre.

hundirse irse al fondo; irse debajo del agua; lo contrario de flotar. El *Titanic* fue un barco muy famoso que se hundió en el Océano Atlántico.

el letrero escrito colocado en un lugar para avisar o informar. Un letrero nos indicó el lugar de la venta.

obligar mandar que alguien haga una cosa; tener la fuerza o la autoridad para conseguir una acción de parte de otra persona. Mi mamá me obliga a limpiar mi dormitorio.

la oscuridad falta de luz. Muchos niños duermen con una luz encendida porque tienen miedo de la oscuridad.
oscuro, -a se aplica a la falta de luz. Tengo miedo de entrar en la casa oscura.

pegar juntar una cosa con otra. La profesora pegó los mejores papeles de los alumnos en la pared de la sala de clases. Golpear. El padre, enojado, le pegó al niño.

recordar (ue) no olvidar, acordarse de; tener algo en la mente o en la memoria. Recuerdo claramente el día en que nació mi hijo. Traer algo a la mente de alguien. El olor del pan en el horno me recuerda la casa de mi abuela.

el rincón ángulo formado por el encuentro de dos paredes. Raúl siempre se sienta en el rincón de la sala de clases, lo más lejos del profesor.

el ruido sonido, algo que se oye. El bebé dormía hasta que un ruido lo despertó.

sonar (ue) producir un sonido, un ruido, algo que se puede oír. El teléfono sonó a las tres de la mañana y despertó a todos menos al tío Pepe, que duerme como un lirón *(sleeps like a log, soundly)*.

el vicio defecto, costumbre de hacer algo malo. Mi perro tiene el vicio de comer zapatos.

Ejercicios de vocabulario

A. Completa la frase
Usa la palabra apropiada del vocabulario.

1. Gabriel García Márquez, el gran escritor colombiano, pasó muchos años en el _____ lejos de su patria, por razones políticas, pero ahora ha vuelto a vivir a Colombia.

2. La obra literaria de García Márquez _____ gran fama con la publicación de *Cien años de soledad* en 1967.

3. En *El amor en los tiempos del cólera*, García Márquez escribe sobre la _____ en la que muchos sufrieron del cólera, una enfermedad grave.

4. García Márquez tiene gran cariño por sus personajes, y aun parece aceptar la irracionalidad y otros _____ del ser humano.

5. En *Crónica de una muerte anunciada,* otra novela de García Márquez, los eventos más importantes no están planeados sino que ocurren

_____.

6. García Márquez y muchos otros autores hispanos critican el código de honor de la sociedad. En *Crónica,* el código de honor _____ a dos hermanos a matar a un amigo suyo aunque ellos no quieren hacerlo.

7. Según esa sociedad, _____ proteger el honor porque es la cosa más importante de la vida.

8. En *Cien años de soledad,* cuando los personajes sufren del olvido, ellos _____ letreros por todas partes para recordarles de los nombres de las cosas.

9. Hay que _____ un letrero del cuello de la vaca para recordarle a la gente que es el animal que da leche.

10. ¿Te parece una manera _____ de recordar las identidades de las cosas?

B. Expresión personal

1. Si suena el teléfono mientras duermes, ¿cómo reaccionas? ¿Te despiertas por completo? ¿Duermes profundamente?
2. ¿Cuál es tu peor vicio? ¿El de tu amigo(a)?
3. En tu opinión, ¿cuál es la mayor amenaza de nuestra época?
4. Si pudieras vivir en otra época histórica, ¿cuál sería? ¿Por qué?
5. ¿Cuál es el primer evento de tu niñez que puedes recordar?
6. ¿Eras un(a) niño(a) mimado(a) que siempre conseguías lo que querías?
7. Cuando eras niño(a), ¿tenías miedo de la oscuridad?

LECTURA

Estrategia para leer

Al leer el fragmento de *Cien años de soledad* que sigue, vas a entrar en el mundo del realismo mágico de Gabriel García Márquez. En este mundo se mezclan elementos reales e irreales, pero el autor nunca nos aparta totalmente de la realidad. Hay que abrir la mente a las posibilidades maravillosas de nuestro mundo. Observa el tono y el ambiente con los que se presentan los elementos raros o absurdos. Observa también la actitud de los personajes con respecto a estos elementos.

Acostumbrados al humor obvio que se ve en la televisión, a veces perdemos el humor más sutil pero muy divertido de la palabra escrita. ¡Presta atención a las escenas graciosas que describen la lucha contra el olvido! Forma tus propias imágenes mentales de la "realidad escurridiza" *(slippery)* que se describe.

Gabriel García Márquez

Gabriel García Márquez nació en Aracataca, Colombia, en 1928. En sus propias palabras, el autor no se considera nada más que "uno de los dieciséis hijos del telegrafista de Aracataca".[1] De joven pasó mucho tiempo en casa de los abuelos, donde la abuela le contaba historias folklóricas y sobrenaturales con un tono tranquilo y natural. Este estilo de narrar influyó mucho en el joven escritor. Varios cuentos y novelas de García Márquez tienen lugar en Macondo, el nombre ficticio de Aracataca.

Gabriel García Márquez es uno de los autores más leídos y más queridos de hoy día. Ha creado un mundo fantástico que tiene las raíces bien plantadas en la realidad. García Márquez ganó el premio Nobel de Literatura en 1982. El fragmento que sigue es de *Cien años de soledad,* su novela más famosa.

La peste[2] *del insomnio* (fragmento de *Cien años de soledad*)

Personajes

Visitación una indígena (india) que trabaja en la casa de José Arcadio Buendía. Antes, era una princesa en su propia tierra. Ahora vive en el destierro.

José Arcadio Buendía el patriarca de la familia Buendía y el fundador del pueblo Macondo. Es un gran soñador.

Úrsula la esposa de José Arcadio Buendía. Es una mujer muy capaz, muy fuerte y muy práctica.

---

1. Plinio Apuleyo Mendoza. *El olor de la guayaba* (Editorial La Oveja Negra, 1982), p. 8.

2. **peste** enfermedad contagiosa que causa la muerte de mucha gente

Rebeca una niña que apareció sola un día a la puerta de los Buendía y ellos la adoptaron. Al principio ella tiene la mala costumbre de comer tierra cuando está nerviosa.

Pilar Ternera una mujer muy cariñosa con poderes místicos. Ella está muy unida a la familia Buendía por haber tenido hijos con varios varones de la familia.

Una noche, por la época en que Rebeca se curó del vicio de comer tierra y fue llevada a dormir en el cuarto de los otros niños, la india que dormía con ellos despertó por
5 casualidad y oyó un extraño ruido intermitente en el rincón. Se incorporó[3] alarmada, creyendo que había entrado un animal en el cuarto, y entonces vio a Rebeca en el mecedor[4], chupándose[5] el dedo y con
10 los ojos alumbrados como los de un gato en la oscuridad. Pasmada de terror, atribulada[6] por la fatalidad de su destino, Visitación reconoció en esos ojos los síntomas de la enfermedad cuya amenaza los había obligado,
15 a ella y a su hermano, a desterrarse para siempre de un reino milenario[7] en el cual eran príncipes. Era la peste del insomnio.

$*$ $*$ $*$

Nadie entendió la alarma de Visitación. "Si no volvemos a dormir, mejor", decía José
20 Arcadio Buendía, de buen humor. "Así nos rendirá[8] más la vida". Pero la india les explicó que lo más temible de la enfermedad del insomnio no era la imposibilidad de dormir, pues el cuerpo no sentía cansancio
25 alguno, sino su inexorable[9] evolución hacia una manifestación más crítica: el olvido. Quería decir que cuando el enfermo se acostumbraba a su estado de vigilia[10], empezaban a borrarse de su memoria los
30 recuerdos de la infancia, luego el nombre y la noción de las cosas, y por último la identidad de las personas y aun la conciencia del propio ser, hasta hundirse en una especie de idiotez sin pasado. José Arcadio Buendía, muerto de
35 risa, consideró que se trataba de una de tantas dolencias inventadas por la superstición de los indígenas[11]. Pero Úrsula, por si acaso, tomó la precaución de separar a Rebeca de los otros niños.

$*$ $*$ $*$

40 *Pero a pesar de los esfuerzos, después de varias semanas toda la familia y todo el pueblo se encontraron con insomnio. Los habitantes de Macondo*
. . . no consiguieron dormir, sino que
45 estuvieron todo el día soñando despiertos. En ese estado de alucinada lucidez, no sólo veían las imágenes de sus propios sueños, sino que los unos veían las imágenes soñadas por los otros. Era como si la casa se hubiera llenado
50 de visitantes.

$*$ $*$ $*$

Al principio nadie se alarmó. Al contrario, se alegraron de no dormir, porque entonces había tanto que hacer en Macondo que el tiempo apenas alcanzaba. Trabajaron tanto,
55 que pronto no tuvieron nada más que hacer, y se encontraron a las tres de la madrugada con los brazos cruzados, contando el número de notas que tenía el valse de los relojes.

---

3. **se incorporó** se levantó
4. **mecedor** una silla en la que se puede mecer *(rocking chair)*
5. **chupándose** cuando el niño mete el dedo en la boca para consolarse *(sucking)*
6. **atribulada** preocupada
7. **milenario** muy viejo
8. **rendirá** ofrecerá
9. **inexorable** que no se puede parar
10. **vigilia** estado del que no está durmiendo

11. **indígenas** gente nativa de cierta tierra

*   *   *

Los habitantes de Macondo trataron de
60 *impedir la contaminación de los extranjeros*
por la peste. Les quitaron las campanitas[12] a
los chivos y se las colgaron a los cuellos de
los visitantes . . .

Todos los forasteros[13] que por aquel tiempo
65 recorrían las calles de Macondo tenían que
hacer sonar su campanita para que los
enfermos supieran que estaba sano[14]. No se les
permitía comer ni beber nada durante su
estancia[15], pues no había duda de que la
70 enfermedad sólo se transmitía por la boca, y
todas las cosas de comer y de beber estaban
contaminadas de insomnio. En esa forma se
mantuvo la peste circunscrita al perímetro de
la población. Tan eficaz fue la cuarentena, que
75 llegó el día en que la situación de emergencia
se tuvo por cosa natural, y se organizó la vida
de tal modo que el trabajo recobró su ritmo y
nadie volvió a preocuparse por la inútil
costumbre de dormir.
80   Fue Aureliano quien concibió la fórmula que
había de defenderlos durante varios meses de
las evasiones de la memoria. La descubrió por
casualidad. Insomne experto, por haber sido
uno de los primeros, había aprendido a la
85 perfección el arte de la platería[16]. Un día estaba
buscando el pequeño yunque[17] que utilizaba
para laminar los metales, y no recordó su
nombre. Su padre se lo dijo: "tas". Aureliano
escribió el nombre en un papel que pegó con
90 goma[18] en la base del yunquecito: tas. Así
estuvo seguro de no olvidarlo en el futuro. No
se le ocurrió que fuera aquella la primera
manifestación del olvido, porque el objeto
tenía un nombre difícil de recordar. Pero pocos
95 días después descubrió que tenía dificultades
para recordar casi todas las cosas del
laboratorio. Entonces las marcó con el nombre
respectivo, de modo que le bastaba con leer la

inscripción para identificarlas. Cuando su
100 padre le comunicó su alarma por haber
olvidado hasta los hechos más impresionantes
de su niñez, Aureliano le explicó su método,
y José Arcadio Buendía lo puso en práctica en
toda la casa y más tarde lo impuso a todo el
105 pueblo. Con un hisopo[19] entintado marcó cada
cosa con su nombre: *mesa, silla, reloj, puerta,*
pared, cama, cacerola. Fue al corral y marcó
los animales y las plantas: *vaca, chivo,*
puerco, gallina, yuca, malanga, guineo. Poco
110 a poco, estudiando las infinitas posibilidades
del olvido, se dio cuenta de que podía llegar
un día en que se reconocieran las cosas por
sus inscripciones, pero no se recordara su
utilidad. Entonces fue más explícito. El letrero
115 que colgó en la cerviz[20] de la vaca era una
muestra ejemplar de la forma en que los
habitantes de Macondo estaban dispuestos a
luchar contra el olvido: *Ésta es la vaca, hay*
que ordeñarla[21] todas las mañanas para que
120 *produzca leche y a la leche hay que hervirla*
para mezclarla con el café y hacer café con
leche. Así continuaron viviendo en una
realidad escurridiza[22], momentáneamente
capturada por las palabras, pero que había de
125 fugarse[23] sin remedio cuando olvidaran los
valores de la letra escrita.
   En la entrada del camino de la ciénaga se
había puesto un anuncio que decía *Macondo* y
otro más grande en la calle central que decía
130 *Dios existe.* En todas las casas se habían escrito
claves[24] para memorizar los objetos y los
sentimientos. Pero el sistema exigía tanta
vigilancia y tanta fortaleza moral, que muchos
sucumbieron al hechizo[25] de una realidad
135 imaginaria, inventada por ellos mismos, que les
resultaba menos práctica pero más
reconfortante. Pilar Ternera fue quien más
contribuyó a popularizar esta mistificación,
cuando concibió el artificio de leer el pasado en
140 las barajas[26] como antes había leído el futuro.

---

12. **campanitas** *little bells*
13. **forasteros** *strangers, outsiders*
14. **sano** de buena salud, no enfermo
15. **estancia** visita
16. **platería** el arte de hacer cosas de la plata, un metal
    precioso
17. **yunque** *anvil, metal object on which metal is*
    hammered
18. **goma** sustancia que se usa para pegar o juntar dos
    cosas *(glue)*

19. **hisopo** objeto que se usa para pintar o escribir con
    tinta *(brush)*
20. **cerviz** cuello
21. **ordeñar** extraer o sacar la leche de la vaca
22. **escurridiza** *slippery*
23. **fugarse** huir, escaparse
24. **claves** palabras o signos que explican algo
25. **hechizo** encantamiento mágico *(magic spell)*
26. **barajas** naipes *(cards)*

Por fin se resolvió el problema con la ayuda mágica de Melquíades, un amigo gitano de José Arcadio Buendía. Melquíades volvió a Macondo mientras el pueblo "se hundía sin remedio" en el olvido más profundo. El gitano trajo consigo un líquido mágico que le dio a José Arcadio. Fue esta bebida que por fin le curó de la peste del insomnio y le devolvió la memoria.

145

Preguntas de comprensión

1. ¿Cómo reacciona Visitación al ver a Rebeca despierta? ¿Por qué reacciona así?

2. ¿Se preocupa José Arcadio Buendía al saber de la peste? ¿Por qué sí o por qué no?

3. ¿Cuál es el aspecto más grave de la peste del insomnio?

4. ¿Qué hace Úrsula para proteger a la familia? ¿Tiene éxito?

5. Describe el aspecto raro de los sueños de la familia.

6. ¿Qué hace la gente de Macondo para proteger a los forasteros de la peste?

7. ¿Cuál es el primer indicio del olvido?

8. ¿Qué hace José Arcadio Buendía para luchar contra el olvido?

9. Este método de José Arcadio Buendía no servirá por mucho tiempo. ¿Por qué?

10. Por fin, ¿qué forma de "realidad" emplean los habitantes de Macondo para sustituir la realidad olvidada?

Preguntas de discusión

1. Describe la actitud de José Arcadio Buendía y la de los otros habitantes de Macondo al no poder dormir. Comenta la filosofía de la vida que se refleja aquí. ¿Cómo reaccionarías tú?

2. Discute los elementos cómicos o absurdos que se encuentran en el fragmento.

3. En Macondo, después de poco tiempo, "llegó el día en que la situación de emergencia se tuvo por cosa natural". Piensa en ejemplos de la vida real o de películas o de literatura en que situaciones difíciles o absurdas llegan a ser aceptadas como normales.

4. Los habitantes de Macondo se refugian en "una realidad imaginaria, inventada por ellos mismos, que les resultaba menos práctica pero más reconfortante". Discute las ventajas de una realidad o un pasado inventado.

5. En "La peste del insomnio", la gente considera el insomnio un beneficio. ¿Se puede decir que dormir es una necesidad desafortunada de la vida? Hay personas que tratan de dormir lo menos posible para lograr más y gozar más de la vida. ¿Estás de acuerdo con ellos? Discute tus propias actitudes con respecto al sueño. ¿Te gusta dormir? ¿Necesitas cierto número de horas de sueño? ¿Duermes mucho durante el fin de semana?

Expresándonos

1. Escribe cinco letreros al estilo del letrero que José Arcadio Buendía le colgó a la vaca. Identifica la cosa (persona, animal, objeto o lugar) por sus cualidades que te parecen más significativas. Presenta tus letreros a la clase e invita a tus compañeros a expresar sus propias opiniones sobre las características más importantes de los objetos. Por ejemplo, un letrero posible para identificar un perro: *Éste es un perro. Hay que cuidarlo y amarlo, y así tendrás un compañero fiel y gracioso.* Es posible que el letrero de otra persona sea diferente: *El perro se usa para proteger la casa.*

2. Tú y tus amigos acaban de descubrir que tienen un insomnio permanente. No podrán dormir, pero no se sentirán cansados. Prepara un diálogo con unos amigos de la clase en el que discuten qué harán con todo el tiempo libre, y cómo será la vida diferente.

Integración

Antes de escuchar

Para discutir Imagínate que vas a escribir una novela. ¿Vas a incorporar elementos familiares de tu propia vida? ¿O vas a usar solamente elementos inventados?

Instrucciones

1. Relee la selección, prestando atención a los elementos que pueden ser reales y a cómo se mezclan con elementos que parecen mágicos o irreales.

2. Después de repasar la selección, estudia la lista de vocabulario para la conferencia.

3. Escucha la conferencia y toma apuntes sobre las ideas importantes, las que también tienen que ver con la relación entre la ficción y la realidad.

4. Después de escuchar la conferencia, completa las oraciones de la sección **Comprensión.**

5. Finalmente, vas a preparar una presentación según las instrucciones de la sección **Presentación escrita.**

Vocabulario

hilos: *threads*

tejer: unir hilos para formar una tela; *to weave*

mecedorcito: silla pequeña que se mueve; *rocking chair*

chupar: *to suck*

doblando: *folding*

Escuchar

La conferencia discute las ideas de García Márquez sobre la relación entre la realidad y la ficción, como se revelan en su autobiografía *Vivir para contarla.* Escucha la selección y luego haz las actividades de la sección **Después de escuchar.**

CD, Track 6

PearsonSchool.com
Web Code: jkd-0072

Después de escuchar

Comprensión Selecciona la mejor respuesta.

1. Según la selección, García Márquez utiliza elementos mágicos "sin alejarse totalmente de la realidad". El significado más probable de "alejarse" es _____.

   a. exagerar   **c.** limitarse

   b. separarse   **d.** imitar

2. La obra literaria de García Márquez se basa en _____.

   a. una imaginación maravillosa

   b. eventos que recuerda de su niñez

   c. los relatos que le contaba su abuela

   d. una mezcla de a, b y c

3. Según su autobiografía, García Márquez y su hermana vivían con sus abuelos porque _____.

   a. sus padres los habían abandonado

   b. Margot tenía problemas psicológicos

   c. sus padres necesitaban trabajar en otro sitio

   d. no se llevaban bien con sus padres

4. La mujer dice que su nieta se había elevado al cielo porque quiere _____.

   a. inventar ficciones

   b. inspirar a García Márquez

   c. proteger la honra de su familia

   d. ayudar a la nieta

5. En el contexto de la selección, la frase "La realidad no termina en el precio de los tomates" significa que _____.

   a. no debemos preocuparnos tanto por el dinero

   b. los tomates tienen poderes mágicos

   c. debemos abrir la mente para ver aspectos maravillosos de la realidad cotidiana

   d. la realidad es muy aburrida

Síntesis

Presentación escrita Tu presentación va a basarse en "La peste del insomnio" de García Márquez, que ya has leído, y la conferencia que escuchaste. Prepara una presentación escrita de una o dos páginas sobre el tema que sigue. Si quieres, repasa la lectura y la conferencia antes de preparar tu presentación.

Tema: La conferencia revela una conexión entre un suceso (algo que pasa) en "La peste del insomnio" y un suceso real en la vida de García Márquez. Discute los dos puntos que siguen:

1. el suceso en "La peste del insomnio" y el suceso que corresponde a la vida del autor

2. la conexión general entre la realidad y la ficción según lo que dice García Márquez en la conferencia

Comparaciones De joven, García Márquez se benefició mucho de su contacto con sus abuelos. La relación con la familia extendida suele ser más estrecha en España y en Latinoamérica que en los EE.UU. Organiza un debate en clase sobre las ventajas y las desventajas del contacto frecuente con la familia extendida. ¿Qué influencia puede tener en la vida diaria?

Composición dirigida

1. El realismo mágico se puede definir como una mezcla de lo real y lo fantástico. En un ensayo bien organizado, compara el realismo mágico de García Márquez en "La peste del insomnio" con el de Borges en "El otro". Puedes incluir cómo se presentan los elementos reales y mágicos, y el tono o ambiente en el que se presentan.

2. Un elemento frecuente del realismo mágico es que lo fantástico o absurdo se presenta de una manera natural. Así lo fenomenal llega a parecer normal u ordinario. Por ejemplo, en un cuento de Julio Cortázar, "Carta a una señorita en París", un hombre sufre de la rara aflicción de vomitar conejos de vez en cuando, y ha llegado a aceptar su condición como parte de la vida. Escribe tu propio cuento corto en el que algo raro llegue a ser aceptado como normal.

GRAMÁTICA

El imperfecto del subjuntivo

PearsonSchool.com
Web Code: jkd-0021

Ejemplos

a. Al principio José Arcadio Buendía no creyó que <u>hubiera</u> tal cosa como la peste del insomnio.

b. Úrsula había querido que Rebeca <u>se quedara</u> lejos de los otros niños para protegerlos de la peste, pero no lo logró.

c. No importaba que nadie <u>pudiera</u> dormir en Macondo.

d. La gente estaba esperando que la peste no <u>contaminara</u> a los forasteros.

e. Si los habitantes de Macondo <u>pudieran</u> dormir, no trabajarían tanto.

f. A veces Úrsula trataba a José Arcadio Buendía como si <u>fuera</u> un niño.

Función

El imperfecto del subjuntivo, igual que el presente del subjuntivo, se usa para expresar situaciones o acciones que no se presentan como realidad segura. Cuando el verbo indicativo de la cláusula principal está en el presente, generalmente se usa el presente del subjuntivo o el presente perfecto del subjuntivo en la segunda cláusula. El imperfecto del subjuntivo se usa en la segunda cláusula cuando el verbo indicativo de la cláusula principal está en el pasado: el pretérito (Ejemplo a); el imperfecto (Ejemplo c); el pluscuamperfecto (Ejemplo b); el imperfecto progresivo (Ejemplo d); el condicional (Ejemplo e).

En las cláusulas con *si,* el imperfecto del subjuntivo se usa para expresar condiciones contrarias a la realidad (Ejemplo f). El uso del imperfecto del subjuntivo *pudieran* (Ejemplo e) nos dice claramente que en realidad los habitantes *no* pueden dormir.

El imperfecto del subjuntivo siempre se usa después de *como si,* pues esta frase siempre introduce una condición contraria a la realidad (Ejemplo f).

Formación

El imperfecto del subjuntivo se forma usando la tercera persona plural del pretérito:

mira**ron**   vendie**ron**   vivie**ron**

Se quita la **-ron,** y se añaden las terminaciones del imperfecto del subjuntivo:*

-ra	-ramos
-ras	-rais
-ra	-ran

mirar		**vender**		**vivir**	
mira**ra**	mirá**ramos**	vendie**ra**	vendié**ramos**	vivie**ra**	vivié**ramos**
mira**ras**	mira**rais**	vendie**ras**	vendie**rais**	vivie**ras**	vivie**rais**
mira**ra**	mira**ran**	vendie**ra**	vendie**ran**	vivie**ra**	vivie**ran**

¡Buenas noticias! No hay irregularidades en la formación de este tiempo verbal. El imperfecto del subjuntivo de todos los verbos se forma según la regla.

- Los verbos de cambio radical de la tercera conjugación *(dormir, mentir, morir, pedir, preferir, repetir, servir* y *vestir)* y aquéllos en los que la raíz termina en vocal *(caer, creer, huir, leer* y *oír)* mantienen los mismos cambios en el imperfecto del subjuntivo. Ve los ejemplos en la página 128.

*Además de la forma *-ra,* hay otra forma del imperfecto del subjuntivo (usada principalmente en España) que termina en *-se: mirase, mirases, mirase; mirásemos, miraseis, mirasen.* Esta forma no va a ser practicada en este libro.

Infinitivo	Pretérito	Imperfecto del subjuntivo
dormir	durmieron	durmie**ra**
mentir	mintieron	mintie**ra**
pedir	pidieron	pidie**ra**
caer	cayeron	caye**ra**
oír	oyeron	oye**ra**

- Los verbos irregulares en el pretérito también mantienen los mismos cambios en el imperfecto del subjuntivo. Aquí está una lista de algunos de estos verbos:

Infinitivo	Pretérito	Imperfecto del subjuntivo
andar	anduvieron	anduvie**ra**
dar	dieron	die**ra**
estar	estuvieron	estuvie**ra**
decir	dijeron	dije**ra**
hacer	hicieron	hicie**ra**
ir	fueron	fue**ra**
poder	pudieron	pudie**ra**
poner	pusieron	pusie**ra**
querer	quisieron	quisie**ra**
saber	supieron	supie**ra**
ser	fueron	fue**ra**
tener	tuvieron	tuvie**ra**
traer	trajeron	traje**ra**
venir	vinieron	vinie**ra**

Ejercicios

A. Completa la frase

Emplea la forma correcta del imperfecto del subjuntivo del verbo.

1. La bisabuela de Úrsula se asustó durante un ataque del pirata Francis

   Drake. Por eso siempre temía que los piratas _____

   (volver).

2. Su esposo quería que ella _____ (poder) vivir tranquila y

   por eso se mudaron lejos del mar. Creía que si la mujer

   _____ (estar) lejos del mar, ya no tendría miedo.

3. Pero la mujer siguió teniendo sueños malos de piratas. Por eso el esposo

le construyó un dormitorio sin ventanas para impedir que

_____ (entrar) los piratas de los sueños. Si no

_____ (haber) ventanas, los piratas, reales o imaginarios,

no podrían entrar.

4. Esta mujer y su esposo eran los antepasados de José Arcadio Buendía y

Úrsula, que, años después se mudaron a Macondo. Un día, un hombre,

Prudencio Aguilar, insultó a José Arcadio Buendía, y éste lo mató. Fue

una lástima que Prudencio _____ (haber / tener) que

morir por el machismo.

5. Después, Úrsula vio el espíritu de Prudencio, que andaba por la casa

tratando de escaparse de la soledad de la muerte. Al principio José

Arcadio Buendía no creía que un muerto _____ (andar)

por su casa, pero después él lo vio también. El espíritu andaba por la casa

como si _____ (estar) vivo.

6. Cada marzo los gitanos volvían a Macondo, trayendo consigo los nuevos

inventos de todo el mundo. José Arcadio Buendía siempre llevaba a los

niños a ver la feria de los gitanos. Quería que sus hijos

_____ (conocer) las maravillas que traían los gitanos.

7. A José Arcadio Buendía le encantaban los nuevos inventos, y reaccionaba

como si _____ (ser) un niño con un juguete nuevo.

Cuando consiguió por primera vez una cámara, se escondió debajo de la

escalera, esperando que Dios _____ (aparecer). ¡José

Arcadio quería sacarle una foto a Dios!

8. Muchos dudaban que _____ (ser) posible fotografiar al

   Señor, pero José Arcadio Buendía creía que sí.

9. José Arcadio Buendía era un gran soñador, pero Úrsula, una mujer

   práctica, insistía en que su esposo _____ (hacer) algún

   trabajo en la casa y que les _____ (prestar) atención a los

   niños.

10. Cuando José Arcadio Buendía hacía sus experimentos científicos, Úrsula

    tenía que impedir que su esposo _____ (destruir) la casa

    con sus locuras.

11. Pero era imposible que José Arcadio Buendía _____

    (poner) límites a su imaginación.

B. Completa la frase
Usa el indicativo o el subjuntivo según el sentido de la frase.

1. Cuando era muy joven siempre quería que mi mamá _____ .

2. Mi primera maestra insistía en que los niños _____ .

3. Cuando era un(a) niño(a), temía que _____ .

4. Yo nunca dudaba que _____ .

5. Era una lástima que _____ .

6. Mis padres estarían muy contentos si yo _____ .

7. Mi papá estaba seguro de que _____ .

8. Me alegró de que _____ .

9. A veces los adultos tratan a los niños como si _____ .

10. Mis padres dudaban que _____ .

11. La profesora dijo que _____ .

12. Los niños esperaban que _____ .

13. Yo nunca creía que _____ .

14. Yo siempre creía que _____ .

C. Traduce la frase al español

(Recuerda que *would* en inglés a veces se traduce por el condicional y a veces por el imperfecto del subjuntivo, según el sentido de la frase.)

1. Úrsula hoped that José Arcadio Buendía would be more practical.

2. If I were Úrsula, his habits wouldn't bother me.

3. José Arcadio Buendía wanted his children to learn the gypsies' secrets.

4. Aureliano and his brother were glad that their dad took them to see the gypsies.

5. José Arcadio Buendía knew that Úrsula would force him to help in the house.

6. Úrsula feared that her husband would spend all his time in the laboratory.

7. José Arcadio Buendía believed that it was possible to turn metal into gold, but Úrsula doubted that it was true. If he could do it, they would be rich.

8. Aureliano had 17 sons and wanted them all to be named Aureliano.

_____

9. José Arcadio Buendía hoped that his family would remember the past. Without memory, it was as if they had no past.

_____

10. The plague of insomnia prevented the people from sleeping. (Usa *impidió que.*)

_____

11. I couldn't believe that they saw each other's dreams!

_____

12. It was as if they were asleep and awake at the same time.

_____

El pluscuamperfecto del subjuntivo

PearsonSchool.com
Web Code: jkd-0022

Ejemplos

a. Un día Úrsula no podía encontrar a su hijo y temía que <u>se hubiera ido</u> con los gitanos.

b. Era una lástima que los piratas <u>hubieran espantado</u> a la bisabuela de Úrsula.

c. Cada año cuando llegaban los gitanos, José Arcadio Buendía esperaba que le <u>hubieran traído</u> nuevos inventos.

d. Si José Arcadio Buendía <u>hubiera podido</u> sacar una foto de Dios, todos habrían querido verla.

e. Si Visitación no les <u>hubiera dicho</u> que fue la peste del insomnio, los Buendía no habrían sabido la verdad.

f. Cuando se murió el último Buendía fue como si la familia nunca <u>hubiera existido</u>.

Función

El pluscuamperfecto del subjuntivo se usa para expresar una acción pasada que se tiene que expresar en el subjuntivo (Ejemplos a, b, c). Por ejemplo, yo sabía que mi perro tenía la costumbre de irse de vez en cuando y así siempre me preocupaba de que se fuera. Pero un día cuando no pude encontrar al perro, temía que se hubiera ido para siempre. Cuando el verbo de la cláusula principal está en el pasado, es posible emplear el pluscuamperfecto del subjuntivo en vez del imperfecto del subjuntivo. El uso del pluscuamperfecto en vez del imperfecto del subjuntivo depende del significado de la frase. Por ejemplo:

> Úrsula temía que los niños **cogieran** *(would catch)* la peste.

> Úrsula temía que los niños ya **hubieran cogido** *(had already caught)* la peste.

En las cláusulas con *si,* que son contrarias a la realidad, se puede usar el pluscuamperfecto del subjuntivo (Ejemplos d, e, f) o el imperfecto del subjuntivo.

Observa que en ciertas frases, se puede usar el pluscuamperfecto del subjuntivo en lugar del condicional perfecto (Ejemplo e):

> Si Visitación no les hubiera dicho que fue la peste del insomnio, los Buendía no **hubieran sabido** la verdad.

Formación

El pluscuamperfecto del subjuntivo se forma usando el imperfecto del subjuntivo del verbo *haber* y el participio pasado.*

mirar	
hubiera mirado	**hubiéramos mirado**
hubieras mirado	**hubierais mirado**
hubiera mirado	**hubieran mirado**
vender	
hubiera vendido	**hubiéramos vendido**
hubieras vendido	**hubierais vendido**
hubiera vendido	**hubieran vendido**
vivir	
hubiera vivido	**hubiéramos vivido**
hubieras vivido	**hubierais vivido**
hubiera vivido	**hubieran vivido**

*Ademas de la forma *-ra* del pluscuamperfecto del subjuntivo, hay otra forma (usada principalmente en España) que termina en *-se: hubiese mirado, hubieses mirado, hubiese mirado; hubiésemos mirado, hubieseis mirado, hubiesen mirado.* Esta forma no va a ser practicada en este libro.

Ejercicios

A. Completa la frase

Emplea el pluscuamperfecto del subjuntivo del verbo (el imperfecto del subjuntivo de *haber* y el participio pasado).

1. En "La Santa", otro cuento de García Márquez, Margarito, el protagonista,

   no tenía más que una hija a quien quería con toda el alma. Era una gran

   lástima que la madre de la niña _____ (morirse) muchos

   años antes.

2. Margarito dedicó su vida a hacer feliz a la niña. Un día, de repente, la

   niña se murió y el padre temía que _____ (perder) su

   única razón para vivir.

3. Doce años después, los oficiales del pueblo de Margarito anunciaron que

   iban a mudar el cementerio a otro lugar y todos tuvieron que desenterrar a

   sus queridos muertos. ¡Qué susto recibió Margarito al ver a su hija! Era

   imposible que después de doce años el cuerpo de la niña

   _____ (conservarse), pero era cierto. El cuerpo de la niña

   estaba como si _____ (dormirse) en vez de muerto.

4. Si no _____ (tener) que desenterrarla, Margarito no habría

   descubierto este milagro.

5. Muchos cuentos y novelas de García Márquez tienen elementos mágicos.

   Cuando leí *Cien años de soledad* por primera vez, fue como si yo

   _____ (entrar) en un mundo mágico.

6. Si el autor no _____ (pasar) su niñez escuchando los

   cuentos fantásticos de su abuela, tal vez no habría escrito *Cien años de*

   soledad.

7. Al conocer el realismo mágico de García Márquez y otros autores

hispanos, puedo ver posibilidades mágicas en la realidad que no

habría visto si no _____ (leer) esta literatura

maravillosa.

B. Completa la frase
Emplea el pluscuamperfecto del subjuntivo.

1. El mundo sería mejor si _____ .

2. Mi vida sería muy diferente si _____ .

3. Adán y Eva todavía estarían en el Jardín del Edén si _____ .

4. La Cenicienta no habría encontrado a su príncipe si _____ .

5. El lobo no habría podido destruir las casas de los dos cerditos si _____ .

Repaso

A. La soledad
Completa la frase con la forma correcta del verbo según el sentido de la frase.
Selecciona entre el presente, el pretérito, el imperfecto, los tiempos perfectos,
el futuro, el condicional, el presente del subjuntivo, el presente perfecto del
subjuntivo, el imperfecto del subjuntivo, el pluscuamperfecto del subjuntivo y
el infinitivo. Lee toda la frase antes de contestar.

1. La soledad es un tema que _____ (encontrarse) en

muchas obras de García Márquez y otros escritores.

2. Me parece que tantos escritores _____ (haber / escribir)

sobre la soledad porque es un problema universal del ser humano.

3. Melquíades, el gitano de *Cien años de soledad,* _____

(haber / morirse) pero _____ (volver) porque no podía

aguantar la terrible soledad de la muerte.

4. Onésimo Sánchez, el protagonista de "Muerte constante más allá del

amor", _____ (sentirse) solo porque sabe que dentro de

seis meses él _____ (estar) muerto. Todos sabemos que

_____ (morir) algún día pero no sabemos cuándo.

Onésimo _____ (haber / vivir) más o menos contento

antes de _____ (descubrir) que iba a morir. ¡Qué lástima

que Onésimo _____ (tener) que vivir con este

conocimiento. ¿Qué _____ (hacer) tú si supieras cuándo

ibas a morir?

5. Onésimo _____ (sentirse) solo hasta que se enamoró de

una joven, Laura Farina. Según Onésimo: "Es bueno

_____ (estar) con alguien cuando uno

_____ (estar) solo". Quería que Laura

_____ (estar) con él en su momento final, pero no

_____ (resultar) así. Onésimo _____

(morirse) solo, llamando a Laura. Fue una lástima que ella no

_____ (poder) consolarlo.

6. Clotilde Armenta, un personaje de *Crónica de una muerte anunciada,*

experimenta otro aspecto de la soledad. Ella trata de proteger a un vecino,

Santiago Nasar, cuando dos hombres lo _____ (amenazar)

con la muerte. Clotilde quiere que alguien la _____

(ayudar) a salvarlo, pero nadie lo _____ (hacer). Después

ella dice: "Ese día me _____ (dar) cuenta de lo solas que

_____ (estar) las mujeres en este mundo".

7. Hay otras causas de la soledad. En *Cien años de soledad,* a varias personas

les _____ (faltar) la capacidad de amar. Es imposible que

estas personas _____ (comunicar) sus emociones.

8. Me parece imposible que a algunas personas les _____

(gustar) estar siempre solas. Dudo que ellos _____

(querer) vivir totalmente solos. Para mí es necesario que la casa

_____ (estar) llena de amigos, familia, perros, etc.

9. En la obra de García Márquez, la solidaridad _____ (ser)

lo contrario de la soledad. Según el autor, es necesario que la gente

_____ (unirse) para _____ (escaparse) de

la soledad y para _____ (mejorar) la sociedad.

10. No dudo que García Márquez _____ (tener) razón.

B. Completa la frase

Emplea la forma correcta de *ser* o *estar* según el sentido de la frase.

1. Varios personajes de *Cien años de soledad* _____ solos

porque _____ incapaces de amar.

2. Según García Márquez, _____ posible sentir la soledad

aun cuando uno _____ muerto.

3. El mundo _____ lleno de gente sola.

4. Si todas las personas solas pudieran encontrarse, ya no

_____ solas.

C. Contesta la pregunta

Emplea la voz pasiva con *se.*

1. ¿Se puede vivir sin otra gente?

_____

2. ¿Dónde se encuentran muchas personas solas?

_____

3. ¿Cómo se puede escapar de la soledad?

_____

4. ¿En qué época del año se siente más la soledad?

_____

Los conflictos entre las generaciones

LECTURA *Como agua para chocolate*, Laura Esquivel

GRAMÁTICA Los mandatos; otros usos del subjuntivo: el subjuntivo después de antecedentes negativos e indefinidos; el subjuntivo después de ciertos adverbios y conjunciones

Vocabulario

PearsonSchool.com
Web Code: jkd-0023

afortunado, -a se aplica al que tiene buena suerte. Marcos tiene buena salud, una familia cariñosa y un trabajo que le gusta; es un hombre muy <u>afortunado</u>.

ambos, -as dos personas o dos cosas; los dos. En "El otro" de Borges, hay dos hombres, un joven y un viejo, pero <u>ambos</u> son el mismo hombre, Jorge Luis Borges.

añorar desear fuertemente; recordar con dolor la ausencia de alguien o de algo. El poeta <u>añora</u> las horas felices que pasó con su perro.

atreverse a ser capaz de hacer algo sin temor. El pequeño David <u>se atrevió a</u> luchar contra el gigante Goliat.
atrevido, -a se aplica al que se atreve a hacer muchas cosas. Martín es muy <u>atrevido</u>; sólo le gustan actividades y deportes peligrosos.

la cebolla planta cuyo bulbo es de olor fuerte y sabor más o menos picante y que se puede comer *(onion)*. Ella comió mucha <u>cebolla</u> y no quiere besar a su novio porque tiene mal aliento.

corresponder responder, pertenecer. Juana la Loca quería a su esposo con toda el alma pero él no <u>correspondía</u> su amor. El profesor debe explicar bien la lección, pero la responsabilidad de aprender le <u>corresponde</u> al alumno.

cuidar atender a una persona. Los padres deben <u>cuidar</u> a sus hijos con diligencia y con cariño.

encerrar (ie) meter a alguien en un lugar del que le es imposible salir. Hansel y Gretel <u>encerraron</u> a la bruja en el horno. Contener. El joven enamorado le escribió una carta que <u>encerraba</u> todas sus emociones a su querida.

esforzarse (ue) tratar de lograr algo, hacer esfuerzos. El estudiante <u>se esfuerza</u> mucho en el curso y va a sacar una *A*.

gozar de experimentar placer y satisfacción; disfrutar. <u>Gozamos de</u> la buena literatura latinoamericana.

intentar tratar de, esforzarse. <u>Intenté</u> trabajar toda la noche pero me dormí.

jurar afirmar o prometer algo con gran fuerza. Pablo le <u>juró</u> amor eterno a Matilde, y cumplió su palabra.

la lágrima una de las gotas de agua que salen de los ojos cuando uno llora. Ella lloró tanto que las <u>lágrimas</u> le mojaron el vestido.

negar (ie) declarar que algo no es verdad. El Sr. Nixon siempre <u>negó</u> que fuera culpable de un crimen. No permitir que tenga una persona lo que desea. La mujer cruel les <u>negó</u> a los niños la comida que pedían.

picar morder. La Srta. Muffet temía que la araña le <u>picara</u>. Cortar en pedacitos. Siempre lloro al <u>picar</u> cebollas.

pleno, -a lleno, totalmente completo; de mayor intensidad. Estas flores necesitan un lugar a <u>pleno</u> sol.

sensible capaz de percibir sensaciones, sensitivo; se aplica a las personas que reaccionan fuertemente a acciones o emociones ajenas. Mi amigo es muy <u>sensible</u>; siempre entiende mis problemas.

sordo, -a se aplica a una persona que no puede oír. El ruido no despertó a mi abuelo porque es <u>sordo</u>.

el vientre estómago, barriga *(abdomen)*. Jonás estaba en el <u>vientre</u> de la ballena.

Ejercicios de vocabulario

A. Completa la frase
Usa la palabra apropiada del vocabulario.

1. Los desterrados cubanos _____ su isla querida.

   Mantienen sus costumbres y comida tradicional para no olvidarlas.

2. Isabel está enamorada de un hombre que no le _____ su

   amor. Por eso ella está tan triste que come sin cesar para consolarse.

3. La mamá acusa al niño de haber comido el bizcocho pero el niño

   _____ que lo haya hecho.

4. El niño _____ esconder el bizcocho medio comido debajo

   de la mesa pero su mamá lo vio.

5. Cuando mi mamá nos llama al comedor, mi tío no la oye porque es

   _____, pero se da cuenta de que es la hora de comer por el

   olor.

6. La bruja _____ a Hansel y Gretel dentro de la casa de

   dulces para que no pudieran escaparse.

7. No pude decidir entre el bizcocho y el helado, así que comí

   _____.

8. El niño _____ le quitó los dulces ante las propias narices

   de su mamá sin que ella lo viera.

9. Después de comer tantos dulces, los niños tenían dolor de

   _____.

10. En _____ invierno, cuando hace mucho frío, me gusta

    cocinar sopas y guisados.

11. Una manera de _____ a los seres queridos es cocinar

    comidas buenas para la salud.

12. Al casarse, mi bisabuela le _____ a su esposo que

    siempre estaría esperándole al fin del día con una cena bien preparada.

B. Expresión personal

1. ¿Qué aspecto o época de tu niñez añoras más?
2. ¿A quién consideras una persona muy afortunada? ¿Por qué?
3. ¿Tratas a veces de esconder tus lágrimas?
4. ¿Te consideras una persona sensible? ¿Quién es la persona más sensible que conoces?

C. Completa la frase

1. Una persona sensible es la que _____ .

2. Soy una persona afortunada porque _____ .

3. Una cosa que juro hacer por toda mi vida es _____ .

4. Una cosa que juro no hacer nunca es _____ .

LECTURA

Estrategia para leer

Al leer el fragmento, ten en cuenta los siguientes aspectos:

- **Narración**

  ¿En qué persona se escribe? ¿Cuál es la relación entre la narradora y la protagonista?

- **Simbolismo**

  En la novela *Como agua para chocolate*, la comida tiene un significado literal y simbólico. Es así también en la vida. Piensa en tus propias actitudes y las de tu familia con respecto a la comida.

- **El realismo mágico**

  Has encontrado el realismo mágico en las obras de Jorge Luis Borges y de Gabriel García Márquez que has leído. Presta atención a cómo Laura Esquivel lo presenta.

Laura Esquivel

Laura Esquivel nació en 1950 en la Ciudad de México. *Como agua para chocolate*, su primera novela, gozó de una popularidad instantánea. La novela se divide en doce partes que corresponden a los meses del año. Cada mes se presenta con una receta relacionada con lo que pasa en el capítulo.

Como agua para chocolate (fragmento)

Al principio de la narración, la narradora está cocinando y nos dice que ella llora sin parar mientras corta la cebolla.

No sé si a ustedes les ha pasado pero a mí la
5 mera verdad sí. Infinidad de veces. Mamá decía que era porque yo soy igual de sensible a la cebolla que Tita, mi tía abuela.

Dicen que Tita era tan sensible que desde que estaba en el vientre de mi bisabuela
10 lloraba y lloraba cuando ésta picaba cebolla; su llanto[1] era tan fuerte que Nacha, la cocinera de la casa, que era medio sorda, lo escuchaba sin esforzarse. Un día los sollozos[2] fueron tan fuertes que provocaron que el
15 parto[3] se adelantara[4]. Y sin que mi bisabuela pudiera decir ni pío[5], Tita arribó a este mundo prematuramente, sobre la mesa de la cocina, entre los olores de una sopa de fideos que se estaba cocinando, los del tomillo, el laurel, el
20 cilantro, el de la leche hervida, el de los ajos y, por supuesto, el de la cebolla. Como se imaginarán, la consabida[6] nalgada[7] no fue necesaria pues Tita nació llorando de antemano, tal vez porque ella sabía que su

---

1. **llanto** acción de llorar

2. **sollozos** sonidos que se hacen al llorar fuerte
3. **parto** la acción de dar a luz a un bebé
4. **se adelantara** se fuera hacia adelante; pasara
5. **decir ni pío** decir palabra
6. **consabida** bien sabida o conocida
7. **nalgada** golpe dado en las nalgas *(rear end)*

25 oráculo[8] determinaba que en esta vida le
estaba negado el matrimonio. Contaba Nacha
que Tita fue literalmente empujada a este
mundo por un torrente impresionante de
lágrimas que se desbordaron[9] sobre la mesa y
30 el piso de la cocina.

En la tarde, ya cuando el susto había pasado
y el agua, gracias al efecto de los rayos del
sol, se había evaporado, Nacha barrió el
residuo de las lágrimas que había quedado
35 sobre la loseta[10] roja que cubría el piso. Con
esta sal rellenó un costal[11] de cinco kilos que
utilizaron para cocinar por bastante tiempo.
Este inusitado[12] nacimiento determinó el
hecho de que Tita sintiera un inmenso amor
40 por la cocina y que la mayor parte de la vida
la pasara en ella…

*   *   *

Por eso no es extraño que a Tita
…se le haya desarrollado un sexto sentido en
todo lo que a comida se refiere. Tita…
45 confundía el gozo del vivir con el de comer, *y*
gozaba mucho de cada aspecto de cocinar.
Por ejemplo, a Tita le gustaba mucho la
preparación de tortas rellenas de chorizo
*porque…*es muy agradable gozar del olor que
50 despide, pues los olores tienen la
característica de reproducir tiempos pasados
junto con sonidos y olores nunca igualados en
el presente.

*   *   *

Una tradición de la familia de Tita era la
55 *manera de preparar chorizos. Todas las hijas*
se sentaban alrededor de la mesa para
participar en la preparación, y…
Una de esas tardes, antes de que Mamá
Elena dijera que ya se podían levantar de la
60 mesa, Tita, que entonces contaba con quince
años, le anunció con voz temblorosa que Pedro
Muzquiz quería venir a hablar con ella…
—¿Y de qué me tiene que venir a hablar ese
señor?
65 Dijo Mamá Elena luego de un silencio
interminable que encogió[13] el alma de Tita.

Con voz apenas perceptible respondió:
—Yo no sé.
Mamá Elena le lanzó una mirada que para
70 Tita encerraba todos los años de represión
que habían flotado sobre la familia y dijo:
—Pues más vale que le informes que si es
para pedir tu mano no lo haga. Perdería su
tiempo y me haría perder el mío. Sabes muy
75 bien que por ser la más chica de las mujeres
a ti te corresponde cuidarme hasta el día de
mi muerte.
Dicho esto, Mamá Elena se puso lentamente
de pie, guardó sus lentes dentro del delantal
80 y a manera de orden final repitió:
—¡Por hoy, hemos terminado con esto!
Tita sabía que dentro de las normas de
comunicación de la casa no estaba incluido el
diálogo, pero aun así, por primera vez en su
85 vida intentó protestar a un mandato de su
madre.
—Pero es que yo opino que…
—¡Tú no opinas nada y se acabó! Nunca,
por generaciones, nadie en mi familia ha
90 protestado ante esta costumbre y no va a ser
una de mis hijas quien lo haga.

*   *   *

Después Tita piensa en su primer encuentro
con Pedro:
Nunca olvidaría el roce[14] accidental de sus
95 manos cuando ambos trataron torpemente de
tomar la misma charola[15] al mismo tiempo.
Fue entonces cuando Pedro le confesó su
amor.
—Señorita Tita, quisiera aprovechar la
100 oportunidad de poder hablarle a solas para
decirle que estoy profundamente enamorado
de usted. Sé que esta declaración es atrevida
y precipitada[16], pero es tan difícil acercársele
que tomé la decisión de hacerlo esta misma
105 noche. Sólo le pido que me diga si puedo
aspirar[17] a su amor.
—No sé qué responderle; déme tiempo para
pensar.
—No, no podría, necesito una respuesta en

---

8. **oráculo** se aplica a la persona cuya autoridad nadie
disputa
9. **desbordaron** salieron de sus límites (*overflowed*)
10. **loseta** *tile*
11. **costal** saco o bolso grande
12. **inusitado** raro, extraordinario
13. **encogió** hizo más pequeño (*shrank*)

14. **roce** acción de tocarse
15. **charola** bandeja de metal o de otra materia que se
usa para servir dulces, refrescos y otras cosas (*tray*)
16. **precipitada** se aplica a lo que pasa de repente o
rápidamente y sin aviso
17. **aspirar** desear con esperanzas de lograr algo

110 este momento: el amor no se piensa: se siente o no se siente. Yo soy hombre de pocas, pero muy firmes palabras. Le juro que tendrá mi amor por siempre. ¿Qué hay del suyo? ¿Usted también lo siente por mí?

115 —¡Sí!

Sí, sí y mil veces sí. Lo amó desde esa noche para siempre.

*   *   *

Como Mamá Elena le había prohibido a Tita que se casara, se concertó un matrimonio 120 *entre Pedro y una hermana mayor de Tita. Tita se vio obligada a preparar el pastel para la boda de su hermana y Pedro. Se puede imaginar la tristeza de Tita, que lloraba mucho mientras preparaba el pastel, y sus* 125 *lágrimas se mezclaron con la masa. El día de la boda este pastel tuvo un efecto extraño sobre los invitados que lo comieron:*

Una inmensa nostalgia se adueñaba[18] de todos los presentes en cuanto le daban el 130 primer bocado al pastel. Inclusive Pedro, siempre tan propio, hacía un esfuerzo tremendo por contener las lágrimas. Y Mamá Elena, que ni cuando su esposo murió había derramado una infeliz lágrima, lloraba 135 silenciosamente. Y eso no fue todo, el llanto fue el primer síntoma de una intoxicación rara que tenía algo que ver con una gran melancolía y frustración que hizo presa[19] de todos los invitados y los hizo terminar en el 140 patio, los corrales y los baños añorando cada uno al amor de su vida. Ni uno solo escapó del hechizo[20] y sólo algunos afortunados llegaron a tiempo a los baños; los que no, participaron de la vomitona colectiva que se 145 organizó en pleno patio.

---

18. **se adueñaba** se hacía dueño, llegaba a tener poder sobre
19. **hizo presa** poseyó (*took possession of*)
20. **hechizo** encantamiento mágico (*magic spell*)

Preguntas de comprensión

1. ¿Qué tienen en común la narradora y Tita?

2. ¿Cómo se utilizan las lágrimas que quedan en el suelo después del nacimiento de Tita?

3. ¿Cuál es la actitud de Tita con respecto a la cocina? ¿Cómo se explica esta actitud?

4. ¿En qué sentido es Tita la víctima de una tradición de la familia de Mamá Elena?

5. ¿Cómo se caracteriza Mamá Elena? ¿Qué se revela aquí de la relación entre Tita y su madre?

6. ¿Qué pasó la primera vez que Tita y Pedro se vieron?

7. ¿Cuáles son los efectos extraños que el pastel de boda produce en los invitados que lo comen?

Preguntas de discusión

1. Además de satisfacer el hambre, ¿qué otros aspectos o cualidades de la comida se presentan en el fragmento?

2. La comida es una necesidad universal. Todo el mundo tiene que comer para vivir. Pero cada persona tiene su propia actitud con respecto a la comida. Algunos utilizan la comida como un premio por un trabajo bien hecho, o para consolarse si alguien los rechaza o los lastima. Algunos comen mucho cuando están deprimidos (muy tristes); otros pierden el

apetito. Algunos padres se esfuerzan en ejercer demasiado control sobre lo que comen sus hijos. ¿Cuáles son tus propias idiosincrasias y las de tu familia con respecto a la comida?

3. ¿Te parece realista la escena del primer encuentro entre Tita y Pedro? ¿Crees en el amor a primera vista?

4. Compara la relación entre Tita y su mamá y la relación entre muchos padres e hijos en nuestra cultura.

Expresándonos

1. Tita sufre a causa de una tradición de su familia que le impone límites a su vida. ¿Cuál es una tradición de tu familia o de nuestra cultura que te parece injusta o molesta? Con un(a) compañero(a) de clase, prepara y presenta un diálogo entre un(a) joven y su madre, padre u otro adulto sobre el deseo del (de la) joven de cambiar esta tradición.

2. Con un(a) compañero(a) de clase, prepara y presenta una escena en la que la reacción a la comida refleja un estado emocional.

Integración

Antes de escuchar

Para discutir ¿Cuál es el recuerdo más agradable que asocias con la comida? ¿El recuerdo más desagradable?

Instrucciones

1. Relee la selección. Presta atención al poder y a la importancia de la comida.

2. Después de repasar la selección, estudia la lista de vocabulario para la conferencia.

3. Escucha la conferencia y toma apuntes sobre la importancia de la comida en las varias obras literarias que se discuten.

4. Después de escuchar la conferencia, completa las oraciones de la sección **Comprensión.**

5. Finalmente, vas a preparar una presentación según las instrucciones de la sección **Presentación oral.**

Vocabulario

la barriga: el estómago

a través de: por medio de, utilizando

Escuchar

En el fragmento de *Como agua para chocolate* que has leído, es claro que la comida tiene un papel central en la vida emocional y la vida diaria de los personajes. En la conferencia se habla también del valor concreto y el valor simbólico de la comida. Escucha la selección y luego haz las actividades de la sección **Después de escuchar.**

CD, Track 7

PearsonSchool.com
Web Code: jkd-0073

Después de escuchar

Comprensión Selecciona la mejor respuesta.

1. Para Tita, cocinar es una manera de _____.

    a. ganarse la vida

    b. alimentar a su familia

    c. expresar sus sentimientos

    d. enojar a Pedro

2. En la selección, todos los efectos de la comida se mencionan **menos**

    _____.

    a. estimular la memoria

    b. impedir la memoria

    c. hacer a la persona más gorda

    d. cambiar el estado emocional

3. Algunos ejemplos del impacto de la comida se encuentran en todos los

    siguientes **menos** _____.

    a. una novela

    b. un poema épico sobre Odiseo

    c. una película

    d. un programa de televisión

4. Allende escribió del "vínculo entre la comida y el amor". El significado

    más probable de "vínculo" es _____.

    a. contradicción   c. diferencia

    b. conexión   d. confusión

5. Según Isabel Allende, lo que el amor y la comida tienen en común es que

    los dos _____.

    a. sirven de temas de literatura

    b. son necesidades que determinan muchas actividades humanas

    c. pueden resultar en felicidad o tristeza

    d. las tres respuestas (a, b, c) son correctas

Síntesis

Presentación oral Tu presentación va a basarse en el fragmento de *Como agua para chocolate* de Laura Esquivel, que ya has leído, y la conferencia que escuchaste. Prepara una presentación oral de dos minutos sobre el tema que sigue. Si quieres, repasa la lectura y la conferencia otra vez antes de preparar tu presentación. Puedes hacer tu presentación ante la clase o grabarla, según las instrucciones de tu profesor(a).

Tema: Discute la importancia de la comida en el sentido realista, mágico y simbólico según la conferencia y el fragmento de *Como agua para chocolate.*

Culturas En la novela *Como agua para chocolate,* se ofrecen recetas para varios platos. Prepara uno de ellos o busca un sitio en el Internet que ofrezca recetas en español. Prepara la receta y trae la comida a clase.

Composición dirigida

1. En un ensayo bien organizado, discute el simbolismo de la comida en el fragmento. Debes incluir la sal que quedó después de que se evaporó el agua del parto (nacimiento) de Tita; el efecto de los olores de la comida; el uso de la comida como un instrumento del realismo mágico.

2. En un ensayo bien organizado, discute los aspectos universales, los aspectos culturales y los aspectos individuales del conflicto entre Tita y Mamá Elena.

GRAMÁTICA

Los mandatos

PearsonSchool.com
Web Code: jkd-0024

Los mandatos formales, afirmativos y negativos; los mandatos familiares negativos

Ejemplos

a. <u>Pique</u> (Ud.) la cebolla finamente.

b. <u>No dejes</u> (tú) que se quemen los frijoles.

c. <u>No mezclen</u> (Uds.) la sal y el azúcar.

d. <u>No tengas</u> prisa (tú); hay que cocinar con paciencia.

e. <u>Prueben</u> (Uds.) el plato que preparé.

f. <u>Páseme</u> (Ud.) la sal, por favor, Sra. Rodríguez.

g. No <u>comáis</u> (vosotros) demasiado.

h. Niños, les preparé una sopa rica. ¡<u>Cómanla</u> ahora! ¡<u>No la dejen</u> enfriar!

i. <u>Vámonos</u> al restaurante Rincón de España. <u>Reunámonos</u> a las siete. <u>Comamos</u> juntos.

Función

Los mandatos afirmativos se usan para decirle a alguien que haga cierta cosa (Ejemplos a, e, f, h, i). Los mandatos negativos se usan para decirle a alguien que no haga cierta cosa (Ejemplos b, c, d, g, h). El mandato afirmativo con *nosotros* se usa para expresar el concepto *"Let's…"* (Ejemplo i).

Formación

Todos los mandatos formales y los mandatos familiares negativos son iguales a las formas correspondientes del presente del subjuntivo. Por ejemplo consideremos el presente del subjuntivo del verbo *volver*. Todos los mandatos menos *tú* afirmativo y *vosotros* afirmativo se forman con el presente del subjuntivo.

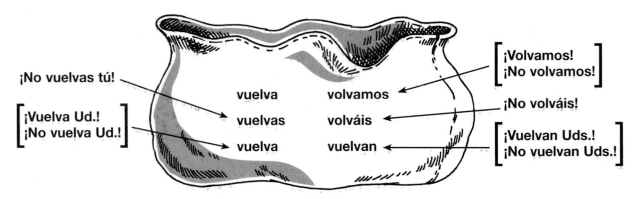

Excepción: Para el verbo *ir*, el mandato afirmativo con *nosotros* se forma con el presente del indicativo en vez del subjuntivo: *¡Vamos! ¡Vámonos!*

Los mandatos afirmativos con *tú*

Ejemplos

a. Llena la taza de café.

b. Averigua la calidad de los ingredientes.

c. Levántate temprano para preparar el pan.

d. Come todos los vegetales.

e. Sirve la comida a los invitados.

f. Pon la cacerola en el horno ahora. Ponla en el horno inmediatamente.

g. Ten paciencia cuando cocinas.

h. Sé inteligente; no comas muchos dulces.

Función

El mandato afirmativo con *tú* se usa para decirle o pedirle a alguien, con quien empleas *tú*, que haga cierta cosa.

Formación

Verbos regulares

Los mandatos afirmativos con *tú* son iguales a la tercera persona singular del presente del indicativo (Ejemplos a, b, c, d).

Verbos irregulares

(Ve los Ejemplos f, g, h.)

decir	→	**di**	hacer	→	**haz**	ir	→	**ve**
poner	→	**pon**	salir	→	**sal**	ser	→	**sé**
tener	→	**ten**	valer	→	**val**	venir	→	**ven**

Los mandatos afirmativos con *vosotros*

Ejemplos

a. Mezclad la salsa.

b. Bebed la leche.

c. Id a la cocina; no comáis en la sala.

Función

El mandato afirmativo con *vosotros* se usa para decirles o pedirles que hagan algo a personas con quienes empleas *vosotros*.

Formación

El mandato afirmativo con *vosotros* se forma con el infinitivo del verbo. Se quita la *r* final y se añade una *d*.

| estar | → | **estad** | ser | → | **sed** | venir | → | **venid** |

Colocación de los complementos directos e indirectos y los pronombres reflexivos

Los pronombres siguen a los mandatos afirmativos y se colocan delante de los mandatos negativos.

Recuerda que cuando se le añade el pronombre al mandato afirmativo de más de una sílaba, hay que escribir un acento para indicar que el acento todavía cae en la misma sílaba.

Levánta**te**.	No **te** levantes.
Da**me** los dulces.	No **me los** des.
Prepár**eme** los frijoles.	No **se los** prepare a él.

> **Observa:** En el mandato afirmativo con *nosotros* de verbos reflexivos, se omite la *s* final del mandato: *Vámonos. Levantémonos.* En el mandato afirmativo con *vosotros* de verbos reflexivos, se omite la *d* final del mandato: *Levantaos.*

Los mandatos indirectos

Ejemplos

a. No quiero hacerlo. ¡Que lo haga Jorge!

b. Si no tienen pan, ¡que coman pastel!

c. Si Juan no puede venir hoy, que venga mañana.

Función

Se usa cuando el mandato se dirige a una persona a quien no estás hablando directamente.

Formación

que + el presente del subjuntivo

Mamá Elena no quiere preparar la cena. **¡Que la prepare Tita!**

Ejercicios

A. Completa la frase

Emplea el mandato apropiado según el sentido de la frase.

1. Niños, _____ (lavarse) las manos. No

   _____ (comer) con las manos sucias.

2. _____ (Sentarse) aquí, Sra. Esquivel. Quisiera servirle un

   plato muy rico.

3. No _____ (comer) toda la torta, Anita.

   _____ (Dejar) una porción para tu hermano.

4. No _____ (poner) (Uds.) los tomates en el refrigerador.

   Así pierden el sabor.

5. No _____ (fingir) haber preparado el plato cuando en

   realidad lo compraste. ¡No _____ (ser) mentiroso!

6. ¡Niños, no _____ (esconder) los vegetales debajo de la

   alfombra! _____ (Comer / los).

7. El chocolate es malo para los perros. No _____ (dar / se / lo)

   (tú). ¡Que los perros _____ (comer) su propia comida!

8. No _____ (marcharse) sin comer, niño. Que

   _____ (esperar) tus amigos hasta que termines.

9. La botella de vinagre se parece mucho a la botella de vino. No

   _____ (confundirse) Uds.

10. El fama le aconseja al cronopio: "Cuando comas en un restaurante,

    _____ (averiguar) la calidad de la comida,

    _____ (preguntar) si el pescado está fresco,

    _____ (acordarse) de mirar los precios y no

    _____ (olvidarse) de inspeccionar la cocina antes

    de comer".

B. Completa la frase

Emplea el mandato apropiado. Usa *a* para un mandato afirmativo y *b* para un mandato negativo. Por ejemplo:

Si quieres mejorar tu vocabulario

   a. lee más _____

   b. no mires la televisión _____

1. Si quieres bajar de peso

   a. _____

   b. _____

2. Si quieres mantener buena salud

   a. _____

   b. _____

3. Si ustedes quieren probar la mejor comida del mundo

   a. _____

   b. _____

4. Si estás cuidando a un bebé a la hora de comer

a. _____

b. _____

5. Si quiere preparar una cena romántica

a. _____

b. _____

6. Si queremos comer bien con poco dinero

a. _____

b. _____

C. Expresándonos

Selecciona tres personas famosas. Pueden ser reales o ficticias, contemporáneas o de la historia. Prepara dos consejos para cada persona. Presenta tus consejos a la clase en forma de mandatos.

D. Gazpacho

Emplea el mandato formal (usted) para completar la receta que sigue. Busca en el vocabulario que aparece a fines de este libro las palabras que no sepas. Prepara el gazpacho. Sírvelo a la clase o a tu familia.

Gazpacho

1. _____ (Pelar) 3 tomates grandes y

_____ (cortar / los) reteniendo el jugo.

2. _____ (Picar) en pedazos pequeños 2 pimientos rojos.

3. _____ (Pelar) y _____ (cortar) un pepino.

4. _____ (Mezclar) estos ingredientes.

5. _____ (Añadir) 2 tazas de agua y media taza de migas de

pan y _____ (remojar) los vegetales por media hora.

6. Después _____ (añadir):

2 dientes de ajo machacados

4 cucharadas de aceite de oliva

1/2 cucharadita de comino molido

1 cucharadita de sal

2 cucharadas de vinagre rojo de vino

7. _____ (Mezclar) todo en una licuadora y

_____ (colar / lo) todo en un colador grande.

8. _____ (Enfriar / lo) bien.

9. _____ (Servir / lo) con apio, pepino, cebolleta y huevos

duros; todo bien picado.

10. ¡_____! (Disfrutar)

Otros usos del subjuntivo

PearsonSchool.com
Web Code: jkd-0025

Antecedentes negativos

Ejemplos

a. Tita cocina con amor. No hay ninguna comida que <u>sea</u> más rica que la suya.

b. No había nadie que <u>cocinara</u> como mi abuela.

c. Ella es vegetariana. No hay nada que ella <u>pueda</u> comprar en una carnicería.

Función

El subjuntivo se usa después de cláusulas negativas. El uso del subjuntivo refleja una condición que no existe en la realidad. Por ejemplo: En el Ejemplo c, ella *no* puede comprar nada en la carnicería. Así, *ella pueda comprar* está en el subjuntivo porque representa una condición contraria a la realidad: Ella *no* puede comprar nada.

Antecedentes indefinidos

Ejemplos

a. Buscamos un helado que no <u>tenga</u> calorías.

b. Quieren comer en un restaurante en que sólo se <u>sirva</u> comida orgánica.

c. Tita quería decir algo que <u>cambiara</u> la opinión de Mamá Elena.

Función

El subjuntivo se usa en cláusulas que se refieren a un concepto indefinido, que no existe o que no existe de seguro. Por ejemplo, en el Ejemplo c, se usa el imperfecto del subjuntivo, *cambiara,* porque no estamos seguros de que haya sido posible cambiar la opinión de Mamá Elena. Así, *cambiara la opinión* es una situación que no pasó de seguro. Se usa el imperfecto y no el presente del subjuntivo porque el verbo *quería* está en el pasado.

El subjuntivo después de ciertos adverbios y conjunciones

Ejemplos

a. Comeremos cuando <u>llegue</u> papá.

b. ¡Qué hambre tengo! Tan pronto como <u>llegue</u> a casa voy a comer algo.

c. "Mientras <u>vivas</u> en mi casa, comerás lo que preparo yo", dijo la abuela.

d. Por favor, no me ofrezcas dulces hasta que <u>pierda</u> cinco libras.

e. Aunque Luisa <u>pierda</u> diez libras, siempre creerá que necesita perder más.

f. Cuando estoy preparando galletas, mi hija siempre come la masa antes de que yo <u>pueda</u> ponerla en el horno.

g. Una vez, ella comió gran parte de la masa sin que yo la <u>viera</u>.

h. Siempre tengo galletas o una torta en casa en caso de que <u>lleguen</u> amigos inesperados.

i. La mamá les ofrece fruta a los niños para que no <u>coman</u> tantos dulces.

j. No vamos a visitarla a menos que ella nos <u>visite</u>.

k. Eduardo va a preparar sopa de tortilla para la fiesta con tal de que Elena <u>prepare</u> buñuelos.

Función

El subjuntivo se usa después de ciertos adverbios y conjunciones, según la misma filosofía básica del subjuntivo: el subjuntivo se usa para expresar una condición que no se presenta como realidad. Es decir, se usa después de ciertos adverbios o conjunciones para expresar algo que no se sabe por seguro o para expresar una acción, condición o suceso que todavía no ha pasado o que no se sabe si va o no va a pasar. Por ejemplo: *Cuando* se usa con el indicativo para describir una acción habitual:

Siempre comemos cuando **llega** papá.

Pero cuando hablamos de una acción que todavía no ha pasado, se usa el subjuntivo porque la acción todavía no se ha realizado y por eso puede ser que no pase:

Hoy comeremos cuando **llegue** papá. (Ejemplo a)

Es posible que hoy papá no llegue, que haya huido a Acapulco para tomar el sol. La misma idea se aplica a *tan pronto como* y sus sinónimos *(en cuanto* y *luego que).* Por ejemplo:

Siempre como algo tan pronto como **llego** a casa.

En esta frase se usa el indicativo, *llego.* Pero si hablo de algo que todavía no ha pasado:

Hoy comeré tan pronto como **llegue** a casa.

Aquí se usa el subjuntivo *llegue* porque es posible que hoy yo sea capturada por extraterrestres entre la escuela y mi casa. *Aunque* se usa con el subjuntivo cuando describe algo que no se sabe por seguro. En el Ejemplo e, no sabemos si Luisa va a perder diez libras. Pero en la siguiente frase:

> Aunque Luisa **perdió** diez libras, todavía cree que necesita perder más.

se usa el indicativo porque es cierto que Luisa perdió diez libras.

Expresiones que a veces necesitan el uso del subjuntivo y a veces el indicativo, según el sentido de la frase

en cuanto	aunque	cuando	después de que
tan pronto como	hasta que	luego que	mientras

(Ve los Ejemplos a, b, c, d, e.)

Expresiones que siempre necesitan el uso del subjuntivo

a menos que	antes de que	con tal de que
en caso de que	para que	sin que

(Ve los Ejemplos f, g, h, i, j, k.)

Observa: *Antes de que, después de que, para que* y *sin que* son conjunciones. No hay que confundirlas con *antes de, después de, para* y *sin,* las cuales son preposiciones y van seguidas de infinitivo.

Mamá Elena se va **sin** decirle palabra a nadie.

Mamá Elena se va **sin que** nadie le diga una palabra.

Ejercicios

A. Completa la frase

Emplea el subjuntivo, el indicativo o el infinitivo según el sentido de la frase.

1. Tita lloraba en el vientre de su mamá antes de _____

   (nacer).

2. Cuando Tita era un bebé, su mamá la dejó en la cocina para que la

   cocinera la _____ (cuidar).

3. Ella aprendió a cocinar antes de que _____ (poder) andar.

4. Tita siempre está contenta cuando _____ (cocinar).

5. Según la tradición de la familia, la hija menor tiene que cuidar a la mamá

   hasta que ésta _____ (morir).

6. Tan pronto como _____ (ver) a Pedro, Tita se enamoró

   locamente de él.

7. Mamá Elena ha impedido que Tita y Pedro _____

   (casarse). Pero aunque ellos no _____ (poder) casarse, van

   a quererse para siempre, sin que nadie _____ (poder)

   impedírselo.

8. Aunque Tita _____ (vivir) cien años, no tendrá otro amor

   como Pedro.

9. Mamá Elena insiste en que Tita _____ (quedarse) en casa

   para que ella no _____ (estar) sola cuando

   _____ (ser) vieja.

10. Mientras Mamá Elena _____ (tener) fuerzas, nadie de su

    familia gozará de la libertad.

B. Completa la frase

Ten cuidado con los tiempos verbales: Usa el presente o el futuro del
indicativo con el presente del subjuntivo y el pasado del indicativo (el
pretérito, el imperfecto o el condicional) con el imperfecto del subjuntivo.

1. Voy a viajar tan pronto como _____ .

2. Me casaría con mi querido(a) aunque _____ .

3. Estaré contento(a) cuando _____ .

4. Habrá paz en el mundo cuando _____ .

5. Daré una fiesta para celebrar cuando _____ .

6. Es difícil dar una fiesta de sorpresa sin que alguien _____ .

7. Vivieron en la misma casa por diez años sin que ninguno de los dos

_____ .

8. Siempre quiero trabajar en una carrera que me guste aunque

_____ .

9. Viviré en mi hogar hasta que

_____ .

10. Los padres sacaron el televisor de la casa para que los niños

_____ .

C. Traduce la frase al español

1. I prepared all the food before the guests arrived.

_____

2. It seems that they will stay until the sun comes up. (salir)

_____

3. My mother always washes the dishes as soon as the guests leave.

_____

4. As soon as they leave we will go to bed.

_____

5. I have looked at the clock many times without their seeing me.

_____

6. Although you may be tired, you must be polite.

_____

7. It must have been past midnight when they left.

_____

Repaso

A. Traduce las palabras inglesas al español
Emplea la voz pasiva con *se.*

1. La importancia del comer en la vida y en la psicología humana

   _____ *(is reflected)* a través de toda la cultura.

2. Muchos ejemplos _____ *(are found)* en los cuentos de

   hadas.

3. También en la Biblia _____ *(is seen)* el poder de la

   comida. En el Jardín del Edén _____ *(it is permitted)*

   comer casi todo lo que _____ *(is grown,* cultivar*)* allí,

   pero _____ *(it is forbidden)* comer la manzana.

B. Completa la frase
Emplea la forma correcta del verbo según el sentido de la frase. Selecciona entre el presente, el pretérito, el imperfecto, los tiempos perfectos, el futuro, el condicional, el presente del subjuntivo, el imperfecto del subjuntivo, los mandatos o el infinitivo.

1. En "Hansel y Gretel" la bruja _____ (haber / construir)

   una casa de dulces para que los niños hambrientos _____

   (acercarse). Mientras los niños _____ (comer) la bruja

   apareció y ellos _____ (asustarse) mucho al verla. La

   bruja los _____ (coger) porque quería comérselos. Ella no

   _____ (ser) una mujer simpática. Y, ¿cuál es el mensaje o

la moraleja del cuento? Es probable que _____ (ser) que

algunas comidas son peligrosas. O que tú no _____

(comer) en casa de una bruja.

2. En la mitología inca, se _____ (encontrar) el mismo

simbolismo que en la Biblia. Al principio del mundo no había violencia y

todo _____ (ser) perfecto. Estaba prohibido que los incas

_____ (comer) la carne de los animales. Pero un día el

Espíritu del Mal le _____ (decir) al oído de un hombre:

"_____ (Probar) la carne; te _____ (ir) a

gustar". El hombre no _____ (resistir) la tentación, y en

ese momento _____ (acabarse) el paraíso.

3. En *La Odisea* había una nación de hombres que sólo

_____ (comer) la fruta de la planta loto. Cuando Ulises

(Odysseus) y sus hombres _____ (llegar) a la Tierra de los

Comedores del Loto *(Land of the Lotus Eaters),* ellos también lo

_____ (comer), todos menos Ulises. Esa fruta, igual que la

comida en *Como agua para chocolate,* tenía poderes mágicos y así

_____ (producir) un efecto raro en los hombres de Ulises.

Después de _____ (comer) la fruta, ellos

_____ (olvidarse) de su patria y _____

(querer) quedarse en la Tierra de los Comedores del Loto. Por eso, Ulises

tuvo que emplear gran fuerza física para que sus hombres

_____ (irse) con él.

C. Contesta la pregunta

Emplea los complementos directos e indirectos.

1. ¿Quién les ofreció dulces a los niños?

_____

2. ¿Quiénes les sirvieron la fruta mágica a los hombres de Ulises?

_____

3. ¿Quién te preparó la cena más inolvidable de tu vida?

_____

4. ¿Les has preparado una cena especial a tus amigos?

_____

D. Composición dirigida

Escribe un cuento en el que una comida tenga un poder mágico.

Las supersticiones

LECTURA   "Romance de la luna, luna", de *Obras completas*, de Federico García Lorca

GRAMÁTICA   Los tiempos progresivos; el uso del infinitivo; *por* y *para*

Vocabulario

PearsonSchool.com Web Code: jkd-0026

el anillo adorno en forma de un círculo que se pone en los dedos de la mano. La mujer llevaba tantos <u>anillos</u> que le costó trabajo levantar la mano.

el collar adorno que se pone alrededor del cuello. La mujer siempre llevaba un <u>collar</u> de perlas que le había dado su esposo.

conmover (ue) causar una fuerte emoción; inspirar compasión. La niña lloraba porque había perdido su muñeca. Sus lágrimas <u>conmovieron</u> a la vieja, que quería consolarla.

discriminar tratar de una manera injusta a ciertas personas por razones de religión, raza, grupo étnico, etc. En los EE.UU. se ha <u>discriminado</u> con frecuencia a los afroamericanos.

enseñar instruir. La maestra <u>enseña</u>. Mostrar. Los padres de Sofía invitaron al novio de ella a su casa. Le <u>enseñaron</u> tantas fotos de su viaje que el pobre se durmió.

el estereotipo imagen, idea u opinión muy simplificada de una persona o de un grupo. El <u>estereotipo</u> de la mujer la presentaba como una figura débil e indefensa.

juzgar formar opiniones o juicios morales. No debes <u>juzgar</u> a una persona antes de conocerla y entenderla.

pisar poner el pie sobre algo. <u>Pisé</u> la alfombra nueva de mi madre con los zapatos sucios y ella se enojó mucho.

el prejuicio opinión o actitud que se forma de alguien o de algo antes de conocerlo. Los <u>prejuicios</u> contra varios grupos étnicos les ha impedido el progreso económico.

el seno pecho; cada uno de los órganos que producen la leche en la mujer. El bebé toma la leche del <u>seno</u> de su mamá. Sentido figurado: protección, refugio. Por lo general, el joven es muy independiente, pero cuando está enfermo busca consuelo en el <u>seno</u> de su familia.

sentir (ie, i) experimentar o percibir una sensación. Juan se durmió mientras cenaba con los padres de su novia. Al despertarse, <u>sentía</u> mucha vergüenza. También significa "oír". <u>Sentí</u> los pasos del monstruo acercándose.

velar estar despierto durante un tiempo cuando normalmente estarías dormido; vigilar, cuidar de alguien; pasar tiempo con un muerto para enseñar respeto. La mamá <u>veló</u> al niño enfermo.

Ejercicios de vocabulario

A. Completa la frase

Usa la palabra apropiada del vocabulario.

1. No me gusta llevar muchos _____ porque me molestan

    cuando trabajo con las manos. Tampoco me gusta llevar un

    _____ pesado en el cuello.

2. El hombre era tan duro e insensible que ni la muerte del niño le

    _____.

3. Después de pasar tanto tiempo en la ciudad, me gusta estar en el campo y

    _____ la hierba fresca bajo los pies descalzos.

4. El bebé se siente más cómodo y seguro junto al _____ de

    su mamá.

5. Con gran orgullo, el niño me _____ el premio que había

    ganado.

6. La niña _____ toda la Nochebuena, esperando al Papá

    Noel.

7. Además de los prejuicios étnicos, religiosos y raciales, muchas personas

    _____ también a los viejos.

8. Un ejemplo de un _____ que muchos creen de los viejos

    es que siempre se olvidan de todo.

9. Al conocer a alguien por primera vez, algunos _____ a la

persona por su apariencia física, otros, por la riqueza que parece tener.

10. Nos dimos cuenta de que los jinetes (hombres a caballo) se acercaban

porque pudimos _____ el ruido de las patas de los

caballos.

B. Expresión personal

1. ¿Cómo juzgas a otra persona? ¿Qué te impresiona de manera positiva? ¿Negativa?

2. ¿Eres culpable a veces de juzgar demasiado rápido a otra persona, sin saber todos los detalles de una situación? ¿Has sido juzgado de una manera injusta por otros? Explica.

3. ¿A qué grupos todavía se discrimina en nuestra sociedad? ¿Cómo se manifiesta este prejuicio?

4. ¿Cúales son los estereotipos asociados con los siguientes grupos:

   a. choferes de camión

   b. intelectuales

   c. jóvenes

   d. profesores

   e. viejos

   f. mujeres

   g. hombres

   h. abogados

   i. tu propio grupo étnico o religioso

   Comenta y discute estos estereotipos.

LECTURA

Estrategia para leer

La poesía, sobre todo la de García Lorca, se debe escuchar, no sólo leer. Después de leer "Romance de la luna, luna", repítelo en voz alta para gozar de la musicalidad de las frases, el ritmo y el efecto de la repetición de ciertas palabras. Un gran placer de leer a García Lorca resulta de las imágenes tan expresivas que crea el autor. Mientras lees, presta atención a las palabras utilizadas para crear cierta impresión de los gitanos y de la luna, y forma tu propia representación mental.

Los gitanos en España han sufrido gran discriminación y prejuicio, y son estereotipados como ignorantes, sucios y ladrones. Para García Lorca son figuras de gran pasión, belleza y misterio, que viven en unidad con la naturaleza.

Para García Lorca, la luna está asociada con la muerte. Entre las varias supersticiones con respecto a la luna es que una fascinación con ella puede provocar la muerte.

Observa que en la segunda estrofa la puntuación "—"(—Huye, luna, luna, luna.) indica un diálogo entre el niño y la luna.

Federico García Lorca

Federico García Lorca nació en Granada en 1898. Desde niño manifestó gran amor por la poesía, el arte y la música. Antes de morir asesinado en 1936, al principio de la Guerra Civil Española, había llegado a ser un poeta y dramaturgo de fama universal.

Romance de la luna, luna

La luna vino a la fragua[1]
con su polisón[2] de nardos[3].
El niño la mira, mira.
El niño la está mirando.

5 En el aire conmovido
mueve la luna sus brazos
y enseña, lúbrica[4] y pura,
sus senos de duro estaño[5].
—Huye, luna, luna, luna.
10 Si vinieran los gitanos,
harían con tu corazón

---

1. **fragua** lugar donde se fabrican objetos de metal por medio del fuego *(forge)*
2. **polisón** *bustle*
3. **nardos** flores aromáticas
4. **lúbrica** lujuriosa, lasciva, obscena
5. **estaño** metal que se usa para fabricar latas *(tin)*

collares y anillos blancos.
—Niño, déjame que baile.
Cuando vengan los gitanos
15 te encontrarán sobre el yunque⁶
con los ojillos cerrados.
—Huye, luna, luna, luna,
que ya siento sus caballos.
—Niño, déjame; no pises
20 mi blancor almidonado⁷.

El jinete⁸ se acercaba
tocando el tambor⁹ del llano¹⁰.
Dentro de la fragua el niño
tiene los ojos cerrados.

25 Por el olivar¹¹ venían,
bronce¹² y sueño, los gitanos.
Las cabezas levantadas
y los ojos entornados¹³.

¡Cómo canta la zumaya¹⁴,
30 ay, cómo canta en el árbol!
Por el cielo va la luna
con un niño de la mano.

Dentro de la fragua lloran,
dando gritos, los gitanos.
35 El aire la vela, vela.
El aire la está velando.

---

6. **yunque** pieza de hierro sobre la que se forjan
   metales en la fragua *(anvil)*
7. **almidonado** *starchy*
8. **jinete** hombre montado a caballo
9. **tambor** instrumento de percusión, cilíndrico,
   cubierto con piel
10. **llano** tierra sin elevaciones
11. **olivar** lugar plantado de árboles de olivos
12. **bronce** metal en el que se mezclan estaño y
    cobre *(bronze)*
13. **entornados** medio cerrados
14. **zumaya** pájaro nocturno, lechuza, búho *(owl)*

Preguntas de comprensión

1. Describe la actitud del niño con respecto a la luna. ¿Cómo lo sabes?

2. ¿De qué tiene miedo el niño? ¿Cómo reacciona la luna al miedo del niño?

3. En las líneas 35 y 36, ¿a qué se refiere el pronombre "la"?

4. ¿Qué agüero o presagio le ofrece la luna al niño?

5. Al volver a la fragua, ¿por qué lloran los gitanos? ¿Dónde está el niño?

Preguntas de discusión

1. ¿Cómo caracteriza el poeta la luna? ¿Qué palabras contradictorias se usan para describirla? ¿Cuál es el efecto de describirla con palabras que contrastan? ¿Qué personalidad se revela?

2. Comenta la metáfora del tambor en la tercera estrofa.

3. La única descripción que se ofrece de los gitanos se encuentra en la cuarta estrofa. ¿Qué reacción te provoca esta descripción? ¿Cómo ha logrado el poeta crear una imagen tan profunda con las pocas palabras que utiliza? Examina tu reacción personal a las palabras "bronce y sueño".

Expresándonos

1. El poema se basa en la asociación supersticiosa entre la luna y la muerte. Pregúntale a una persona de otra cultura (o investiga en la biblioteca) sobre supersticiones de otras culturas. Presenta por lo menos cuatro supersticiones a la clase.

2. Todos tenemos nuestras supersticiones personales: un objeto que nos da suerte o una costumbre extraña. (Tengo una amiga que no deja de comer durante un viaje en avión porque cree que es imposible que el avión choque mientras ella esté comiendo.) Discute con la clase sobre tus propias supersticiones o las de otras personas que conozcas.

3. Con unos compañeros de clase presenta un debate o una discusión sobre los estereotipos. Pueden incluir los siguientes puntos:

   a. ¿Somos todos capaces a veces de ser influidos por estereotipos? ¿Hay alguien que jamás haya juzgado a una persona por su grupo o apariencia?

   b. ¿Existen estereotipos "buenos"? ¿Se debe permitir estereotipos positivos?

   c. ¿Por qué es tan fácil a veces creer en los estereotipos?

   d. ¿Cómo contribuyen los medios de comunicación (periódicos, televisión, etc.) a los estereotipos de varios grupos? Da ejemplos.

   e. Da ejemplos de personas que no corresponden al estereotipo de su grupo. (Grupos posibles: estrellas de cine, atletas, políticos, jóvenes, viejos, etc.)

Integración

Antes de escuchar

Para discutir Piensa en un grupo oprimido en nuestra sociedad o en la historia. Discute una obra literaria o una película que trate sobre este grupo.

Instrucciones

1. Relee el poema, prestando atención a la imagen del gitano y a su relación con la naturaleza.

2. Después de repasar el poema, estudia la lista de vocabulario para la conferencia.

3. Escucha la conferencia y toma apuntes, prestando atención a los mismos elementos del poema.

4. Después de escuchar la conferencia, completa las oraciones de la sección **Comprensión.**

5. Finalmente, vas a preparar una presentación según las instrucciones de la sección **Presentación escrita.**

Vocabulario

bronce: *bronze*

la zumaya: pájaro nocturno; *owl*

velar: vigilar, cuidar; *to keep watch over*

canela: *cinnamon bark, a sweet spice which is rolled up like a little tower*

Escuchar

En "Romance de la luna, luna", Lorca nos presenta una imagen del gitano y de su relación con la naturaleza. En la conferencia se explora este tema en "Romance de la luna, luna" y también en otros poemas de Lorca. Escucha la selección y luego haz las actividades de la sección **Después de escuchar.**

CD, Track 8

PearsonSchool.com
Web Code: jkd-0074

Después de escuchar

Comprensión Selecciona la mejor respuesta.

1. Según la selección, la imagen del gitano en la obra de Lorca _____.

   a. refleja la opinión de su cultura

   b. es opuesta a la opinión de su cultura

   c. es fea

   d. es mayormente negativa

2. En la selección, todas las características siguientes se mencionan como aspectos del gitano en Lorca **menos** su _____.

   a. intimidad con la naturaleza

   b. separación del resto de la sociedad

   c. falta de recursos económicos

   d. apariencia atractiva

3. Lo que el gitano y la mujer tienen en común en la obra de Lorca es que los dos grupos _____.

   a. sufren por el mismo estereotipo

   b. sufren por la injusticia de una sociedad rígida

   c. tienen problemas económicos

   d. están más cercanos a la naturaleza

4. Al decir que la casa de las mujeres en *La casa de Bernarda Alba* es como una cárcel, el significado más probable de "cárcel" es _____.

   a. prisión

   b. casa del campo, cercana a la naturaleza

   c. hospital

   d. convento

5. Es posible calificar a Lorca de optimista porque _____.

   a. sus obras tienen un fin feliz

   b. sus dramas reflejan la alegría de la vida

   c. escribe con la esperanza de cambiar la sociedad en el futuro

   d. sus protagonistas salen victoriosos

Síntesis

Presentación escrita Tu presentación va a basarse en el poema de Lorca, "Romance de la luna, luna", que ya has leído y la conferencia que escuchaste. Prepara una presentación escrita de una o dos páginas sobre el tema que sigue. Si quieres, repasa la lectura y la conferencia otra vez antes de preparar tu presentación.

Tema: Discute la imagen del gitano y su relación con la naturaleza y con la sociedad, integrando lo que leíste en el poema y lo que oíste en la conferencia.

Comunidades Los poemas del *Romancero gitano* de Lorca retratan al gitano español. ¿Te das cuenta de que hay gitanos también en los EE.UU.? Investiga en la biblioteca o en el Internet y discute en clase la historia y las costumbres de los gitanos norteamericanos. ¿Sufren por la misma clase de racismo aquí como en España?

Composición dirigida

1. Discute la personalización de la naturaleza en el poema. ¿Qué características o actitudes humanas se atribuyen al aire, a la zumaya y a la luna?

2. Escribe un poema en el que una persona tiene un diálogo con un elemento de la naturaleza.

GRAMÁTICA

Los tiempos progresivos

Ejemplos

a. El niño <u>está mirando</u> a la luna. <u>Está mirándola</u> con fascinación.

b. El aire <u>está velando</u> al niño muerto. <u>Está velándolo</u> con cariño.

c. Los gitanos <u>estarán llorando</u> durante mucho tiempo.

d. En este momento el niño <u>estará entrando</u> en el cielo.

e. La zumaya <u>estuvo cantando</u> toda la noche.

f. El niño <u>estaría jugando</u> con sus amigos si no hubiera mirado tanto a la luna.

g. <u>Escribiendo</u> poesía, García Lorca expresó sus emociones más íntimas.

h. García Lorca <u>estaba escribiendo</u> sus mejores creaciones cuando lo asesinaron.

Función

Los tiempos progresivos se usan para expresar acciones en progreso, acciones de duración.

- El presente progresivo expresa acciones en progreso en el presente (Ejemplos a, b).
- El pretérito progresivo expresa acciones en progreso durante un tiempo limitado del pasado (Ejemplo e).
- El imperfecto progresivo expresa acciones en progreso durante un tiempo del pasado no claramente limitado (Ejemplo h).
- El futuro progresivo expresa acciones que estarán en progreso en el futuro (Ejemplo c).
- El futuro progresivo también se usa para expresar probabilidad (Ejemplo d).
- El condicional progresivo expresa el carácter progresivo de una acción condicional (Ejemplo f).
- Se puede usar el gerundio sólo (Ejemplo g).

Formación de los tiempos progresivos

Se forman usando el tiempo apropiado del verbo *estar* y el gerundio del verbo principal.

estar + gerundio

Estoy pensando en el poema.

Los caballos **estaban corriendo** por el llano.

Formación del gerundio

Se quita la terminación del infinitivo y se añade *-ando* (verbos que terminan en *-ar*) o *-iendo* (verbos que terminan en *-er* o *-ir*).

amar → am**ando**   hablar → habl**ando**

correr → corr**iendo**   vivir → viv**iendo**

Los verbos que cambian en las terceras personas del pretérito tienen el mismo cambio en el gerundio.

- **Verbos de cambio de radical de la tercera conjugación**

Infinitivo	Pretérito	Gerundio
pedir	pidió	pidiendo
sentir	sintió	sintiendo
dormir	durmió	durmiendo
decir*	dijo	diciendo

- **Verbos de dos vocales**

Infinitivo	Pretérito	Gerundio
oír	oyó	oyendo
caer	cayó	cayendo
leer	leyó	leyendo
traer*	trajo	trayendo

Hay dos verbos que son completamente irregulares.

- **Gerundios irregulares**

ir → **yendo**   poder → **pudiendo**

Colocación de los complementos directos e indirectos y los pronombres reflexivos

Se pueden colocar antes del verbo *estar* o después del gerundio.

Margarita **lo** está leyendo ahora.

Maricarmen está vistiéndo**se** ahora.

Recuerda que cuando se les añade al gerundio, hay que escribir un acento para indicar que el acento todavía cae en la misma sílaba.

A veces otro verbo puede sustituir a *estar* en los tiempos progresivos, como por ejemplo verbos de movimiento *(correr, seguir, venir, salir, andar e ir).*

El niño **corre tratando** de avisar a la luna.

La luna **sigue bailando** a pesar del aviso del niño.

Los gitanos **vienen soñando** con el amor.

Ellos **salen gritando** de la fragua.

Los gitanos **andan llorando** por todas partes.

La luna **va llevando** al niño consigo por el cielo.

*Son irregulares en el pretérito pero siguen la regla en la formación del gerundio.

Ejercicios

A. Completa la frase

Traduce las palabras inglesas al español empleando el presente progresivo, el imperfecto progresivo, el futuro progresivo, el condicional progresivo o el gerundio.

1. García Lorca _____ (was living) en Nueva York cuando le ocurrió la inspiración para escribir su famoso drama *Yerma.*

2. _____ (Observing) la libertad relativa de la mujer neoyorquina, García Lorca habrá pensado en la opresión de la mujer española.

3. En *Yerma,* la protagonista _____ (is thinking) solamente en el bebé que quiere tener. Ella _____ (goes around talking) de su obsesión por todas partes.

4. Juan, el esposo de Yerma, siempre _____ (is working) toda la noche en el campo porque no quiere estar con Yerma.

5. Juan _____ (was living) una vida más tranquila antes de casarse. Parece que él todavía _____ (would be living) una vida más tranquila si no se hubiera casado, pero tuvo que cumplir con las expectativas de la sociedad.

6. En los dramas de García Lorca, las mujeres _____ (are suffering) por las reglas de la sociedad.

7. En nuestra sociedad, una mujer como Yerma _____ (would be working) o _____ (doing) otras cosas mientras esperaba su bebé.

8. Al final del drama, Yerma _____ *(is dying)* por falta de

amor y de libertad, y sus frustraciones la _____ *(are eating)*

por dentro.

9. Ustedes _____ *(will be reading)* más obras de García

Lorca en los años venideros *(future)*.

B. ¡Imagínate!

Tienes una bola de cristal mágica y puedes ver lo que están haciendo en este momento las siguientes personas. Completa las frases, usando el presente progresivo o el futuro progresivo (para expresar probabilidad).

1. El presidente de los EE.UU. _____

2. Brad Pitt _____

3. Un(a) psiquiatra _____

4. Oprah Winfrey _____

5. Los habitantes de Macondo _____

6. Los famas _____

7. Los cronopios _____

8. Tita (la protagonista de *Como agua para chocolate*) _____

9. Mi profesor(a) de español _____

10. El Papá Noel _____

C. Las excusas

Ha ocurrido un asesinato. La víctima es el Sr. Tienelotodo, un hombre muy rico, muy guapo, pero muy egoísta. Tiene muchos enemigos, que son los sospechosos del crimen. Escribe lo que cada persona estaba haciendo en el momento del crimen.

1. La ex esposa _____.

2. La ex novia _____.

3. La esposa actual (que acaba de descubrir que tiene otra novia)

_____.

4. Un hombre que le debe mucho dinero al Sr. Tienelotodo

_____.

5. El hermano de la víctima, con quien había tenido una gran rivalidad

_____.

D. Entrevista

Emplea las siguientes preguntas en una entrevista a tus abuelos, padres u otra persona mayor. Después, escribe las respuestas en frases completas y léelas a la clase con un(a) compañero(a), en forma de diálogo.

1. ¿Qué estaba haciendo Ud. cuando se enteró del asesinato de John F. Kennedy?

2. ¿Qué estaba haciendo cuando se enteró del asesinato de Martin Luther King, Jr.?

3. ¿Qué estaba haciendo cuando vio por primera vez al gran amor de su vida?

4. ¿Qué hacía cuando oyó de lo que pasó en 9/11?

El uso del infinitivo

Ejemplos

a. Según la sociedad de García Lorca, la mujer tenía que <u>quedarse</u> en casa.

b. Yerma no puede <u>aceptar</u> su destino.

c. Antes de <u>irse</u> a los campos, Juan siempre averiguaba si Yerma estaba en casa.

d. "<u>Callarse</u> y <u>quemarse</u> por dentro es el castigo más grande" según un personaje lorquiano.

Función

Con pocas excepciones, el infinitivo es una forma potencial de la acción del verbo. Mientras se queda en la forma infinitiva, la acción del verbo no se realiza. Por ejemplo:

> Mis archivos (papeles, documentos, etc.) están totalmente desorganizados. Debo **organizarlos**. Tengo que **organizarlos**. Quiero **organizarlos**.

Mientras el verbo _organizar_ se mantiene en la forma infinitiva, la acción no se realiza; los archivos siguen en el mismo estado desorganizado de antes.

El infinitivo se usa:

- Después de expresiones como _tener que_ (Ejemplo a)

- Para expresar una acción no realizada, después de otro verbo conjugado (Ejemplo b)

- Después de preposiciones. La única forma del verbo que se puede usar después de una preposición es el infinitivo. Esta regla resulta en dificultades para los alumnos que siguen pensando en inglés. *"After eating"* no se traduce por el gerundio, sino por el infinitivo: *Después de comer* (Ejemplo c).

- Como sustantivo. El infinitivo se puede usar como el sujeto de la frase (Ejemplo d). En estos casos también se puede usar el infinitivo con el artículo definido: *El comer es una necesidad.*

Ejercicios

A. Completa la frase

Emplea el infinitivo, el gerundio o el presente según el sentido de la frase.

1. En *Bodas de sangre,* otro drama de García Lorca, la Madre pasa la vida

   _____ (preocuparse) por el bienestar de su hijo.

2. La Madre _____ (preocuparse) tanto a causa de

   _____ (haber) perdido a su esposo y a otro hijo, que murieron

   asesinados hace años.

3. El hijo, que en el drama _____ (llamarse) el Novio, quiere

   _____ (casarse), pero antes de _____ (pedir) la

   mano de la Novia, la Madre tiene que _____ (dar / le) permiso.

4. En vez de _____ (estar) contenta por su hijo, la Madre sigue

   _____ (temer) que alguna mala suerte le pase al hijo.

5. La madre acaba de _____ (oír) detalles del pasado de la Novia,

   los cuales le _____ (parecer) malos agüeros.

6. Por eso ella quiere _____ (impedir) el matrimonio pero no

   puede _____ (hacer / lo).

7. Los novios _____ (casarse) y todo el mundo está

   _____ (bailar) para _____ (celebrar) su

   felicidad. Pero antes de _____ (salir) del banquete de boda,

   ellos _____ (sufrir) un desastre.

8. No voy a _____ (decir / les) cuál es. Tendrán que

_____ (leer) *Bodas de sangre* para _____

(averiguar) lo que pasa al final.

B. Expresión personal
Completa la frase con un infinitivo para comunicar algo sobre ti mismo.

1. Ojalá que yo pudiera _____ mejor.

2. Un talento mío es que puedo _____.

3. Fui a la fiesta en lugar de _____.

4. Antes de _____ tengo que _____.

5. Antes de cumplir treinta años quiero _____.

6. Prefiero _____ en vez de _____.

C. Traduce la frase al español

1. The mother pretended to be happy instead of telling the truth.

_____

2. García Lorca could write tragedies better than anyone.

_____

3. Because of believing in the omens, she tried to stop the marriage.

_____

4. After getting married, he wanted to keep watch over his wife.

_____

5. He has just learned the truth about her.

_____

Por y para

PearsonSchool.com
Web Code: jkd-0029

Ejemplos

a. García Lorca empezó a escribir poesía muy joven, y su padre le dio un cuaderno <u>para</u> sus poemas.

b. El poeta había escrito muchos poemas <u>para</u> sus amigos.

c. García Lorca salió <u>para</u> los EE.UU. en 1929.

d. Se fue <u>para</u> escaparse de una gran tristeza.

e. Sólo se quedó en los EE.UU. <u>por</u> un año.

f. <u>Para</u> entender a Yerma, es necesario saber algo de la época de García Lorca.

g. <u>Para</u> un hombre, García Lorca entendía bien la psicología de la mujer.

h. Tienen que escribir un ensayo sobre la poesía de García Lorca <u>para</u> el lunes.

i. En su poema "Romance de la Guardia Civil", García Lorca critica a la Guardia Civil <u>por</u> el abuso del poder.

j. García Lorca fue asesinado <u>por</u> la Guardia Civil al principio de la Guerra Civil Española.

k. <u>Por</u> la mañana entraron unos guardias y lo sacaron.

l. La Guardia Civil llevó a García Lorca <u>por</u> las calles de Granada.

m. Después lo mataron <u>por</u> armas de fuego.

n. Muchos creen que la Guardia Civil asesinó a García Lorca no <u>por</u> razones políticas, sino <u>por</u> ser homosexual.

o. En la Guerra Civil muchos españoles murieron <u>por</u> la patria.

p. ¿<u>Para</u> qué sirve una guerra? No sirve <u>para</u> nada.

q. Pues, ¿<u>por</u> qué luchan los hombres? Luchan <u>por</u> honor, <u>por</u> machismo, <u>por</u> idealismo o <u>por</u> ilusiones.

r. Pagué mucho dinero <u>por</u> una colección de poemas de García Lorca.

Función

El uso de *por* y *para* confunde a muchos estudiantes porque es posible traducir los dos como *"by"* o *"for"* según el sentido de la frase. Pero hay una diferencia básica entre *por* y *para*.

Para está mirando adelante, para ver el destino o propósito deseado de una cosa o una acción.

Por está mirando atrás, pensando en las causas, motivos o la manera de lograr o realizar algo.

Usos de *para*

Destino o fin

- Recipiente. "Este anillo es <u>para</u> ti", le dijo el Novio a la Novia (Ejemplo b).

- Lugar. Los novios salieron <u>para</u> Granada el viernes (Ejemplo c).

- Propósito. El poeta escribe <u>para</u> vivir (Ejemplos d, f).

- Uso deseado. Es una caja <u>para</u> anillos, collares y otras joyas (Ejemplos a, p).

- Límite de tiempo. El gitano tenía que terminar el collar <u>para</u> el próximo día (Ejemplo h).

Comparación

- A pesar de ser. <u>Para</u> un niño, el joven Federico escribía poemas magníficos (Ejemplo g).

Usos de *por*

Motivos

- A causa de. Sacrificaron todo <u>por</u> amor. Trabaja muy duro y ahorra su dinero; lo hace todo <u>por</u> sus hijos (Ejemplos o, q). De niño García Lorca, como Matute, no jugó mucho con otros niños <u>por</u> estar enfermo con frecuencia (Ejemplos i, n).

Medio o instrumento

- Mediante / Con la ayuda de. El ladrón entró en el apartamento <u>por</u> una escalera (Ejemplo m).

Movimiento por un lugar

- A través de. En Pamplona los toros corren <u>por</u> las calles (Ejemplo l).

Tiempo impreciso o parte del día

- Durante. <u>Por</u> la noche se ven muchas estrellas y la luna por el cielo (Ejemplo k).

Duración aproximada de una acción

- Duración de tiempo. Después de salir de los EE.UU., García Lorca viajó por Latinoamérica <u>por</u> varios meses (Ejemplo e).

Modo / Manera

- Agente. El poema fue escrito <u>por</u> García Lorca (Ejemplo j).

Precio o equivalencia

- A cambio de. Tengo una edición de *Yerma* firmada por García Lorca. ¡No la vendería <u>por</u> un millón de dólares (Ejemplo r)!

Observa:

1. Ciertos verbos como *pedir, buscar* y *esperar* no necesitan ni *por* ni *para:*

   La niña siempre le **pide** juguetes a su mamá.

   Busco una casa con tres dormitorios.

   Yerma **esperó** a Juan. **Esperé** el tren.

2. Normalmente se usa *por* después de los verbos *ir, enviar* y *mandar:*

   Fue a la biblioteca **por** una antología de poemas. Enviaron **por** el médico.

   —¿Dónde está Julia?

   —Mamá la mandó a la tienda **por** una docena de huevos.

3. Hay ciertas frases en las que se puede usar *por* o *para,* según el sentido de la frase. Por ejemplo:

   Yerma se marchó **por** las montañas.

   Yerma se marchó **para** las montañas.

   En la primera frase, Yerma se marchó a través de *(through, by way of)* las montañas. En la segunda, Yerma se marchó hacia o en la dirección de *(destination)* las montañas.

4. Hay otras frases en las que se puede usar *por* o *para,* según un cambio sutil en la interpretación de la frase. Por ejemplo:

   Yerma se casó con Juan **por** tener hijos.

   Yerma se casó con Juan **para** tener hijos.

   En la primera frase, Yerma se casó con él por motivos de tener hijos *(for the sake of having children: motive).* En la segunda, se casó con el propósito deseado de tener hijos *(in order to: desired result).*

5. Ciertas expresiones se usan con *por: por ejemplo, por eso, por fin, por lo general.*

Ejercicios

A. *La casa de Bernarda Alba*

Completa la frase empleando *por* o *para* o una *X* si no hace falta nada.

1. *La casa de Bernarda Alba* es otro drama escrito _____

   García Lorca.

2. Las cinco hijas de Bernarda buscan _____ la felicidad y

esperan _____ la oportunidad de escaparse de esa madre

tan severa.

3. Todas sufren mucho _____ la falta de un hombre en su

vida.

4. Bernarda quiere sacrificar la felicidad de sus hijas _____

el honor o el "qué dirán".

5. Ella les ha impuesto a sus hijas reglas muy rígidas _____

impedir un escándalo.

6. _____ una madre, Bernarda no es muy cariñosa con sus

hijas, y sólo se preocupa _____ las apariencias.

7. Un día Pepe el Romano visita a Bernarda _____ pedirle

_____ la mano de Angustias, la hija mayor.

(_____ casarse en aquella sociedad, era necesario

conseguir el permiso de los padres.)

8. En realidad Pepe está enamorado de Adela, la hija menor, pero quiere

casarse con Angustias _____ el dinero que tiene.

9. El personaje más gracioso del drama es María Josefa, la madre de

Bernarda, que sirve _____ añadir un elemento cómico al

drama.

10. Bernarda ha encerrado a la vieja en una sala pequeña

_____ esconderla. Considera a su propia madre una

vergüenza _____ estar loca.

11. A veces María Josefa se escapa de la sala empujando a la sirvienta que la

vigila. Es muy fuerte _____ una vieja.

12. María Josefa, _____ ser tan vieja, puede decir y hacer lo

que le dé la gana. _____ eso es muy divertida.

13. Pero, _____ lo general, *La casa de Bernarda Alba* es una

tragedia en la que las cinco hermanas están muriéndose

_____ el amor frustrado.

14. En nuestra sociedad, las hijas habrían hecho algo _____

escaparse de su madre. Pero en aquella época, en España, estaban

atrapadas _____ la rigidez de la sociedad. A veces era

necesario morir _____ escaparse.

B. *Poeta en Nueva York*

Completa la frase empleando *por* o *para* o una *X* si no hace falta nada.

1. En 1928 García Lorca dejó a su familia y salió _____

Nueva York _____ estudiar en la Universidad de

Columbia _____ un año.

2. Pasó un año difícil _____ los problemas que tenía con el

inglés, y también _____ la falta que le hacían su familia y

su país.

3. No le gustó la ciudad _____ varias razones, y la criticó

_____ el prejuicio contra los afroamericanos y también

_____ su gran materialismo.

4. Los poemas inspirados durante este año son diferentes de los otros

_____ ser cínicos y surrealistas.

5. En la colección de poemas *Poeta en Nueva York,* García Lorca presenta la

ciudad como un lugar donde nadie duerme, y _____ la

noche la gente anda insomne _____ las calles. En

"Ciudad sin sueño", el poeta dice que "No duerme nadie

_____ el mundo".

6. García Lorca trató de terminar esos poemas _____ junio,

cuando iba a salir _____ Latinoamérica.

C. "Romance de la Guardia Civil Española"

Completa la frase empleando *por* o *para,* una *X* si no hace falta nada, o una *a* personal.

1. García Lorca, _____ respetar tanto los derechos humanos,

   no puede aceptar los abusos de poder de la Guardia Civil.

2. En su poema "Romance de la Guardia Civil Española", el poeta critica a la

   Guardia Civil _____ su falta de humanidad.

3. Nos presenta a los guardias como hombres mecánicos con cabezas de

   plomo y "almas de charol" *(patent-leather souls),* y nos dice que

   "_____ eso no lloran".

4. La Guardia Civil entra en la ciudad de los gitanos _____

   la puerta central, y los gitanos corren _____ las calles

   _____ escaparse de la violencia.

5. Los guardias quieren hacerles daño a los gitanos _____

   pura malicia y crueldad, y _____ inspirarles terror.

6. Los santos buscan _____ los gitanos

   _____ ayudarlos, pero no pueden.

7. Se oyen pistolas _____ toda la noche.

8. La Guardia Civil no usa su poder _____ proteger a la

   gente sino _____ matar y causar terror.

9. _____ García Lorca, el abuso del poder es intolerable y

   _____ eso critica a la Guardia Civil

   _____ su inhumanidad.

10. La Guardia Civil odiaba a García Lorca _____ su actitud,

    y _____ fin lo mataron.

Repaso

Juana la Loca

Completa la frase con la forma correcta del verbo según el sentido de la frase. Selecciona entre el presente, el pretérito, el imperfecto, los tiempos perfectos, los tiempos progresivos, el futuro, el condicional, el presente del subjuntivo, el presente perfecto del subjuntivo, el imperfecto del subjuntivo, el pluscuamperfecto del subjuntivo y el infinitivo.

1. La historia de doña Juana la Loca _____ (ser) tan

   dramática que parece _____ (ser) ficticia.

2. Doña Juana _____ (nacer) en Toledo en 1479.

   _____ (Ser) hija de Fernando e Isabel, los famosos Reyes

   Católicos.

3. Juana _____ (enamorarse) locamente de Felipe el

   Hermoso, y en 1496 _____ (casarse) con él.

4. Felipe _____ (recibir) el nombre "el Hermoso" porque

   _____ (ser) muy guapo. Era una lástima que también

   _____ (ser) un gran mujeriego, un hombre demasiado

   aficionado a las mujeres. Siempre _____ (estar / correr)

   tras muchas mujeres. ¡Ojalá que _____ (haber) podido ser

   fiel a Juana!

5. Al _____ (casarse), Juana creía que ellos

   _____ (tener) un matrimonio perfecto.

6. Juana _____ (haber / casarse) con la idea de vivir feliz

con Felipe, pero no _____ (resultar) así.

7. Después de _____ (ver) a su esposo con otras mujeres, la

pobre Juana _____ (volverse) loca.

8. Juana _____ (ser) una mujer de grandes pasiones, que

_____ (querer) a Felipe con toda el alma, pero a él no le

_____ (importar) los sentimientos de su mujer.

9. Felipe _____ (pasar) tiempo con otras mujeres con

frecuencia, y siempre _____ (mentir) a su esposa.

10. Cuando Felipe _____ (morirse) en 1506, Juana prohibió

que cualquier otra mujer _____ (acercarse) al cadáver

durante los funerales. Por fin ella _____ (haber / lograr)

ser la única mujer de Felipe.

11. Después de la muerte de Felipe, Juana no creía que su esposo querido

_____ (estar) muerto para siempre. Por unos años ella

_____ (viajar) con el cadáver por el norte de España,

parándose en varios lugares sagrados.

12. Juana siempre esperaba que Felipe _____ (volver) a la

vida. Una vez ella _____ (abrir) el ataúd para

_____ (ver) si había indicios de vida. Según una de las

mujeres que _____ (viajar) con Juana, "No

_____ (oler) a perfume".

13. Me _____ (fascinar) la vida de Juana la Loca. Su gran

pasión y sufrimiento _____ (haber / hacer) de ella una de

las figuras más trágicas y conmovedoras de la historia española.

14. Es obvio que la tragedia de Juana la Loca _____

(conmover) también a García Lorca, porque en 1918

_____ (escribir) "Elegía a Doña Juana la Loca".

15. Este famoso poema es una celebración de la nobleza de espíritu de Juana.

Al _____ (leer / lo) se _____ (poder) ver

"el alma gigantesca" de esta mujer trágica.

16. Hace unos años yo _____ (ir) a España, y cuando

_____ (llegar) a la tumba de Juana la Loca,

_____ (empezar) a llorar. _____ (estar /

llorar) por la belleza y la tristeza de la "Princesa enamorada sin

_____ (ser) correspondida", sobre quien García Lorca

_____ (haber / escribir) con tanta compasión.

Lo extraordinario de las características familiares

LECTURA	*La casa de los espíritus*, Isabel Allende
USO DEL VOCABULARIO	Las palabras que confunden
GRAMÁTICA	*Lo que, lo cual; lo* + adjetivo; más usos del subjuntivo: el subjuntivo + *lo que* + el subjuntivo; *por* + adjetivo o adverbio + *que* + el subjuntivo

Vocabulario

PearsonSchool.com
Web Code: jkd-0030

adivinar predecir el futuro por arte de magia. Casandra <u>adivinó</u> muchos acontecimientos del futuro pero nadie la creyó. Tratar de saber algo por intuición. ¡<u>Adivina</u> qué tengo en la mano!

alborotar provocar o causar agitación o excitación; excitar. La llegada del extranjero <u>alborotó</u> a los perros y todos empezaron a ladrar.
el alboroto gran ruido; susto; desorden. Muchos se hicieron daño durante el <u>alboroto</u> que ocurrió después del partido de fútbol. Fue necesario llamar a la policía.

el asunto cuestión; problema, tema, materia. Noté la cara muy seria de mi madre cuando me dijo que quería hablar conmigo. ¿Sobre qué <u>asunto</u> querrá hablar?

aterrorizar producir terror, asustar. La bruja aterrorizaba a los Munchkins hasta que la casa de Dorothy la mató.
aterrorizarse asustarse. <u>Me aterroricé</u> al oír la voz extraña al otro lado de la puerta, a la medianoche.

la cadera debajo de la cintura del cuerpo humano; huesos superiores de la pelvis. Sentada, la mujer parecía delgada, pero cuando se levantó se le notaron unas <u>caderas</u> impresionantes.

desesperado, -a casi sin esperanza. Después de buscar a mi perro por todas partes, llegué <u>desesperada</u> y llena de pánico al refugio de animales, donde, gracias a Dios, lo encontré.

disfrazar disimular o fingir con respecto a las emociones que se sienten. Al ver a su ex novia con otro hombre, trató de <u>disfrazar</u> sus celos.
disfrazarse ponerse ropa o una máscara para esconder la identidad. Mi hermano <u>se disfrazó</u> de fantasma para aterrorizarme.

fabricar producir; construir; manufacturar. Se <u>fabrican</u> muchos juguetes en China.

mudo, -a se aplica al que no puede hablar. Clara se comunica con tiza y pizarra porque es <u>muda</u>. Los <u>mudos</u> se comunican con las manos.

la pared cada una de las cuatro construcciones que limitan un cuarto. La joven es gran aficionada a Elvis y tiene fotos y carteles de él en las <u>paredes</u> de su dormitorio.

el presagio señal de un suceso futuro, lo que predice una cosa que va a ocurrir; agüero. Se dice que una mañana de pleno sol el día de la boda es un buen <u>presagio</u> para el matrimonio.

recuperar tener de nuevo una cosa que estaba perdida. Hace poco se <u>recuperaron</u> muchas obras de arte perdidas desde la época de los Nazis. **recuperarse** gozar otra vez de buena salud después de estar enfermo. Le costó varios meses <u>recuperarse</u> después de la operación.

el recurso medio que se usa para obtener algo; capacidad de que puede servir para realizar algo. El problema parece sin remedio pero tengo mucha confianza en ti; eres una persona de grandes <u>recursos</u>.

Ejercicios de vocabulario

A. Completa la frase

Usa la palabra apropiada del vocabulario.

1. El lobo _____ de la abuela para engañar a Caperucita Roja.

2. La madre de Clara permite que la niña dibuje o escriba sobre las

   _____ de su dormitorio.

3. Todo el pueblo está obsesionado con el asesinato. Nadie puede hablar de

   otro _____.

4. Alicia perdió mucho peso. Ahora tiene las _____ tan

   flacas que no puede llevar los pantalones sin cinturón.

5. ¿Dónde se _____ los mejores autos, en Detroit o en el

   Japón?

6. ¿Puedes _____ qué tengo en esta caja?

7. El país tiene que utilizar todos sus _____ naturales

   para mejorar la economía.

8. El elefante se escapó del circo, y al correr por el pueblo

_____ a mucha gente.

9. Felipe era un gran mujeriego, y doña Juana estaba tan

_____ que se volvió loca tratando de conquistar su amor.

10. Tita no puede vivir tranquila porque su pasión por Pedro le ha

_____ la vida.

B. Expresión personal

1. Nombra algunos presagios comunes según la superstición popular. Nombra algunos ejemplos personales. Por ejemplo, ¿has pensado en alguien con quien no hablas desde hace mucho tiempo, y esa noche la persona te llama por teléfono?

2. Nombra un acontecimiento que ha causado gran alboroto en tu casa. En la escuela.

3. ¿Tienes buena capacidad de adivinar? ¿Crees que los SAT (o ACT) son un buen indicio de la inteligencia de un(a) alumno(a), o sólo de su capacidad de adivinar?

4. Cuando charlas con tus amigos, ¿cuáles son los asuntos más frecuentes? ¿Qué asuntos provocan controversia entre tu familia? ¿Entre tus amigos?

LECTURA

Estrategia para leer

Al entrar en _La casa de los espíritus,_ nos encontramos de nuevo en el mundo de lo real maravilloso. Mientras lees el fragmento, observa los elementos de realismo mágico que se encuentran aquí. Presta atención al tono de la narración. ¿Cómo se compara con el ambiente del realismo mágico marquesiano? Observa la actitud de varios personajes frente a las capacidades extraordinarias de Clara, la joven protagonista.

Aquí, como en la obra de García Márquez, hay que emplear la imaginación para disfrutar de las escenas divertidas que verás con tu "ojo mental".

Isabel Allende

Isabel Allende, aunque de padres chilenos, nació en Lima, Perú, en 1942. Volvió a Chile con su madre, a la edad de tres años, después del divorcio de sus padres. Pasó gran parte de su niñez en la casa de sus abuelos donde, igual que García Márquez en la casa de los suyos, conoció un mundo fantástico. Allende nos dice en *Paula*, su libro autobiográfico: "Me crié oyendo comentarios sobre el talento de mi abuela para predecir el futuro, leer la mente ajena, dialogar con los animales y mover objetos con la mirada. . . . Para mi abuelo la telepatía y la telequinesia eran diversiones inocentes".

Allende tuvo que desterrarse de su patria, Chile, después de una insurrección militar que resultó en el asesinato de su tío, Salvador Allende, presidente legítimo del país, elegido por proceso democrático. Allende vive actualmente en California.

La casa de los espíritus (fragmento)

Personajes

Nívea la madre de Clara

Severo el padre de Clara

la Nana criada de la familia que cuida a los niños

Rosa hermana de Clara, la que ha muerto, que tenía el pelo verde

Luis hermano de Clara

Esteban Trueba novio de Rosa; después de la muerte de Rosa, se casó con Clara

Clara, la joven protagonista de La casa de los espíritus, *tiene características sobrenaturales. Su familia tomaba estas*

…excentricidades de su hija menor…como
5 una característica de la niña, como la cojera[1] lo era de Luis o la belleza de Rosa. Los poderes mentales de Clara no molestaban a nadie y no producían mayor desorden; se manifestaban casi siempre en asuntos de poca
10 importancia y en la estricta intimidad del hogar. Algunas veces, a la hora de comida, cuando estaban todos reunidos en el gran comedor de la casa, sentados en estricto

orden de dignidad y gobierno, el salero[2]
15 comenzaba a vibrar y de pronto se desplazaba[3] por la mesa entre las copas y platos, sin que mediara ninguna fuente de energía conocida ni truco de ilusionista[4]. Nívea daba un tirón a las trenzas[5] de Clara y
20 con ese sistema conseguía que su hija abandonara su distracción lunática y devolviera la normalidad al salero, que al punto recuperara su inmovilidad. Los hermanos se habían organizado para que, en
25 el caso de que hubiera visitas, el que estaba más cerca detenía de un manotazo lo que se

---

1. **cojera** defecto que impide andar correctamente

2. **salero** recipiente donde se pone la sal para el uso de la cocina o de la mesa
3. **desplazaba** movía
4. **truco de ilusionista** *magician's trick*
5. **trenzas** *braids*

estaba moviendo sobre la mesa, antes que los extraños se dieran cuenta y sufrieran un sobresalto⁶. La familia continuaba comiendo
30 sin comentarios. También se habían habituado a los presagios de la hija menor. Ella anunciaba los temblores⁷ con alguna anticipación, lo que resultaba muy conveniente en ese país de catástrofes, porque
35 daba tiempo de poner a salvo⁸ la vajilla⁹ y dejar al alcance de la mano las pantuflas¹⁰ para salir arrancando en la noche. A los seis años Clara predijo que el caballo iba a voltear¹¹ a Luis, pero éste se negó a escucharla
40 y desde entonces tenía una cadera desviada¹². Con el tiempo se le acortó la pierna izquierda y tuvo que usar un zapato especial con una gran plataforma que él mismo se fabricaba. En esa ocasión Nívea se inquietó, pero la Nana le
45 devolvió la tranquilidad diciendo que hay muchos niños que vuelan como las moscas¹³, que adivinan los sueños y hablan con las ánimas¹⁴, pero a todos se les pasa cuando pierden la inocencia.
50 Clara tenía diez años cuando decidió que no valía la pena hablar y se encerró en el mutismo¹⁵.

*   *   *

Ni los esfuerzos de su familia ni los de los médicos podían conseguir que dijera una palabra. La Nana
55 *trataba sus propios métodos.*

La Nana tenía la idea de que un buen susto podía conseguir que la niña hablara y se pasó nueve años inventando recursos desesperados para aterrorizar a Clara, con lo cual sólo
60 consiguió inmunizarla contra la sorpresa y el espanto. Al poco tiempo Clara no tenía miedo de nada, no la conmovían las apariciones de monstruos lívidos y desnutridos en su habitación, ni los golpes de los vampiros y
65 demonios en su ventana. La Nana se disfrazaba de filibustero¹⁶ sin cabeza, de verdugo¹⁷ de la Torre de Londres, de perro lobo y de diablo cornudo, según la inspiración del momento y las ideas que
70 sacaba de unos folletos¹⁸ terroríficos que compraba para ese fin y aunque no era capaz de leerlos, copiaba las ilustraciones. Adquirió la costumbre de deslizarse¹⁹ sigilosamente por los corredores para asaltar a la niña en la
75 oscuridad, de aullar²⁰ detrás de las puertas y esconder bichos²¹ vivos en la cama, pero nada de eso logró sacarle ni una palabra. A veces Clara perdía la paciencia, se tiraba al suelo, pataleaba²² y gritaba, pero sin articular ningún
80 sonido en idioma conocido, o bien anotaba en la pizarrita que siempre llevaba consigo los peores insultos para la pobre mujer, que se iba a la cocina a llorar la incomprensión.

*   *   *

Clara pasó la infancia y entró en la
85 juventud dentro de las paredes de su casa, en un mundo de historias asombrosas, de silencios tranquilos, donde el tiempo no se marcaba con relojes ni calendarios y donde los objetos tenían vida propia, los
90 aparecidos²³ se sentaban en la mesa y hablaban con los humanos, el pasado y el futuro eran parte de la misma cosa, y la realidad del presente era un caleidoscopio de espejos desordenados donde todo podía

---

6. **sobresalto** sorpresa; susto, temor
7. **temblores** movimientos de la tierra, terremotos
8. **a salvo** fuera de peligro
9. **vajilla** conjunto de platos, vasos, tazas, etc.
10. **pantuflas** zapatos usados para estar en casa, zapatillas
11. **voltear** echar *(to throw off)*
12. **desviada** separada, fuera de su sitio
13. **moscas** insectos negros con alas *(flies)*
14. **ánimas** espíritus, almas
15. **mutismo** silencio voluntario o impuesto *(imposed)*

16. **filibustero** pirata, bucanero
17. **verdugo** oficial que ejecuta los tormentos y la pena de muerte *(executioner)*
18. **folletos** cuadernos; libros de pocas páginas
19. **deslizarse** pasar silenciosamente
20. **aullar** emitir ruidos como ciertos animales *(perros, lobos, coyotes)*
21. **bichos** animalitos; insectos
22. **pataleaba** movía los pies violentamente
23. **aparecidos** muertos que se presentan ante los vivos, fantasmas

95 ocurrir. Es una delicia, para mí [24], leer los cuadernos de esa época, donde se describe un mundo mágico que se acabó. Clara habitaba un universo inventado para ella, protegida de las inclemencias de la vida, donde se
100 confundían la verdad prosaica de las cosas materiales con la verdad tumultuosa de los sueños, donde no siempre funcionaban las leyes de la física o la lógica. Clara vivió ese período ocupada en sus fantasías,
105 acompañada por los espíritus del aire, del agua y de la tierra, tan feliz, que no sintió la necesidad de hablar en nueve años. Todos habían perdido la esperanza de volver a oírle la voz, cuando el día de su cumpleaños,
110 después que sopló [25] las diecinueve velas de su pastel de chocolate, estrenó una voz que había estado guardada durante todo aquel tiempo y que tenía resonancia de instrumento desafinado [26].
115 —Pronto me voy a casar —dijo.
—¿Con quién? —preguntó Severo.
—Con el novio de Rosa —respondió ella.
Y entonces se dieron cuenta que había hablado por primera vez en todos esos años
120 y el prodigio [27] remeció [28] la casa en sus cimientos y provocó el llanto [29] de toda la familia. Se llamaron unos a otros, se desparramó [30] la noticia por la ciudad, consultaron al doctor Cuevas, que no podía
125 creerlo, y en el alboroto de que Clara había hablado, a todos se les olvidó lo que dijo y no se acordaron hasta dos meses más tarde, cuando apareció Esteban Trueba, a quien no habían visto desde el entierro de Rosa, a
130 pedir la mano de Clara.

---

24. **para mí** aquí se puede distinguir la voz de la narradora, la nieta de Clara, que está contándonos la vida de la abuela, basándose en los cuadernos que escribió ésta.

25. **sopló** apagó (blew out)

---

26. **desafinado** se aplica al instrumento musical que ha perdido la nota o la entonación

27. **prodigio** suceso extraño; maravilla; milagro

28. **remeció** sacudió

29. **llanto** acción de llorar

30. **desparramó** extendió

Preguntas de comprensión

1. ¿Cuáles son las características o capacidades raras de Clara?

2. ¿Cómo se caracteriza la actitud de la familia con respecto a las costumbres raras de Clara?

3. Cuando los invitados comían en casa, ¿qué hacían los hermanos de Clara para que no se asustaran?

4. ¿Cuál es un ejemplo de un presagio que dijo Clara?

5. Según la Nana, ¿qué les pasará a los poderes de Clara?

6. ¿Por qué no hablaba Clara?

7. ¿Qué métodos empleaba la Nana para curar a Clara? ¿Cuál fue el resultado?

8. Cuando Clara por fin vuelve a hablar, nadie le presta atención a lo que dice. ¿Por qué?

9. ¿Qué acontecimiento, meses después, les recuerda las primeras palabras de Clara?

Preguntas de discusión

1. ¿Cómo se caracteriza la niñez de Clara? ¿Cuáles son los elementos raros de su mundo? ¿Hay aspectos que te parecen normales?

2. Clara hizo dos presagios que se realizaron. ¿Cuáles son? ¿Crees que de veras ocurren tales cosas? ¿Cómo se explican? Cita otros ejemplos de presagios de la vida o de la literatura, películas, etc.

3. ¿Te sorprende saber que los poderes extraordinarios de Clara se basan en ciertas capacidades de la abuela de Isabel Allende? En *Crónica de una muerte anunciada,* Gabriel García Márquez dice: "nunca le pareció legítimo que la vida se sirviera de tantas casualidades prohibidas a la literatura". Aquí el autor se refiere a la idea de que hay cosas que pasan en la realidad que si se escribieran en una obra de ficción, serían criticadas por no ser realistas. Discute esta idea. ¿Crees lo que dice el refrán, que la verdad es más extraña que la ficción?

Expresándonos

1. Con un grupo de cuatro o cinco compañeros de clase prepara una escena para presentar a la clase. Ustedes son los miembros de una familia. Un miembro de la familia tiene alguna capacidad o costumbre rara o mágica que, dentro de la familia, se acepta como normal. En esta ocasión hay invitados que han venido a cenar, y ustedes se esfuerzan para que los invitados no se den cuenta de las excentricidades de esta persona.

2. Con tres compañeros de clase, presenta la escena entre Nívea, Severo, la Nana y Clara, el momento después de que Clara habla por primera vez en nueve años.

Integración

Antes de escuchar

Para discutir ¿Conoces a personas que viven en exilio de su país natal? Imagínate que tuvieras que vivir en exilio. En tu opinión, ¿qué aspecto de la experiencia sería más difícil para ti?

Instrucciones

1. Relee la selección, prestando atención a la vida dentro de la casa.

2. Después de repasar la selección, estudia la lista de vocabulario para la conferencia.

3. Escucha la conferencia y toma apuntes sobre los aspectos de la vida extraordinaria de Isabel Allende que más te interesan y también sobre su relación con la casa donde nació su madre.

4. Después de escuchar la conferencia, completa las oraciones de la sección **Comprensión.**

5. Finalmente, vas a preparar una presentación según las instrucciones de la sección **Presentación oral.**

Vocabulario

sobresaliente: que se ve como superior, que merece admiración

fondo: *background*

variopinta: de gran diversidad

Escuchar

En el fragmento que has leído de *La casa de los espíritus,* Isabel Allende nos cuenta de Clara, una joven con poderes mágicos, que vive en una casa donde las cosas raras que pasan se aceptan como ordinarias. En la conferencia aprendemos que esta casa tiene una relación con la vida de la autora. Escucha la selección y luego haz las actividades de la sección **Después de escuchar.**

CD, Track 9

PearsonSchool.com
Web Code: jkd-0075

Después de escuchar

Comprensión Selecciona la mejor respuesta.

1. Es claro que la narradora de esta seleccíon _____.

    a. ha oído a Isabel Allende hablar en una conferencia

    b. conoce personalmente a Allende

    c. sólo conoce a Allende a través de sus novelas

    d. no tiene opiniones fuertes con respecto a Allende

2. Allende es una escritora mayormente _____.

    a. objetiva   **c.** política

    b. cerebral, intelectual   **d.** sujetiva y personal

3. La casa de *La casa de los espíritus* es una casa _____.

    a. donde Allende pasó su niñez

    b. en la que Allende nunca vivió, pero sobre la que oyó historias

    c. que inventó Allende para sus novelas

    d. en que la autora vivió en el exilio

4. Allende habla con añoranza de su país perdido. El significado más probable de "añoranza" es _____.

    a. miedo   **c.** alegría

    b. olvido   **d.** fuerte deseo nostálgico

5. Allende se fue de Chile _____.

    a. porque quería ver el mundo

    b. para casarse con un norteamericano

    c. para hacerse escritora

    d. a causa de eventos políticos

Síntesis

Presentación oral Tu presentación va a basarse en el fragmento de *La casa de los espíritus* de Isabel Allende, que ya has leído, y la conferencia que escuchaste. Prepara una presentación oral de dos minutos sobre el tema que sigue. Si quieres, repasa la lectura y la conferencia otra vez antes de preparar tu presentación. Puedes hacer tu presentación ante la clase o grabarla, según las instrucciones de tu profesor(a).

Tema: Imagínate que pudieras tener una conversación con Allende. Utilizando lo que has leído de la novela y lo que has oído en la conferencia, prepara una serie de preguntas sobre la conexión entre *La casa de los espíritus* y la vida de la autora. Si quieres, puedes incluir una o dos preguntas pidiendo más información sobre los elementos biográficos mencionados en la conferencia.

Comunidades En *Mi país inventado,* Isabel Allende cuenta de su amor por Chile, el país de su nacimiento y su amor por los EE.UU., su lugar de residencia actual. Entrevista, en español, a un inmigrante de un país hispanohablante. Puede ser un alumno o profesor de la escuela, un pariente, un amigo o un vecino. Puedes incluir preguntas sobre: por qué salió de su país; qué recuerdos tiene y qué le hace falta; cuáles son las diferencias más importantes entre su patria de origen y los EE.UU.

Composición dirigida

1. En un ensayo bien organizado, discute los elementos cómicos del fragmento. ¿Qué métodos utiliza la autora para crear escenas graciosas?

2. En un ensayo bien organizado, discute los elementos maravillosos y absurdos del fragmento. Compara la manera de Allende al presentar estos elementos con la de García Márquez.

USO DEL VOCABULARIO

Las palabras que confunden

PearsonSchool.com
Web Code: jkd-0031

Hay ciertas palabras que confunden a los alumnos anglohablantes (los que hablan inglés).

Palabras con el mismo significado en inglés

Ciertas palabras se traducen igual al inglés, pero tienen usos diferentes en español.

salir, dejar

Ejemplos

a. Isabel Allende tuvo que <u>salir</u> de Chile por razones políticas.

b. Muchos desterrados <u>dejaron</u> todas sus posesiones en su patria al salir.

Explicación

a. **salir** irse de un sitio; marcharse

b. **dejar** no llevar algo contigo; abandonar algo o a alguien

volver, devolver

Ejemplos

a. Desesperado, Esteban Trueba <u>volvió</u> a la casa de Tránsito Soto, una mujer a quien Esteban había prestado dinero hacía muchos años.

b. Tránsito no le <u>devolvió</u> el dinero sino que le hizo un gran favor: le salvó la vida a su nieta.

Explicación

a. **volver** regresar; ir otra vez a un sitio

b. **devolver** darle a alguien lo que antes esa persona te había dado

realizar, darse cuenta de

Ejemplos

a. Esteban Trueba no pudo <u>realizar</u> su gran deseo de casarse con Rosa porque ésta se murió.

b. Después de casarse con Clara, Esteban <u>se dio cuenta de</u> que ella era el gran amor de su vida.

Explicación

a. **realizar** convertir una cosa en realidad; conseguir o lograr un deseo, proyecto, plan, ambición o sueño

b. **darse cuenta de** llegar a saber algo; llegar a tener conocimiento de algo

pequeño, -a, poco, -a

Ejemplos

a. Cuando Clara era una niña <u>pequeña</u>, sabía y hacía cosas extraordinarias.

b. Esteban tenía <u>poca</u> paciencia con sus hijos.

Explicación

a. **pequeño** se refiere al tamaño; lo contrario de *grande*

b. **poco** se refiere a una cantidad; lo contrario de *mucho*

c. **Pocos (pocas)** se usa con una cantidad que se puede contar: <u>pocos</u> recursos; <u>pocas</u> amigas.

hacerse, ponerse, llegar a ser, volverse

Ejemplos

a. Esteban Trueba empezó con poco dinero, pero con gran esfuerzo <u>se hizo</u> rico y poderoso.

b. Esteban <u>se puso</u> triste y enfermo después de la muerte de Clara.

c. Blanca, la hija de Esteban, y Pedro, un obrero empleado por Esteban, <u>llegaron a ser</u> amantes.

d. Al descubrir el amor entre Blanca y Pedro, Esteban <u>se volvió</u> loco.

Explicación

a. **hacerse** realizar un cambio en el estado de uno mismo, con voluntad o esfuerzo (<u>se hizo</u> rico, <u>se hizo</u> profesor)

b. **ponerse** cambiarse de una manera involuntaria (<u>ponerse</u> enfermo, nervioso, rojo, pálido) Se usa con adjetivos.

c. **llegar a ser** similar a <u>hacerse</u>. También se puede utilizar de una manera más general, por ejemplo cuando una acción no es involuntaria pero tampoco es claramente voluntaria: <u>Llegaron a ser</u> amigos. <u>Llegó a ser</u> rico al ganar la lotería.

d. **volverse** similar a <u>ponerse</u>. Se usa para expresar algo que pasa de repente, de una manera dramática. Se usa con adjetivos.

ahorrar, guardar, salvar, rescatar

Ejemplos

a. De jóven Esteban trabajó en las minas, <u>ahorrando</u> su dinero para poder construirle una casa elegante a Rosa.

b. Esteban <u>guardaba</u> las cartas de Rosa y las releía varias veces.

c. Tránsito Soto <u>salvó</u> a la nieta de Esteban de una muerte cruel.

Explicación

a. **ahorrar** no gastar (no emplear) parte del dinero que tiene

b. **guardar** conservar o retener algo; tener

c. **salvar** liberar de un peligro

d. **rescatar** liberar, salvar

gastar, pasar

Ejemplos

a. Esteban <u>gastó</u> mucho dinero en la construcción de una casa magnífica; Clara <u>gastó</u> aun más al ampliarla para acomodar a los varios pobres y a los espíritus que llegaron a vivir allí.

b. Esteban no <u>pasaba</u> mucho tiempo en la casa porque estaba ocupado con su carrera política.

Explicación

a. **gastar** usar o emplear dinero u otros recursos

b. **pasar** transcurrir el tiempo

tocar, jugar

Ejemplos

a. La pequeña Clara podía <u>tocar</u> el piano sin las manos, sólo por sus poderes mentales.

b. A veces ella <u>jugaba</u> con los espíritus en vez de con amigos reales.

Explicación

a. **tocar** hacer sonar un instrumento musical

b. **jugar** hacer algo para divertirse; participar en un deporte

el tiempo, la vez, la hora

Ejemplos

a. Clara pasó mucho <u>tiempo</u> sin hablar.

b. ¿Cuántas <u>veces</u> espantó la Nana a Clara? Varias <u>veces</u> la vieja se disfrazó de monstruo para espantarla.

c. A la <u>hora</u> de comer, Clara se sentaba cerca de sus hermanos. ¿A qué <u>hora</u> se cenaba en la casa de Clara?

Explicación

a. **tiempo** duración

b. **vez** cada acto o acontecimiento de una serie (la primera vez, dos veces, etc.)

c. **hora** momento determinado del día (la hora de acostarse, etc.)

pensar en, pensar de / sobre, pensar

Ejemplos

a. Todo el tiempo que trabajaba en las minas, Esteban <u>pensaba</u> sólo <u>en</u> Rosa.

b. ¿Qué <u>piensas de</u> la niñez rara de Clara? o ¿Qué <u>piensas sobre</u> su niñez?

c. Cuando la policía la torturaba, la nieta de Esteban <u>pensaba</u> dejarse morir, pero no lo hizo.

Explicación

a. **pensar en** tener en la mente

b. **pensar de / sobre** se refiere a una opinión

c. **pensar** considerar o contemplar cierta acción

saber, conocer

Ejemplos

a. Clara <u>sabe</u> qué va a pasar en el futuro pero no <u>sabe</u> hacer las tareas diarias de la casa.

b. La familia de Clara <u>conoce</u> a Pablo Neruda; en la novela se refiere a él como el Poeta.

Explicación

a. **saber** estar informado o tener conocimiento de algo específico; entender cómo se hace cierta cosa

b. **conocer** tener familiaridad con una persona, lugar o conjunto de conocimientos (El profesor <u>conoce</u> bien la literatura latinoamericana.)

pero, sino

Ejemplo

Esteban obliga a su hija Blanca a casarse con un conde, <u>pero</u> Blanca no le quiere a él <u>sino</u> a Pedro.

Explicación

a. **pero** implica el contraste entre dos ideas

b. **sino** implica el contraste entre una idea negativa y una afirmativa. Corresponde al concepto inglés *but rather.*

el personaje, el carácter

Ejemplos

a. Clara es un <u>personaje</u> creado por Isabel Allende en su novela *La casa de los espíritus.*

b. Clara tiene un <u>carácter</u> fuerte y cariñoso.

Explicación

a. **personaje** figura representada en una obra literaria, película, etc.

b. **carácter** personalidad; manera de ser de una persona o una cosa

Palabras que engañan

Ciertas palabras confunden porque se parecen a palabras inglesas pero no tienen el mismo significado.

actual

Ejemplos

Hace años había una dictadura en Chile, pero el gobierno <u>actual</u> es una democracia.

Siempre ha habido literatura escrita en español, pero la producción literaria <u>actual</u> es fenomenal.

<u>Actualmente</u> hay un "boom" feminista de escritoras latinas.

Explicación

actual presente, lo que existe o pasa en el momento en que se habla. *No se usa para referirse a la realidad; para eso se usa de veras, realmente o en realidad:* Clara parece una niña típica pero <u>en realidad</u> es extraordinaria.

embarazada

Ejemplo

La mujer está embarazada; va a dar a luz en octobre.

Explicación

Embarazada describe a una mujer que va a tener un bebé. *"Embarrassed"* en español es "avergonzado".

relatar

Ejemplo

Después de ser liberada de la cárcel, Alba, la nieta de Esteban, <u>relató</u> historias de la tortura que había sufrido.

Explicación

relatar contar (una historia, cuento, etc.). *No* se usa para referirse a una relación. Para eso se usa *relacionar:* Muchas veces los problemas políticos están <u>relacionados</u> con los problemas económicos.

atender (ie)

Ejemplo

El médico que <u>atendía</u> a Clara no pudo hacerla hablar.

Explicación

atender cuidar, ayudar. *No* se usa para referirse a hallarse presente en un lugar, un concierto, fiesta, clase, etc. Para esto se usa *asistir.*

asistir

Ejemplo

Toda la gente de buena familia <u>asistió</u> a la fiesta de boda de Clara y Esteban.

Explicación

asistir estar presente en un lugar para mirar o participar en un acontecimiento (concierto, partido, fiesta, etc.). *No* se usa para referirse a *ayudar.*

la falta, la culpa

Ejemplo

a. La injusticia y la <u>falta</u> de recursos entre los pobres molestaban a Clara.

b. Según Esteban, el sufrimiento de los pobres no es <u>culpa</u> suya, él no se siente responsable.

Explicación

a. **falta** el estado de no tener algo, de necesitarlo.

b. **culpa** se usa para referirse a la responsabilidad por algo malo.

a causa de

Ejemplo

Esteban llegó a ser más compasivo <u>a causa de</u> su amor por su nieta.

Explicación

a causa de por; como resultado de. Observa que *porque* sólo se usa para introducir una cláusula: Esteban llegó a ser más compasivo <u>porque</u> amaba tanto a su nieta. Antes de un sustantivo, como *su amor,* se usa *a causa de* o *por.*

Ejercicios

A. Completa la frase

Traduce las palabras inglesas al español.

1. Eva Luna es un _____ *(character)* de la novela del mismo

   nombre de Isabel Allende.

2. Eva Luna no nació en una ciudad _____ *(but)* en la selva,

   en una casa grande y extraña.

3. Eva _____ *(spent)* sus primeros años con su madre, que

   trabajaba para un médico que _____ *(didn't take care of)*

   a los vivos _____ *(but rather)* a los muertos.

4. Ese médico extraño había desarrollado un sistema para conservar a los

   muertos, hacerlos momias como si estuvieran vivos. Parecían haber

   _____ *(returned)* a la vida.

5. Eva _____ *(spent)* una niñez bastante agradable con su

   madre en la casa de las momias, y ella _____ *(didn't*

   consider) _____ *(leaving)*, _____ *(but)* se

   le murió su madre y tuvo que irse.

6. Eva era muy _____ *(little)*, cuando su madre se murió

   _____ *(leaving her)* huérfana, sin madre, con

   _____ *(little)* dinero y _____ *(few)*

   recursos.

7. _____ *(Because of)* la muerte de su madre, Eva tuvo que

   _____ *(leave)* el empleo del médico, y la niña, que sólo

   tenía nueve años, _____ *(became)* una sirvienta en la casa

   de una mujer muy cruel. La mujer castigaba a Eva por cosas que no eran

   su _____ *(fault)*.

8. Por fin Eva huyó de esa casa _____ (because of) la

   crueldad que sufría, _____ (but) una mujer la encontró y

   la _____ (returned) a su empleo.

9. Después de muchas aventuras picarescas, Eva _____

   (realized) de que ella tenía un gran talento: ella podía

   _____ (tell) cuentos que encantaban a todos los que los

   oían. Este genio la _____ (saved) por fin de la pobreza.

10. _____ (Currently) Eva Luna vive felizmente con su esposo

    Rolf, _____ (but) _____ (many times) ella

    _____ (thinks of) sus penas pasadas.

11. Eva _____ (spends) mucho _____ (time)

    escribiendo cuentos. Son cuentos escritos por un _____

    (character) ficticio. ¿Qué _____ (do you think of) eso?

B. Contesta la pregunta

1. ¿Cuál es tu personaje favorito? ¿Por qué?

   _____

2. ¿Qué admiras más en el carácter de una persona?

   _____

3. ¿Te olvidas a veces de devolver algo que tu amigo(a) te ha prestado? ¿Te
   enojas si alguien no te devuelve algo prestado?

   _____

4. ¿Tardas en devolver los libros a la biblioteca?

   _____

5. ¿Cuántas veces has visto tu película favorita?

   _____

6. ¿Cuántos años tienes actualmente?

   _____

7. ¿A veces asistes a conciertos? ¿De qué grupo?

   _____

8. ¿Ahorras tu dinero o lo gastas en seguida?

   _____

9. ¿Te das cuenta de tus propios defectos?

   _____

10. ¿Conoces a personas que no admitan nunca que un problema es culpa
    suya?

    _____

11. ¿Eres una persona de poca o mucha paciencia?

    _____

GRAMÁTICA

Lo que, lo cual

PearsonSchool.com
Web Code: jkd-0032

Ejemplos

a. Clara podía mover objetos sin tocarlos, <u>lo que</u> no alborotaba a su familia.

b. Clara trataba de educar a los pobres, <u>lo cual</u> enojó a Esteban.

c. <u>Lo que</u> me encanta de la personalidad de Clara es su ilimitada bondad y generosidad.

d. <u>Lo que</u> no entiendo es por qué Clara se casó con Esteban.

Función

Lo que y *lo cual* se usan para referirse a una idea o concepto. Por ejemplo, en el Ejemplo a, *lo que* no se refiere a Clara ni a los objetos, sino a la idea de que ella podía moverlos sin tocarlos. Cuando la idea o el concepto se menciona primero (Ejemplos a, b), se puede emplear *lo que* o *lo cual*. Si el concepto se menciona después (Ejemplos c, d), sólo se usa *lo que*.

Ejercicios

A. Eva Luna

Combina las frases usando *lo que* o *lo cual*. Haz los cambios necesarios. Por ejemplo:

> Alba está enamorada de un rebelde. Esteban está enojado por esto.
>
> *Alba está enamorada de un rebelde, lo que / lo cual enoja a Esteban.*

1. El padre de Eva Luna se fue antes del nacimiento de la niña. Su madre no parecía molestarse por esto.

_____

2. Eva Luna tenía que cuidarse desde muy pequeña. Eso era dificilísimo.

_____

3. Eva podía encantar a todos con sus cuentos. Este talento le salvó la vida varias veces.

_____

4. Rolf Carlé es un hombre sensible, de gran compasión. Estas características le importan mucho a Eva.

_____

5. Las novelas de Isabel Allende están escritas con cariño, gracia y un sentido de maravilla. Por eso sus obras me encantan.

_____

B. Al revés

Relee tus respuestas a los números tres y cuatro del ejercicio A. Escríbelas de nuevo, empezando con *lo que.* Por ejemplo, para el número cinco:

Lo que me encanta de las novelas de Isabel Allende es que están escritas con cariño, gracia y un sentido de maravilla.

1. _____

2. _____

C. Expresión personal

Contesta las preguntas empleando *lo que.* Por ejemplo:

—¿Qué te importa más al leer una novela?

—*Lo que me importa más es que pueda relacionarme con los personajes.*

1. ¿Qué te importa cuando vas a una fiesta?

_____

2. ¿Qué te preocupa al hacer un viaje?

_____

3. Cuando estás con gente pesada (desagradable), ¿qué te molesta más?

_____

4. Al encontrarte en casa a solas, ¿qué aspecto de estar solo(a) te gusta más? ¿Qué aspecto te da miedo?

_____

5. ¿Qué te importa más al ver una película?

_____

Lo + adjetivo

Ejemplos

a. <u>Lo mejor</u> de la novela son los personajes.

b. <u>Lo más fascinante</u> del realismo mágico es que no se aleja totalmente de la realidad.

c. <u>Lo trágico</u> de lo que pasó en Chile fue que muchos inocentes murieron.

d. <u>Lo más peligroso</u> de la guerra fue que no sólo afectó a los soldados, sino también a toda la gente.

Función

Lo + adjetivo se usa para expresar de una manera general el concepto de *aspecto* o *parte*. En el Ejemplo a, *Lo mejor de la novela . . .* se refiere a *El mejor aspecto de la novela.*

Ejercicios

A. Expresión personal

Contesta usando *lo* + adjetivo. Por ejemplo:

—¿Cuál es el aspecto más divertido de una fiesta?

—*Lo más divertido de una fiesta es estar con mis amigos.*

1. ¿Cuál es el mejor aspecto de tu familia?

   _____

2. ¿Cuál es el aspecto más molesto de tu familia?

   _____

3. ¿Cuál es el aspecto más fascinante de tus clases?

   _____

4. ¿Cuál es el aspecto más difícil de tu vida?

   _____

5. ¿Cuál es el aspecto más peligroso de vivir en nuestra época?

   _____

6. ¿Cuál es el aspecto más agradable de vivir en nuestra época? ¿Menos agradable?

_____

7. ¿Cuál es el aspecto más horroroso de lo que pasa hoy en el mundo?

_____

8. ¿Cuál es el aspecto más optimista de lo que pasa hoy en el mundo?

_____

B. Inventa tus propias frases

Emplea *lo* + adjetivo. Por ejemplo:

encantador *Lo encantador de mi perro es que siempre se alegra al verme.*

1. confuso _____

2. raro _____

3. íntimo _____

4. bello _____

5. profundo _____

6. eficaz _____

7. afortunado _____

8. difícil _____

9. bueno _____

10. malo _____

Más usos del subjuntivo

PearsonSchool.com
Web Code: jkd-0033

El subjuntivo + *lo que* + el subjuntivo

Ejemplos

a. Pase lo que pase, Esteban siempre querrá a Clara.

b. Sea lo que sea, Blanca puede contar con la ayuda de su madre.

c. Clara está tan enojada con Esteban que él no puede conseguir su perdón. Diga lo que diga, ella no le hablará nunca más.

d. Tenga lo que tenga, Esteban siempre querrá más.

Función

Se usa el subjuntivo en esta estructura para expresar el concepto indefinido de *No importa lo que pase* . . . o el concepto inglés de *"whatever"* (Ejemplo a); *"no matter what"* (Ejemplos b, c); *"no matter how much"* (Ejemplo d), etc.

Formación

el subjuntivo + *lo que* + el subjuntivo

Sea lo que sea, Blanca siempre querrá a su madre.

Por + adjetivo o adverbio + *que* + el subjuntivo

Ejemplos

a. <u>Por pobre que sea</u>, Eva siempre encuentra recursos para sobrevivir.

b. <u>Por difícil que sea</u> su vida, ella nunca pierde la esperanza.

c. <u>Por mucho que quiera</u> romperle el espíritu a Eva, la mujer cruel no puede lograrlo.

d. <u>Por mucho que lea y relea</u> las novelas de Allende, no dejan de encantarme.

Función

En el mismo estilo de *Sea lo que sea,* se usa el subjuntivo para expresar el concepto indefinido de *Aunque* . . . o *No importa* . . . Por ejemplo:

Aunque (No importa que) trabajen duro, no pueden escaparse de la pobreza.

Por duro que trabajen, no pueden escaparse de la pobreza.

Formación

por + adjetivo o adverbio + *que* + el subjuntivo

Por mucho que lea y relea *La casa de los espíritus,* aprendo cada vez más sobre los personajes.

Ejercicios

A. Combina las frases

Emplea el subjuntivo + *lo que* + el subjuntivo. Por ejemplo:

Ellos piensan que me equivoco. Haré lo que me dé la gana.

Piensen lo que piensen, haré lo que me dé la gana.

1. Su esposo dice que no. Clara ayudará a los desafortunados.

2. Esteban hace todo lo posible para limitar a Clara. Clara será ella misma.

_____

3. Los pobres quieren un cambio. El gobierno no cambia.

_____

4. No importa lo que crea su abuelo. La joven luchará por los liberales.

_____

5. Los políticos ofrecen mucho. No van a cumplir con sus promesas.

_____

B. Combina las frases

Emplea _por_ + adjetivo o adverbio + _que_ + el subjuntivo. Por ejemplo:

Clara se esfuerza mucho. No puede cambiar a Esteban.

Por mucho que se esfuerce, Clara no puede cambiar a Esteban.

1. La Nana espanta a Clara. No puede hacerla hablar.

_____

2. Esteban quiere mucho a Clara. Esteban no la entiende.

_____

3. Blanca quiere mucho a Pedro. No puede casarse con él.

_____

4. Alba sufre mucho. No pierde su dignidad.

_____

5. Esteban ha sido cruel e insensible. Su nieta lo quiere.

_____

C. Traduce la frase al español

Emplea el subjuntivo + *lo que* + el subjuntivo o *por* + adjetivo o adverbio + *que* + el subjuntivo.

1. Come what may, they will love each other.

   _____

2. No matter what he says, she won't believe him.

   _____

3. No matter how hard he works, he cannot save money.

   _____

4. No matter how much he has, it's not enough.

   _____

5. No matter how confused she might be, she'll do the right thing.

   _____

Repaso

A. El poder de la palabra

Completa la frase con la forma correcta del verbo según el sentido de la frase. Selecciona entre el presente, el pretérito, el imperfecto, los tiempos perfectos, los tiempos progresivos, el futuro, el condicional, el presente del subjuntivo, el presente perfecto del subjuntivo, el imperfecto del subjuntivo, el pluscuamperfecto del subjuntivo y el infinitivo.

1. La novela *Eva Luna* tiene un final feliz porque al fin, Eva

   _____ (casarse) con Rolf Carlé, que la

   _____ (querer) mucho.

2. Rolf siempre le pide a Eva que le _____ (contar) historias,

   y así Eva (en realidad Allende) le _____ (haber / escribir)

   una colección que _____ (llamarse) *Cuentos de Eva Luna.*

3. La protagonista de uno de los cuentos, "Dos palabras", tenía el nombre de

   Belisa Crepusculario. Belisa "_____ (haber / nacer) en

   una familia tan mísera que ni siquiera poseía nombres para

   _____ (llamar) a sus hijos". Belisa _____

   (venir) al mundo sin nada y _____ (haber / crecer) en un

   ambiente tan desolado que ella ni siquiera _____ (saber)

   leer ni aun _____ (haber / ver) palabra escrita.

4. A la edad de doce años, Belisa _____ (irse) de su hogar y

   _____ (dirigirse) hacia el mar. Quería encontrar un lugar

   que _____ (ser) más agradable.

5. Un día, Belisa _____ (ver) una hoja de un periódico y

   _____ (enamorarse) en seguida de la magia de la palabra escrita.

6. "Ese día Belisa Crepusculario _____ (enterarse) de que las

   palabras andan sueltas sin dueño" y que ella _____

   (poder, *condicional*) emplearlas, y venderlas. Con este descubrimiento

   Belisa _____ (salvarse) la vida. Ella

   _____ (darse cuenta) del poder de la palabra.

7. Después de _____ (estudiar) mucho, Belisa

   _____ (llegar) a ser gran experta y vendedora de palabras.

   Ella _____ (vender) versos, _____

   (escribir) cartas de amor, _____ (inventar) insultos, y

   _____ (relatar) cuentos. A sus mejores clientes ella les

   "_____ (regalar) una palabra secreta para

   _____ (espantar) la melancolía". No había nada que

   Belisa no _____ (poder) hacer con las palabras.

8. Un día cuando el país _____ (estar) en medio de una

guerra civil, un Coronel muy brutal _____ (llevarse) a

Belisa por la fuerza e insistía en que ella le _____ (escribir)

palabras que le _____ (ganar) el cariño de la gente.

9. El Coronel había decidido que ya no _____ (querer) tener

poder por la fuerza sino por la voluntad de la gente: "Lo que en verdad le

_____ (fastidiar) era el terror en los ojos ajenos". No

quería que la gente le _____ (temer) sino que lo

_____ (amar) y que lo _____ (elegir)

presidente.

10. Belisa le _____ (escribir) un discurso y se lo

_____ (leer) tres veces para que el Coronel

_____ (poder) memorizarlo.

11. El discurso _____ (tener) gran éxito. No había nadie que

no _____ (conmoverse) al oírlo.

12. Después de unos meses, el Mulato, amigo y ayudante del Coronel,

_____ (darse cuenta) de que el Coronel ya no

_____ (funcionar) como antes porque

_____ (estar) obsesionado con las dos palabras secretas de

Belisa.

13. El Mulato le pidió al Coronel que le _____ (decir) las dos

palabras, pero éste _____ (negarse) a hacerlo. "No te las

_____ (decir, *futuro),* son sólo mías",

_____ (contestar) el Coronel.

14. Por eso, el Mulato _____ (volver) al pueblo de Belisa y se

la _____ (llevar) al Coronel para que ella lo

_____ (librar) del encanto. "Te traje a esta bruja para que

(tú) le _____ (devolver) sus palabras, Coronel, y para que

ella te _____ (devolver) la hombría",

_____ (decir) el Mulato.

15. Pero el Coronel no _____ (librarse) del encanto porque

_____ (haber / enamorarse) de Belisa.

B. *Por* y *para*
Completa la frase con *por* o *para* o una *X* si no hace falta nada.

1. Belisa descubrió el poder de la palabra _____ casualidad

al ver un periódico _____ primera vez.

2. _____ una niña ignorante, ella entendía mucho.

3. Ella estudió _____ mucho tiempo _____

aprender a leer.

4. Lo más pronto posible, Belisa compró un cuaderno _____

escribir sus primeras palabras.

5. Después de poco tiempo, Belisa era conocida _____ su

genio con las palabras.

6. Varios jóvenes le pidieron a Belisa que les escribiera cartas de amor

_____ sus novias.

7. Así los jóvenes ganaron el amor de sus amadas _____ el

encanto de las palabras de Belisa.

8. _____ mucho que valieran sus palabras, Belisa las vendía

   _____ poco dinero.

9. Me parece que Isabel Allende escribió este cuento _____

   su propio amor a la palabra escrita y _____ expresar el

   poder de la palabra.

La identidad y el destino

LECTURA "La poesía", Pablo Neruda
"Caminante, son tus huellas", *Proverbios y cantares, XXIX*, Antonio Machado
"Peso ancestral", Alfonsina Storni

GRAMÁTICA Las preposiciones que se emplean con ciertos verbos; los pronombres que se usan después de una preposición; el uso del subjuntivo después de expresiones indefinidas como *dondequiera*.

Vocabulario

PearsonSchool.com
Web Code: jkd-0034

el peso medida de lo que pesa (weighs) una cosa. El peso del anillo de la Sra. Marcos es tan enorme que le resulta difícil levantar la mano.
pesar tener cierto peso. El elefante pesa más que un hombre.

la rama parte de un árbol. Los pájaros construyen sus nidos (sus hogares) en las ramas de los árboles.

el rostro la cara. Cuando miré el rostro de los dos niños, pude ver que son hermanos.

la sabiduría los conocimientos profundos de una persona; la capacidad para actuar con prudencia. En muchas culturas, las personas viejas son respetadas por su sabiduría.

la semejanza cualidad de ser similar. La semejanza entre estos dos exámenes no puede ser una coincidencia; sospecho que un alumno ha copiado del otro.

la senda camino muy estrecho. Hansel y Gretel andaban por una senda en el bosque cuando vieron la casa de dulces de la bruja.

la sombra oscuridad, falta de luz; la figura producida en el suelo por un cuerpo enfrente del sol o de una luz. Los dos novios andaban tan juntos que dejaban una sola sombra en el suelo.

soportar aguantar o tolerar un dolor o algo desagradable. La madre puede soportar su propia pena más fácilmente que la pena de su hijo.

vacío el contrario de lleno, que no tiene nada adentro. Cuando los hijos se van a la universidad, la casa les parece muy <u>vacía</u> a los padres. Espacio en el que no existe nada. Hay un gran <u>vacío</u> en la casa porque los hijos se han ido a la universidad.

el veneno sustancia que, si se come, puede causar la muerte. Ciertas arañas o serpientes producen un <u>veneno</u> capaz de matar a un ser humano.

Ejercicios de vocabulario

A. Completa la frase

1. No hay caminos grandes en aquel pueblo, sino _____ demasiado pequeñas para los autos.

2. El _____ de la muñeca Barbie es bonito con los ojos azules y los labios perfectos, pero no tiene carácter.

3. Los pájaros cantan en las _____ del árbol.

4. La _____ entre los dos hermanos es extraordinaria; son casi idénticos.

5. Esta caja _____ mucho; yo no soy bastante fuerte para llevarla.

6. Cuando tengo un problema, siempre le pido a mi abuelo su opinión porque es un hombre de gran _____.

7. Dejé un plato de hamburguesas en la mesa. Diez minutos después, encontré el plato _____ porque el perro las había comido todas.

8. En pleno verano nos gusta sentarnos a la _____ de un árbol para escapar del calor del sol.

9. Mi hijo tiene una tarántula que se llama Lili. Según mi hijo, Lili no es un peligro porque su _____ no es muy fuerte. ¿Debo creerlo?

10. Mucha gente no come ni azúcar ni grasas porque quiere perder _____.

B. Expresión personal

1. En tu opinión, ¿quién es una persona de gran sabiduría? Explica por qué.
2. ¿Cuáles son las semejanzas entre tú y tu mejor amigo o amiga?
3. ¿Qué aspecto de la personalidad o vicio no puedes soportar en otra persona?

C. Completa la frase

1. Un ejemplo de gran sabiduría es cuando una persona _____.
2. La vida nunca parece vacía si podemos _____.
3. Mis padres no pueden sopotarlo cuando yo _____.

LECTURA

Estrategia para leer

En este poema, Pablo Neruda nos revela una experiencia que ha definido su vida: el momento en que descubre su destino de ser poeta. Presta atención a la personificación de la poesía como una fuerza activa capaz de encontrar al joven Neruda y de determinar su futuro. Observa también los cambios en el estado emocional y espiritual del poeta desde su primer encuentro con la poesía hasta las últimas imágenes del poema. Piensa en tu propio futuro y en la alegría de encontrar tu talento o habilidad, el trabajo al que piensas dedicar tu vida, el trabajo que va a formar un aspecto importante de quién eres.

Pablo Neruda

Después de leer "Un perro ha muerto" en Capítulo 2, ya sabes que Pablo Neruda es un poeta que expresa verdades personales y universales a la vez. En "La poesía", escrito diez años antes de "Un perro ha muerto", vemos el mismo estilo simple, directo y sincero.

La poesía

Y fue a esa edad . . . Llegó la poesía
a buscarme. No sé, no sé de dónde
salió, de invierno o río.
No sé cómo ni cuándo,
5 no, no eran voces, no eran
palabras, ni silencio,
pero desde una calle me llamaba,

desde las ramas de la noche,
de pronto entre los otros,
10 entre fuegos violentos
o regresando solo,
allí estaba sin rostro
y me tocaba.

Yo no sabía qué decir, mi boca
15 no sabía
nombrar,
mis ojos eran ciegos,
y algo golpeaba en mi alma,
fiebre[1] o alas[2] perdidas,
20 y me fui haciendo solo,
descifrando[3]
aquella quemadura[4],
y escribí la primera línea vaga[5],
vaga, sin cuerpo, pura
25 tontería,
pura sabiduría
del que no sabe nada,
y vi de pronto
el cielo
30 desgranado[6]
y abierto,
planetas,
plantaciones palpitantes,
la sombra perforada,
35 acribillada[7]
por flechas[8], fuego y flores,
la noche arrolladora[9], el universo.

---

1. **fiebre** elevación de la temperatura del cuerpo
2. **alas** órganos de vuelo en los pájaros; lo que el pájaro o el avión utiliza para volar
3. **descifrando** llegando a entender; descubriendo el significado de un mensaje
4. **quemadura** herida causada por el fuego o algo que quema
5. **vaga** indefinida, indeterminada, poco precisa; el contrario de clara
6. **desgranado** suelto, dejado en libertad (*unfastened, set free*)
7. **acribillada** que tiene muchas heridas; llena de heridas o agujeros (*holes*)
8. **flechas** armas que se disparan con arco (*arrows*)
9. **arrolladora** en forma de rollo o cilindro; (*winding*)

Y yo, mínimo ser,
ebrio¹⁰ del gran vacío
40 constelado¹¹,
a semejanza, a imagen
del misterio,
me sentí parte pura
del abismo,
45 rodé¹² con las estrellas,
mi corazón se desató¹³ en el viento.

---

10. **ebrio** borracho, que ha tomado demasiado
    alcohol
11. **constelado** lleno de estrellas (*starry*)
12. **rodé** di vueltas (*I spun, rolled*)
13. **se desató** se libró; llegó a estar libre

Preguntas de comprensión

1. ¿Cómo se personifica la poesía? ¿Qué quiere hacer la poesía? ¿Cuál es su propósito o misión?

2. ¿Cómo reacciona el poeta frente a su primer encuentro con la poesía?

3. ¿Cómo describe Neruda su primer esfuerzo para escribir la poesía? ¿Qué contraste se encuentra aquí? ¿Qué emociones siente el poeta al final?

Preguntas de discusión

1. La primera línea del poema empieza con "Y" e incluye una elipsis (. . .) "Y fue a esa edad…". ¿Cuál es el efecto de esta expresión? ¿Qué tono o estado mental se refleja?

2. Observa la estructura del poema, la combinación de líneas cortas y largas. ¿Cuál es el efecto de esta variedad?

3. ¿Qué emociones siente Neruda cuando la poesía lo encuentra? ¿Puedes relacionarte con sus emociones? Busca ejemplos en el poema.

4. Muchas veces las palabras "vacío" y "abismo" sugieren connotaciones negativas, como la falta de algo deseado. Sin embargo, el significado de estas palabras en la última estrofa del poema es diferente. Explica los aspectos positivos que expresan. ¿Cuál es el estado espiritual del poeta al final?

5. El poema consiste en una serie de cambios o transiciones en el alma del poeta. Los cambios empiezan con su primer encuentro con la poesía y terminan al final cuando dice que su "corazón se desató en el viento". Discute estos cambios. ¿Qué palabras o imágenes se usan para expresarlos? ¿Cuál es el estado espiritual del poeta al final?

6. ¿Qué comentario hace Neruda sobre el destino humano y el sentido de identidad en este poema? ¿Cuál es tu opinión acerca de la importancia del trabajo en la identidad de una persona? ¿Puedes imaginarte la importancia de un talento o de un trabajo en tu propio futuro?

Estrategia para leer

Parte de la gran alegría de leer la poesía de Antonio Machado es que utiliza palabras sencillas y directas para expresar ideas de gran importancia. Presta atención a la metáfora central, la del "camino". ¿A quién le habla el poeta? ¿Quién es el "caminante" (el que camina)?

Antonio Machado

Antonio Machado (1875-1939), un gran poeta español, era miembro de la Generación del 98, un grupo de escritores (en el que se incluye Miguel de Unamuno) cuya obra refleja una época difícil en la historia de España. Un aspecto de la reacción de estos autores a los problemas nacionales fue el deseo de examinar la identidad española, para considerar el camino que la nación debía seguir en el futuro.

Proverbios y cantares, XXIX

Caminante, son tus huellas[14]
el camino y nada más;
caminante, no hay camino:
se hace camino al andar.
5 Al andar se hace camino,
y al volver la vista atrás
se ve la senda que nunca
se ha de volver a pisar.
Caminante, no hay camino,
10 sino estelas[15] en la mar.

---

14. **huellas** marcas o señales que deja el pie de una persona o un animal (*footprints*)
15. **estelas** agitación del agua causada por un cuerpo u objeto que se mueve por la superficie del agua (*ripples, wake*)

Preguntas de comprensión

1. Un apóstrofe es un recurso poético que se aplica cuando el poeta le habla directamente a alguien. ¿A quién se dirige Machado en "Caminante, son tus huellas"?

2. ¿Qué simboliza "el camino" en el poema?

Preguntas de discusión

1. Analiza las metáforas principales del poema. ¿Qué valor simbólico tienen las siguientes palabras?

   a. el camino

   b. el caminante

   c. las estelas en la mar

   ¿Por qué son buenas metáforas? ¿Cómo reflejan las cosas que simbolizan?

2. ¿Qué comentario hace Machado sobre el destino humano?

Estrategia para leer

En "Peso ancestral" la poeta Alfonsina Storni utiliza el apóstrofe: ella le habla directamente a un hombre. Mientras que leas, debes prestar atención a la relación entre la poeta y el hombre, y al problema del hombre que le causa pena a la mujer.

Alfonsina Storni

Alfonsina Storni (1892-1938) es una poeta argentina cuya obra, a veces amarga, refleja su vida llena de problemas económicos, románticos y de salud. Storni tuvo una relación amorosa con un hombre casado y se convirtió en madre soltera de un hijo. Su poesía refleja una preocupación profunda por la injusticia social, sobre todo con respecto a la mujer. Enferma y deprimida, se suicidó en el mar a la edad de 46 años. Hay una canción argentina, "Alfonsina y el mar" que se basa en el último poema que escribió.

Peso ancestral

Tú me dijiste: no lloró mi padre;
tú me dijiste: no lloró mi abuelo;
no han llorado los hombres de mi raza[16],
eran de acero[17].

5 Así diciendo te brotó[18] una lágrima
y me cayó en la boca...; más veneno
yo no he bebido nunca en otro vaso
así pequeño.

Débil mujer, pobre mujer que entiende,
10 dolor de siglos conocí al beberlo.
Oh, el alma mía soportar no puede
todo su peso.

---

16. **raza** linaje, familia
17. **acero** metal muy fuerte
18. **brotó** empezó a salir

Preguntas de comprensión

1. ¿A quién le habla la poeta? ¿Qué relación existe entre ellos?

2. Según el hombre, ¿qué no hacen los hombres de su familia?

3. ¿Qué quiere decir el hombre al decirnos que los hombres de su familia "eran de acero"?

4. ¿Cuál es el significado metafórico del "vaso pequeño"?

5. Cuando la poeta dice "Débil mujer", ¿a quién se refiere?

Preguntas de discusión

1. Al centro de "Peso ancestral" se encuentran los estereotipos del hombre y de la mujer. ¿Qué palabras o imágenes revelan estos estereotipos?

2. Analiza las metáforas de la lágrima y del veneno. ¿Qué simbolizan? ¿Por qué son buenas metáforas?

3. ¿De qué se queja la mujer? ¿Te parece una queja realista en términos de las relaciones entre hombres y mujeres?

4. Mucha literatura feminista se enfoca en la injusticia contra la mujer y el daño que resulta de los estereotipos femeninos. En "Peso ancestral" Storni sugiere la idea de que no sólo las mujeres sufren estereotipos, sino que los hombres también. ¿Cómo se presenta esta idea? ¿Estás de acuerdo? Explica. En una sociedad en la que todavía existen estereotipos sexuales, ¿cuáles son las desventajas de ser mujer?, ¿y las de ser varón?

TEMAS GENERALES DE LOS TRES POEMAS

Preguntas de discusión

1. El tema del libre albedrío se puede discutir con respecto a los tres poemas. El libre albedrío es la idea de que el ser humano tiene la capacidad de determinar, libremente, los aspectos importantes de su vida. La persona que cree en el libre albedrío está de acuerdo con el poeta Amado Nervo (cuyo poema vas a leer en Capítulo 13), quien se identifica como "el arquitecto de mi propio destino". Al contrario, hay personas que creen en el determinismo, la idea de que cada individuo es el producto de varios factores: la familia, la sociedad, el azar, la clase social, nacer varón o mujer, etc. En efecto, según el determinismo, no hay libre albedrío. Discute el contraste entre las filosofías expresadas en los tres poemas con respecto al libre albedrío y el determinismo. ¿Con quién estás de acuerdo? ¿Por qué?

2. Los temas del destino, el libre albedrío y los diversos factores que determinan nuestra identidad han sido tratados en numerosos poemas. A continuación, vas a leer algunos fragmentos de poemas que presentan estos temas desde otras perspectivas.

   a. En "A Roosevelt", Rubén Darío se dirige a Theodore Roosevelt como símbolo de los Estados Unidos. En este poema Darío disputa la creencia norteamericana de que su superioridad militar y económica le

dé la capacidad de dominar a Latinoamérica. Dirigiéndose a
Norteamérica (a Roosevelt), Darío expresa su sentido de identidad y su
orgullo por su América, la América Latina:

> " . . . la América nuestra que tenía poetas
> desde los viejos tiempos de Netzahualcoyotl"

La América de Darío es

> "la América del gran Moctezuma, del Inca"

La América

> "que tiembla de huracanes y que vive de Amor".

La referencia a Netzahualcoyotl refleja gran parte del orgullo de Darío
por su herencia latinoamericana. En el siglo XV, Netzahualcoyotl fue
el rey de Texoco, una región cercana al Lago de México. No sólo era
el rey de comunidades indígenas, sino también era poeta, filósofo y
legislador. Por eso, Netzahualcoyotl simboliza la riqueza de la cultura
latinoamericana, en la que no es raro que una figura política también
sea poeta o artista. De esta manera, Darío intenta demostrar la pasión
de los latinoamericanos por la literatura. Darío se identifica con ellos y
se define por esta herencia cultural construida a través de la historia.

b. Al igual que Darío, Pablo Neruda muestra un sentido colectivo de la
identidad en el cual los incas son parte de un pasado colonial marcado por
la dominación española. En su poema "Alturas de Macchu Picchu XII",
Neruda se dirige a los Incas del pasado y les pide que se unan a él para
compartir su sufrimiento y experiencias, y para que vivan a través de él:

> "Mostradme vuestra sangre . . .
> y dejadme llorar, horas, días, años,
> edades ciegas, siglos estelares. . .
> Hablad por mis palabras y mi sangre."

Observa que las formas "mostrad", "dejad" y "hablad" son los
mandatos apropiados de vosotros, la forma familiar plural usada en
España.

c. El poeta cubano, Nicolás Guillén, se identifica con su pasado de una
forma aun más personal. En su poema "Balada de los dos abuelos",
Guillén se define en términos de sus dos abuelos: el abuelo negro, un
esclavo (slave) traído de África, y el abuelo blanco, un negrero
(comerciante de esclavos). La identidad de Guillén se basa en el hecho
de que los espíritus de los dos abuelos lo acompañan y se juntan en él.

d. El poema de Neruda, "Soneto XXV" presenta otra manera de construir
la identidad. Aquí en vez de identificarse por el trabajo, la herencia
cultural, o los antepasados, Neruda se define por el gran amor de su
vida, Matilde:

> "Antes de amarte, amor, nada era mío . . .
> nada contaba ni tenía nombre . . .
> Todo estaba vacío, muerto y mudo."

Con unos compañeros de clase, discute estas preguntas: ¿Cuál es el efecto
del amor sobre la identidad del poeta? ¿Cuál es la importancia de su
identidad como poeta? ¿Cómo nos definen nuestros abuelos, o los
estereotipos de la sociedad o la historia cultural? ¿Puedes nombrar otros
elementos que nos definen? ¿Con cuál poema puedes relacionarte? ¿Por qué?

3. Discute otros poemas, novelas o películas que traten el sentido de identidad
humana y el tema del libre albedrío.

Expresándonos

1. Con unos compañeros de clase, organiza un debate entre los que creen en el libre albedrío y los que creen en el determinismo.

2. Entrevista a una persona que sea muy dedicada en su trabajo. Pregúntale a esta persona qué hace, y cómo y cuándo descubrió lo que quería hacer.

3. Con unos compañeros de clase, organiza un debate entre los que creen que el hombre o la mujer ha sufrido más por los estereotipos sexuales y los que creen que los dos han sufrido de igual manera.

Integración

Antes de leer

Para discutir ¿Crees que es más difícil que un hombre exprese sus emociones que una mujer? ¿Crees que estas diferencias ocurren por naturaleza o que resultan de expectativas sociales y experiencias infantiles? ¿Existe una diferencia hoy en día con la generación de tus padres o de tus abuelos?

Instrucciones

1. Relee el poema "Peso ancestral".

2. Después de repasar el poema, estudia la lista de vocabulario para la conferencia.

3. Escucha la conferencia y toma apuntes sobre lo siguiente:

   a. la definición del machismo

   b. el efecto del machismo sobre el hombre

   c. el efecto del machismo sobre la mujer

   d. las raíces históricas del machismo mexicano

4. Después de escuchar la conferencia, completa las oraciones de la sección **Comprensión**.

5. Finalmente, vas a preparar una presentación según las instrucciones de la sección **Presentación escrita**.

Vocabulario

estoico: se aplica a la persona que puede soportar el dolor o el peligro con indiferencia

comportamiento: las acciones que toma una persona; su manera de reaccionar, de portarse (*behavior*)

exaltación: acción de elevar a una persona a una posición de gran dignidad

viril: masculino, fuerte, varonil

máscara: objeto con que se cubre la cara para esconderse o disfrazarse

hombría: cualidad del hombre

rajarse: abrirse; en sentido figurado dejarse vulnerable por haber revelado sus emociones

cobarde: se aplica a una persona que tiene miedo excesivo

Escuchar

CD, Track 10

PearsonSchool.com
Web Code: jkd-0076

En ambos el poema "Peso ancestral" y la conferencia se discute la imagen del hombre como un ser que no debe revelar sus emociones.

Después de escuchar

Comprensión Selecciona la mejor respuesta.

1. La palabra *macho* se encuentra primero en _____ .
   a. la historia de México
   b. una referencia al animal
   c. la poesía
   d. un libro de Octavio Paz

2. La palabra *máscara* simboliza _____ .
   a. la insinceridad del ser humano
   b. una manera de esconder lo más íntimo del hombre
   c. una diversión de los niños durante la víspera de Todos Santos (el 31 de Octubre)
   d. una manera en que los criminales esconden su identidad

3. Según Octavio Paz, el hombre mexicano no expresa sus emociones porque es una manera de _____.
   a. parecer superior a la mujer
   b. protegerse de un ambiente hostil
   c. mantener su honra
   d. todas las tres posibilidades: a, b, y c

4. Según Paz, el silencio estoico del hombre tiene sus raíces (*roots*) en _____.
   a. la psicología de la mujer
   b. la manera de criar a los niños
   c. el pasado violento de México
   d. la naturaleza humana

5. Paz llega a la conclusión de que la tendencia a esconder las emociones _____ .
   a. empezó como una necesidad pero ahora funciona aun en casos cuando sería mejor expresarse
   b. siempre ha sido destructiva
   c. sigue tan necesaria como antes
   d. ha causado los problemas históricos del país

Síntesis

Presentación escrita Tu presentación va a basarse en el poema "Peso ancestral" de Alfonsina Storni, que ya has leído, y la conferencia que escuchaste. Prepara una presentación escrita de dos o tres páginas sobre el tema que sigue. Si quieres, repasa el poema y la conferencia otra vez antes de preparar tu presentación.

Tema: Discute la relación entre el poema y la conferencia. ¿Qué contribuye la conferencia a tu entendimiento del poema? Compara y contrasta el papel de la mujer en el poema y en la conferencia.

Conexiones México es un país con una cultura riquísima, llena de gran arte y literatura. Trágicamente este país ha sufrido un pasado frecuentemente violento. Algunos de los artistas y escritores mexicanos, como Octavio Paz, han creado obras que reflejan la historia difícil de su país. Hay figuras históricas tan fantásticas y fascinantes que parecen de ficción. Selecciona una opción de la lista que sigue e investígala en el Internet. Después haz una presentación a la clase sobre lo que has aprendido.

1. Cuauhtémoc (o Guatemoc) (Sugerencia: Busca el significado de la cita, "Yo no estoy en un lecho de rosas".)
2. Malinche
3. Diego Rivera (Sugerencia: Presta atención a sus murales históricos.)
4. Frida Kahlo
5. José Clemente Orozco (Sugerencia: Presta atención a sus murales históricos.)
6. David Alfaro Siqueiros (Sugerencia: Presta atención a sus murales históricos.)
7. El Padre Hidalgo y "el grito de Dolores"
8. Los niños héroes
9. Benito Juárez
10. Pancho Villa

Composición dirigida

1. Escribe un análisis de uno de los tres poemas. Debes incluir el estilo, recursos como metáforas, apóstrofe (cuando el poeta habla directamente a alguien), imágenes, etc., y las ideas centrales del poema.
2. Elige el tema de uno de los tres poemas y escribe tu propio poema con un tema semejante. Puedes escribir sobre una gran pasión o un gran talento, un aspecto del pasado de tu familia, el efecto de estereotipos sobre tu personalidad, o el tema del libre albedrío o del determinismo.
3. Escribe un ensayo sobre tu propia identidad. ¿Cuáles son los elementos de tu vida que te definen?

GRAMÁTICA

Las preposiciones que se emplean con ciertos verbos

PearsonSchool.com
Web Code: jkd-0035

La preposición *a*

Ejemplos

a. Muchas feministas <u>se niegan a</u> aceptar los estereotipos sexuales.

b. Los estereotipos nos <u>obligan a</u> ser diferentes de lo que queremos ser.

c. Después de leer "Peso ancestral", mi amiga feminista <u>empezó a</u> pensar en las desventajas de los hombres.

d. Por fin ella <u>llegó a</u> ver que todos sufren de los estereotipos.

e. Storni <u>se atrevió a</u> vivir de una manera poco convencional.

f. Neruda nos <u>enseña a</u> buscar nuestro destino en el trabajo.

g. Me gustó tanto "La poesía" que <u>volví a</u> leer el poema tres veces.

Formación

Verbos comunes que con frecuencia siguen la estructura verbo + *a* + infinitivo

acostumbrarse a	aprender a	atreverse a	comenzar a
empezar a	enseñar a	llegar a	negarse a
obligar a	ponerse a	volver a	

La preposición *de*

Ejemplos

a. <u>Acabamos de</u> leer un poema de Alfonsina Storni.

b. Neruda <u>se acuerda de</u> celebrar el día en que la poesía lo encontró.

c. Después de leer "Caminante, son tus huellas", <u>me alegro de</u> pensar en las infinitas posibilidades de vida.

d. Storni <u>dejó de</u> vivir con sus padres cuando tenía sólo dieciocho años y empezó a ganarse su propia vida.

e. En "Peso ancestral" la poeta <u>trata de</u> entender y soportar la pena del hombre, pero es difícil.

f. Acabo de venir de la librería pero <u>me olvidé de</u> comprar una antología de poemas de Machado. Quiero leer más de su poesía.

Formación

Verbos comunes que con frecuencia siguen la estructura verbo + *de* + infinitivo

acabar de	acordarse de	alegrarse de
dejar de	olvidarse de	tratar de

Observa: También es posible emplear la estructura verbo + *de* + sustantivo.

Pablo Neruda siempre **se acuerda de** su perro que ha muerto. No **se olvida de** él.

Neruda **se enamoró de** Matilde cuando tenía cuarenta y pico años.

Me enteré de muchos detalles fascinantes de la vida de Neruda al leer su libro *Confieso que he vivido*.

La preposición *con*

Ejemplos

a. El profesor me descubrió leyendo poesía en la clase de matemáticas y me <u>amenazó con</u> contárselo a mi mamá.

b. Desde muy joven Storni era una mujer muy independiente; no <u>contaba con</u> recibir la ayuda de nadie.

c. ¿Habrá <u>soñado con</u> volver a enamorarse?

Formación

Verbos comunes que con frecuencia siguen la estructura verbo + *con* + infinitivo

amenazar con   contar con   soñar con

Observa: También es posible emplear la estructura verbo + *con* + sustantivo.

Mis padres me **amenazaron con** un castigo fuerte.

Puedes **contar conmigo.**

El perro **sueña con** un montón de huesos.

Buscando un documento perdido, **di con** un libro que había perdido hace tiempo.

Jorge Luis Borges **se casó con** una mujer mucho menor que él.

La preposición *en*

Ejemplos

a. Hoy muchas jóvenes quieren determinar su propio camino; no <u>consienten en</u> vivir según los estereotipos.

b. La mujer <u>insiste en</u> decidir su propio futuro.

c. En "Caminante, son tus huellas" hay una filosofía que <u>consiste en</u> hacer tu propio camino y no fijarte mucho en el pasado.

d. <u>Tardé en</u> aceptar esta filosofía pero ahora creo que es la verdad.

Formación

Verbos comunes que con frecuencia siguen la estructura verbo + *en* + infinitivo

consentir en   consistir en   insistir en   tardar en

Ejercicio

Completa la frase

Completa la frase con la forma correcta del presente, presente perfecto, presente del subjuntivo o infinitivo del verbo y la preposición apropiada.
Nota: Sólo en las frases número **8** y **9** tienes que poner ciertos verbos en el pretérito o el imperfecto.

1. La narradora de "Peso ancestral" _____ (haber/

    enamorarse) un hombre que _____ (negarse) expresar sus

    emociones.

2. Lucinda, una amiga mía, _____ (acabar) contarme que su

    esposo tiene el mismo problema. Ella, una mujer muy sensible,

    _____ (soñar) comunicarse en un nivel profundo con

    Ricardo pero en realidad no _____ (haber/llegar)

    entenderlo, aun después de muchos años que llevan casados.

3. Siempre cuando ellos _____ (empezar) hablar de asuntos

    emocionales, él _____ (tratar) cambiar el asunto.

4. Si Ricardo no puede cambiar la conversación, simplemente

    _____ (dejar) hablar o _____ (insistir)

    hacer otra cosa. Si Lucinda _____ (volver) hablar del

    problema, Ricardo se enoja y se va. Es imposible que su esposa lo

    _____ (obligar) hablar cuando no le da la gana.

5. Lucinda no puede _____ (acostumbrarse) la actitud de

    Ricardo y lo _____ (amenazar) divorciarse de él si no

    _____ (ponerse) mejorar su nivel de comunicación.

6. Ricardo _____ (contar) el amor de Lucinda, pero no

   _____ (olvidarse) la amenaza.

7. Es una lástima que algunos hombres no _____ (atreverse)

   revelar sus emociones.

8. No es justo creer que siempre sea el hombre el que _____

   (negarse) comunicar. Yo _____ (acordarse) una

   amiga que siempre se dormía cuando su esposo _____

   (tratar) hablar de sus problemas matrimoniales. Su método de evitar

   discusiones desagradables _____ (consistir) usar el sueño

   como escape. ¡Imagínate la frustración de su pobre esposo! Yo no podría

   soportar tal cosa.

9. Por fin su esposo _____ (llegar) estar tan desesperado

   que le dijo: "Si te duermes ahora vas a despertarte muerta". Yo no creo

   que lo haya dicho en serio. Simplemente _____ (tratar)

   comunicarle a su esposa la frustración que sentía y enseñarle que él

   _____ (negarse) aceptar la falta de comunicación

   entre ellos.

10. Después de leer "Peso ancestral", yo _____ (alegrarse)

    discutir "Caminante, son tus huellas", un poema más optimista. Este

    poema nos _____ (enseñar) pensar más en el futuro que

    en el pasado. Según Machado, no vamos a _____ (volver)

    pisar el mismo camino y por eso no debemos _____

    (tardar) seguir con nuestro camino hacia el futuro.

Los pronombres que se usan después de una preposición

PearsonSchool.com
Web Code: jkd-0036

Ejemplos

a. Storni sufre por el machismo del hombre con quien tiene una relación amorosa pero parece sentir afecto por <u>él</u>.

b. Cada persona lleva <u>consigo</u> la influencia de sus padres y abuelos, la historia de su familia y de su cultura.

c. A veces en la vida elegimos una senda diferente, y todo lo que pasa después es determinado por <u>ella</u>.

d. A veces los hombres con actitud de 'muy machos' me parecen arrogantes y satisfechos de <u>sí mismos</u>.

e. Hay muchas feministas que están de acuerdo con Storni. Para <u>ellas</u>, el hombre también es víctima de los estereotipos.

f. Para <u>mí</u>, lo mejor del feminismo es la libertad de los estereotipos para los hombres tan bien como las mujeres.

g. "El mundo es mejor para <u>ti</u> a causa de lo que han hecho las feministas", le dije a mi hija. "Quiero hablar <u>contigo</u> sobre esto".

h. Mis tíos son muy tradicionales y no les gustan los cambios en la sociedad. "El mundo no nos parece mejor a <u>nosotros</u>", me dijeron. "Ni a <u>nosotras</u>", dijeron sus esposas, que siempre están de acuerdo con <u>ellos</u>.

i. Con frecuencia mis tíos no están de acuerdo <u>conmigo</u>.

Función

Estos pronombres se usan después de preposiciones y funcionan como objetos de ellas.

Formación

mí	nosotros, nosotras
ti	vosotros, vosotras
él ella usted	ellos ellas ustedes
sí	sí

Observa: **Mismo, misma, mismos,** and **mismas** se pueden usar después de estos pronombres para darles más énfasis reflexivo.

Cuando odias a otro te haces daño **a ti mismo.**

Observa:
1. Todos menos *mí, ti* y *sí* son iguales a los pronombres de sujeto.

2. Después de la preposición *con, mí* y *ti* se combinan para formar *conmigo* (Ejemplo i) y *contigo* (Ejemplo g).

3. *Sí* es una forma reflexiva de la tercera persona. Con frecuencia, se usa con *mismo* para dar énfasis (Ejemplo d).

4. *Consigo* (Ejemplo b) es la forma reflexiva de la tercera persona que se forma cuando *con* y *sí* se combinan.

5. Los pronombres *él, ella, ellos* y *ellas* pueden referirse a cosas u objetos, no sólo a personas (En ejemplo c, "ella" se refiere a la senda).

Ejercicios

A. Completa la frase

Traduce las palabras inglesas al español para determinar el pronombre apropiado.

1. Me importan mucho mis dos abuelos porque mi identidad está formada

   por _____ (*them*).

2. El tema de la identidad es universal; muchos escritores escriben sobre

   _____ (*it*).

3. En la famosa novela *Don Quijote de la Mancha,* por ejemplo, Quijote

   cambia su identidad al seleccionar un nuevo nombre para

   _____ (*himself*).

4. En la década de los sesenta, muchos *hippies* cambiaron sus nombres para

   sentirse más cercanos a la naturaleza. Mi amiga, Piedra del Río, y su novio

   Bosque construyeron su propia casa y vivieron en _____

   (*it*) felizmente por muchos años.

5. Si pudieras seleccionar un nombre nuevo, ¿qué nombre sería perfecto para

   _____ (*you, yourself*)?

6. La identidad puede incluir varias cosas. Un objeto importante puede

formar parte de _____ (*it*). Conozco a un hombre que

siempre lleva un diamante _____ (*with him*). El diamante

es un regalo de su padre. Al dárselo, su padre le había enseñado un

manojo (*handful*) de diamantes y le había dicho que, a causa de

_____ (*them*), la familia había escapado de los Nazis. El

padre había sido comerciante de diamantes en Europa antes de la Segunda

Guerra Mundial y los diamantes se emplearon para pagar su escape. Oí

esta historia hace muchos años pero nunca me olvidaré de

_____ (*it*). Ya no estoy en contacto con el hombre, pero

siempre me acuerdo de _____ (*him*) a causa de su

historia. A _____ (*him*) le gustaba hablar de su pasado

_____ (*with me*).

7. Aprender de nuestros abuelos es importante para _____

(*us*) si queremos entender nuestra identidad.

8. En la novela *Niebla* de Unamuno, el protagonista Augusto anda buscando

su identidad y el significado de su vida. Al ver a Eugenia por primera vez,

Augusto se enamora de _____ (*her*). Augusto cree que su

amor por _____ (*her*) es tan profundo que él puede basar

su identidad en _____ (*it*). Es peligroso basar nuestra

identidad en alguien o algo afuera de _____ (*ourselves*).

Ésta es la lección que aprende el pobre Augusto. Esta novela es maravillosa,

pero no voy a decirles más de _____ (*it*) porque es mejor

que ustedes la descubran por _____ (*yourselves*).

B. Expresión personal

Contesta con frases completas. Emplea el pronombre en vez del sustantivo subrayado.

Por ejemplo:

-¿Piensas mucho en <u>tus problemas</u>?

-*Sí, pienso mucho en **ellos.***

1. ¿Te acuerdas de <u>tu juguete favorito</u>? ¿Cuál era?

_____

2. ¿Hablas mucho de <u>tus miedos</u>? ¿Cuál es el más irracional de ellos?

_____

3. ¿Qué encontró Pandora dentro de <u>la caja</u>?

_____

4. ¿Sientes mucho respeto por <u>tus profesores</u>?

_____

5. ¿Tienes gran confianza en <u>ti mismo(a)</u>?

_____

6. ¿Te has olvidado de <u>tu primer(a) novio(a)</u>?

_____

7. ¿Sientes compasión a veces por <u>ti mismo(a)</u>? ¿Cuándo?

_____

8. ¿Qué aspecto de la sociedad les causa pesadumbre a <u>ustedes</u>?

_____

El uso del subjuntivo después de expresiones indefinidas

PearsonSchool.com
Web Code: jkd-0037

Ejemplos

a. Según Machado, adondequiera que <u>vayas</u>, sigues creando tu propio camino.

b. Quienquiera que <u>seas</u>, podrás determinar tu propio futuro.

c. Comoquiera que <u>vivas</u>, tienes la responsabilidad; no puedes culpar a tu familia o al pasado.

d. Cualquier decisión que <u>tomes</u> tendrá consecuencias que no puedes imaginar.

e. Cuandoquiera que <u>llegues</u> a entenderte a ti mismo, serás feliz.

> **Observa:** Muchas veces otras expresiones se usan en vez de *cuandoquiera*. Por ejemplo: *Cuando llegues a entenderte a ti mismo, serás feliz.*

Función

Estas expresiones, por ser indefinidas, necesitan el uso del subjuntivo. Por ejemplo, en la frase *Adondequiera que vayas*, se usa el subjuntivo porque no se sabe adónde va la persona.

Ejercicios

A. Completa la frase

Emplea la forma correcta del verbo.

1. Quienquiera que _____ (leer) "La poesía" se quedará

impresionado con la importancia de descrubrir su gran talento.

2. Cualquier hombre que _____ (olvidarse) de su pasado no

entenderá a sí mismo.

3. Según "Caminante, son tus huellas", comoquiera que nosotros

_____ (vivir) no depende del pasado sino de nuestras

decisiones.

4. El poema de Machado nos enseña que dondequiera que se

_____ (encontrar) una persona depende de sí misma.

B. Expresión personal

Completa la frase.

1. Siempre habrá problemas cuando (cuandoquiera que)

_____.

2. Quienquiera que _____ no será feliz.

3. Adondequiera que yo _____ en el futuro, espero

   encontrar _____.

4. Cualquier plan que _____ no va a tener éxito.

5. Comoquiera que nosotros _____, alguien se queja de

   nosotros.

Repaso

A. La Odisea

Completa la frase con la forma correcta del verbo según el sentido de la frase. Selecciona entre el presente, el pretérito, el imperfecto, los tiempos perfectos, los tiempos progresivos, el futuro, el condicional, el presente del subjuntivo, el presente perfecto del subjuntivo, el imperfecto del subjuntivo, el pluscuamperfecto del subjuntivo, y el infinitivo.

1. Alfonsina Storni, como muchas feministas, observa a la sociedad y

   _____ (quejarse) de los estereotipos sexuales.

2. Estos estereotipos _____ (existir) hoy y

   _____ (haber/existir) durante toda la historia del ser

   humano. ¿_____ (existir) en el futuro?

3. Homero, hace siglos, _____ (escribir) *La Odisea,* en la que

   se puede _____ (ver) un buen ejemplo del estereotipo de

   la mujer ideal de su cultura. No hay mujer que _____

   (representar) este ideal mejor que Penélope, la esposa del protagonista

   Ulises (Odysseus).

4. Ulises vivía tranquilamente en Ítaca con Penélope y su hijo Telémaco

   cuando _____ (oír) noticias de la guerra en Troya. Al

   principio Ulises no quería irse, pero por fin le _____

   (decir) adiós a su familia y _____ (irse).

5. Ulises cumplió con su deber, y después de _____ (luchar)

con valentía, el héroe _____ (empezar) su viaje de regreso

a Ítaca.

6. Su barco tuvo que _____ (pasar) por entre dos monstruos:

Escila, que _____ (tener) la costumbre desafortunada de

_____ (comer) a los marineros, y Caribdis, que siempre

_____ (destruir) los barcos.

7. Otro peligro eran las sirenas, mujeres bellas que _____

(encantar) a los marineros con sus cantos. Según la leyenda, no había

hombre que _____ (oír) el canto de las sirenas sin

_____ (morirse).

8. Ulises temía que las sirenas lo _____ (cautivar) también,

y por eso insistió en que los marineros lo _____ (atar) con

sogas para que no _____ (llegar) a ser otra víctima.

9. Después, el barco de Ulises _____ (pararse) en la isla de

Circe. Según el mito, Circe _____ (ser) una hechicera que

podía _____ (transformar) a los hombres en cerdos. Ella

_____ (convertir) a seis de los marineros, pero

_____ (elegir) a Ulises para ser su amante.

10. Por fin Ulises _____ (llegar) a la isla de Calipso, una

ninfa muy bella que también _____ (querer) a Ulises

con gran pasión.

11. El pobre Ulises _____ (pasar) siete años como prisionero

sexual de Calipso. Por mucho que _____ (esforzarse), no

podía _____ (escaparse). (Siempre me ha parecido

dudoso que un hombre tan fuerte y listo, capaz de escaparse de tantos

monsturos, no _____ (haber/poder) escaparse de una

ninfa pequeña.)

12. Mientras tanto, en Ítaca, Penélope, la mujer fiel, _____

(estar / esperar) a su esposo. Cuidaba a su hijo Telémaco, y

_____ (mantener) bien la casa porque quería que todo

_____ (estar) en orden cuando _____

(volver) Ulises.

13. Durante la ausencia de Ulises, la casa se _____ (haber /

llenar) de pretendientes, hombres que querían _____

(casarse) con Penélope. Por mucho que ella les _____

(decir) que sólo quería a Ulises, ellos no _____

(desanimarse).

14. Los pretendientes insistían en que Penélope _____ (dar) por

muerto a Ulises, y que _____ (casarse) con uno de ellos.

15. Por fin, para _____ (tranquilizar) a los pretendientes, ella

les prometió que _____ (casarse) con uno de ellos tan

pronto como _____ (terminar) una mortaja (sábana que se

usa para cubrir a un muerto) para el padre de Ulises.

16. Penélope _____ (tejer) todo el día y cada noche

    _____ (destejer) lo que _____ (haber /

    hacer) en el día para no _____ (terminar) nunca.

17. Eso es lo que _____ (hacer) la esposa fiel mientras que

    _____ (esperar) a su hombre. Ulises, que

    _____ (haber / lograr) triunfar rápidamente sobre el

    Cíclope y sobre Escila y Caribdis, _____ (luchar) por siete

    años para _____ (liberarse) de los brazos amorosos de

    Calipso.

18. Si tú _____ (ser) Penélope, ¿lo _____

    (creer) tú?

B. *Por* y *para*
Completa la frase con *por* o *para*.

1. Ulises tuvo que despedirse de su familia _____

   patriotismo.

2. Ulises luchó _____ su patria contra los troyanos.

3. Calipso quería a Ulises _____ su cuerpo atractivo.

4. Ulises se quedó con ella _____ siete años.

5. _____ un hombre fuerte y listo, Ulises parecía muy

   indefenso contra Calipso.

C. La voz pasiva con *se*
Traduce la frase al español empleando la voz pasiva con *se*.

1. Folklore and reality are mixed in the stories.

   _____

2. The stories are repeated and are developed in generation after generation.

   _____

3. Details are added or changed.

_____

4. The stories are told among groups of people, today as in the time of Homer.

_____

5. Not much is known about Homer's life.

_____

6. The great epic of Spain is called _El poema de mío Cid._

_____

7. It was written many centuries ago.

_____

8. It is not known who the author was.

_____

Los estereotipos y las expectativas sociales

LECTURA "Carta a un desterrado", Claribel Alegría
"Día de las madres", Daisy Zamora
"Soy un ser peligroso", Antonio Curis

GRAMÁTICA Los adjetivos y pronombres posesivos; los comparativos y superlativos

Vocabulario

ansiar (í) desear algo mucho. Las familias de los soldados ansían el fin de la guerra y el regreso de sus seres queridos.

apagar extinguir el fuego o la luz. Cuando era joven, mis padres insistían en que apagara la luz de mi dormitorio y que me durmiera a cierta hora. ¡Ni me permitían leer!

cautivar hacer cautiva, prisionera a una persona; seducir, atraer, fascinar. Cuando relataba historias, Eva Luna cautivaba a todos los que la oían.

dar por considerar; juzgar; creer. El sol brillaba la mañana de la boda, y la novia lo dio por buen agüero (presagio).

elegir (i) escoger, seleccionar; votar, nombrar. A veces elegimos al candidato más atractivo en vez del de más capacidad para gobernar.

el forastero, la forastera extranjero, persona que viene de otro lugar. En los pueblos pequeños de Iowa, todo el mundo se conoce y es raro ver a un forastero.

hábil que tiene gran aptitud o capacidad para hacer algo bien. García Márquez es un escritor muy hábil; ha cautivado a todo el mundo con sus novelas y cuentos.

el maquillaje cosmético; pintura que se pone en la cara. Normalmente Lola usa tanto maquillaje que cuando la vi sin él, no la reconocí.

el peligro posibilidad de que ocurra una desgracia; cosa que produce la posibilidad de daño. Las sirenas y los monstruos eran sólo dos de los peligros del viaje de Ulises.
peligroso, -a adjetivo que se aplica a una cosa o a una persona que puede hacerle daño a otra. En Chile, bajo la dictadura, era peligroso hablar contra el gobierno.

pesar tener peso. Un camión pesa más que un auto. Causar disgusto o tristeza. A Mario le pesa que la tía Julia le llame Marito, como si fuera un niño.
pesado, -a desagradable, aburrido. Es pesado estar con una persona que sólo habla de sí misma.

suplicar pedir con humildad o insistencia. "Te <u>suplico</u> que me dejes casarme con Pedro", le dijo Tita a su mamá.

tejer combinar hilos para formar telas (material textil). Penélope destejía de noche lo que había <u>tejido</u> de día porque no quería terminar. Mi madre está <u>tejiéndome</u> un suéter.

la tela material tejido, hecho con fibras textiles; lo que se usa para fabricar ropas, sábanas, etc. Las minifaldas que llevan las jóvenes no necesitan mucha <u>tela</u>.

la tempestad fuerte perturbación de la atmósfera, con lluvia, nieve, truenos y relámpagos. Es peligroso estar bajo un árbol durante una <u>tempestad</u> cuando hay relámpagos.

tenaz, *pl.* **tenaces** persistente; se aplica a la persona que no abandona fácilmente lo que quiere hacer, por difícil que sea. Los pretendientes eran muy <u>tenaces</u> en su determinación de casarse con Penélope; la persiguieron por muchos años.

volar (ue) moverse por el aire; ser transportado por el aire. Rita y su esposo son excitables y de carácter muy fuerte. Cuando se pelean, los platos y vasos <u>vuelan</u> por el aire.

Ejercicios de vocabulario

A. Completa la frase
Usa la palabra apropiada del vocabulario.

1. El Superhombre _____ por el aire sobre la ciudad de

   Metrópolis.

2. Cuando Lois y Jimmy se encuentran en _____,

   Superhombre siempre los salva.

3. La mujer llevaba tanto _____ que le era difícil abrir y

   cerrar los ojos.

4. Mi amiga era tan _____ en sus esfuerzos para hacerse

   actriz que ahora, por fin, hace un papel en una película.

5. El Hombre de Estaño le _____ al

   Mago de Oz que le diera un corazón porque quería

   sentir amor.

6. El Espantapájaros quería ser un gran intelectual; por

   eso le _____ mucho no tener cerebro.

7. El León Cobarde le pidió valentía al Mago de Oz

   porque _____ ser un héroe.

8. Durante una _____ en la Biblia, llovió

   durante cuarenta días.

9. Los sastres le dijeron al Emperador que le harían la ropa nueva de una

   _____ mágica, invisible para todos menos los más

   inteligentes.

10. El viaje de Ulises era tan _____ que muchos hombres

    murieron o sufrieron otras desgracias (muchos se convirtieron en cerdos).

11. Ulises tardó tanto en volver a casa, que muchos le _____

    muerto.

12. Pero las esperanzas de Penélope, su esposa, no se _____,

    sino que persistieron por muchos años.

13. Los pretendientes eran _____, en otras palabras habían

    venido de muchos países lejanos.

14. Ellos insistían en que Penélope _____ a uno de ellos para

    casarse.

15. Penélope era una mujer muy _____, capaz de hacer

    muchas cosas bien.

16. Ella le _____ una mortaja (tela que se usa para cubrir un

cadáver) al padre de Ulises.

17. Penélope había _____ a los pretendientes con su gran

belleza.

B. Expresión personal

1. ¿En qué actividad o clase de trabajo eres muy hábil? Si pudieras escoger, ¿en qué serías muy hábil?

2. Si pudieras volar, ¿adónde irías?

3. Si pudieras tejer una tela mágica, ¿qué característica mágica tendría la tela?

4. ¿Qué cosa les has suplicado a tus padres que no te dieron o permitieron?

6. ¿Qué piensas del maquillaje? ¿Es un indicio sexista que las mujeres lo lleven y los hombres no? Explica.

6. ¿Te parecen muy atractivas y emocionantes ciertas actividades peligrosas? ¿Cuáles?

C. Completa la frase

1. Me pesa cuando una persona _____.

2. Al conocer a un(a) forastero(a) siempre quiero saber _____.

3. Soy muy tenaz cuando _____.

4. Me cautiva una persona que _____.

5. Un peligro que quiero evitar sobre todo es _____.

6. Una cosa que ansío con toda el alma es _____.

LECTURA

Estrategia para leer

La poesía es muy variada y se emplea para expresar las emociones más profundas y también para tratar los elementos juguetones de la vida. "Carta a un desterrado" es una carta de un personaje de *La Odisea* a otro. Recuerda lo que ya sabes sobre la trama de *La Odisea* y sobre estos personajes. (Puedes referirte al Repaso del Capítulo 10.) Presta atención al tono en el que está escrita la carta y trata de averiguar el propósito de la poeta al escribirla. Nota que la poeta utiliza "Odiseo" para referirse al héroe, mientras "Ulises" es más común en español.

Claribel Alegría

Claribel Alegría nació en Nicaragua en 1924, pero de niña fue desterrada con su familia a El Salvador y se considera salvadoreña. El poema que sigue se incluye en la colección *Fugues,* 1993.

Carta a un desterrado

Mi querido Odiseo:

ya no es posible más
esposo mío
que el tiempo pase y vuele
5 y no te cuente yo
de mi vida en Itaca.
Hace ya muchos años
que te fuiste
tu ausencia nos pesó
10 a tu hijo
y a mí.
Empezaron a cercarme[1]
pretendientes[2]
eran tantos
15 tan tenaces sus requiebros[3]
que apiadándose[4] un dios
de mi congoja[5]
me aconsejó tejer
una tela sutil
20 interminable

---

1. **cercarme** andar alrededor de mí
2. **pretendiente** hombre que pide a una mujer en matrimonio
3. **requiebros** piropos, palabras bonitas que le dice el hombre a la mujer
4. **apiadándose** sintiendo compasión por otra persona
5. **congoja** pena; disgusto

que te sirviera a ti
como sudario[6].
Si llegaba a concluirla
tendría yo sin mora[7]
25 que elegir un esposo.
Me cautivó la idea
al levantarse el sol
me ponía a tejer
y destejía por la noche.
30 Así pasé tres años
pero ahora, Odiseo,
mi corazón suspira por un joven
tan bello como tú cuando eras mozo[8]
tan hábil con el arco[9]
35 y con la lanza.
Nuestra casa está en ruinas
y necesito un hombre
que la sepa regir[10].
Preferible, Odiseo,
40 que no vuelvas
de mi amor hacia ti
no queda ni un rescoldo[11]
Telémaco está bien
ni siquiera pregunta por su padre
45 es mejor para ti
que te demos por muerto.
Sé por los forasteros
de Calipso
y de
50 Circe.
Aprovecha, Odiseo,
si eliges a Calipso,
recobrarás la juventud
si es Circe la elegida
55 serás entre sus cerdos
el supremo.
Espero que esta carta
no te ofenda
no invoques a los dioses
60 será en vano
recuerda a Menelao
con Helena
por esa guerra loca
han perdido la vida

---

6. **sudario** tela que se usa para cubrir a un muerto

7. **mora** retraso; acción de esperar un tiempo

8. **mozo** joven

9. **arco** *bow to shoot arrows*

10. **regir** gobernar

11. **rescoldo** *ember, ash*

65 nuestros mejores hombres
y estás tú donde estás.
No vuelvas, Odiseo,
te suplico.
Tu discreta Penélope

Preguntas de comprensión

1. ¿Quién ha escrito esta carta? ¿A quién se dirige la carta?

2. Según la carta, ¿cómo reaccionaron Penélope y su hijo al principio cuando Odiseo se fue?

3. Había muchos hombres alrededor de Penélope. ¿Con qué propósito?

4. ¿Qué les prometió Penélope a estos pretendientes?

5. ¿Por qué destejía Penélope de noche lo que había tejido de día?

6. Después de cierto tiempo, ¿cómo ha cambiado Penélope con respecto a los pretendientes? ¿A Odiseo?

7. Identifica:

   a. Telémaco

   b. Calipso

   c. Circe

8. ¿Qué emoción se refleja cuando Penélope se refiere a Calipso y a Circe?

9. ¿Qué amenaza se implica al final de la carta?

Preguntas de discusión

1. Discute los estados emocionales de Penélope desde la salida de Odiseo hasta el momento de escribir esta carta. ¿Cómo se explican estos cambios? ¿Qué elementos los provocan?

2. ¿Cuál es el tono emocional de las siguientes líneas: "mi corazón suspira por un joven / tan bello como tú cuando eras mozo"? ¿Cuál es el propósito de Penélope al escribirle estas palabras a Odiseo? ¿Qué reacción quiere provocar en él?

3. ¿Qué emoción quiere inspirarle con las siguientes líneas: "Nuestra casa está en ruinas / y necesito un hombre / que la sepa regir"?

4. Al decirle a Odiseo que si elige a Circe él será "entre sus cerdos el supremo", ¿de qué manera se combinan referencias antiguas y modernas?

5. Penélope representaba la mujer ideal de la cultura de Homero. ¿De qué manera choca este ideal con el nuestro? ¿De qué manera se sirve la poeta de este contraste? ¿Qué efecto se produce en el poema?

Estrategia para leer

El poema que sigue tiene varios elementos en común con "Carta a un desterrado". Mientras lees, busca las semejanzas. (Hay una referencia a *La Odisea*. ¿Puedes encontrarla?) Compara el tono con el de "Carta a un desterrado".

Daisy Zamora

Daisy Zamora nació en Nicaragua en 1950, de una familia acomodada (rica). Se graduó de la Universidad Centroamericana con una Licenciatura en Psicología y otra en Psicopedagogía. Aunque de clase alta, su ansia por la justicia social le motivó a aliarse con el lado sandinista durante la revolución contra el dictador Somoza. Militante sandinista, Zamora luchó en la insurrección de septiembre de 1978, y después fue desterrada y vivió en Honduras, Panamá y Costa Rica. Desde su exilio, fue jefa de programación de Radio Sandino, estación clandestina, antisomozista. El poema que sigue se incluye en la colección *Clean Slate*, 1993.

Día de las madres

—A mis hijos

No dudo que les hubiera gustado tener
una linda mamá de anuncio comercial:
   con marido adorable y niños felices.
5 Siempre aparece risueña[12]—y si algún día llora—
lo hace una vez apagados reflectores y cámaras
y con el rostro limpio de maquillaje.

Pero ya que nacieron de mí, debo decirles:
Desde que era pequeña como ustedes
10 ansiaba ser yo misma—y para una mujer eso es difícil—
(Hasta mi Ángel Guardián renunció a[13] cuidarme
cuando lo supo).

No puedo asegurarles[14] que conozco bien el rumbo.
Muchas veces me equivoco,
15 y mi vida más bien ha sido como una dolorosa[15] travesía[16]

---

12. **risueña** alegre, festiva
13. **renunció a** rehusó; dejó de; se negó a
14. **asegurarles** prometerles; garantizarles
15. **dolorosa** se aplica a lo que causa dolor o pena
16. **travesía** viaje; distancia entre dos puntos

vadeando[17] escollos[18], sorteando[19] tempestades,
desoyendo fantasmales sirenas que me invitan al pasado,
sin brújula[20] ni bitácora[21] adecuadas
que me indiquen la ruta.

20 Pero avanzo, avanzo aferrada a[22] la esperanza
de algún puerto lejano
al que ustedes, hijos míos—estoy segura—
arribarán una mañana
—después de consumado[23]
25 mi naufragio[24]—.

---

17. **vadeando** cruzando
18. **escollos** área del mar, peligrosa a causa de piedras
19. **sorteando** evitando, escapándose de
20. **brújula** instrumento que señala el norte, compás
21. **bitácora** armario donde se guarda la brújula
22. **aferrada a** cogiendo fuertemente
23. **consumado** realizado; completado
24. **naufragio** accidente en el que se hunde un barco

Preguntas de comprensión

1. Según la poeta, ¿cómo sería la madre ideal de sus hijos?

2. ¿Cuál ha sido el gran deseo de la poeta? ¿Qué obstáculo le impedía realizar este deseo?

3. ¿Cuál es la metáfora que se emplea para simbolizar la vida de la poeta?

Preguntas de discusión

1. La poeta se compara con la imagen idealizada de la mamá que se ve en anuncios comerciales. En cierta manera todos nos comparamos con las imágenes idealizadas de la tele y las películas, mujeres de apariencia perfecta, hombres muy machos. Hace poco tiempo, la única imagen de la familia era de armonía perfecta, como en el *Brady Bunch*. Discute el efecto de estas imágenes idealizadas en nuestra sociedad.

2. ¿Cómo se caracteriza la madre? ¿Qué impresión tenemos de su personalidad?

3. ¿Cuál es el significado del "puerto lejano" de la última estrofa? ¿Qué simboliza su "naufragio"?

4. ¿Cuál es el propósito del poema? ¿Qué reacción espera inspirar la poeta en sus hijos?

Estrategia para leer

Un buen poema, como ya se ha dicho, nos cuenta mucho en pocas palabras. Mientras lees el poema que sigue, hazte una idea de la vida del poeta y sus relaciones con la gente a su alrededor.

Antonio Curis

Antonio Curis nació en Uruguay en 1956. Durante muchos años de inestabilidad política, vivió exiliado en su propia patria. Actualmente vive en los Estados Unidos. El poema que sigue se incluye en la colección *Nunca pensé en un libro...*, 1991.

Soy un ser peligroso

con sólo veinte años
me consta[25] que ya soy
un ser muy peligroso:
a mi madre le maté a dios
5   a mi novia el ajuar[26] de casamiento
a mis suegros el sueño de su hija
acomodada

a toda mi familia
el sueño de un doctor en la familia
10 a mi maestra el himno

y algún que otro caudillo[27]
y a mí mismo
me maté la planificación
de mí mismo
15 soy un ser peligroso
peligrosísimo

---

25. **consta** parece
26. **ajuar** la ropa que se compra la novia al casarse
27. **caudillo** líder, jefe

Preguntas de comprensión

1. Según el poeta, ¿a quiénes ha desilusionado? ¿Por qué?

2. ¿Por qué no está satisfecho nadie con la profesión que ha escogido el poeta?

Preguntas de discusión

1. ¿Cuáles son los valores sociales que se reflejan en este poema?

2. El poeta emplea palabras muy duras y negativas para referirse a sí mismo y a sus acciones. ¿Cuáles son? ¿Cuál es su propósito al escoger estas palabras? ¿Qué reacción quiere provocar en el lector?

3. Comenta la falta de puntuación en el poema. ¿Qué crees que el poeta quiere comunicar con esta técnica estilística?

TEMAS GENERALES DE LOS TRES POEMAS

Preguntas de discusión

1. ¿Cuál es un tema o mensaje que tienen en común los tres poemas?

2. ¿Con qué poema te identificas más? ¿Por qué?

Expresándonos

1. "Carta a un desterrado" se basa en *La Odisea,* y en "Día de las madres" también se encuentra una referencia a este poema épico. Obras clásicas como *La Odisea* han sido consideradas la base de nuestra cultura, lecturas obligatorias para todos los alumnos de escuelas secundarias. Pero ahora hay una controversia. Según algunos, las obras clásicas ya no interesan a los jóvenes ni tienen relación con sus vidas. Por eso debemos cambiar el plan de estudios, sustituyéndolas con autores modernos y populares, como Ann Rice y Tom Wolfe. Según otros, los autores clásicos como Homero, Shakespeare y Dickens, representan la base de nuestra cultura y es necesario que los alumnos los conozcan.

   Con unos compañeros de clase, organiza un debate sobre la pregunta: ¿Debemos seguir con las obras clásicas como lectura obligatoria en las escuelas?

2. Imagínate que eres uno de los hijos de la poeta de "Día de las madres". Después de leer el poema, empiezas a ver a tu mamá desde otra perspectiva, y quieres entenderla mejor. Presenta a la clase cuatro o cinco preguntas que quisieras hacerle a la madre.

Integración

Antes de escuchar

Para discutir Desde el movimiento feminista de los sesenta, nuestra sociedad ha cambiado mucho con respecto a la igualdad de la mujer. ¿Todavía se ven elementos de sexismo en nuestra sociedad? ¿Cuáles son?

Instrucciones

1. Relee los poemas.

2. Después de repasar los poemas, estudia la lista de vocabulario para la conferencia.

3. Escucha la conferencia y toma apuntes sobre las ideas más importantes. Debes prestar atención a:

   a. los varios poemas mencionados y el ideal de la mujer presentado en cada uno

    b. las actitudes y los estereotipos de la sociedad con respecto a la mujer

    c. el feminismo de una poeta de hace siglos

4. Después de escuchar la conferencia, completa las oraciones de la sección **Comprensión.**

5. Finalmente, vas a preparar una presentación según las instrucciones de la sección **Presentación oral.**

Vocabulario

pertenecer: formar parte de

compartir: dividir una cosa entre varias personas; *to share*

burlarse de: reírse de otra persona; *to make fun of*

enredada: *entangled in*

Escuchar

CD, Track 11

PearsonSchool.com
Web Code: jkd-0077

En los poemas "Carta a un desterrado" de Claribel Alegría y "Día de las madres" de Daisy Zamora, tan bien como en la conferencia, se discuten estereotipos de la mujer ideal. Escucha la selección y luego haz las actividades de la sección **Después de escuchar.**

Después de escuchar

Comprensión Selecciona la mejor respuesta.

1. En "Carta a un desterrado", Alegría se burla de la imagen de la mujer _____.

    a. agresiva

    b. preocupada por ser siempre bella

    c. sumisa, pasiva y paciente

    d. inocente

2. En "El día de las madres", Zamora critica el estereotipo que dice que la mujer tiene que _____.

    a. quedarse en casa con los niños

    b. tolerar la infidelidad de su esposo

    c. lucir siempre bella y perfecta

    d. ser siempre inocente

3. "Peso ancestral" de Storni es diferente de los otros poemas feministas en que _____.

    a. critica a las generaciones de hombres

    b. critica a la mujer igual que al hombre

    c. enseña compasión por el hombre, no sólo por la mujer

    d. habla en favor del machismo

4. Según Sor Juana, los hombres son tontos _____.

    a. por la inconsistencia de querer que la mujer sea sexual primero e inocente después

    b. por no permitir la educación de las mujeres

    c. por querer casarse con una mujer inocente

    d. por burlarse de las mujeres

5. El tema del poema de Sor Juana es más similar a _____.

    a. "Peso ancestral" de Storni

    b. "Tú me quieres blanca" de Storni

    c. "El día de las madres" de Zamora

    d. "Carta a un desterrado" de Alegría

Síntesis

Presentación oral Tu presentación va a basarse en los poemas de Claribel Alegría y Daisy Zamora, que ya has leído, y la conferencia que escuchaste. Prepara una presentación oral de dos minutos sobre el tema que sigue. Si quieres, repasa los poemas y la conferencia otra vez antes de preparar tu presentación. Puedes hacer tu presentación ante la clase o grabarla, según las instrucciones de tu profesor(a).

Tema: Discute los varios elementos del ideal femenino según se reflejan en los poemas que has leído y los poemas mencionados en la conferencia.

Conexiones Daisy Zamora, poeta contemporánea de Nicaragua, ha tenido una vida apasionada y llena de aventura. Inclusive fue comandante de un ejército rebelde que luchó por liberar a su patria de un dictador tiránico. Busca detalles de la vida de Daisy Zamora y de la historia reciente de Nicaragua en el Internet. También puedes buscar allí algunos de sus poemas. Selecciona uno y léelo en la clase.

Composición dirigida

1. ¿Has leído una obra de literatura o has visto una película que te haya dado ganas de aconsejar o criticar a un personaje ficticio? Escribe una carta a un personaje ficticio.

2. Escribe una carta a los hijos que tendrás algún día. Descríbeles al "tú" joven que ellos no conocerán. Diles lo que quieres que entiendan sobre ti.

3. Escribe una carta a un antepasado que se murió antes de tu nacimiento o cuando eras muy pequeño(a). Puedes contarle los sucesos importantes que han pasado a la familia. También puedes preguntarle sobre aspectos del pasado de la familia que te confunden o que te inspiran curiosidad.

4. "Soy un ser peligroso" refleja el choque entre el deseo del poeta de ser él mismo y las expectativas de sus parientes. Escribe tu propia versión de "Soy un ser peligroso", que refleje tu propia individualidad.

GRAMÁTICA

Los adjetivos y pronombres posesivos

PearsonSchool.com
Web Code: jkd-0039

Los adjetivos posesivos, la forma corta

Ejemplos

a. Daisy Zamora es una de <u>mis</u> poetas favoritas.

b. <u>Su</u> poema "Día de las madres", trata de temas feministas.

c. De los tres poemas que leímos, ¿cuál es <u>tu</u> favorito?

d. Daisy Zamora escribe sobre una violencia política que no hemos sufrido en <u>nuestro</u> país.

e. Tanto Alegría como Zamora escriben sobre la injusticia y la violencia en <u>sus</u> patrias.

f. <u>Vuestros</u> amigos latinos habrán oído de estas dos poetas.

Función

Los adjetivos posesivos preceden al sustantivo e indican de quién es.

Formación

mi mis	nuestro(a) nuestros(as)
tu tus	vuestro(a) vuestros(as)
su sus	su sus

- *Su* y *sus* pueden tener muchos significados. Para aclarar el significado, se puede usar la estructura *de + Ud., él, ella* o *de + Uds., ellos, ellas.*

    —**Sus** dibujos son fascinantes.

    —¿Los **de ella**?

    —No, los **de Ud.**

- Observa que el adjetivo posesivo concuerda con la cosa poseída, *no* con la persona que la posee. Por ejemplo:

    Mis ocho hermanas y yo queremos a **nuestro** padre.

    Nuestro es masculino como *padre*, no femenino plural como *mis ocho hermanas y yo.*

Los adjetivos posesivos, la forma larga

Ejemplos

a. La poesía es una pasión <u>mía</u>.

b. ¡No me había dado cuenta de que es un gran interés <u>tuyo</u> también!

   c. Claribel Alegría dedicó un poema a A.A. Flakoll, un pariente <u>suyo</u> que murió.

   d. Una amiga <u>nuestra</u> conoció a Claribel Alegría y a Daisy Zamora en una conferencia de poetas.

   e. Tanto Zamora como Alegría han visto mucha violencia, así que es una preocupación <u>suya</u>.

Función

La forma larga del adjetivo posesivo sigue al sustantivo e indica de quién es.

Formación

mío(a) **míos(as)**	**nuestro(a)** **nuestros(as)**
tuyo(a) **tuyos(as)**	**vuestro(a)** **vuestros(as)**
suyo(a) **suyos(as)**	**suyo(a)** **suyos(as)**

- *Suyo* y *suyos* pueden tener muchos significados. Para aclarar el significado, se puede usar la estructura *de + Ud., él, ella* o *de + Uds., ellos, ellas*.

        —¿Es la composición **suya?**

        —No, es la **de él.**

- Observa que, igual que la forma corta, la forma larga concuerda con la cosa poseída, *no* con la persona que la posee. Por ejemplo:

        Mis amigas y yo somos gran aficionadas a Pablo Neruda.

        Él es un favorito **nuestro.**

  Nuestro es masculino singular para concordar con *favorito;* no es femenino plural como *mis amigas y yo*.

Los pronombres posesivos

Ejemplos

   a. Tu madre no lleva maquillaje; <u>la mía</u> tampoco.

   b. Las esperanzas de tus padres no son iguales a <u>las tuyas</u>.

   c. Mi vida tranquila no es como la de Ulises. <u>La suya</u> está llena de peligros.

   d. El padre de Telémaco está viajando. <u>El nuestro</u> está en casa.

   e. Estáis leyendo más obras clásicas que nosotros. Nuestro profesor es más progresista. <u>El vuestro</u> es más tradicional.

   f. Los alumnos quieren leer lo que les gusta. Según ellos la decisión debe ser <u>suya</u>.

Función

El pronombre posesivo substituye al sustantivo e indica de quién es. El pronombre concuerda en género y número con el sustantivo que sustituye.

Formación

el mío, la mía **los míos, las mías**	**el nuestro, la nuestra** **los nuestros, las nuestras**
el tuyo, la tuya **los tuyos, las tuyas**	**el vuestro, la vuestra** **los vuestros, las vuestras**
el suyo, la suya **los suyos, las suyas**	**el suyo, la suya** **los suyos, las suyas**

- Igual que los adjetivos posesivos, *el(la) suyo(a)* y *los(las) suyos(as)* pueden tener muchos significados. Para aclarar el significado, se puede usar la estructura *de + Ud., él, ella* o *de + Uds., ellos, ellas.*

  —¿Son **suyos** estos cuadernos?

  —No, señora, no son **nuestros,** son **de ella.**

- El pronombre posesivo se usa con el artículo definido *(el, la, los, las),* excepto a veces después del verbo *ser,* como en el Ejemplo f y el ejemplo de arriba.

Ejercicios

A. Traduce las palabras inglesas al español

Emplea los adjetivos posesivos o los pronombres posesivos apropiados.

1. _____ *(Your,* fam. sing.*)* profesor te enseña obras

   modernas; _____ *(mine)* prefiere las clásicas.

2. _____ *(Our)* clase está leyendo *La Odisea.*

3. Para los griegos, Penélope representa un ideal _____

   (of theirs) por _____ *(her)* virtudes femeninas.

4. Ulises es famoso por _____ *(his)* poder y

   _____ *(his)* cualidades masculinas.

5. Una amante _____ *(of his)* es la hechicera Circe. Todos

   tenemos _____ *(our)* pasatiempos pero el de Circe es muy

   raro. _____ *(Hers)* es convertir a los hombres en cerdos.

6. Ulises miró a uno de los cerdos y reconoció a un amigo

_____ *(of his).*

7. El viaje de Ulises es muy peligroso. Otra aventura _____

(of his) ocurre en la Tierra de los Comedores del Loto.

_____ *(Its)* habitantes tienen costumbres raras.

_____ *(My)* comida favorita es la pizza;

_____ *(theirs)* es la fruta del loto. Los que comen esta fruta

son afectados por _____ *(its)* poderes mágicos. Se olvidan

de _____ *(their)* patria, y quieren quedarse allí.

8. Una amiga _____ *(of ours)* una vez comió la fruta del loto

pero no le gustó.

9. Ulises sigue con _____ *(his)* viaje. Se escapa de la Tierra

de los Comedores del Loto, y de Circe con _____ *(her)*

encantos sin convertirse en un cerdo _____ *(of hers).*

10. Ulises también se escapa de las tormentas creadas por el dios del mar, un

enemigo _____ *(of his).* Ulises tiene _____

(his) problemas, yo tengo _____ *(mine).*

11. Mientras Ulises encuentra _____ *(his)* problemas en el mar,

Penélope tiene _____ *(hers)* en casa. _____

(Hers) se presentan en forma de pretendientes. _____ *(Their)*

obsesión es casarse con Penélope. _____ *(Mine)* es encontrar

el amor verdadero. ¿Cuál es _____ *(yours, fam. sing.)?*

12. Ulises es un gran héroe épico de la cultura griega. _____

(Ours) tiene _____ *(its)* propios héroes. ¿Quiénes son

_____ *(ours)?*

B. Traduce la frase al español

Emplea los adjetivos posesivos o los pronombres posesivos apropiados.

1. His trip is dangerous. Mine isn't.

   _____

2. Their home is in Ithaca. Ours is in the U.S.

   _____

3. Her house is filled with suitors. Mine is empty.

   _____

4. A friend of his was turned into a pig.

   _____

5. She weaves her cloth and I weave mine.

   _____

6. They repeat their legends and we repeat ours.

   _____

7. Ulysses enjoys his pleasures. Shouldn't Penelope enjoy hers?

   _____

8. A friend of ours can recite *The Odyssey* by heart *(de memoria)*.
   Memorizing is a talent of his.

   _____

Los comparativos

Ejemplos

a. Ulises es <u>más fuerte que</u> Rambo.

b. Los pretendientes son <u>menos astutos que</u> Penélope.

c. Penélope quiere un hombre que sea <u>menor que</u> Ulises.

d. Ulises es <u>mayor que</u> los pretendientes.

e. Penélope me parece <u>más honrada que</u> su esposo.

f. Las sirenas cantan <u>mejor que</u> yo.

g. No hay nadie que cante <u>peor que</u> yo.

h. Ulises corre <u>más rápidamente que</u> otros hombres.

Función

El comparativo se usa para expresar las semejanzas o diferencias entre personas, cosas, lugares, características y cualidades.

Formación

El comparativo regular (Ejemplos a, b, e, h)

más / menos + adjetivo o adverbio + *que*

> El poeta es **menos materialista que** sus padres.

> Las verdaderas madres son **más simpáticas que** las de los anuncios.

> Ando **más lentamente que** mis amigos.

Observa: 1. El adjetivo concuerda en número y género con el sujeto. *Simpáticas* es femenino plural para concordar con *las madres*.

2. Para formar el adverbio *(lentamente)*, se convierte la forma masculina del adjetivo en la forma femenina y se le añade la terminación *-mente*.

El comparativo irregular (Ejemplos c, d, f, g)

mejor / peor / mayor / menor + *que*

> Según algunos profesores, las obras clásicas son **mejores que** las obras modernas.

Observa: Los comparativos irregulares no emplean ni *más* ni *menos*. Sólo concuerdan en número, no en género.

Ejercicios

A. Contesta la pregunta

Emplea el comparativo según tu propia opinión.

1. ¿Quién es más fuerte que Arnold Schwarzenegger?

_____

2. ¿Quién es más bella que Angelina Jolie?

_____

3. ¿Qué galletas son mejores que Oreos?

_____

4. ¿Quién se viste peor que Marge Simpson?

_____

5. ¿Quién es más desgraciado que las víctimas de Circe?

_____

6. ¿Quién es mayor que tú?

_____

7. ¿Quién es menor que tú?

_____

8. ¿Quién pinta mejor que Picasso?

_____

9. ¿Qué obra literaria es más famosa que _La Odisea?_

_____

10. ¿Qué actor es más popular que Leonardo DiCaprio?

_____

11. ¿Quién juega mejor que Eli Manning?

_____

B. Forma una comparación

Se puede cambiar el orden de las palabras. Por ejemplo:

Un egoísta y un tonto

Un egoísta es más fastidioso que un tonto.

1. La Ciudad de Los Ángeles (L.A.) y Nueva York

_____

2. Hombres y mujeres

_____

3. Los alumnos y los profesores

_____

4. Los perros y los gatos

_____

5. Homer Simpson y Homero el poeta

_____

6. Ulises y Superhombre

_____

7. Mario Vargas Llosa y J.K. Rowling

_____

8. Las obras clásicas y las obras contemporáneas

_____

9. El pescado y la carne

_____

10. Un Honda y un Ford

_____

11. Los Jets y los Delfines

_____

12. Una computadora Mac y una PC

_____

Los superlativos

PearsonSchool.com
Web Code: jkd-0040

Ejemplos

a. *La Odisea* es <u>la</u> obra <u>más famosa del</u> mundo.

b. Ulises es <u>el</u> héroe <u>más conocido de</u> la literatura.

c. *Don Quijote de la Mancha* y *Cien años de soledad* son <u>las mejores</u> novelas <u>de</u> la cultura occidental.

d. García Márquez es <u>el mejor</u> escritor <u>de</u> nuestro siglo.

e. Laura Esquivel sólo tenía treinta y pico años al escribir *Como agua para chocolate*. Por lo tanto es <u>la menor</u> de los escritores <u>de</u> este libro.

f. ¿Crees que los poemas de Neruda son <u>los menos difíciles</u> de todos los que has leído?

Función

El superlativo se usa para expresar el grado superior, lo máximo o lo mínimo del significado de un adjetivo.

Formación

El superlativo regular (Ejemplos a, b, f)

el artículo definido + *más* / *menos* + adjetivo + *de* + grupo de comparación

Los Beatles eran **los más populares de** los grupos de los sesenta.

Pero eran **los menos populares de** todos según muchos padres.

Observa: El adjetivo concuerda con el sujeto en número y género.

El superlativo irregular (Ejemplos c, d, e)

el artículo definido + *mejor / peor / mayor / menor* + *de* + grupo de comparación

Los tomates de Nueva Jersey son **los mejores del** país.

Observa:
1. Los adjetivos superlativos irregulares concuerdan solamente en número. El artículo definido concuerda con el sustantivo en número y género.

   Las mejores novelas de hoy se escriben en Latinoamérica.

2. Generalmente *mejor* y *peor* se colocan antes del sustantivo y *mayor* y *menor* se colocan después:

   Ana es la **mejor** amiga de María.

   Mario es el amigo **mayor** de Saúl.

   Mi abuelo es la persona **mayor** de nuestra familia.

El superlativo absoluto

Se forma añadiendo las terminaciones *-ísimo, -ísima, -ísimos* o *-ísimas* al final del adjetivo:

guapo → guap**ísimo**   peligroso → peligros**ísimo**

A veces hace falta un cambio ortográfico:

feli<u>z</u> → feli**císimo**   lar<u>go</u> → larg**uísimo**   ri<u>co</u> → ri**quísimo**

Ejercicios

A. ¿Qué piensas?
Contesta según tu propia opinión, empleando una frase superlativa.

1. ¿Cuál es el grupo musical más popular de hoy?

   _____

2. ¿Quién es la mujer más respetada del mundo de hoy?

   _____

3. ¿Quién es el hombre más respetado del mundo de hoy?

   _____

4. ¿Quién es el mejor jugador de béisbol de los EE.UU.?

_____

5. ¿Dónde se prepara la mejor comida del mundo?

_____

6. ¿Dónde se prepara la peor comida del mundo?

_____

7. ¿Cuál es la mejor novela que has leído?

_____

8. ¿Cuál es la peor novela que has leído?

_____

9. ¿Cuál es la novela más larga que has leído?

_____

10. ¿Cuál es la película más espantosa que has visto?

_____

11. ¿Qué característica de la naturaleza humana te parece la más pesada?

_____

B. ¡Lo mejor!

Forma una frase superlativa basada en cada grupo de palabras. Cambia los adjetivos para concordar cuando sea necesario. Ten en mente que _bueno, malo, joven_ y _viejo_ tienen formas irregulares. Por ejemplo:

> flor / bello / mundo
>
> _La rosa es la flor más bella del mundo._

1. programa / cómico / televisión

_____

2. automóvil / bueno / mundo

_____

3. actor (actriz) / malo / EE.UU.

_____

4. libro / aburrido / nuestra cultura

_____

5. persona / tímido / mundo

_____

6. película / gracioso / este año

_____

7. suceso / trágico / este siglo

_____

8. escándalo / grande / nuestro siglo

_____

9. escritor(a) / hábil / lengua inglesa

_____

10. época / difícil / la vida

_____

Los comparativos de igualdad

PearsonSchool.com
Web Code: jkd-0041

Ejemplos
a. Circe es <u>tan bella como</u> Calipso.
b. Telémaco está <u>tan preocupado como</u> Penélope por la ausencia de Ulises.

c. Los pretendientes son <u>tan molestos como</u> moscas.

d. Ulises corre <u>tan rápidamente como</u> el viento.

e. Ulises tiene <u>tantas aventuras como</u> Superhombre.

f. Un poeta merece <u>tanto respeto como</u> un médico.

Función

Tan...como se usa para expresar igualdad con respecto a adjetivos (Ejemplos a, b, c), o adverbios (Ejemplo d). *Tanto, tanta, tantos* y *tantas...como* se usan para expresar igualdad con respecto a la misma cantidad de un sustantivo (Ejemplos e, f).

Formación

Para comparar adjetivos o adverbios

tan + adjetivo o adverbio + *como*

Ninguna mujer de hoy sería **tan fiel como** Penélope.

¿Quién esperaría **tan tranquilamente como** ella?

Para comparar cantidades de un sustantivo

tanto, tanta, tantos, tantas + sustantivo + *como*

Yo no hubiera esperado **tantos años como** Penélope.

No tengo **tanta paciencia como** ella.

Ejercicios

A. Contesta la pregunta

Emplea una frase completa según tu propia opinión.

1. ¿Quién es tan bella como una mujer de un anuncio comercial?

_____

2. ¿Qué héroe de hoy es tan famoso como Ulises?

_____

3. ¿Qué héroe de películas es tan valiente y listo como el Hombre Murciélago *(Batman)?*

_____

4. ¿Quién tiene tantos pretendientes como Penélope?

_____

5. ¿Quién es tan peligroso como las sirenas?

_____

6. ¿Lees tantas obras clásicas como modernas?

_____

7. ¿Pasas tanto tiempo leyendo como mirando la televisión?

_____

8. ¿Qué otro autor es tan respetado como Homero?

_____

9. ¿Qué autor de hoy es tan popular y leído como él?

_____

10. ¿Estudias tantas horas como tus amigos?

_____

B. ¡Emplea tu imaginación!
Completa la frase con un comparativo de igualdad.

1. Homero escribe _____.

2. El poema de Claribel Alegría _____.

3. Las ideas expresadas por Antonio Curis _____.

4. Circe tiene _____.

5. Las aventuras de Ulises _____ .

6. Penélope es _____.

7. La madre de "Día de las madres" _____.

Repaso

A. El Cid

Completa la frase con la forma correcta del verbo según el sentido de la frase. Selecciona entre el presente, el pretérito, el imperfecto, los tiempos perfectos, los tiempos progresivos, el futuro, el condicional, el presente del subjuntivo, el presente perfecto del subjuntivo, el imperfecto del subjuntivo, el pluscuamperfecto del subjuntivo, el gerundio y el infinitivo.

1. *La Odisea* es la gran epopeya (poema épico) de la cultura griega; *El poema de mío Cid* se _____ (considerar) la gran epopeya de España.

2. Tanto *El poema de mío Cid* como *La Odisea* se _____ (haber / desarrollar) de la tradición oral, que en España _____ (llamarse) la Juglaresca. Los antiguos juglares _____ (ser) poetas ambulantes, como los habladores de la selva. Hace mucho tiempo, _____ (andar) de pueblo en pueblo, _____ (cantar) sus versos.

3. Un juglar anónimo _____ (escribir) *El poema de mío Cid* en el año 1140. Los sucesos que narra _____ (haber / ocurrir) sólo unos cuantos años antes.

4. Es una lástima que nosotros no _____ (saber) el nombre del poeta.

5. Como Ulises, El Cid era un héroe que _____ (irse) a luchar lejos de su hogar. A causa de una disputa con el rey Alfonso, El Cid _____ (tener) que _____ (desterrarse) de su hogar en Burgos.

6. Con gran tristeza, El Cid _____ (despedirse) de su esposa,

   Jimena, y de sus hijas, doña Elvira y doña Sol, quienes

   _____ (estar / llorar) al verlo _____

   (irse).

7. El Cid le dijo a Jimena que _____ (cuidar) bien a las hijas.

8. Las hijas _____ (amar) a su padre y no querían que él

   _____ (irse). Temían que su padre _____

   (morir) en una batalla. Pero era necesario que él _____

   (luchar) contra los moros (o árabes) que se _____

   (encontrar) en varias partes de España.

9. Los moros _____ (ocupar) partes de España desde el año

   711 hasta el año 1492. No había otro grupo que _____

   (contribuir) más a la cultura española que los moros. Pero los señores

   feudales querían que los moros _____ (irse) de la tierra.

   Esta batalla contra los moros _____ (llamarse) la

   Reconquista.

10. El Cid _____ (ser) valiente en sus batallas contra los

    moros y _____ (ganar) mucha tierra.

11. Era una lástima que El Cid _____ (tener) que preocuparse

    por problemas familiares, además de los del campo de batalla.

12. Las dos hijas de El Cid _____ (haber / casarse) con dos

    malvados que un día las _____ (golpear) y las

    _____ (dejar) en las montañas para _____

    (morir).

13. Al _____ (enterarse) de lo que les

_____ (haber / pasar) a sus hijas, El Cid

_____ (ponerse) muy enojado.

14. Pero como siempre _____ (ser) un hombre justo y

decidió _____ (pelear) contra sus yernos según la ley.

15. Primero les pidió que le _____ (devolver) los regalos

que él les _____ (haber / dar) cuando ellos

_____ (casarse) con sus hijas.

16. Después El Cid exigió que ellos _____ (participar) en

una pelea justa, en la que El Cid _____ (triunfar) sobre

ellos.

17. Además de _____ (ser) valiente, El Cid también

_____ (ser) fiel. En contraste con Odiseo, que

_____ (divertirse) con Circe y Calipso, El Cid no

_____ (estar) con ninguna otra mujer.

18. Jimena se alegró de que su esposo le _____ (ser)

siempre fiel. Era imposible que El Cid _____ (pensar)

en otra mujer.

19. Al _____ (salir) de Burgos, El Cid le

_____ (haber / decir) a Jimena: "Estaremos juntos tan

pronto como _____ (terminar) las batallas". Y El Cid

_____ (cumplir) su palabra.

B. *Ser* y *estar*

Completa la frase con la forma apropiada de *ser* o *estar* según el sentido de la frase. (Nota que en ciertas frases es posible emplear un tiempo verbal presente o un tiempo pasado.)

1. Según algunos, Penélope _____ muy paciente, porque

   _____ esperando a Ulises sin quejarse. Según otros ella

   _____ una tonta.

2. Muchas mujeres _____ tristes cuando sus queridos

   _____ lejos de ellas.

3. Telémaco _____ muy joven cuando su padre se fue.

4. El viaje de Ulises _____ muy peligroso.

5. Las aguas del mar _____ frías durante las tempestades

   creadas por Poseidón.

6. Aunque Odiseo _____ más fuerte que Calipso,

   _____ incapaz de escaparse de ella.

C. Los complementos directos e indirectos

Contesta con frases completas. Emplea los complementos apropiados.

1. ¿Le teje Penélope una mortaja a Ulises?

   _____

2. ¿Quiénes les ofrecen la fruta del loto a los hombres de Ulises?

   _____

3. ¿Quién le ha escrito una carta a Ulises?

   _____

4. ¿Quiénes tienen que devolverle los regalos a El Cid?

   _____

5. ¿Quién les cuenta historias a las tribus de la selva?

_____

6. ¿Quién te trae las noticias del día?

_____

Ciclos infinitos

LECTURA	"Las ruinas circulares" (fragmento) de *Ficciones* de Jorge Luis Borges
GRAMÁTICA	Las palabras interrogativas; las palabras exclamativas; los adjetivos y pronombres demostrativos

Vocabulario

PearsonSchool.com
Web Code: jkd-0042

acontecer (z) pasar, ocurrir, suceder. Muchos eventos raros <u>acontecen</u> en los cuentos de Borges.

adorar además del significado obvio, querer mucho a alguien, se aplica también a amar a un ser divino. Los cristianos <u>adoran</u> a Jesucristo.

el alma (f.) espíritu, esencia, parte inmaterial del hombre. Nací norteamericana, pero soy latina en mi <u>alma.</u>

el alivio algo que puede calmar o hacer menos intensa un dolor o preocupación; algo que puede **aliviar** el dolor. El niño soñó con la muerte de su amigo. Por la mañana se dio cuenta, con gran <u>alivio</u>, que sólo había sido un sueño.

amargura sentimiento de pena ante un acontecimiento desagradable; disgusto, pesadumbre. Un candidato que no gana la elección muchas veces siente gran <u>amargura</u> (*bitterness*).

arriesgar poner algo en peligro de destrucción o pérdida. La madre <u>arriesgó</u> la vida para salvar a su hijo.

audaz atrevido; se aplica a alguien que hace algo sin temor aparente. El niño fue muy <u>audaz</u> al arriesgar la vida para proteger a su hermanito.

capaz que tiene habilidad para hacer algo. Superhombre tiene poderes raros; es <u>capaz</u> de volar.

la criatura niño; [religión] todo ser vivo creado por Dios. Gandhi tenía respeto por la vida de todas las <u>criaturas</u>, los seres humanos y los animales.

digno, -a se aplica a lo que se merece (*deserves*). Una persona que se dedica a ayudar a los pobres e indefensos es <u>digna</u> de respeto y admiración.

doler (ue) causar dolor en una parte determinada del cuerpo. Después de andar mucho me <u>duelen</u> los pies.

el fantasma aparición o imagen de algo imaginado o de un muerto. En Halloween muchos niños se disfrazan de <u>fantasmas</u>.

el fuego combustión, calor, luz y llamas (*flames*); incendio. El hombre primitivo utilizaba el <u>fuego</u> para calentarse.

latir hacer los movimientos regulares que hace el corazón. El corazón de Tita <u>late</u> más rápido cuando piensa en Pedro, su gran amor.

el mago persona que practica la magia. En *El <u>mago</u> de Oz,* un hombre finge tener poderes mágicos que en realidad no tiene; no es un <u>mago</u>, sino un hombre ordinario.

merecer cumplir con las condiciones para recibir un premio o un castigo; ser digno. Jorge Luis Borges <u>merecía</u> el Premio Nobel pero se lo negaron por razones políticas.

morder (ue) clavar o poner los dientes en algo. La mayoría de los perros son muy amables; nunca <u>muerden</u> a nadie.

quemar consumir con fuego; arder. De vez en cuando en California hay grandes fuegos que <u>queman</u> muchos árboles y casas.

el rito ritual, ceremonia. Los novios intercambian anillos y se juran (*prometen*) fidelidad; es parte de los <u>ritos</u> del matrimonio.

Ejercicios de vocabulario

A. Completa la frase

Usa la palabra apropiada del vocabulario.

1. El niño comió una caja de chocolates y ahora le _____ el estómago.

2. Hamlet vio el _____ de su padre muerto.

3. Mi amigo tiene miedo de los perros porque uno le _____ hace muchos años.

4. El _____ puede ser una fuerza destructiva o puede servir para calentar al ser humano o cocinar su comida.

5. En muchas religiones se puede observar el _____ de purificación mediante agua.

6. Hay que tener compasión por todas las _____ indefensas.

7. Aunque la gente _____ a dioses de distintos nombres,

muchas religiones tienen mucho en común.

8. El corazón de un pájaro _____ más rápido que el de un

ser humano.

9. En muchas películas el héroe no piensa en el peligro y

_____ su vida para salvar a otros.

10. Hace muchos años hubo un fuego horrible en Chicago y casi toda la

ciudad se _____ .

B. Expresión personal

1. ¿A quién consideras una persona muy digna de respeto? ¿Por qué?
2. ¿Cuál es la cosa más audaz que has hecho?
3. ¿Cuál es una cosa que merece que uno arriesgue la vida?
4. ¿Cuándo aconteció un evento importante en tu vida? ¿Qué evento fue?
5. ¿Cuál es el mejor alivio cuando uno está triste?
6. ¿Crees que los animales tienen almas?
7. En tu opinión, ¿quién merece ser el hombre o la mujer del año?

C. Completa la frase

1. Siento gran amargura cuando pienso en _____

2. Si yo fuera un mago, la primera cosa que haría es _____

3. Yo merezco respeto porque _____

4. Soy capaz de _____

5. No soy capaz de _____

6. Quisiera ser capaz de_____

7. Sentí gran alivio cuando me di cuenta de que _____

LECTURA

Estrategia para leer

En la selección se usan varios nombres para referirse al protagonista del cuento: el mago, el soñador, el forastero. Ten en mente que todos los nombres se refieren al mismo individuo. Como siempre, en las obras de Borges hay que leer con gran cuidado, prestando atención a cada detalle. En el primer párrafo se establecen claramente las ideas centrales de la trama: el propósito del protagonista y cómo trata de realizar su proyecto.

Jorge Luis Borges

En el primer capítulo de este libro leíste un fragmento de "El otro" (1977) de Jorge Luis Borges. ¿Te acuerdas de los temas del cuento? Un aspecto del genio de Borges es que puede explorar los mismos temas en distintos cuentos, pero siempre lo hace desde una perspectiva original. El autor siempre demanda que pensemos y cuestionemos nuestras creencias sobre nosotros mismos y nuestra realidad.

Las ruinas circulares (fragmento)

El protagonista de este cuento es un forastero misterioso y sin nombre, que parece tener aspectos mágicos. Este mago llega por la noche a las ruinas circulares de un templo
5 *abandonado cuyo dios no recibe honor de los hombres… . El propósito que lo guiaba no era imposible, aunque sí sobrenatural. Quería soñar un hombre: quería soñarlo con integridad minuciosa[1] e imponerlo a la*
10 *realidad… Al principio, los sueños eran caóticos …pero después el soñador empezó a soñar con una sala de clase circular llena de alumnos… . El hombre les dictaba lecciones de anatomía, de cosmografía[2], de magia: los*
15 rostros[3] escuchaban con ansiedad y procuraban responder con entendimiento, como si adivinaran[4] la importancia de aquel examen, que redimiría[5] a uno de ellos de su condición de vana apariencia y lo interpolaría

20 en el mundo real… . Buscaba un alma que mereciera participar en el universo. A las nueve o diez noches comprendió con alguna amargura que nada podía esperar de aquellos alumnos que aceptaban con pasividad su
25 doctrina y sí de aquellos que arriesgaban, a veces, una contradicción razonable. Los primeros, aunque dignos de amor y de buen afecto, no podían ascender a individuos…
Por fin, el mago seleccionó a un alumno
30 *digno de existir en la realidad, pero después sufrió una catástrofe: el insomnio. Las raras veces que soñó durante ese período, no se dio cuenta de sus sueños. Para volver a su trabajo, el soñador… esperó que el disco[6] de la luna*
35 *fuera perfecto. Luego, en la tarde, se purificó en las aguas del río, adoró a los dioses planetarios, pronunció las sílabas lícitas[7] de un nombre poderoso y durmió. Casi*

---

1. **minuciosa** que cuida mucho los detalles (*thorough, in great detail*)
2. **cosmografía** ciencia del universo
3. **rostros** caras
4. **adivinaran** predijeran el futuro; supieran por conjetura (*guessed*)
5. **redimiría** liberaría, rescataría, salvaría (*would redeem*)

6. **disco** círculo
7. **lícitas** permitidas por la ley, legales, legítimas (*lawful*)

inmediatamente, soñó con un corazón que
40 latía… . *Después el soñador soñó con los otros órganos y detalles de su "hijo" soñado… .* Antes de un año llegó al esqueleto, a los párpados. El pelo innumerable fue tal vez la tarea más difícil. Soñó un hombre íntegro, un
45 mancebo[8], pero éste no se incorporaba[9] ni hablaba ni podía abrir los ojos. Noche tras noche el hombre lo soñaba dormido… .

Desesperado, el soñador se tiró a los pies de una estatua del dios antiguo de las ruinas
50 *circulares. Este dios…* le reveló que su nombre terrenal era Fuego, que en ese templo circular (y en otros iguales) le habían rendido[10] sacrificios y culto y que mágicamente animaría al fantasma soñado, de
55 suerte que todas las criaturas, excepto el Fuego mismo y el soñador, lo pensaran un hombre de carne y hueso. Le ordenó que una vez instruido en los ritos, lo enviara al otro templo despedazado cuyas pirámides
60 persisten aguas abajo, para que alguna voz lo glorificara en aquel edificio desierto. En el sueño del hombre que soñaba, el soñado se despertó…

El mago hizo todo lo que el dios del Fuego
65 *le había mandado. Le enseñó a su hijo los ritos y costumbres de adorar al Fuego, y había llegado la hora para enviarlo al otro templo… Pero* íntimamente le dolía apartarse[11] de él. Con el pretexto de la
70 necesidad pedagógica, dilataba[12] cada día las horas dedicadas al sueño. También rehizo el hombro derecho, acaso deficiente. A veces lo inquietaba una impresión de que ya todo eso había acontecido… En general, sus días eran

75 felices; al cerrar los ojos pensaba: Ahora estaré con mi hijo. O, más raramente: el hijo que he engendrado me espera y no existirá si no voy.

Gradualmente lo fue acostumbrando a la
80 realidad. Una vez le ordenó que embanderara[13] una cumbre[14] lejana. Al otro día flameaba[15] la bandera en la cumbre. Ensayó otros experimentos análogos, cada vez más audaces. Comprendió con cierta
85 amargura que su hijo estaba listo para nacer, y tal vez impaciente. Esa noche lo besó por primera vez y lo envió al otro templo que… *se encontraba a una distancia* río abajo… Antes (para que no supiera nunca que era un
90 fantasma, para que se creyera un hombre como los otros) le infundió el olvido total de sus sueños de aprendizaje.

Su victoria y su paz se quedaron empañadas[16] de hastío[17]. En los crepúsculos[18]
95 de la tarde y del alba, se prosternaba[19] ante la figura de piedra, tal vez imaginando que su hijo irreal ejecutaba idénticos ritos, en otras ruinas circulares, aguas abajo; de noche no soñaba o soñaba como lo hacen todos los
100 hombres… . El propósito de su vida estaba colmado[20]; el hombre persistió en una suerte de éxtasis. Al cabo de un tiempo que ciertos narradores de su historia prefieren computar en años y otros en lustros[21] lo despertaron
105 dos remadores[22] a medianoche: no pudo ver sus caras, pero le hablaron de un hombre mágico en un templo del Norte, capaz de hollar[23] el fuego y de no quemarse. El mago recordó bruscamente las palabras del dios.
110 Recordó que de todas las criaturas que

---

8. **mancebo** un joven
9. **no se incorporaba** no se levantaba (*did not rise up*)
10. **rendido** ofrecido
11. **apartarse** separarse, salir, irse
12. **dilataba** hacía más largas o extendidas

13. **embanderara** adornara con banderas
14. **cumbre** parte más alta de una montaña
15. **flameaba** se movía en el aire (*flew, waved, floated*)
16. **empañadas** describe algo que ha perdido su brillo o limpieza (*dulled, dimmed*)
17. **hastío** repugnancia, fatiga
18. **crepúsculos** la luz que se ve al salir o ponerse el sol (*twilight*)
19. **prosternaba** se ponía de rodillas en señal de adoración (*kneeled*)
20. **colmado** totalmente lleno, completo (*fulfilled*)
21. **lustros** períodos de cinco años
22. **remadores** personas que reman (*row*) un barco (*rowers*)
23. **hollar** pisar, poner el pie sobre algo; caminar sobre

componen el orbe²⁴, el fuego era la única que sabía que su hijo era un fantasma. Ese recuerdo, apaciguador²⁵ al principio, acabó por atormentarlo. Temió que su hijo meditara en ese privilegio anormal y descubriera de algún modo su condición de mero simulacro²⁶. No ser un hombre, ser la proyección del sueño de otro hombre ¡qué humillación incomparable, qué vértigo! A todo padre le interesan los hijos que ha procreado (que ha permitido) en una mera confusión o felicidad; es natural que el mago temiera por el porvenir de aquel hijo, pensado entraña²⁷ por entraña y rasgo por rasgo, en mil y una noches secretas.

El término de sus cavilaciones²⁸ fue brusco, pero lo prometieron algunos signos²⁹. Primero (al cabo de una larga sequía³⁰) una remota nube³¹ en un cerro, liviana como un pájaro; luego, hacia el Sur, el cielo que tenía el color rosado como la encía³² de los leopardos; ... después la fuga³³ pánica de las bestias. Porque se repitió lo acontecido hace muchos siglos. Las ruinas del santuario del dios del fuego fueron destruidas por el fuego. En un alba sin pájaros el mago vio, ...*alrededor del templo*... el incendio³⁴ concéntrico. Por un instante, pensó refugiarse en las aguas, pero luego comprendió que la muerte venía a coronar³⁵ su vejez y a absolverlo de sus trabajos. Caminó contra los jirones³⁶ de fuego. Estos no mordieron su carne, éstos lo acariciaron y lo inundaron sin calor y sin combustión. Con alivio, con humillación, con terror, comprendió que él también era una apariencia, que otro estaba soñándolo.

24. **orbe** mundo, planeta
25. **apaciguador** calmante, tranquilizante (*calming*)
26. **simulacro** imagen, imitación
27. **entraña** víscera u órgano que está en el interior del cuerpo
28. **cavilaciones** pensamientos
29. **signos** indicaciones o presagios de que algo va a pasar (*signs*)
30. **sequía** período de tiempo sin lluvia; falta de agua
31. **nube** *cloud*
32. **encía** material en la parte de la boca a la base de los dientes (*gums*)
33. **fuga** acción de huir o escaparse de un peligro; escape
34. **incendio** fuego grande y destructor
35. **coronar** completar, perfeccionar (en sentido literal *to crown*)
36. **jirones** pedazos (*shreds, scraps*)

Preguntas de comprensión

1. ¿Cuál es el propósito del protagonista?
2. Los alumnos en el sueño del protagonista son candidatos. ¿Qué honor buscan estos alumnos?
3. Para seleccionar a uno de los alumnos, ¿qué característica o capacidad le importa al protagonista? ¿Qué debe hacer el alumno ideal que busca el protagonista (el mago)?
4. Después de seleccionar al alumno, ¿qué problema tiene el protagonista? ¿Qué ritos observa el protagonista para resolver este problema?
5. ¿Cuál es el segundo problema del soñador? ¿A quién le pide ayuda? ¿Qué tiene que prometerle para conseguirla?
6. El soñador no quiere terminar la educación de su hijo. ¿Por qué?
7. ¿Adónde envía al hijo?
8. ¿De qué no va a acordarse el hijo? ¿De qué no va a darse cuenta?
9. El hijo del mago no va a quemarse en el fuego. ¿Por qué?
10. El soñador no quiere que su hijo sepa algo. ¿Qué es?
11. Al final, ¿qué pasa en las ruinas circulares del mago? ¿Le hace daño al mago?
12. ¿De qué se da cuenta el mago al final?

Preguntas de discusión

1. Describe el tono o ambiente del cuento. ¿Qué elementos contribuyen a este ambiente?

2. Discute la frase "El propósito que lo guiaba no era imposible aunque sí sobrenatural". ¿Qué sugiere Borges con esta frase?

3. ¿Qué comentario hace Borges sobre el alumno ideal? A veces hay alumnos que prefieren estar de acuerdo con las ideas del profesor en vez de expresar sus propias opiniones. ¿Por qué?

4. La religión antigua, politeísta (en la que se adoran a muchos dioses), del cuento es diferente de la tradición judeocristiana. Sin embargo, hay ciertos elementos universales que muchas religiones tienen en común. ¿Qué semejanzas puedes ver entre la religión antigua del cuento y otras religiones?

5. ¿En qué sentido es muy rara y extraña la relación entre el soñador y su hijo? ¿En qué sentido es similar a la relación normal entre padres e hijos?

6. Discute la obsesión del mago con crear a otro ser humano. ¿Qué paralelos puedes ver entre el mago y su hijo y: (a) Dios y el ser humano; (b) padres e hijos; y (c) un autor y los personajes que inventa?

7. ¿Por qué quiere el soñador que su hijo se olvide de su origen?

8. ¿Cuál es la implicación de la última frase? ¿Qué cuestiones quiere Borges inspirar en la mente del lector?

9. Discute los temas borgeanos que encuentras en *Las ruinas circulares.* Piensa en los temas que discutimos en *El otro* (Capítulo 1).

Expresándonos

Con unos compañeros de clase representa la escena donde el mago trata de seleccionar a un alumno que merezca "participar en el universo". El mago les hace preguntas a los alumnos. Algunos expresan sus opiniones; otros sólo quieren complacer al profesor.

Integración

Antes de escuchar

Para discutir ¿Crees que estás libre para determinar tus propias acciones? ¿Crees que hay factores psicológicos, sociales, genéticos, divinos o del azar que determinan tu futuro?

Instrucciones

1. Relee la selección, prestando atención a la relación entre el mago y su hijo y pensando también en el significado de lo que pasa al final.

2. Después de repasar la selección, estudia la lista de vocabulario para la conferencia.

3. Escucha la conferencia y toma apuntes sobre las ideas importantes. Debes prestar atención a:

   a. los temas discutidos en la conferencia y su conexión a la lectura

   b. la cita de Borges

4. Después de escuchar la conferencia, completa las oraciones de la sección **Comprensión.**

5. Finalmente, vas a preparar una presentación según las instrucciones de la sección **Presentación escrita.**

Vocabulario

libre albedrío: la idea que el ser humano tiene la libertad de hacer decisiones y determinar los aspectos importantes de su vida; la idea que el ser humano está libre del control de fuerzas afuera de sí mismo

voluntad: la capacidad del ser humano de gobernar sus propios actos; el libre albedrío

ajedrez: juego de dos jugadores que se juega sobre un tablero (*chess*)

pieza: figurita que se usa en un juego, como en el juego de ajedrez (*chess piece*)

Escuchar

En *Las ruinas circulares,* el cuento de Borges que has leído, se encuentran los temas de libre albedrío y de lo infinito. En la conferencia se discuten estos mismos temas, y hay una cita de Borges mismo sobre ellos.

CD, Track 12

PearsonSchool.com
Web Code: jkd-0078

Después de escuchar

Comprensión Selecciona la mejor respuesta.

1. Según la conferencia, la sorpresa al final de *Las ruinas circulares* debe hacernos cuestionar _____.

    a. el significado de la vida

    b. la diferencia entre un sueño y la realidad

    c. el simbolismo de las ruinas circulares

    d. el verdadero propósito del mago

2. Según la conferencia, los temas del libre albedrío y de lo infinito _____.

    a. no son tan importantes como los otros temas

    b. son más raros en la obra de Borges

    c. no son tan obvios como los otros dos temas mencionados

    d. no tienen una conexión a la vida del lector

3. El simbolismo del juego de ajedrez es que _____.

    a. representa la infinidad

    b. las piezas representan seres humanos que tienen la ilusión de determinar sus propios actos

    c. sólo dos personas pueden jugar

    d. es un juego muy difícil y complejo

4. Se menciona *El otro* porque es un cuento que _____.

   a. también ilustra el tema de ciclos infinitos

   b. representa un contraste total con *Las ruinas circulares*

   c. refleja elementos biográficos de la vida de Borges

   d. es el favorito del autor

5. Al final de la conferencia se sugiere que al final de *Las ruinas circulares* Borges _____.

   a. llega a una conclusión definitiva sobre el tema de lo infinito

   b. contradice lo que ha dicho en el principio del cuento

   c. describe un partido de ajedrez

   d. deja algunas cosas importantes a la imaginación del lector

Síntesis

Presentación escrita Tu presentación va a basarse en el fragmento de *Las ruinas circulares* de Borges, que ya has leído, y la conferencia que escuchaste. Prepara una presentación escrita de una a dos páginas sobre el tema que sigue. Si quieres, repasa la selección y la conferencia otra vez antes de preparar tu presentación.

Tema: Discute los temas de libre albedrío y lo infinito en *Las ruinas circulares,* integrando lo que has aprendido en la conferencia. En particular debes incluir una referencia a la cita de Borges que escuchaste en la conferencia. ¿Cómo se aplica esta cita a *Las ruinas circulares*?

Educación para toda la vida La cuestión del libre albedrío es un tema universal sobre el que todos pensamos. Selecciona a una persona hispanohablante o un(a) compañero(a) de clase. Haz una entrevista con esta persona sobre el tema. Después presenta la entrevista a la clase.

Culturas Has leído "Caminante son tus huellas" por Machado, que presenta un punto de vista sobre el libre albedrío en contraste con el de Borges. Con un(a) compañero(a) de clase prepara un diálogo para presentar a la clase entre Machado y Borges sobre el libre albedrío.

Composición dirigida

1. Los dos cuentos de Borges que has leído, *El otro* y *Las ruinas circulares,* tienen tres temas en común: la relación entre los sueños y la realidad, la realidad como una serie de ciclos infinitos, y el tema del doble. En un ensayo bien organizado, discute estos tres temas en los dos cuentos.

2. Escribe un cuento original utilizando uno de los temas mencionados arriba.

GRAMÁTICA

Las palabras interrogativas

PearsonSchool.com
Web Code: jkd-0043

Ejemplos

a. ¿Cuándo se escribió este cuento? ¿En qué año?

b. ¿Dónde se encuentran las ruinas circulares?

c. ¿Para qué se usan las ruinas circulares? Se usan para adorar a los dioses antiguos.

d. ¿Por qué quiere dormir el protagonista? Querrá soñar.

e. ¿Qué es un mago?

f. ¿De dónde viene el mago? ¿A dónde va?

g. ¿Cuál es el trabajo más difícil?

h. ¿A quiénes les enseña el protagonista?

i. ¿Cuántos años pasa soñando?

j. ¿Con quién sueña el protagonista?

k. ¿Cómo se resolvió el problema?

l. ¿Quién le ayuda al mago?

Función

La mayoría del uso de las palabras interrogativas es muy obvia. Pero observa los siguientes puntos:

Acentos

Las palabras interrogativas siempre llevan acentos.

Preposiciones

Cuando se usa con preposición, la preposición siempre se coloca *antes* de la palabra interrogativa. ¡Nunca, nunca, NUNCA se termina una frase española con una preposición! La frase inglesa *"Who are you going with?"* es incorrecta por dos razones:

• Cuando se refiere a un objeto, debe ser *"whom"* en vez de *"who"*.

• En inglés, igual que en español, no debemos terminar una frase con preposición. La frase debe ser: *"With whom are you going?"* ¿Con quién te vas? *"Whom"* es equivalente a preposición + *quién* en español. La gramática inglesa en este caso tiene la misma regla que la española. La diferencia es que en español la regla se sigue siempre, pero no en inglés.

¿Qué? y ¿Cuál?

Estas dos palabras se confunden con frecuencia.
Cuando el verbo es *ser, que* se usa sólo para pedir
una definición o explicación:

—¿**Qué** es un manicomio?

—Es un hospital para locos.

—¿**Qué** es esto?

—Lo siento, mamá. Un monstruo entró
en la cocina y tiró los platos por todas
partes. No tengo la culpa.

¿Cuál es? se usa para todo lo demás:

¿**Cuál** es tu plato predilecto?

¿**Cuál** es tu número telefónico?

¿**Cuál** es la fecha?

¿Cuál? implica una selección y corresponde
frecuentemente a *"which"* en inglés. Al preguntar *¿Cuál es la fecha?* el
verdadero significado es: *¿Cuál, de todas las fechas posibles, es la fecha de
hoy?* Observa que si se cambia el orden de las palabras, se usa *qué* antes de
un sustantivo aunque indique una selección:

¿Qué día es hoy? ¿Qué hora es? La diferencia entre *¿Qué?* y *¿Cuál?* se ve
claramente en los dos ejemplos que siguen:

—¿**Cuál** es tu número telefónico?

—Mi número telefónico es 555-1928.

—¿**Qué** es tu número telefónico?

—Mi número telefónico es la serie de siete números que se
marcan para llamarme por teléfono.

Gramáticamente, las dos frases son correctas, pero el significado es diferente.

¿Por qué? y ¿Para qué?

Estas dos expresiones interrogativas reflejan la diferencia entre *por* y *para*
(ve el Capítulo 8). *¿Por qué?* pregunta sobre el motivo o la causa. *¿Para
qué?* pregunta sobre el propósito deseado:

—¿**Por qué** crearon un monstruo?

—Lo crearon porque querían saber si era posible crear la vida.

—¿**Para qué** crearon un monstruo?

—Lo crearon para tener una fuerza poderosa para emplear
contra sus enemigos.

Ejercicios

A. Preguntas

Escribe preguntas posibles para cada respuesta. Por ejemplo:

El rito del sacrificio humano se usaba para complacer a los dioses.

—*¿Qué se usaba para complacer a los dioses?*

—*¿Para qué se usaba el rito?*

1. Mi profesor adora a Borges por su gran talento.

_____

2. El propósito del mago es sobrenatural.

_____

3. El mago va a las ruinas circulares para realizar su proyecto.

_____

4. El mago quiere utilizar sus sueños para crear un hombre.

_____

5. El insomnio es el peor problema porque el mago no puede soñar.

_____

6. El dios del Fuego ayuda al soñador.

_____

7. El mago envía a su hijo a otras ruinas circulares.

_____

8. El mago está triste porque le duele separarse de su hijo.

_____

9. A los padres les gusta estar con sus hijos.

_____

10. Cuando anda por el fuego, el mago se da cuenta de la verdad.

_____

11. El propósito de Borges es que el lector cuestione la realidad.

___

B. Expresándonos

1. Escribe tus propias diez respuestas. Léelas a la clase para que los otros alumnos piensen en preguntas apropiadas. Emplea tu imaginación. Tus respuestas deben provocar preguntas interesantes.

2. Selecciona una persona famosa que te inspire gran curiosidad. (Puede ser una persona viva o muerta, real o ficticia.) Escribe una lista de preguntas que querrías hacerle. Presenta tu lista a la clase.

Las palabras exclamativas

PearsonSchool.com
Web Code: jkd-0044

Ejemplos

a. ¡Qué maravilloso es Borges! Merece el Premio Nobel.

b. ¡Cuánto me gustan sus obras!

c. ¡Cómo escribe! Nos hace cuestionar todo lo que hemos creído.

d. ¡Cuán raro es el proyecto del mago!

e. ¡Cuánta maravilla nos inspira!

f. ¡Cuántos cuentos fenomenales ha escrito!

g. ¡Qué autor más admirado!

Función

Las palabras exclamativas se usan para expresar emociones fuertes como asombro, enojo, miedo, alegría, etc. Acuérdate de la línea de "Romance de la luna, luna", de García Lorca: "¡Cómo canta la zumaya, / ay cómo canta en el árbol!"

Formación

*la palabra exclamativa + adjetivo o adverbio (Ejemplos a, d)
  ¡Qué maravilloso…!
  ¡Cuán raro…!

*la palabra exclamativa + verbo (Ejemplos b, c)
  ¡Cuánto me gustan…!
  ¡Cómo escribe…!

*la palabra exclamativa + sustantivo (Ejemplos e, f)
  ¡Cuánta maravilla…!
  ¡Cuántos cuentos…!

*la palabra exclamativa + sustantivo + más + adjetivo (Ejemplo g)
  ¡Qué autor más maravilloso!

Observa que la palabra exclamativa siempre lleva acento. Observa también que **cuánto(a)** y **cuántos(as)** concuerdan en número y género con el sustantivo que sigue (Ejemplos e, f).

Ejercicios

A. ¡Qué exclamación más imaginativa!

Escribe una exclamación apropiada para cada individuo que sigue. Por ejemplo:

Ricitos de Oro, al sentarse en la silla del Papá Oso.

¡Qué silla más grande! o *¡Qué grande es esta silla!*

1. Caperucita Roja al ver los dientes del lobo disfrazado de la abuela.

_____

_____

2. Tarzán al ver a una mujer por primera vez.

_____

_____

3. Víctor Frankenstein al darse cuenta de lo destructivo que es su monstruo.

_____

_____

4. La Cenicienta al ver el vestido que le da su Hada Madrina.

_____

_____

5. Ulises al oír los cantos de las sirenas.

_____

_____

6. Penélope al ver el gran número de pretendientes que quieren casarse con ella.

_____

7. Ulises al ver que Circe está convirtiendo a sus hombres en cerdos.

_____

8. El Cid al oír que sus yernos habían maltratado a sus hijas.

_____

9. Borges al pensar en su encuentro consigo mismo.

_____

10. Neruda al conocer a Matilde por primera vez.

_____

11. Tus padres al ver tus notas.

_____

12. Un(a) aficionado(a) a la literatura al leer por primera vez una novela de García Márquez.

_____

B. Traduce la frase al español
Emplea una palabra exclamativa.

1. Granny, what big eyes you have!

_____

2. How much make-up that actress wears!

_____

3. How short those skirts are!

_____

4. What a crazy generation!

_____

5. How lucky we are!

_____

6. How much time Penelope has wasted, and how many tears she has shed _(derramado)._

_____

7. How sweet life is!

_____

8. How many shoes my sister has!

_____

9. How jealous doña Juana was!

_____

10. How many wives King Henry had!

_____

11. What a dangerous competition!

_____

Los adjetivos y pronombres demostrativos

PearsonSchool.com
Web Code: jkd-0045

Ejemplos

a. <u>Este</u> alumno tiene sus propias ideas, diferentes a las del profesor.

b. <u>Ese</u> alumno siempre expresa la misma opinión que el profesor.

c. <u>Aquel</u> alumno no le presta atención al profesor.

d. <u>Esta</u> manzana es grande.

e. <u>Esa</u> manzana es pequeña.

f. <u>Aquella</u> manzana ha sido comida.

g. <u>Estos</u> libros son novelas famosas.

h. <u>Esos</u> libros son de matemáticas.

i. <u>Aquellos</u> libros son de ciencia ficción.

j. <u>Estas</u> manos son grandes.

k. <u>Esas</u> manos llevan guantes.

l. <u>Aquellas</u> manos son muy peludas (tienen mucho pelo).

m. El primer alumno se llama Salvador. <u>Éste</u> es el favorito del profesor. El segundo es Roberto. <u>Ése</u> no es digno de tanto respeto porque no arriesga equivocarse. <u>Aquél</u>, Miguel, está loco y se cree un extraterrestre (de otro planeta).

n. Un día de <u>éstos</u>, según lo que dice él, va a irse a su planeta.

o. Salvador y Roberto hacen toda la tarea; <u>éste</u> la hace para impresionar al profesor, <u>aquél</u> la hace porque de veras le interesa.

p. Salvador parece ser el favorito del profesor. <u>Esto</u> le molesta mucho a Roberto. "No me doy cuenta de <u>eso</u>", dijo Miguel.

q. No se sabe nada sobre el origen o la juventud del mago. <u>Aquello</u> nos da un sentido de misterio.

r. <u>Eso de</u> examinar tanto el tema de la creación me da ganas de escribir.

Función

- Los adjetivos demostrativos acompañan el sustantivo y concuerdan con él en número y género (Ejemplos a-l).

- Los pronombres demostrativos se usan para sustituir al sustantivo (Ejemplos m, n, o).

> **Observa:** En el Ejemplo o, el uso de *éste* y *aquél* corresponde al uso inglés de *"the latter"* (éste, el que acabo de mencionar) y *"the former"* (*aquél*, el que se menciona primero).

- Los pronombres neutros, *esto, eso* y *aquello,* se usan para referirse a un concepto o a una idea, en vez de a un sustantivo concreto (Ejemplos p, q, r).

- Recuerda que también se puede usar *lo que* (ve el Capítulo 9) para referirse a una idea o concepto.

Ejercicio

Una discusión literaria

Adriana y Emilio miran y discuten retratos de tres autores. Para completar la frase, traduce las palabras inglesas al español.

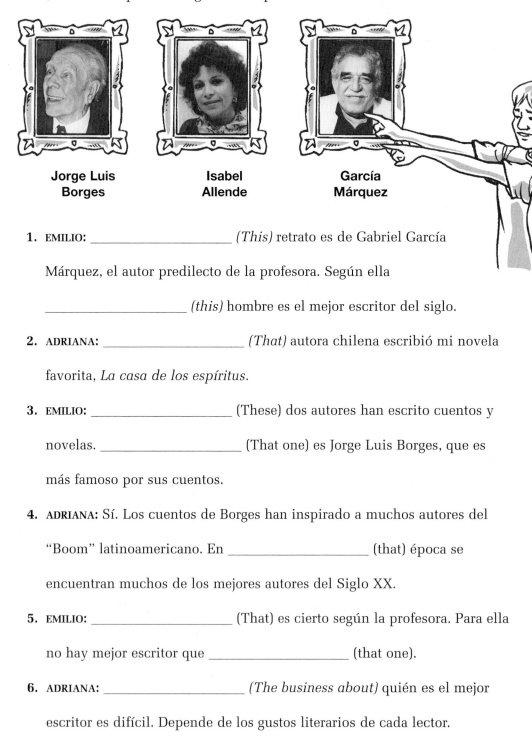

Jorge Luis Borges

Isabel Allende

García Márquez

1. EMILIO: _____ *(This)* retrato es de Gabriel García

   Márquez, el autor predilecto de la profesora. Según ella

   _____ *(this)* hombre es el mejor escritor del siglo.

2. ADRIANA: _____ *(That)* autora chilena escribió mi novela

   favorita, *La casa de los espíritus.*

3. EMILIO: _____ (These) dos autores han escrito cuentos y

   novelas. _____ (That one) es Jorge Luis Borges, que es

   más famoso por sus cuentos.

4. ADRIANA: Sí. Los cuentos de Borges han inspirado a muchos autores del

   "Boom" latinoamericano. En _____ (that) época se

   encuentran muchos de los mejores autores del Siglo XX.

5. EMILIO: _____ (That) es cierto según la profesora. Para ella

   no hay mejor escritor que _____ (that one).

6. ADRIANA: _____ *(The business about)* quién es el mejor

   escritor es difícil. Depende de los gustos literarios de cada lector.

Repaso

A. El deseo de crear

Completa la frase con la forma correcta del verbo. Selecciona entre el presente, el pretérito, el imperfecto, los tiempos perfectos, los tiempos progresivos, el futuro, el condicional, el presente del subjuntivo, el imperfecto del subjuntivo y el infinitivo.

1. En *Las ruinas circulares,* has _____ (leer) sobre un mago

   que quiere crear un ser humano. Pero Borges no es el único que ha

   _____ (escribir) sobre esta idea.

2. Hace muchos años, Mary Shelley, una escritora británica,

   _____ (escribir) *Frankenstein.* Al igual que el mago de

   Las ruinas circulares, el protagonista, Víctor Frankenstein, también está

   obsesionado con crear un ser humano.

3. No es verdad que la creación de Víctor _____ (ser) el

   monstruo bruto y violento que se ve en las películas de terror del pasado.

   En la novela, este "monstruo" _____ (ser) inteligente y

   sensible y le duele _____ (ser) rechazado por otros.

4. Hace unos años se _____ (hacer) una película llamada *El*

   Frankenstein de Mary Shelley. Se _____ (decir) que esta

   versión es más fiel a la novela.

5. En esta película el "monstruo" de Frankenstein se _____

   (presentar) de una manera más sensible que en las películas anteriores.

6. En el pasado las películas de terror _____ (ser) más

   sencillas; hoy _____ (tener) más elementos psicológicos.

7. Este "monstruo" sólo quiere que otros lo _____ (querer) y

   lo _____ (aceptar) a pesar de su apariencia física. Le pide

   a la gente que no _____ (huir) de él, pero no hay nadie

   que lo _____ (entender).

8. El "monstruo" se enoja con Víctor porque _____ (haber/lo

   hacer) tan feo. Según el pobre monstruo no es justo que

   _____ (tener) una cara que _____

   (espantar) a todos.

9. El "monstruo" busca una mujer que _____ (poder)

   aceptarlo como _____ (ser).

10. Por fin insiste en que Víctor _____ (crear) otro ser como

    él, y que _____ (ser) una mujer.

11. Víctor trata de _____ (hacer) lo que el "monstruo" le

    _____ (haber/pedir) pero no _____

    (resultar) bien.

12. Es imposible que esta película _____ (terminar)

    felizmente.

13. Es una lástima que el "monstruo" _____ (tener) una

    relación tan amarga con Víctor, su creador.

14. En 1980 Rosario Ferré, una escritora puertorriqueña,

    _____ (publicar) un ensayo sobre la novela *Frankenstein*.

    Según Ferré, el tema de creación en *Frankenstein* refleja la maternidad.

    Esta idea se basa en el hecho de que Mary Shelley _____

    (estar) descontenta al _____ (encontrarse) embarazada por

    tercera vez.

15. En el verano de 1816, Mary Shelley _____ (escribir) su

    novela mientras que _____ (pasar) unas vacaciones cerca

    al lago de Ginebra.

16. La novela _____ (ser) el resultado de una competencia

    entre Mary, su marido Percy Shelley, Lord Byron y otro amigo, para

    _____ (ver) quién podía _____ (escribir)

    la mejor historia de terror.

17. Fue una sorpresa enorme que Mary _____ (haber) ganado.

    Algunos no creían que _____ (ser) Mary sino Percy quien

    la había _____ (escribir).

18. Mary _____ (ser) hija y esposa de escritores famosos.

    Mary dijo: "Mi esposo...deseaba que yo _____ (probar)

    ser digna hija de mis padres" y que se _____ (incluir)

    "también mi nombre en el libro de la fama".

B. La voz pasiva con *se*
Emplea la voz pasiva con *se* para traducir las siguientes frases.

1. The ancient gods were worshipped in circular ruins.

   _____

2. It is believed that these gods still walk among the ruins.

   _____

3. A daring dreamer was seen there alone at night, worshipping the ancient gods.

   _____

4. At the end of the story, the hidden truth was revealed.

   _____

5. Borges' stories are found in libraries all over the world.

   _____

6. *The Circular Ruins* was published in 1941.

_____

7. Borges is celebrated as a writer worthy of great admiration.

_____

C. Traduce la frase al español

Emplea **lo que** y **lo** + adjetivo en las frases que siguen.

1. What *Frankenstein* and *Las ruinas circulares* have in common is the theme of creation.

_____

2. The sad thing is that Borges was worthy of the Nobel Prize but never received it.

_____

3. What fascinates me is the relation between the writer and the characters he creates.

_____

4. The ironic thing is that the dreamer is also a dream.

_____

5. What confuses many readers is that it is hard to distinguish between dreams and reality.

_____

6. The best part is that Borges makes us question reality.

_____

La vida y la muerte

LECTURA   "Rebelde", Juana de Ibarbourou
"En paz", Amado Nervo

GRAMÁTICA   Los pronombres relativos; las palabras
afirmativas y negativas

Vocabulario

PearsonSchool.com
Web Code: jkd-0046

acariciar tocar suave y cariñosamente algo o a alguien. Cuando Neruda
acariciaba la cara de Matilde, era como adorarla con los dedos.

alumbrar dar luz, iluminar. De noche, la luna llena alumbra el cielo con una
luz romántica.

bendecir desear bien a alguien; invocar la protección divina sobre personas,
acontecimientos, cosas o lugares. Mi tía, que es muy religiosa, siempre me
dice: "Que Dios te bendiga".

conquistar llegar a ser dueño de un lugar por medio de la fuerza o con armas;
ganar el cariño de otro. Durante la Reconquista, El Cid y sus hombres
conquistaron mucha tierra ocupada por los moros. Marilyn Monroe
conquistó a muchos hombres con pura sensualidad.
la conquista acción y efecto de conquistar. La conquista de México por los
españoles resultó en la destrucción del imperio azteca.

inmerecido, -a se aplica al que no merece, que no es digno. A veces hay
errores en el sistema judicial que resultan en castigos inmerecidos.

la miel sustancia dulce fabricada por las abejas (insectos de rayas amarillas y
negras). Cuando estoy nerviosa tengo ganas de comer cosas dulces. A
veces como miel sola, sin pan.

el / la rebelde una persona que lucha contra la autoridad. Los rebeldes
ocuparon el edificio.
rebelde se aplica a una persona que lucha contra la autoridad. En los años
sesenta, muchos alumnos rebeldes contra la Guerra de Vietnam ocuparon
edificios de varias universidades y resistieron a la policía.

rezar dirigir palabras a Dios o a los santos, mentalmente o en voz alta, para
pedir algo. Las madres rezaban cada día por el bienestar de sus hijos que
luchaban en la guerra.

el sabor sensación que la comida produce en la boca, a través del sentido del gusto. La salsa tiene un <u>sabor</u> muy fuerte y picante. El chocolate es mi <u>sabor</u> predilecto.
sabroso, -a que tiene buen sabor; rico, delicioso. "Prueba esta manzana; es muy <u>sabrosa</u>", le dijo la serpiente a Eva.

salvaje no domesticado, no civilizado. El tigre es un animal <u>salvaje</u>; no se le puede mantener en casa como a un perro o un gato.

sombrío, -a se aplica a un lugar que tiene una sombra desagradable, excesiva, o a una persona triste o pesimista. En las películas de terror, la casa del científico loco es siempre <u>sombría</u>.

Ejercicios de vocabulario

A. Completa la frase

Usa la palabra apropiada del vocabulario.

1. Cuando Ulises se marchó para la guerra, Penélope _____

   por el bienestar y seguridad de su esposo.

2. Penélope quería que los dioses _____ a Ulises y a sus

   barcos para que volviera sano y salvo.

3. Penélope no permitió que los pretendientes la _____ con

   sus manos ansiosas porque permanecía fiel a Ulises.

4. Según Claribel Alegría, Ulises no merecía una esposa tan fiel. Ulises

   gozaba de una lealtad (*loyalty*) _____.

5. Las sirenas _____ a muchos marineros con sus cantos

   dulces como la _____.

6. Después de la muerte de Clara, Esteban Trueba se convirtió en un hombre

   _____ y cínico, hasta que su nieta Alba le

   _____ la vida con la luz de su cariño.

7. Isabel Allende nos dice que en Chile los _____ contra el

   gobierno sufrieron mucho.

B. Expresión personal

1. Cuando tienes que escoger entre cinco sabores de helado, ¿decides fácilmente o con gran dificultad? ¿Cuál es tu sabor predilecto?

2. ¿Puedes nombrar un drama, película, cuento o mito que tenga un ambiente sombrío?

3. ¿Te dejas conquistar fácilmente por una sonrisa atractiva o unos ojos románticos?

4. En tu opinión, ¿quién goza de honor o respeto inmerecido?

5. ¿Rezas a veces? ¿Cuándo? ¿Crees que hay un Dios que oiga las oraciones de los seres humanos?

6. ¿Eres rebelde a veces contra la autoridad? ¿Qué circunstancias te hacen ser rebelde?

LECTURA

Estrategia para leer

Los dos poemas que siguen emplean la técnica poética que se llama "apóstrofe": el poeta se dirige directamente a alguien o a algo. En el primer poema, Juana de Ibarbourou habla a Caronte, quien, según el mito griego, es el barquero que lleva las almas de los que acababan de morir a través del río Estigia (Styx). Este río es la frontera (línea) entre la Tierra de los Vivos y la Tierra de los Muertos. En los dos poemas, nota el tono y la actitud del poeta con respecto al personaje a quien se dirige. Observa el uso de *tú* en vez de *usted.* ¿Tiene la misma implicación en los dos poemas?

Juana de Ibarbourou

Juana de Ibarbourou (1895–1979) nació en Melo, Uruguay. Logró una fama instantánea a la edad de 24 años con su primera colección de poemas, *Las lenguas de diamante.* En la obra de la joven poeta se refleja su gran amor por la naturaleza, la belleza y la vida misma. Es una celebración de vivir, amar y ser amada. El poema que sigue es de la colección *Obras completas.*

Rebelde

Caronte: yo seré un escándalo en tu barca.
Mientras las otras sombras[1] recen, giman[2], o lloren,
y bajo tus miradas de siniestro patriarca
las tímidas y tristes, en bajo acento oren[3],

---

1. **sombra** aparición, fantasma o imagen de una persona muerta
2. **giman** expresen dolor por medio de sonidos o lamentos, se lamenten
3. **oren** recen (*orar* es un sinónimo de *rezar*)

5 yo iré como una alondra[4] cantando por el río
y llevaré a tu barca mi perfume salvaje,
e irradiaré[5] en las ondas[6] del arroyo[7] sombrío
como una azul linterna que alumbrará[8] en el viaje.

Por más que tú no quieras, por más guiños[9] siniestros
10 que me hagan tus dos ojos, en el terror maestros,
Caronte, yo en tu barca seré como un escándalo.

Y extenuada[10] de sombra, de valor y de frío,
cuando quieras dejarme a la orilla del río
me bajarán tus brazos cual[11] conquista de vándalo[12].

---

4. **alondra** pájaro conocido por su canto muy bello
5. **irradiaré** emitiré luz, daré luz
6. **ondas** olas, movimientos en la superficie del mar o de un río
7. **arroyo** río pequeño
8. **alumbrará** dará luz, iluminará, irradiará
9. **guiños** movimientos de cerrar y abrir un ojo rápidamente para hacer una seña (*winks*)
10. **extenuada** debilitada
11. **cual** en esta frase significa "como"
12. **conquista de vándalo** prisionera de un bárbaro

Preguntas de comprensión

1. ¿Cómo son "las otras sombras" en la barca de Caronte?

2. ¿Cuál es la actitud de la narradora?

3. ¿Cómo es Caronte? ¿Qué palabras se emplean para crear esta impresión?

4. La poeta emplea tres metáforas para referirse a sí misma. ¿A qué se compara?

Preguntas de discusión

1. Comenta el título del poema.

2. Discute la personalidad de la poeta. ¿Puedes imaginar cómo reaccionaría ella frente a varios problemas o situaciones de la vida? ¿Conoces a alguien como ella?

Amado Nervo

Amado Nervo, escritor de poemas y de prosa, era también diplomático mexicano. Nació en México en 1870 y murió en Uruguay en 1919. Como Miguel de Unamuno, Nervo tenía un carácter religioso y espiritual, estudió en un seminario, pero no completó sus estudios religiosos. Su profunda espiritualidad y misticismo se reflejan en su obra literaria. También se encuentra una pasión amorosa, inspirada por Ana Cecilia Luisa Daillez, de quien Nervo se enamoró profundamente al conocerla en París en 1900. El poema que sigue se incluye en la colección *Elevación*.

En Paz

Artifex vitae, artifex sui
(Hacedor de la vida, hacedor de sí mismo)

Muy cerca de mi ocaso[13], yo te bendigo, Vida,
porque nunca me diste ni esperanza fallida[14]
5 ni trabajos injustos, ni pena inmerecida;

porque veo al final de mi rudo camino
que yo fui el arquitecto de mi propio destino;
que si extraje las mieles o la hiel[15] de las cosas,
fue porque en ellas puse hiel o mieles sabrosas:
10 cuando planté rosales, coseché siempre rosas.

Cierto, a mis lozanías[16] va a seguir el invierno:
¡mas[17] tú no me dijiste que mayo fuese eterno!

Hallé sin duda largas las noches de mis penas;
mas no me prometiste tú sólo noches buenas;
15 y en cambio tuve algunas santamente serenas...

Amé, fui amado, el sol acarició mi faz.
¡Vida, nada me debes! ¡Vida, estamos en paz!

---

13. **ocaso** puesta de sol, decadencia, anochecer, final
14. **fallida** frustrada, fracasada
15. **hiel** líquido amargo, bilis *(bile)*
16. **lozanía** vigor, vitalidad, frescura
17. **mas** pero

Preguntas de comprensión

1. ¿En qué época de la vida está el poeta?

2. ¿A quién se dirige?

3. Por lo general, ¿cómo ha tratado la Vida al poeta?

4. ¿Qué valor simbólico tienen las palabras siguientes?

   a. la miel

   b. la hiel

   c. el invierno

TEMAS GENERALES DE LOS DOS POEMAS

Preguntas de discusión

1. Compara el tono emocional de los dos poemas con respecto a quien se dirige el (la) poeta. ¿Cómo logra cada poeta crear el ambiente deseado?

2. Discute las metáforas o imágenes que cada poeta emplea con respecto a sí mismo(a). ¿Cómo contribuyen al tema de cada poema?

3. Los dos poetas tienen algo en común en sus actitudes relativas a la vida. ¿Qué es? ¿Cómo contrastan sus actitudes relativas a la muerte?

4. El poeta de "En paz" se declara: "el arquitecto de mi propio destino". ¿Crees que recibimos o gozamos de la vida según lo que contribuimos a la vida? O, ¿hay un destino caprichoso que funciona sin justicia? Cita ejemplos para apoyar tu opinión. ¿Estaría de acuerdo Juana de Ibarbourou con Amado Nervo en que somos "el arquitecto" de nuestro destino?

Expresándonos

Con un(a) compañero(a) de clase presenta un debate entre un(a) optimista y un(a) pesimista sobre el valor de la vida. El (la) optimista debe pensar en el mayor número posible de modos de completar la frase: "La vida vale la pena porque..." o "La vida es justa porque..." El (la) pesimista debe empezar sus frases: "La vida apesta (huele mal) porque..." o "la vida es injusta porque..." Sé imaginativo(a). El debate puede ser serio, cómico o los dos.

Integración

Antes de escuchar

Para discutir ¿Debemos vivir en el momento o con la mirada hacia el futuro? Todos sabemos que la muerte es un hecho inevitable de la vida. ¿Qué efecto tiene esta conciencia sobre nuestra capacidad de gozar de la vida?

Instrucciones

1. Relee los poemas, prestando atención a las actitudes sobre la alegría de la vida y el significado de la muerte.

2. Después de repasar los poemas, estudia la lista de vocabulario para la conferencia.

3. Escucha la conferencia y toma apuntes sobre las ideas más importantes. Debes prestar atención:

 a. al significado de *carpe diem*

 b. a los varios poetas mencionados y sus actitudes sobre la vida y la muerte

 c. a las semejanzas y diferencias entre estas actitudes

4. Después de escuchar la conferencia, completa las oraciones de la sección **Comprensión.**

5. Finalmente, vas a preparar una presentación según las instrucciones de la sección **Presentación oral.**

Vocabulario

la etapa: una parte de un proceso; *stage, step of a process*

coger: tomar algo fuertemente entre las manos, *to seize*

dichoso: feliz

el acercamiento: acción de ponerse más cercano; *the approach*

Escuchar

Los poemas "En paz" de Amado Nervo y "Rebelde" de Juana de Ibarbourou tratan del tema de la muerte pero también reflejan actitudes sobre la alegría de la vida. En la conferencia se habla de los mismos temas, temas que se pueden apreciar en la idea de *carpe diem*. Escucha la selección y luego haz las actividades de la sección **Después de escuchar.**

CD, Track 13

PearsonSchool.com
Web Code: jkd-0079

Después de escuchar

Comprensión Selecciona la mejor respuesta.

1. Dylan Thomas le pide a su padre agonizante que no entre tranquilmente en "aquella buena noche". El significado más probable de "agonizante" es _____.

 a. joven

 b. enojado

 c. muriéndose

 d. feliz

2. Lo que Ibarbourou tiene en común con Dylan Thomas es que los dos _____.

 a. aceptan la idea de la muerte tranquilamente

 b. creen que el ser humano debe resistir la muerte lo más posible

 c. expresan miedo de la muerte

 d. expresan el tema de carpe diem

3. En los consejos de Garcilaso a la mujer ("coged de vuestra alegre primavera el dulce fruto"), el simbolismo de "primavera" es _____.

   a. la vejez

   b. la belleza

   c. la muerte

   d. la juventud

4. Góngora es más pesimista que Garcilaso porque según él, _____.

   a. el tiempo destruye la belleza

   b. muchas personas mueren jóvenes

   c. el tiempo no sólo destruye la belleza sino también la vida

   d. nadie es bello

5. Darío expresa envidia del árbol y de la piedra porque _____.

   a. duran para siempre

   b. no se dan cuenta de la muerte

   c. no se destruyen fácilmente

   d. su belleza viene de la naturaleza

Síntesis

Presentación oral Tu presentación va a basarse en los poemas "En paz" y "Rebelde", que ya has leído, y la conferencia que escuchaste. Prepara una presentación oral de dos minutos sobre uno de los temas que siguen. Si quieres, repasa la lectura y la conferencia otra vez antes de preparar tu presentación. Puedes hacer tu presentación ante la clase o grabarla, según las instrucciones de tu profesor(a).

Tema 1: Discute el tema de *carpe diem* en los dos poemas y en la conferencia. Debes comparar y contrastar los diferentes significados de *carpe diem* según los varios poetas.

Tema 2: Con unos compañeros de clase presenta un debate entre los poetas mencionados (Nervo, Ibarbourou, Dylan Thomas, Garcilaso de la Vega, Góngora, y Darío) sobre *carpe diem*, el significado de la vida y sus actitudes sobre la muerte.

Comparaciones *Carpe diem,* la idea de que la vida es corta y hay que gozarla, es un tema universal. Lee "Soneto XXIII" del poeta español Garcilaso de la Vega y "to His Coy Mistress" del poeta inglés Andrew Marvell. Discute las diferencias y semejanzas entre los dos poetas con respecto al tema de *carpe diem.*

Composición dirigida

La preocupación por la muerte es universal. Como se ve en estos dos poemas, la reacción a la idea de morir varía según el individuo. Se encuentra el mismo contraste en poemas escritos en inglés. Emily Dickinson escribió *"Because I could not stop for Death, He kindly stopped for me"*, presentando la figura de la muerte como un chófer bondadoso. Dylan Thomas, en un poema a su padre que estaba muriendo, le dijo: *"Do not go gentle into that good night, Old age should burn and rave at close of day; Rage, rage against the dying of the light".*

Escribe un ensayo o un poema en el que describes tu propia filosofía sobre la muerte. ¿Con quién tienes más en común: Ibarbourou, Nervo, Dickinson o Thomas?

GRAMÁTICA

Los pronombres relativos

PearsonSchool.com
Web Code: jkd-0047

Ejemplos

a. Amado Nervo, <u>que</u> era un gran poeta, se enamoró de Ana Cecilia Luisa Daillez, con <u>quien</u> pasó diez años muy felices.

b. Ana Cecilia era la única mujer a la <u>que</u> amaba.

c. Juana de Ibarbourou, <u>quien</u> escribió poemas de amor, gozaba de un matrimonio muy feliz.

d. Juana, <u>cuyos</u> padres tuvieron varios hijos, era la menor.

e. El padre de Juana le recitaba poemas y, según ella, "ahí está <u>lo que</u> puede llamarse el génesis de mi vocación poética".

f. El tío de Juana, <u>el que</u> (<u>el cual</u>) también escribía versos, influyó mucho en ella.

g. Alfonsina Storni y Gabriela Mistral, <u>quienes</u> también alcanzaron gran respeto por sus obras poéticas, eran contemporáneas de Juana.

h. Los poemas <u>que</u> leímos en este capítulo representan una reafirmación de la vida.

i. Ibarbourou vivió en un ambiente de amor desde <u>el que</u> podía celebrar la vida.

Función

- *Que* se usa para referirse a personas o cosas (Ejemplos a, b, h).

- *Quien* y *quienes* se emplean sólo para referirse a personas (Ejemplos a, c, g). En los Ejemplos a, c, g, se puede usar *que* o *quien*. Cuando el pronombre relativo sigue a una preposición (Ejemplo a: *con quien*) sólo se puede emplear *quien* o *quienes*.

- *El que, la que, los que, las que* y *el cual, la cual, los cuales, las cuales* se usan para referirse a personas o a cosas. Concuerdan en número y en género con el sustantivo al que se refieren. Por eso se usan para aclarar cuando hay dos sustantivos (antecedentes) posibles, como en el Ejemplo f. Es claro que *el que (el cual)* se refiere al tío y no a Juana. *El que* y *el cual* (y sus varias formas) también se usan con frecuencia después de preposiciones. Es obligatorio emplearlos después de preposiciones de más de una sílaba. Por ejemplo:

  El poeta no se olvidará nunca de la ventana **desde la cual (desde la que)** vio a su amada por primera vez.

  Es necesario emplear *la que* o *la cual* porque *desde* es una preposición de más de una sílaba (Ejemplo i).

- *El que, la que, los que* y *las que* se pueden usar en vez de *quien* o *quienes* en frases o refranes como:

    El que ríe último ríe mejor.

    El que a hierro mata a hierro muere.

    (He who kills with a sword dies by the sword.)

    Al que madruga, Dios le ayuda.

- *Lo que* y *lo cual,* como aprendiste en el Capítulo 9, se emplean para referirse a conceptos o ideas en vez de a un sustantivo con género y número:

    Lo que me gusta de la poesía de Juana de Ibarbourou es su pasión.

    Amado Nervo no se queja de la vida, **lo que (lo cual)** me parece admirable.

- *Cuyo(a), cuyos(as)* son adjetivos que muestran posesión. Concuerdan con el sustantivo que modifican (Ejemplo d).

Ejercicio

Completa la frase

Traduce las palabras inglesas al español.

1. Amado Nervo escribió un libro de poemas _____ *(that)* expresa su amor por Ana Cecilia.

2. En un poema de Nervo, el poeta comenta el carácter humano, observando que

    siempre queremos _____ *(what)* no podemos tener.

    _____ *(He who)* quiere a una mujer imposible la querrá con más

    ganas. Lo más fácil se rechaza, _____ *(which)* me parece irónico.

3. Juana de Ibarbourou, _____ *(whose)* hermanos murieron

    jóvenes, sólo tenía una hermana.

4. Lucas de Ibarbourou, el esposo de Juana, _____ *(who)* era

    hombre militar, la llevó a vivir a varios sitios diferentes.

5. Este hombre, _____ *(with whom)* ella se casó a la edad de

    dieciocho años, era el gran amor de su vida.

6. Tuvieron un hijo _____ *(whom)* Juana llamaba su "mejor poema".

7. Juana gozaba de una vida feliz, _____ *(which)* le permitía

    escribir con tranquilidad.

8. _____ *(What)* me sorprende es la idea de que el (la)

   artista tenga que sufrir para escribir.

9. La perspectiva desde _____ *(which)* Juana escribe es optimista.

10. Gabriela Mistral, _____ *(whose)* vida fue trágica, expresa

    gran pena en su poesía, _____ *(which)* no es sorprendente.

11. _____ *(She who)* vive apenada, expresará su tristeza en su

    obra literaria.

Las palabras afirmativas y negativas

PearsonSchool.com
Web Code: jkd-0048

Ejemplos

Las palabras afirmativas	Las palabras negativas
a. <u>Sí</u>, la vida es justa.	a. No, <u>no</u> es justa.
b. La vida nos promete <u>algo</u>.	b. La vida <u>no</u> nos promete <u>nada</u>. *o* La vida no nos promete <u>ni siquiera</u> la justicia.
c. <u>Todos</u> son arquitectos de su propio destino. *o* <u>Alguien</u> será arquitecto de su propio destino.	c. <u>Nadie</u> es arquitecto de su propio destino. *o* <u>No</u> hay <u>nadie</u> que sea arquitecto de su propio destino.
d. La vida <u>siempre</u> le presentaba desilusiones.	d. La vida no le presentaba <u>nunca</u> (<u>jamás</u>) desilusiones.
e. Tiene <u>algunas</u> esperanzas.	e. <u>No</u> tiene <u>ninguna</u> esperanza.
f. <u>Algunos</u> rezan por una vida perfecta.	f. <u>Ninguno</u> la alcanza.
g. Nervo es optimista. Yo lo soy <u>también</u>.	g. Nervo no es pesimista. <u>No</u> lo soy <u>tampoco</u>.
h. Es muy joven. <u>Todavía</u> cree que todo el mundo es bueno.	h. Es un joven sofisticado. <u>Ya no</u> cree que todo el mundo es bueno.
i. El cínico cuenta <u>más de</u> cien problemas sin remedio.	i. <u>No</u> puedo nombrar <u>más que</u> uno: la muerte.
j. Tiene dinero <u>y</u> amor.	j. <u>No</u> tiene <u>ni</u> dinero <u>ni</u> amor.
k. Quiere ser <u>o</u> poeta <u>o</u> profesor.	k. <u>No</u> quiere ser <u>ni</u> poeta <u>ni</u> profesor.
l. A Juana de Ibarbourou le encanta la vida. Quiere sobrevivir <u>de cualquier modo</u>.	l. No acepto la muerte. ¡<u>De ningún modo</u>! ¡<u>De ninguna manera</u>!

Función

Alguno y *ninguno* se usan como adjetivos (Ejemplo e) y como pronombres (Ejemplo f).

- **Adjetivos**

  Me parece que hay **algunas** injusticias en la vida, pero según el poeta no hay **ninguna** "pena inmerecida" ni **ningún** destino injusto.

- **Pronombres**

  Algunos se quejan de la vida pero **ninguno** quiere morir.

Observa: 1. La forma negativa *ninguno(a)* se usa casi siempre en el singular.

2. Se omite la *o* de *ninguno* y de *alguno* antes de un sustantivo masculino singular *(ningún destino, algún poema)*.

3. A veces se coloca *alguno* o *ninguno* después del sustantivo: No tengo *duda ninguna.*

El doble negativo se usa con frecuencia:

No se queja **nunca.**

No culpa a **nadie.**

Observa: Cuando *nadie* sirve de objeto en vez de sujeto, hay que emplear la *a personal.*

Cuando se usa la palabra negativa antes del verbo se usa sólo un negativo:

Nunca se queja. A **nadie** culpa.

Ejercicios

A. Filosofías de la vida

Traduce las palabras inglesas al español empleando la palabra afirmativa o negativa apropiada.

1. Hay_____ *(some)* personas optimistas y otras pesimistas

   pero no hay _____ *(anyone)* que siempre esté contento y

   que no se queje _____ *(never).*

2. Pues, no hay _____ *(any)* hombre real que sea así, pero sí

hay _____ *(someone)* ficticio.

3. Se llama Elwood P. Dowd y es protagonista de *Harvey,* una película

antigua de James Stewart. Elwood es como los cronopios: no hay

_____ *(anything)* que le desanime. _____

(Neither) los insultos _____ *(nor)* el egoísmo de otros le

molestan. _____ *(Not even)* le molesta la persona más

antipática. Puede encontrar lo bueno en _____ *(any)*

persona o situación.

4. Hace años Elwood se quejaba y se molestaba como los demás pero un día

_____ *(someone)* le aconsejó: "Elwood, en esta vida hay que

ser _____ *(either)* bien inteligente _____

(or) bien simpático. Así Elwood _____ *(no longer)* se enoja

como antes, sino que acepta la vida con tranquilidad.

5. Hay _____ *(something)* en la vida de Elwood que, según

_____ *(some)* personas, indica que está loco: Elwood ve a

_____ *(someone)* que _____ *(no)* otra

persona puede ver: Harvey.

6. Harvey no es _____ *(neither)* ser humano

_____ *(nor)* fantasma, sino un enorme conejo blanco,

invisible a _____ *(everyone)* menos a Elwood.

7. Elwood no tiene _____ *(any)* duda respecto a la realidad

de su amigo. Aunque _____ *(no one)* salvo Elwood puede

ver a Harvey, hay _____ *(some people)* que llegan a

aceptarlo como real.

8. ¿Has visto _____ (any) película de James Stewart?

   Muchos jóvenes no lo conocen porque pertenece a la generación de sus

   abuelos. Pero _____ (some) de tus amigos lo habrán visto

   en *Es una vida maravillosa,* una película que se ve varias veces por la

   Navidad.

9. Pero en *Es una vida maravillosa,* James Stewart no es tan feliz como

   Elwood. Tiene _____ (some) problemas económicos y

   personales y _____ (no longer) quiere vivir. No encuentra

   _____ (any) placer _____ (or) valor en su

   vida y decide suicidarse. No es optimista como Elwood.

   ¡_____! *(No way!)* ¡Elwood no pensaría

   _____ (ever) suicidarse! ¡_____! *(Neither*

   would I!) Me gusta demasiado la vida.

10. Estoy de acuerdo con la poeta de "Rebelde", que _____

    (neither) desea _____ (nor) acepta la muerte.

B. Expresión personal
Contesta usando las palabras afirmativas o negativas.

1. ¿Tienes algunas dudas relativas a la vida eterna (el más allá)?

   _____

2. ¿Hay alguien que sepa de seguro lo que pasa después de la muerte?

   _____

3. ¿Has visto alguna vez un conejo más alto que un hombre?

   _____

4. ¿Conoces personalmente a alguien que haya visto algo que otros no ven?

_____

5. ¿Hay algo cómico en el poema "En paz"?

_____

6. ¿Hay alguien que haya vuelto de la muerte?

_____

7. ¿Quieres un examen difícil o imposible?

_____

8. No me gustan los exámenes. ¿Te gustan a ti?

_____

9. ¿Mereces algún castigo por haber dicho la verdad?

_____

10. ¿Todavía temes las mismas cosas que cuando eras muy joven?

_____

Repaso

A. El vicio de levantarse temprano

Completa la frase con la forma correcta del verbo según el sentido de la frase. Selecciona entre el presente, el pretérito, el imperfecto, los tiempos perfectos, los tiempos progresivos, el futuro, el condicional, el presente del subjuntivo, el imperfecto del subjuntivo, los mandatos, el gerundio y el infinitivo.

1. Tú acabas de _____ (leer) poemas que celebran la vida.

Un compatriota de Nervo, Jorge Ibargüengoitia, ha _____

(escribir) con un tono más cínico.

2. Hace muchos años, el Sr. Ibargüengoitia _____ (escribir) para

Excélsior, un periódico mexicano. No hay duda de que él _____

(haber / escribir) muchos artículos y ensayos excelentes.

3. En un ensayo suyo, _____ (burlarse) de los que celebran

la costumbre de _____ (levantarse) temprano.

4. Según Ibargüengoitia, no hay costumbre que _____ (ser)

más pesada.

5. Después de _____ (leer) un artículo que es "una especie de

oda a los que _____ (levantarse) temprano", Ibargüengoitia

nos dice: "Esta lectura, me _____ (haber / hacer) llegar a

la conclusión de que, francamente, _____ (levantarse)

temprano no sólo _____ (ser) muy desagradable sino

completamente idiota".

6. Los que tienen que _____ (levantarse) antes de que les

_____ (dar) la gana llegan a _____ (ser)

"un grupo social de descontentos". Están de mal humor y "si no

_____ (tener) la tendencia de _____

(quedarse) dormidos con cualquier pretexto en cualquier postura" se

volverían violentos.

7. Según el ensayista, es posible que muchos de los males del mundo

_____ (haber / resultar) de esta maldita costumbre.

8. Ibargüengoitia dice que es una lástima que la ciudad

_____ (empezar) a funcionar a una hora de la que nada

bueno puede esperarse.

9. En otro ensayo, "Recuerdos del alma mater", Ibargüengoitia

_____ (estar / burlarse) de la educación que

_____ (recibir) de niño.

10. Nos cuenta de un profesor que hace años _____ (alcanzar)

gran "fama por _____ (haber / aprender) de memoria las

tablas de logaritmos del uno al cien". Este profesor _____

(pasar) tres años en un manicomio (hospital para locos) donde

"_____ (estar / seguir) un tratamiento especial que los

médicos le _____ (dar) para que _____

(volver) a olvidarlas".

11. Después, Ibargüengoitia habla de los profesores que le

_____ (enseñar) en la universidad. Había uno que

siempre _____ (hablar) de una manera ininteligible. Otro,

que _____ (ser) italiano, "_____ (pasar)

cuarenta años de su vida _____ (dar) clase en la

Universidad Nacional de México en su idioma, convencido de que

_____ (estar / hablar) en español".

12. En otra clase los alumnos no _____ (molestarse) en

estudiar para el examen final porque sabían que el profesor

"_____ (tener) la costumbre de _____

(recoger) las hojas del examen, _____ (salir) a la calle

_____ (llevar / las, *gerundio)* bajo el brazo y

_____ (arrojar / las, *gerundio)* en un bote de basura que

_____ (estar) en la esquina".

B. Los comparativos y superlativos

Traduce las palabras inglesas al español.

1. Según Ibargüengoitia, levantarse temprano es _____ *(the*

worst punishment) que hay.

2. Los que se levantan temprano por gusto son _____ *(more annoying than)* los que lo hacen a la fuerza.

3. El profesor que memorizó las tablas de logaritmos era _____ *(the craziest of all).*

4. Los ensayos de Ibargüengoitia son _____ *(as funny as)* los de James Thurber.

5. Los dos ensayos de Ibargüengoitia me parecen _____ *(easier than)* otros libros que escribió.

C. Completa la frase
Usa la preposición apropiada.

1. Mi hijo estaría _____ acuerdo _____ el Sr. Ibargüengoitia. Nunca se ha acostumbrado _____ levantarse temprano.

2. Aun cuando tiene una cita importante, se niega _____ levantarse hasta el último momento.

3. A veces yo trato _____ despertarlo, pero es un trabajo muy pesado.

4. Insiste _____ acostarse tan tarde que, a la hora de levantarse, él acaba _____ dormirse.

5. Mi hijo sueña _____ tener un empleo que no empiece hasta las cuatro de la tarde.

La solidaridad y la soledad

LECTURA   "El ahogado más hermoso del mundo", de *La increíble y triste historia de la cándida Eréndira y de su abuela desalmada*, de Gabriel García Márquez

GRAMÁTICA   La verdadera voz pasiva; el uso del artículo definido; el género de los sustantivos

Vocabulario

PearsonSchool.com
Web Code: jkd-0049

ajeno, -a se aplica a lo que no es de uno, lo que es de otra persona. La Sra. Pérez es una chismosa; le gusta hablar de los secretos de otra gente. Ella siempre trata de enterarse de asuntos ajenos.

el aliento respiración, aire que sale al respirar; ánimo, valentía. Me quedé sin aliento por puro miedo al ver la tarántula en mi cama.

apresurarse darse prisa. Siempre se acuesta tarde, se despierta tarde y tiene que apresurarse para llegar a tiempo.

el bobo, la boba tonto(a), persona de poca inteligencia. Ese bobo todavía cree que los bebés llegan por medio de un pájaro enorme.

escaso, -a en poca cantidad, raro. Hay personas que pueden memorizar un libro después de leerlo una sola vez, pero son escasas.

la espalda la parte posterior del cuerpo humano, que va desde la cabeza hasta la cintura. Al tratar de levantar esta mesa tan pesada, me dañé la espalda.

estorbar poner obstáculos a la realización de algo; frustrar, impedir; causar molestia o fastidio a alguien. Mi hermanito y sus amigos hacían mucho ruido, lo que me estorbaba para estudiar.
el estorbo persona o cosa que estorba. El egoísmo es un estorbo enorme para establecer una relación íntima.

estremecer (z) hacer temblar una cosa. El terremoto estremeció las casas. Las ventanas se estremecen cuando hay muchos truenos *(thunder)*.
estremecerse temblar por frío, emoción, etc. La mujer se estremeció al ver a su esposo porque ella creía que él había muerto hace años.

el hombro la parte del cuerpo humano entre el cuello y el brazo. El pirata tiene un loro (pájaro que habla) en el hombro.

el huérfano, la huérfana niño(a) sin padres. Oliver Twist es un huérfano famoso de una novela de Charles Dickens; se le murió la madre y no conoce al padre.

el hueso cada una de las partes del esqueleto. La Vieja Madre Hubbard buscaba un <u>hueso</u> para dárselo a su perro.

indefenso, -a sin medios suficientes para defenderse. La ciudad se quedó <u>indefensa</u> contra el ataque del poderoso enemigo.

manso, -a no agresivo, dulce; dócil, sumiso. Mis perros son cariñosos y <u>mansos</u>; no le harían daño a nadie.

menesteroso, -a se aplica a la persona a quien le falta lo necesario para vivir; necesitado; pobre. A este pobre niño no sólo le falta dinero, tampoco tiene a alguien que lo quiera. Es tan <u>menesteroso</u> en el sentido económico como en el sentido emocional.

mezquino, -a innoble, vil; se aplica a la persona a quien le faltan rasgos generosos o nobles. Un hombre que maltrata a los indefensos, los niños o los animales es <u>mezquino</u>.

el naufragio acción de hundirse un barco por accidente. El <u>naufragio</u> del crucero *Titanic* fue una tragedia enorme; casi todos los pasajeros murieron ahogados.

la piel lo que cubre el cuerpo del ser humano o del animal. La <u>piel</u> de los rubios es muy sensible a los efectos del sol.

la porquería suciedad, basura; grosería, indecencia. De joven, Juan quería ser presidente pero la <u>porquería</u> del mundo político lo desanimó.

sigiloso, -a secreto, silencioso. El cáncer es una enfermedad <u>sigilosa</u>; se desarrolla por algún tiempo dentro del cuerpo humano sin que la persona sepa que está allí.

soltar (ue) liberar, poner en libertad. Lo <u>soltaron</u> después de descubrir que se habían equivocado; era un hombre inocente.

tropezar (ie) (con) dar con los pies a un obstáculo al caminar, perdiendo el equilibrio. Al levantarme de la cama <u>tropecé con</u> los platos que había dejado en el suelo y me caí.
   el tropiezo estorbo, impedimento en el camino o en la realización de algo. La falta de organización ha sido el gran <u>tropiezo</u> de mi vida.

la uña la parte dura que protege los extremos de los dedos. Esa actriz tiene las <u>uñas</u> rojas y tan largas que le estorban cuando trabaja con las manos.

Ejercicios de vocabulario

A. Completa la frase
Usa la palabra apropiada del vocabulario.

1. Los habitantes de la Isla de Gilligan son víctimas de un

   _____ en el que su barco se perdió.

2. Hubo una tempestad con vientos tan fuertes que todo el barco

   _____, tirando a todos al suelo antes de hundirse.

3. Durante la tempestad el mar se puso violento pero ahora está

_____ y tranquilo.

4. Los sobrevivientes se encontraron en una isla, y al principio se estremecieron

con temor al verse sin protección contra los animales salvajes y el mal tiempo.

Se sentían _____.

5. Uno de ellos _____ con un árbol caído y se cayó. Se hizo

daño en la _____ y no pudo trabajar por varios días.

6. Después vieron los _____ de las víctimas de otro naufragio,

que habían muerto hacía mucho tiempo. La isla parecía un lugar peligroso.

7. Pero pronto descubrieron que la isla era un paraíso. No les faltaba nada, ni

comida, ni hogares, ni diversión. Todos tenían lo que necesitaban; nadie era

_____.

8. Un día capturaron un gato salvaje, pensando matarlo, comer la carne y utilizar

la _____ para fabricar ropa. Pero después sintieron compasión

y _____ al animal para que pudiera volver a la selva.

9. La vida de la isla era muy agradable. No había relojes y por eso no tenían que

_____ para llegar a ninguna parte a tiempo.

10. No había nadie en la isla que robara ni dañara a otros; no había gente

_____ como se encuentra en el mundo civilizado.

11. Los apuros eran _____ en esta vida idealizada; casi no

existían.

12. Gilligan es un _____ que hace tonterías con frecuencia.

13. Mi papá decía que los programas como *Gilligan* eran una

_____ sin ningún valor. Según él, la televisión es una

amenaza sutil y _____ para el desarrollo mental de los niños.

B. Expresión personal

1. Nombra algunos huérfanos famosos del cine y de la literatura.

2. Para ti, ¿cuál es el estorbo más grande de tu vida?

3. ¿Te preocupas mucho por problemas ajenos? ¿De quién?

4. ¿Te parece que las uñas largas son un estorbo? ¿Qué simbolizan las uñas largas y pintadas en nuestra sociedad? ¿Te gustan?

5. De toda la literatura y las películas, ¿quién es el personaje más mezquino?

6. ¿Crees que nos apresuramos demasiado en los quehaceres diarios? ¿Es diferente en otras culturas? ¿Prefieres una vida más tranquila? ¿Dónde se encuentra?

7. Se dice que la mayoría de lo que se ve en la televisión es una porquería. ¿Estás de acuerdo? Explica.

8. Se dice que es típico de la naturaleza humana darles menos cariño a las personas que lo necesitan más, las más menesterosas desde un punto de vista emocional. ¿Te parece verdad? Explica.

LECTURA

Estrategia para leer

En el Capítulo 6 leíste "La peste del insomnio", un fragmento de *Cien años de soledad* de Gabriel García Márquez. Ya hemos discutido varios aspectos del realismo mágico de este autor. En "El ahogado más hermoso del mundo" entramos de nuevo en el encanto de lo maravilloso. Aquí los elementos mágicos se asocian con un tema muy cercano al corazón del autor: la solidaridad del ser humano. Al leer el cuento, trata de apreciar el cariño que contiene. Presta atención también a las varias transformaciones que se encuentran. Sobre todo, ¡disfruta!

Gabriel García Márquez

Ya conociste a Gabriel García Márquez en el Capítulo 6. "El ahogado más hermoso del mundo" se encuentra en *La increíble y triste historia de la cándida Eréndida y de su abuela desalmada* (1972), una colección de cuentos fenomenales, algunos escritos antes de *Cien años de soledad* (1967), sugiriendo la maravilla que seguiría, y otros, como "El ahogado más hermoso del mundo" (1968), escritos un poco después.

El ahogado más hermoso del mundo

Los primeros niños que vieron el promontorio[1] oscuro y sigiloso que se acercaba por el mar, se hicieron la ilusión de que era un barco enemigo. Después vieron
5 que no llevaba banderas ni arboladura[2], y pensaron que fuera una ballena[3]. Pero cuando quedó varado[4] en la playa le quitaron los matorrales de sargazos[5], los filamentos de medusas y los restos de cardúmenes[6] y
10 naufragios que llevaba encima, y sólo entonces descubrieron que era un ahogado.

Habían jugado con él toda la tarde, enterrándolo y desenterrándolo en la arena, cuando alguien los vio por casualidad y dio la
15 voz de alarma en el pueblo. Los hombres que lo cargaron hasta la casa más próxima notaron que pesaba más que todos los muertos conocidos, casi tanto como un caballo, y se dijeron que tal vez había estado demasiado
20 tiempo a la deriva[7] y el agua se le había metido dentro de los huesos. Cuando lo tendieron en el suelo vieron que había sido mucho más grande que todos los hombres, pues apenas si cabía en la casa, pero pensaron
25 que tal vez la facultad de seguir creciendo después de la muerte estaba en la naturaleza de ciertos ahogados. Tenía el olor del mar, y sólo la forma permitía suponer que era el cadáver de un ser humano, porque su piel
30 estaba revestida de una coraza[8] de rémora[9] y de lodo[10].

No tuvieron que limpiarle la cara para saber que era un muerto ajeno. El pueblo tenía apenas unas veinte casas de tablas, con patios
35 de piedras sin flores, desperdigadas[11] en el extremo de un cabo desértico. La tierra era tan escasa, que las madres andaban siempre con el temor de que el viento se llevara a los niños, y a los pocos muertos que les iban
40 causando los años tenían que tirarlos en los acantilados[12]. Pero el mar era manso y pródigo, y todos los hombres cabían en siete botes. Así que cuando encontraron el ahogado les bastó con mirarse los unos a los otros para
45 darse cuenta de que estaban completos.

Aquella noche no salieron a trabajar en el mar. Mientras los hombres averiguaban si no faltaba alguien en los pueblos vecinos, las mujeres se quedaron cuidando al ahogado. Le
50 quitaron el lodo con tapones[13] de esparto[14], le desenredaron[15] del cabello los abrojos[16] submarinos y le rasparon[17] la rémora con fierros de desescamar pescados[18]. A medida que lo hacían, notaron que su vegetación era
55 de océanos remotos y de aguas profundas, y que sus ropas estaban en piltrafas[19], como si hubiera navegado por entre laberintos de corales. Notaron también que sobrellevaba[20] la muerte con altivez[21], pues no tenía el
60 semblante solitario de los otros ahogados del mar, ni tampoco la catadura sórdida y menesterosa de los ahogados fluviales. Pero solamente cuando acabaron de limpiarlo tuvieron conciencia de la clase de hombre
65 que era, y entonces se quedaron sin aliento. No sólo era el más alto, el más fuerte, el más

---

1. **promontorio** bulto, cuerpo
2. **arboladura** *masts and rigging of a ship*
3. **ballena** mamífero enorme que vive en el mar (*whale*)
4. **varado** se aplica a un barco detenido porque su fondo toca rocas o arena, etc. (*run aground*)
5. **matorrales de sargazos** algas; plantas que flotan en el mar
6. **cardúmenes** bancos (*schools*) de peces
7. **a la deriva** se aplica al barco desorientado, que anda por el mar sin dirección determinada
8. **coraza** cubierta dura; cascarón (*shell, covering*)
9. **rémora** pez marino que tiene una boca que se adhiere a los objetos flotantes
10. **lodo** mezcla de tierra y agua
11. **desperdigadas** separadas, no juntas
12. **acantilados** cortes verticales en un terreno (*cliffs*)
13. **tapones** *plugs*
14. **esparto** hierba seca
15. **desenredaron** *untangled*
16. **abrojos** plantas con espinas
17. **rasparon** *scraped off*
18. **fierros de desescamar pescados** utensilios que se usan para limpiar pescados
19. **piltrafas** *shreds*
20. **sobrellevaba** toleraba; soportaba; sufría
21. **altivez** orgullo; altanería

viril y el mejor armado[22] que habían visto
jamás, sino que todavía cuando lo estaban
viendo no les cabía en la imaginación.

70   No encontraron en el pueblo una cama
bastante grande para tenderlo ni una mesa
bastante sólida para velarlo. No le vinieron
los pantalones de fiesta de los hombres más
altos, ni las camisas dominicales de los más

75 corpulentos, ni los zapatos del mejor
plantado. Fascinadas por su desproporción y
su hermosura, las mujeres decidieron
entonces hacerle unos pantalones con un
buen pedazo de vela cangreja[23], y una camisa

80 de bramante[24] de novia, para que pudiera
continuar su muerte con dignidad. Mientras
cosían sentadas en círculo, contemplando el
cadáver entre puntada[25] y puntada, les parecía
que el viento no había sido nunca tan tenaz

85 ni el Caribe había estado nunca tan ansioso
como aquella noche, y suponían que esos
cambios tenían algo que ver con el muerto.
Pensaban que si aquel hombre magnífico
hubiera vivido en el pueblo, su casa habría

90 tenido las puertas más anchas, el techo más
alto y el piso más firme, y el bastidor[26] de su
cama habría sido de cuadernas maestras[27] con
pernos[28] de hierro, y su mujer habría sido la
más feliz. Pensaban que habría tenido tanta

95 autoridad que hubiera sacado los peces del
mar con sólo llamarlos por sus nombres, y
habría puesto tanto empeño en el trabajo que
hubiera hecho brotar[29] manantiales[30] de entre
las piedras más áridas y hubiera podido

100 sembrar flores en los acantilados. Lo
compararon en secreto con sus propios
hombres, pensando que no serían capaces de
hacer en toda una vida lo que aquél era capaz
de hacer en una noche, y terminaron por

105 repudiarlos en el fondo de sus corazones
como los seres más escuálidos y mezquinos
de la tierra. Andaban extraviadas[31] por esos
dédalos[32] de fantasía, cuando la más vieja de
las mujeres, que por ser la más vieja había

110 contemplado al ahogado con menos pasión
que compasión, suspiró:
   —Tiene cara de llamarse Esteban.
   Era verdad. A la mayoría le bastó con
mirarlo otra vez para comprender que no

115 podía tener otro nombre. Las más porfiadas[33],
que eran las más jóvenes, se mantuvieron
con la ilusión de que al ponerle la ropa,
tendido entre flores y con unos zapatos de
charol, pudiera llamarse Lautaro. Pero fue

120 una ilusión vana. El lienzo resultó escaso, los
pantalones mal cortados y peor cosidos le
quedaron estrechos, y las fuerzas ocultas de
su corazón hacían saltar los botones de la
camisa. Después de la media noche se

125 adelgazaron[34] los silbidos[35] del viento y el
mar cayó en el sopor[36] del miércoles. El
silencio acabó con las últimas dudas: era
Esteban. Las mujeres que lo habían vestido,
las que lo habían peinado, las que le habían

130 cortado las uñas y raspado la barba no
pudieron reprimir un estremecimiento de
compasión, cuando tuvieron que resignarse a
dejarlo tirado por los suelos. Fue entonces
cuando comprendieron cuánto debió haber

135 sido de infeliz con aquel cuerpo
descomunal[37], si hasta después de muerto le
estorbaba. Lo vieron condenado en vida a
pasar de medio lado por las puertas, a
descalabrarse[38] con los travesaños[39], a

140 permanecer de pie en las visitas sin saber
qué hacer con sus tiernas y rosadas manos de
buey de mar, mientras la dueña de casa

---

22. **armado** unido
23. **vela cangreja** *triangular sail*
24. **bramante** tipo de tela muy fina
25. **puntada** *stitch*
26. **bastidor** estructura rectangular que sirve de soporte a una cama
27. **cuadernas maestras** *midship frames*
28. **pernos** *bolts*
29. **brotar** fluir un líquido de un lugar
30. **manantiales** fuentes naturales de agua

31. **extraviadas** perdidas
32. **dédalos** laberintos
33. **porfiadas** insistentes, obstinadas
34. **se adelgazaron** se hicieron o pusieron delgados, disminuyeron
35. **silbidos** sonidos muy agudos
36. **sopor** se aplica al estado de quien tiene sueño o no está bien despierto
37. **descomunal** enorme, fenomenal; fuera de lo normal
38. **descalabrarse** herir gravemente en la cabeza
39. **travesaños** piezas de madera que unen dos partes opuestas

buscaba la silla más resistente[40] y le suplicaba
muerta de miedo siéntese aquí Esteban,
145 hágame el favor, y él recostado[41] contra las
paredes, sonriendo, no se preocupe señora,
así estoy bien, con los talones[42] en carne
viva[43] y las espaldas escaldadas[44] de tanto
repetir lo mismo en todas las visitas, no se
150 preocupe señora, así estoy bien, sólo para no
pasar por la vergüenza de desbaratar[45] la silla,
y acaso sin haber sabido nunca que quienes le
decían no te vayas Esteban, espérate siquiera
hasta que hierva el café, eran los mismos que
155 después susurraban[46] ya se fue el bobo grande,
qué bueno, ya se fue el tonto hermoso. Esto
pensaban las mujeres frente al cadáver un
poco antes del amanecer. Más tarde, cuando
le taparon[47] la cara con un pañuelo para que
160 no le molestara la luz, lo vieron tan muerto
para siempre, tan indefenso, tan parecido a
sus hombres, que se les abrieron las primeras
grietas[48] de lágrimas en el corazón. Fue una
de las más jóvenes la que empezó a sollozar[49].
165 Las otras, alentándose[50] entre sí, pasaron de
los suspiros a los lamentos, y mientras más
sollozaban más deseos sentían de llorar,
porque el ahogado se les iba volviendo cada
vez más Esteban, hasta que lo lloraron tanto
170 que fue el hombre más desvalido[51] de la
tierra, el más manso y el más servicial, el
pobre Esteban. Así que cuando los hombres
volvieron con la noticia de que el ahogado no
era tampoco de los pueblos vecinos, ellas
175 sintieron un vacío de júbilo entre las
lágrimas.

—¡Bendito sea Dios —suspiraron—: es
nuestro!
Los hombres creyeron que aquellos
180 aspavientos[52] no eran más que frivolidades de
mujer. Cansados de las tortuosas
averiguaciones de la noche, lo único que
querían era quitarse de una vez el estorbo del
intruso antes de que prendiera el sol bravo de
185 aquel día árido y sin viento. Improvisaron
unas angarillas[53] con restos de trinquetes[54] y
botavaras[55], y las amarraron con carlingas de
altura, para que resistieran el peso del cuerpo
hasta los acantilados. Quisieron encadenarle
190 a los tobillos[56] un ancla[57] de buque mercante
para que fondeara[58] sin tropiezos en los mares
más profundos donde los peces son ciegos y
los buzos[59] se mueren de nostalgia, de manera
que las malas corrientes no fueran a
195 devolverlo a la orilla, como había sucedido
con otros cuerpos. Pero mientras más se
apresuraban, más cosas se les ocurrían a las
mujeres para perder el tiempo. Andaban
como gallinas asustadas picoteando amuletos
200 de mar en los arcones, unas estorbando aquí
porque querían ponerle al ahogado los
escapularios[60] del buen viento, otras
estorbando allá para abrocharle una pulsera
de orientación, y al cabo de tanto quítate de
205 ahí mujer, ponte donde no estorbes, mira que
casi me haces caer sobre el difunto, a los
hombres se les subieron al hígado las
suspicacias[61], y empezaron a rezongar[62] que
con qué objeto tanta ferretería de altar mayor
210 para un forastero, si por muchos estoperoles[63]

40. **resistente** fuerte
41. **recostado** inclinado (leaning)
42. **talón** parte posterior del pie humano
43. **en carne viva** herida sin piel
44. **escaldadas** rojas; calientes
45. **desbaratar** deshacer, romper
46. **susurraban** murmuraban, hablaban en voz baja
47. **taparon** cubrieron
48. **grietas** cracks
49. **sollozar** llorar muy fuerte
50. **alentándose** animándose (recovering, coming to)
51. **desvalido** desgraciado; menesteroso

52. **aspavientos** demostraciones exageradas (fuss)
53. **angarillas** stretchers
54. **trinquetes** sails
55. **botavaras** palos horizontales
56. **tobillo** parte del cuerpo humano que une la pierna con el pie
57. **ancla** instrumento de hierro que se echa al mar para que no se mueva el barco
58. **fondeara** llegara al fondo del mar
59. **buzos** personas que trabajan o andan sumergidas en el agua
60. **escapulario** pedazo de tela que se lleva como objeto devoto, sagrado
61. **se les subieron al hígado las suspicacias** empezaron a estar sospechosos, desconfiados
62. **rezongar** protestar, manifestar disgusto
63. **estoperoles** clavos (nails)

y calderetas[64] que llevara encima se lo
iban a masticar los tiburones[65], pero ellas
seguían tripotando[66] sus reliquias de
pacotilla[67], llevando y trayendo, tropezando,
215 mientras se les iba en suspiros lo que no se les
iba en lágrimas, así que los hombres
terminaron por despotricar[68] que de cuándo
acá semejante alboroto por un muerto al
garete[69], un ahogado de nadie, un fiambre[70] de
220 mierda. Una de las mujeres, mortificada por
tanta indolencia, le quitó entonces al cadáver
el pañuelo de la cara, y también los hombres
se quedaron sin aliento.

Era Esteban. No hubo que repetirlo para
225 que lo reconocieran. Si les hubieran dicho
Sir Walter Raleigh, quizás, hasta ellos se
habrían impresionado con su acento de
gringo[71], con su guacamaya[72] en el hombro,
con su arcabuz[73] de matar caníbales, pero
230 Esteban solamente podía ser uno en el mundo,
y allí estaba tirado como un sábalo[74], sin
botines[75], con unos pantalones de
sietemesino[76] y esas uñas rocallosas[77] que sólo
podían cortarse a cuchillo. Bastó con que le
235 quitaran el pañuelo de la cara para darse
cuenta de que estaba avergonzado, de que no
tenía la culpa de ser tan grande, ni tan pesado
ni tan hermoso, y si hubiera sabido que
aquello iba a suceder habría buscado un lugar
240 más discreto para ahogarse, en serio, me
hubiera amarrado[78] yo mismo un áncora[79] de
galeón en el cuello y hubiera trastabillado[80]

como quien no quiere la cosa en los
acantilados, para no andar ahora estorbando
245 con este muerto de miércoles, como ustedes
dicen, para no molestar a nadie con esta
porquería de fiambre que no tiene nada que
ver conmigo. Había tanta verdad en su modo
de estar, que hasta los hombres más
250 suspicaces[81], los que sentían amargas las
minuciosas noches del mar temiendo que sus
mujeres se cansaran de soñar con ellos para
soñar con los ahogados, hasta ésos, y otros
más duros, se estremecieron en los tuétanos[82]
255 con la sinceridad de Esteban.

Fue así como le hicieron los funerales más
espléndidos que podían concebirse para un
ahogado expósito[83]. Algunas mujeres que
habían ido a buscar flores en los pueblos
260 vecinos regresaron con otras que no creían lo
que les contaban, y éstas se fueron por más
flores cuando vieron al muerto, y llevaron
más y más, hasta que hubo tantas flores y
tanta gente que apenas si se podía caminar. A
265 última hora les dolió devolverlo huérfano a
las aguas, y le eligieron un padre y una madre
entre los mejores, y otros se le hicieron
hermanos, tíos y primos, así que a través de él
todos los habitantes del pueblo terminaron
270 por ser parientes entre sí. Algunos marineros
que oyeron el llanto a la distancia perdieron
la certeza del rumbo[84], y se supo de uno que
se hizo amarrar[85] al palo mayor[86], recordando
antiguas fábulas de sirenas. Mientras se

---

64. **calderetas** recipientes de agua bendita
65. **tiburones** animales muy feroces del mar (sharks)
66. **tripotando** piling on
67. **de pacotilla** de poca calidad (shoddy, cheap)
68. **despotricar** decir todo lo que piensan
69. **al garete** a la deriva, flotando
70. **fiambre** carne fría
71. **gringo** norteamericano
72. **guacamaya** ave de colores vivos
73. **arcabuz** arma de fuego antigua
74. **sábalo** clase de ballena (whale)
75. **botines** zapatos
76. **sietemesino** se dice del niño que nace a los siete
    meses, demasiado pequeño (runt)
77. **rocallosas** como rocas o piedras
78. **amarrado** unido
79. **áncora** ancla, instrumento de hierro que se echa al
    mar para que no se mueva el barco
80. **trastabillado** staggered, stumbled

81. **suspicaces** sospechosos
82. **tuétanos** sustancia blanda que se encuentra dentro
    de los huesos (marrow)
83. **expósito** niño abandonado por los padres
84. **rumbo** ruta, orientación
85. **amarrar** atar
86. **palo mayor** main mast

275 disputaban el privilegio de llevarlo en
hombros por la pendiente escarpada[87] de los
acantilados, hombres y mujeres tuvieron
conciencia por primera vez de la desolación
de sus calles, la aridez de sus patios, la
280 estrechez de sus sueños, frente al esplendor y
la hermosura de su ahogado. Lo soltaron sin
ancla, para que volviera si quería, y cuando lo
quisiera, y todos retuvieron el aliento durante
la fracción de siglos que demoró[88] la caída del
285 cuerpo hasta el abismo. No tuvieron
necesidad de mirarse los unos a los otros para
darse cuenta de que ya no estaban completos,
ni volverían a estarlo jamás. Pero también
sabían que todo sería diferente desde
290 entonces, que sus casas iban a tener las
puertas más anchas, los techos más altos, los
pisos más firmes, para que el recuerdo de
Esteban pudiera andar por todas partes sin
tropezar con los travesaños, y que nadie se
295 atreviera a susurrar en el futuro ya murió el

bobo grande, qué lástima, ya murió el tonto
hermoso, porque ellos iban a pintar las
fachadas[89] de colores alegres para eternizar la
memoria de Esteban, y se iban a romper el
300 espinazo[90] excavando manantiales en las
piedras y sembrando flores en los acantilados,
para que en los amaneceres de los años
venturos[91] los pasajeros de los grandes barcos
despertaran sofocados por un olor de jardines
305 en altamar, y el capitán tuviera que bajar de
su alcázar[92] con su uniforme de gala, con su
astrolabio[93], su estrella polar y su ristra[94] de
medallas de guerra, y señalando el
promontorio[95] de rosas en el horizonte del
310 Caribe dijera en catorce idiomas, miren allá,
donde el viento es ahora tan manso que se
queda a dormir debajo de las camas, allá,
donde el sol brilla tanto que no saben hacia
dónde girar los girasoles[96], sí, allá, es el
315 pueblo de Esteban.

---

87. **pendiente escarpada** *steep incline*
88. **demoró** se detuvo; se atrasó *(delayed)*

---

89. **fachada** exterior de la casa
90. **espinazo** columna vertebral
91. **venturos** futuros
92. **alcázar** espacio en la cubierta superior del barco
93. **astrolabio** aparato antiguo para medir la altura de las estrellas o astros
94. **ristra** serie
95. **promontorio** monte, elevación en la tierra
96. **girasoles** flores grandes amarillas que se vuelven hacia el sol

Preguntas de comprensión

1. ¿Cómo reaccionan los niños al encontrar al ahogado? ¿Por qué no es evidente desde el principio que es el cadáver de un ser humano?

2. Cuando los hombres del pueblo lo ven, ¿qué característica extraña o rara del ahogado se nota en seguida?

3. Antes de ver la cara del ahogado, ¿cómo sabe la gente del pueblo que no es uno de los suyos?

4. Después de llevar al ahogado a una casa, ¿qué hacen los hombres? ¿Las mujeres?

5. Al limpiarlo, ¿qué características físicas y espirituales del ahogado se descubren?

6. Mientras las mujeres cosen ropa para el ahogado, se notan cambios en el viento y el mar. ¿Qué cambios se notan? ¿Qué se implica aquí en referencia al ahogado?

7. ¿Qué visión se forma en la imaginación de las mujeres de cómo habría sido la vida del ahogado? (Incluye las imágenes alegres al igual que los problemas que habría sufrido.)

8. ¿Cómo se llama el ahogado? ¿Por qué?

9. Al descubrir que el ahogado no pertenece a ningún otro pueblo, ¿cómo reaccionan las mujeres? ¿Por qué? ¿Cuál es la reacción de los hombres?

10. ¿Qué acción de las mujeres resulta en un cambio dramático en las emociones de los hombres?

11. ¿Cómo son los funerales del ahogado? ¿Qué hace la gente para que Esteban esté menos solo?

12. ¿Qué referencia a *La Odisea* se encuentra en el cuento?

Preguntas de discusión

1. Discute las distintas reacciones emocionales de las mujeres con respecto al ahogado. Discute las distintas reacciones de los hombres. Comenta los aspectos realistas y los aspectos mágicos de sus reacciones.

2. En la página 317 las mujeres dicen "Bendito sea Dios, es nuestro". Discute el significado y las implicaciones de esta frase.

3. Discute el simbolismo y el significado de los funerales de Esteban. ¿Qué predicción hace el narrador con respecto a la vida del pueblo en el futuro? Discute el significado de esta visión del futuro.

4. Comenta el estilo de la narración y el narrador. Describe la actitud o el tono con el que el narrador nos presenta a los personajes.

5. "El ahogado más hermoso del mundo" es un cuento de transformaciones. La idea de una transformación mágica se encuentra en mitos, leyendas y literatura clásica y popular: la rana o la bestia que se convierte en un príncipe; don Alonso Quijano se transforma al renombrarse don Quijote de la Mancha; Circe convierte a los hombres en cerdos; en "La metamorfosis" de Kafka, Gregorio Samsa se convierte en un insecto enorme. Discute otros ejemplos de transformaciones en obras clásicas, en mitos, relatos religiosos, el folklore y en la cultura moderna. ¿Por qué te parece que este tema es tan universal?

6. ¿Qué elementos míticos se encuentran en "El ahogado más hermoso del mundo"? ¿Qué comentario se hace sobre el poder de los mitos? ¿Puedes nombrar figuras míticas de nuestra sociedad? ¿Hay mitos modernos?

Expresándonos

1. Tú y tus compañeros de clase son varios parientes de Esteban que asisten a los funerales. Antes de devolverlo al mar, háblale del efecto que ha tenido sobre tu vida y sobre la vida del pueblo.

2. La soledad o aislamiento entre personas es un problema universal; la solidaridad es un gran consuelo y una fuerza para el bienestar humano. Presenta a la clase un ejemplo de solidaridad humana y un ejemplo de soledad. Los ejemplos pueden ser personales, políticos, históricos, literarios, etc.

Integración

Antes de escuchar

Para discutir ¿Qué puede fomentar solidaridad en una comunidad humana? ¿Qué puede destruir la solidaridad? ¿Con qué grupo o grupos sientes tú gran solidaridad?

Instrucciones

1. Relee la selección, prestando atención al tratamiento del ahogado y los cambios en la relación entre la gente del pueblo.

2. Después de repasar la selección, estudia la lista de vocabulario para la conferencia.

3. Escucha la conferencia y toma apuntes sobre las ideas más importantes. Debes prestar atención a las otras obras de García Márquez mencionadas y los temas que tienen en común con el cuento que has leído.

4. Después de escuchar la conferencia, completa las oraciones de la sección **Comprensión.**

5. Finalmente, vas a preparar una presentación según las instrucciones de la sección **Presentación escrita.**

Vocabulario

el mito: relato o cuento fabuloso

mítico: relacionado con el mito o la mitología

gallo: el macho de la gallina; *rooster*

la pelea: lucha o batalla entre dos personas o animales

Escuchar

CD, Track 14

PearsonSchool.com
Web Code: jkd-0080

El ahogado más hermoso del mundo refleja temas muy importantes en la obra de García Márquez: la dignidad, la humanidad y la solidaridad. En la conferencia se discuten los mismos temas en otras obras del autor. Escucha la selección y luego haz las actividades de la sección **Después de escuchar.**

Después de escuchar

Comprensión Selecciona la mejor respuesta.

1. Todo lo siguiente es verdad con respecto al ahogado **menos:** _____.

   a. es enorme

   b. tiene poderes misteriosos

   c. había vivido en el pueblo

   d. transforma al pueblo en algo mejor

2. En *El coronel no tiene quien le escriba,* el símbolo de la solidaridad es

_____.

   a. también un hombre muerto

   b. un animal

   c. la pensión de veterano

   d. el coronel mismo

3. Cada viernes el coronel va a _____.

   a. mirar las peleas de gallo

   b. visitar a los amigos de su hijo

   c. ver si hay algo para él en el correo

   d. buscar comida

4. En la conferencia se implica que la esposa del coronel _____.

   a. es tan optimista como él

   b. es un poco más realista que él

   c. está muy enojada por la pobreza en que vive

   d. es mayor que él

5. La descripción del coronel indica que es un hombre "entrañable". El

   significado de "entrañable" es _____.

   a. digno de amor y cariño

   b. poderoso

   c. infeliz

   d. tonto

Síntesis

Presentación escrita Tu presentación va a basarse en *El ahogado más hermoso del mundo* de García Márquez, que ya has leído, y la conferencia que escuchaste. Prepara una presentación escrita de una o dos páginas sobre el tema que sigue. Si quieres, repasa la lectura y la conferencia antes de preparar tu presentación.

Tema: Compara cómo se tratan los temas de dignidad, humanidad y solidaridad en *El ahogado más hermoso de mundo* y en la obra discutida en la conferencia.

Culturas En "El ahogado más hermoso del mundo", el pueblo se transforma por la presencia mítica del ahogado. Lee uno de los siguientes cuentos y compara el tema de transformación con el de "El ahogado más hermoso del mundo". Puedes elegir entre: "Dos palabras" de Isabel Allende, "Chac Mool" de Carlos Fuentes o "Axolotl" de Julio Cortázar.

Composición dirigida

1. En un ensayo bien organizado analiza el tema de la solidaridad humana contra la soledad. Discute las varias transformaciones en el cuento en términos de la solidaridad.

2. Escribe un cuento corto en el que un personaje se haya transformado. Puede ser una transformación por ideales como en *Don Quijote,* maravillosa como en "El ahogado más hermoso del mundo", grotesca y absurda como en "La metamorfosis", o divertida.

3. Escribe tu propio mito.

GRAMÁTICA

La verdadera voz pasiva
PearsonSchool.com
Web Code: jkd-0050

Ejemplos

a. La literatura de García Márquez <u>es admirada por</u> todo el mundo.

b. El cuento <u>fue escrito por</u> García Márquez en 1968.

c. Esteban <u>fue llevado</u> al pueblo <u>por</u> el mar.

d. Las mujeres del pueblo <u>son afectadas por</u> la sinceridad que se ve en la cara de Esteban.

e. Todo el pueblo <u>es transformado por</u> la solidaridad.

f. Las casas del pueblo <u>serán pintadas por</u> sus dueños.

Función

La verdadera voz pasiva, como la voz pasiva con *se* (ve el Capítulo 1), se usa cuando el sujeto de la frase no *hace* la acción, sino que *recibe* la acción del verbo. En otras palabras, el sujeto es *pasivo*. La diferencia principal entre la verdadera voz pasiva y la voz pasiva con *se* es que usamos la verdadera voz pasiva cuando queremos incluir al hacedor o agente de una acción, cuando decimos quién lo hizo. Compara:

Se escribió *Cien años de soledad* en 1967.

Cien años de soledad **fue escrito por** García Márquez.

La información que quiero comunicar en la primera frase es *cuándo* se escribió. No es necesario mencionar quién escribió el libro. En la segunda frase quiero comunicar *quién* lo escribió. Por eso se usa la verdadera voz pasiva.

Formación

sujeto de la frase + la forma apropiada del verbo *ser* + el participio pasado + *por* + el que o la que hace la acción

La novela **fue escrita por** García Márquez.

> **Observa:** • El verbo *ser* puede estar en cualquier tiempo verbal según el significado de la frase.
>
> • El participio pasado aquí se usa como un adjetivo. Por eso tiene que concordar en número y género con el sujeto.
>
> • *Por* indica *quién* o *qué* es responsable de la acción, *quién* o *qué* lo hizo. A veces se usa *de* en vez de *por* cuando el verbo expresa una emoción. En el Ejemplo a, se puede decir: *La literatura de García Márquez **es admirada de** todo el mundo.*

Ejercicios

A. Un cuento de García Márquez

Transforma la frase de la voz activa a la verdadera voz pasiva. Emplea el mismo tiempo verbal que aparece en cada frase.

1. Muchas personas leen los cuentos de García Márquez.

_____

2. Sus lectores lo aman y los críticos literarios lo respetan.

_____

3. Muchos alumnos estudian "El ahogado más hermoso del mundo".

_____

4. Al principio nadie reconoció al ahogado.

_____

5. Por fin toda la gente lo amaba.

_____

6. Todo el mundo asistió al entierro del ahogado.

_____

7. Los parientes adoptivos soltaron al ahogado y el cuerpo se cayó al mar.

_____

8. La visita del ahogado afectó a todos.

_____

9. La gente no se olvidará del ahogado.

_____

10. Cada generación contará la leyenda del ahogado a sus hijos.

_____

B. Contesta la pregunta
Usa la verdadera voz pasiva.

1. ¿Quiénes encontraron al ahogado?

_____

2. ¿Quiénes lo prepararon para el entierro?

_____

3. Al principio, ¿quiénes no lo aceptaron?

_____

4. ¿Quién cambió el ambiente del pueblo?

_____

5. ¿Quién creó estos personajes amables?

_____

C. La obra de García Márquez
Traduce la frase al español. Usa la verdadera voz pasiva.

1. The best literature is written by Latin American authors.

_____

2. García Márquez was influenced by Kafka.

_____

3. Much of García Márquez's work used to be translated by Gregory Rabassa.

_____

4. Many readers are moved by the affection they find in his stories.

_____

5. His books will be read and loved by future generations.

_____

El uso del artículo definido

PearsonSchool.com
Web Code: jkd-0051

Ejemplos

a. El sábado vamos al Repertorio Español para ver *Eréndira*. Siempre presentan un drama los sábados.

b. El señor García Márquez recibió el premio Nobel.

c. La literatura y el arte son grandes pasiones de los latinoamericanos. En un poema de Neruda está claro que el perro es el mejor amigo del hombre.

d. El español es la lengua de la gran literatura y del amor.

e. El ahogado no llevaba nada en los pies. Había perdido los zapatos.

f. La Ibarbourou escribió poemas llenos de vida. La Julia es famosa por su belleza.

g. La Argentina es la patria de Jorge Luis Borges. Mario Vargas Llosa viene del Perú.

h. Actualmente los García Márquez viven en Colombia.

i. El ahogado era un desconocido que llegó a ser pariente de todos. El poder resulta de la solidaridad del pueblo.

j. En *Eréndira*, de García Márquez, se venden naranjas mágicas que valen un millón de dólares la docena.

Función

Los ejemplos de arriba ilustran las diferencias en el uso del artículo definido entre el inglés y el español. Las explicaciones que siguen corresponden a los Ejemplos a-j. El artículo definido se usa:

- Con los días de la semana, excepto después del verbo *ser: Es sábado.*

- Con títulos de personas: *Sr., Sra., Doctor, Profesor, etc.,* excepto cuando se habla directamente a la persona: *¿Quisiera sentarse por aquí, Sr. García Márquez?* El artículo tampoco se usa con los títulos *don, doña, san, santo* y *santa.*

- Con palabras generales o abstractas: *la religión, la ciencia, la solidaridad, la soledad, el amor, la fe.* Con sustantivos tomados en sentido general: *los perros, etc.*

- Con lenguas, excepto después de *aprender, enseñar, estudiar, hablar, de* o *en: Habla español y ahora quiere estudiar italiano.*

- Para hablar de la ropa o de partes del cuerpo humano, el artículo definido se usa en vez del posesivo, excepto cuando el posesivo es necesario para aclarar:

    Me pongo **los** zapatos.

    Mi hija se pone **mis** zapatos cuando juega a ser mamá.

- A veces con nombres o apellidos de mujeres famosas.

- Con el nombre de ciertos países* y sitios: *la Argentina, el Brasil, el Canadá, la China, el Ecuador, la Florida, la India, el Paraguay, el Perú, el Uruguay, el Bronx.*

- Con los apellidos. Observa que se usa el artículo plural pero no hay ningún cambio en la forma del apellido.

- Con adjetivos o infinitivos para emplearlos como sustantivos:

    El ahogado = el hombre que se ahogó.

    La loca (Juana la loca) = la mujer loca.

    El saber = la acción o efecto de saber.

- Para referirse a una cantidad. Tiene el significado de *cada.*

    El perfume cuesta cincuenta dólares **la** onza.

> **Observa:** *El* se usa en vez de *la* antes de sustantivos femeninos que empiezan con una *a* acentuada: *el alma, el agua, el alba, el hambre, el hacha.* Estos sustantivos continúan siendo femeninos: *Las almas buenas; El agua es clara.*

Ejercicios

A. Traduce la frase al español

1. *Of Love and Other Demons* is a novel by Sr. García Márquez.

_____

2. Love is a frequent theme of the author.

_____

*Hoy día, es cada vez más común ver el nombre de los países sin el artículo definido.

3. I just bought a copy on Monday.

_____

4. In this novel the protagonist is a young girl. Her leg hurts because she was bitten by a dog.

_____

_____

5. She becomes so sick that her father almost loses faith.

_____

6. A priest sees the girl and is obsessed. The obsessed man tries to help her.

_____

_____

7. Books from Peru and Argentina are very expensive. You can pay $20 or $30 a copy.

_____

_____

8. What is your favorite course, Professor Jiménez? Latin American Literature, of course!

_____

_____

B. Tus propias frases

Escribe diez frases originales para ilustrar los diez ejemplos del uso del artículo definido.

1. _____

2. _____

3. _____

4. _____

5. _____

6. _____

7. _____

8. _____

9. _____

10. _____

EL GÉNERO DE LOS SUSTANTIVOS

PearsonSchool.com
Web Code: jkd-0052

Los sustantivos que terminan en *-a, -ie, -dad, -tad, -umbre, -ción, -sión* o *-tud*

Éstos generalmente son femeninos.

Ejemplos

a. La historia de Esteban es conmovedora.

b. El ahogado flotaba en la superficie del mar.

c. La solidaridad transforma el pueblo.

d. Me impresiona la lealtad que muestra el pueblo hacia el ahogado.

e La costumbre del pueblo es enterrar a los muertos en el acantilado.

f. Los "parientes" que asisten a los funerales de Esteban son una manifestación del amor y de la solidaridad.

g. La procesión fúnebre era solemne y bella a la vez.

h. La actitud que se refleja en gran parte de la obra del Sr. García Márquez es la de aceptar en vez de juzgar al ser humano.

Excepciones

el día, el mapa

Los sustantivos que terminan en -o y -aje

Éstos son masculinos.

Ejemplos

Los personajes de García Márquez son inolvidables y reflejan el cariño del autor.

Excepción

la mano

Los sustantivos que terminan en -ma

Por lo general son masculinos y muchos de éstos vienen de la lengua griega.

Ejemplos

a. El drama cuenta la historia de un poeta que pasa toda la vida escribiendo un poema.

b. El tema del poema es la infinidad, presentada detalle por detalle.

c. El problema con este sistema es que es largo y aburrido.

Excepciones

la rama, la trama

Los sustantivos que terminan en -ista

Éstos se refieren a personas y pueden ser o masculinos o femeninos, sin cambiar la forma de la palabra; sólo se cambia el artículo.

Ejemplos

a. García Márquez es el novelista favorito de la profesora.

b. Isabel Allende es también una novelista del realismo mágico.

> **Observa:** *La persona* y *la víctima* siempre son femeninas, aunque se refieran a un hombre:
>
> El rey Midas fue **la víctima** de su propia avaricia.

Ejercicio

La violencia

Completa la frase con la forma apropiada del artículo definido *(el, la, los, las).*
Cambia los adjetivos que están entre paréntesis al género apropiado si es necesario.

1. En _____ cuento de García Márquez que se llama "Un día

   de éstos", _____ protagonista es un dentista excelente.

2. _____ personajes de este cuento dicen poco pero

expresan mucho con pocas palabras.

3. _____ felicidad no existe en el pueblo a causa de las

guerras civiles. _____ violencia es tan frecuente que casi

parece una costumbre de la cultura.

4. _____ superficie _____ (frío) y

_____ (tranquilo) del dentista oculta

_____ emociones fuertes que tiene adentro.

5. _____ tensión _____ (dramático) del

cuento aumenta cuando un enemigo político busca la ayuda del dentista.

6. _____ drama de _____ situación se basa

en _____ dilema del dentista: ayudar o no al enemigo.

7. _____ crueldad no es normalmente un elemento de

_____ personalidad del dentista. _____

alma de este hombre es _____ (compasivo) pero es difícil

mantener _____ compasión en un ambiente de violencia.

8. En un sentido emocional _____ dentista es víctima de

_____ revolución sin fin de su país.

Repaso

A. El cariño marquesiano

Completa la frase con la forma correcta del verbo según el sentido de la frase. Selecciona entre el presente, el pretérito, el imperfecto, los tiempos perfectos, los tiempos progresivos, el futuro, el condicional, el presente del subjuntivo, el imperfecto del subjuntivo y el infinitivo.

1. Una característica predominante de la literatura de García Márquez es el

amor y respeto por el ser humano que se _____ (expresar)

por medio de sus personajes.

2. No hay mejor ejemplo del amor que el autor _____

(sentir) por sus personajes que el coronel de *El coronel no tiene quien le*

escriba.

3. El coronel y su esposa llevan una vida difícil; _____ (ser)

pobres y les _____ (hacer) falta su hijo Augustín.

4. Augustín se les _____ (morir) hace un año. Fue

_____ (asesinar) por la policía por _____

(distribuir) hojas clandestinas contra el gobierno.

5. Ahora los padres _____ (seguir / lamentarse). Es como si

una parte de ellos _____ (haber / morir) con el hijo.

6. El coronel es un veterano. Cuando _____ (ser) joven

_____ (haber / luchar) en la guerra civil colombiana. Era

imposible que ningún lado _____ (ganar) en aquella

guerra. Todos _____ (perder).

7. Ahora el coronel _____ (ir) todos los viernes al correo,

esperando que le _____ (llegar) su pensión de veterano.

8. Hace quince años que el coronel _____ (esperar) sin

_____ (recibir) nada.

9. Su mujer teme que ellos no _____ (poder) comprar

comida porque les _____ (faltar) dinero. Ella quiere que

el coronel _____ (vender) un gallo que

_____ (haber / pertenecer) a Augustín.

10. Don Sabas, un hombre rico, le _____ (haber / ofrecer)

mucho dinero pero el coronel _____ (negarse) a venderlo.

11. La mujer _____ (quejarse) de que "Ahora todo el mundo

    sabe que nosotros _____ (estar / morirse) de hambre".

12. Según el coronel, cuando _____ (llegar) su pensión de

    veterano no _____ (tener) más problemas. Él está seguro

    de que _____ (llegar) el próximo viernes.

13. Si el coronel tuviera el dinero de la pensión de veterano, no

    _____ (tener) que vender el gallo.

14. Según el coronel, a causa de _____ (haber / esperar)

    tanto, ya no _____ (poder) faltar mucho más. No

    duda que el gobierno le _____ (mandar) el dinero

    que le debe.

15. A pesar de todos los apuros que le _____ (apenar), el

    coronel _____ (mantener) su gran dignidad.

16. No hay nadie que _____ (ser) más optimista que el

    coronel. Claro está que su optimismo y paciencia _____

    (ser) características muy agradables.

17. Aunque _____ (estar / sufrir), el coronel todavía cree que

    "La vida es la mejor cosa que se _____ (haber / inventar)".

B. Contesta la pregunta
Emplea los complementos directos e indirectos.

1. ¿Quién mató a Augustín?

   _____

2. ¿Le ha mandado el gobierno la pensión al coronel?

   _____

3. ¿Quién le ofreció mucho dinero al coronel?

_____

4. ¿Quiere el coronel vender el gallo a don Sabas?

_____

5. ¿Quién representa la gran dignidad del ser humano?

_____

6. ¿Te conmueve el espíritu del coronel?

_____

C. *Ser* y *estar*

Completa la frase con la forma correcta de *ser* o *estar* según el sentido de la frase.

1. Los únicos personajes que no _____ respetados

por García Márquez _____ los hipócritas y los

explotadores.

2. La Mamá Grande, de *Los funerales de la Mamá Grande,*

_____ una explotadora porque vivía del trabajo

de otros.

3. Cuando la Mamá Grande _____ muriéndose, no había

nadie que _____ triste.

4. Aunque ella _____ pálida y muy enferma, muchos no

creían que ella _____ mortal porque

_____ tan poderosa.

5. Ahora la Mamá Grande _____ bajo tierra y el mundo

_____ mejor por su ausencia.

D. La voz pasiva

Traduce la frase al español. Emplea la voz pasiva con *se* o la verdadera voz pasiva según el sentido de la frase.

1. Big Mama was buried without much sadness.

_____

2. She was hated and feared by the town.

_____

3. Her possessions were quickly taken by her relatives.

_____

4. It was believed that she would live forever.

_____

5. She will not be forgotten by the exploited ones.

_____

E. *Por* y *para*

Completa la frase empleando *por* o *para*.

1. "La viuda de Montiel" es otro cuento escrito _____ García Márquez.

2. El esposo de la viuda, José, era famoso _____ su avaricia.

3. José se hizo rico _____ engaños.

4. _____ tener éxito era necesario matar a muchos de sus compadres, pero José no parecía preocuparse _____ la vida de otros.

5. No sacrificaba su propio bienestar _____ nadie.

6. Su esposa fue engañada _____ sus mentiras.

7. _____ una mujer madura, ella era muy inocente.

F. Los relativos

Traduce las palabras inglesas al español. (Nota que en los números tres (segunda frase) y cinco se necesita la forma interrogativa.)

1. La viuda, _____ *(whose)* esposo era tan odiado, no entiende

   _____ *(what)* le pasa ahora.

2. Su esposo, _____ *(whom)* ella quería tanto, ya no está a su lado.

3. _____ *(What)* le asombra a ella es que nadie parece lamentar

   a su pobre José. Ella no entiende _____ *(what)* es el problema.

4. Ahora ella se queda sola en la casa dentro de _____ *(which)*

   había vivido feliz con su familia.

5. ¿_____ *(What)* es el tema de este cuento?

G. Las palabras que confunden

Traduce las palabras inglesas al español.

1. Otro _____ *(character)* que refleja el amor y respeto

   marquesiano es Baltazar.

2. Baltazar, un hombre de gran dignidad y _____ *(little)*

   dinero, vive en una casa _____ *(little)* con su mujer.

3. Baltazar ha construido una jaula _____ *(for)* los pájaros de

   Pepe Montiel, el hijo de José. Baltazar _____ *(spent)* mucho

   _____ *(time)*, _____ *(sometimes)* toda la

   noche, perfeccionando la jaula.

4. Cuando había _____ *(realized)* el proyecto a la perfección,

   Baltazar le enseñó la jaula al médico del pueblo.

5. El médico _____ *(became)* fascinado con la jaula y quiso

   comprarla. Pero Baltazar le dijo que no había hecho la jaula

   _____ *(for)* él, _____ *(but rather)*

   _____ *(for)* Pepe Montiel.

6. El médico _____ (realized) que Baltazar tenía un

_____ (character) muy fuerte.

7. En la casa de Montiel, el rico se negó a _____ (spend)

ningún dinero _____ (for) la jaula, pero Baltazar insistió en

regalársela a Pepe.

8. José Montiel insistió en que Pepe le _____ (return) la jaula a

Baltazar, pero éste no la aceptó y _____ (left) de la casa,

_____ (leaving) a José lleno de rabia.

H. Los comparativos y superlativos

Escribe una frase comparativa o superlativa. Puedes decidir entre la una y la otra. Cambia las palabras si quieres. Por ejemplo:

La casa de Montiel / las otras casas del pueblo

La casa de Montiel es más grande que las otras.

o

La casa de Montiel es la más grande del pueblo.

1. Baltazar / José Montiel

_____

2. La jaula de Baltazar / las otras jaulas del mundo

_____

3. La vida de Baltazar / la de los Montiel

_____

4. Los personajes de García Márquez / los de Jorge Luis Borges

_____

5. La literatura latinoamericana / la literatura de otras culturas de hoy

_____

Verbos

Verbos regulares

mirar

EL PRESENTE DEL INDICATIVO	miro, miras, mira; miramos, miráis, miran
EL PRESENTE DEL SUBJUNTIVO	mire, mires, mire; miremos, miréis, miren
EL PRETÉRITO	miré, miraste, miró; miramos, mirasteis, miraron
EL IMPERFECTO DEL INDICATIVO	miraba, mirabas, miraba; mirábamos, mirabais, miraban
EL IMPERFECTO DEL SUBJUNTIVO	mirara, miraras, mirara; miráramos, mirarais, miraran
EL FUTURO	miraré, mirarás, mirará; miraremos, miraréis, mirarán
EL FUTURO PERFECTO	habré mirado, habrás mirado, habrá mirado; habremos mirado, habréis mirado, habrán mirado
EL CONDICIONAL	miraría, mirarías, miraría; miraríamos, miraríais, mirarían
EL CONDICIONAL PERFECTO	habría mirado, habrías mirado, habría mirado; habríamos mirado, habríais mirado, habrían mirado
EL PRESENTE PERFECTO DEL INDICATIVO	he mirado, has mirado, ha mirado; hemos mirado, habéis mirado, han mirado
EL PRESENTE PERFECTO DEL SUBJUNTIVO	haya mirado, hayas mirado, haya mirado; hayamos mirado, hayáis mirado, hayan mirado
EL PLUSCUAMPERFECTO DEL INDICATIVO	había mirado, habías mirado, había mirado; habíamos mirado, habíais mirado, habían mirado
EL PLUSCUAMPERFECTO DEL SUBJUNTIVO	hubiera mirado, hubieras mirado, hubiera mirado; hubiéramos mirado, hubierais mirado, hubieran mirado
MANDATOS CON *TÚ*	mira, no mires
MANDATOS CON *USTED*	mire, no mire
MANDATOS CON *NOSOTROS*	miremos, no miremos
MANDATOS CON *VOSOTROS*	mirad, no miréis
MANDATOS CON *USTEDES*	miren, no miren
EL GERUNDIO	mirando
EL PARTICIPIO PASADO	mirado

---

vender

EL PRESENTE DEL INDICATIVO	vendo, vendes, vende; vendemos, vendéis, venden
EL PRESENTE DEL SUBJUNTIVO	venda, vendas, venda; vendamos, vendáis, vendan
EL PRETÉRITO	vendí, vendiste, vendió; vendimos, vendisteis, vendieron
EL IMPERFECTO DEL INDICATIVO	vendía, vendías, vendía; vendíamos, vendíais, vendían
EL IMPERFECTO DEL SUBJUNTIVO	vendiera, vendieras, vendiera; vendiéramos, vendierais, vendieran
EL FUTURO	venderé, venderás, venderá; venderemos, venderéis, venderán
EL FUTURO PERFECTO	habré vendido, habrás vendido, habrá vendido; habremos vendido, habréis vendido, habrán vendido
EL CONDICIONAL	vendería, venderías, vendería; venderíamos, venderíais, venderían
EL CONDICIONAL PERFECTO	habría vendido, habrías vendido, habría vendido; habríamos vendido, habríais vendido, habrían vendido
EL PRESENTE PERFECTO DEL INDICATIVO	he vendido, has vendido, ha vendido; hemos vendido, habéis vendido, han vendido
EL PRESENTE PERFECTO DEL SUBJUNTIVO	haya vendido, hayas vendido, haya vendido; hayamos vendido, hayáis vendido, hayan vendido
EL PLUSCUAMPERFECTO DEL INDICATIVO	había vendido, habías vendido, había vendido; habíamos vendido, habíais vendido, habían vendido
EL PLUSCUAMPERFECTO DEL SUBJUNTIVO	hubiera vendido, hubieras vendido, hubiera vendido; hubiéramos vendido, hubierais vendido, hubieran vendido

vender *(continuación)*	MANDATOS CON *TÚ*	vende, no vendas
	MANDATOS CON *USTED*	venda, no venda
	MANDATOS CON *NOSOTROS*	vendamos, no vendamos
	MANDATOS CON *VOSOTROS*	vended, no vendáis
	MANDATOS CON *USTEDES*	vendan, no vendan
	EL GERUNDIO	vendiendo
	EL PARTICIPIO PASADO	vendido

vivir	EL PRESENTE DEL INDICATIVO	vivo, vives, vive; vivimos, vivís, viven
	EL PRESENTE DEL SUBJUNTIVO	viva, vivas, viva; vivamos, viváis, vivan
	EL PRETÉRITO	viví, viviste, vivió; vivimos, vivisteis, vivieron
	EL IMPERFECTO DEL INDICATIVO	vivía, vivías, vivía; vivíamos, vivíais, vivían
	EL IMPERFECTO DEL SUBJUNTIVO	viviera, vivieras, viviera; viviéramos, vivierais, vivieran
	EL FUTURO	viviré, vivirás, vivirá; viviremos, viviréis, vivirán
	EL FUTURO PERFECTO	habré vivido, habrás vivido, habrá vivido; habremos vivido, habréis vivido, habrán vivido
	EL CONDICIONAL	viviría, vivirías, viviría; viviríamos, viviríais, vivirían
	EL CONDICIONAL PERFECTO	habría vivido, habrías vivido, habría vivido; habríamos vivido, habríais vivido, habrían vivido
	EL PRESENTE PERFECTO DEL INDICATIVO	he vivido, has vivido, ha vivido; hemos vivido, habéis vivido, han vivido
	EL PRESENTE PERFECTO DEL SUBJUNTIVO	haya vivido, hayas vivido, haya vivido; hayamos vivido, hayáis vivido, hayan vivido
	EL PLUSCUAMPERFECTO DEL INDICATIVO	había vivido, habías vivido, había vivido; habíamos vivido, habíais vivido, habían vivido
	EL PLUSCUAMPERFECTO DEL SUBJUNTIVO	hubiera vivido, hubieras vivido, hubiera vivido; hubiéramos vivido, hubierais vivido, hubieran vivido
	MANDATOS CON *TÚ*	vive, no vivas
	MANDATOS CON *USTED*	viva, no viva
	MANDATOS CON *NOSOTROS*	vivamos, no vivamos
	MANDATOS CON *VOSOTROS*	vivid, no viváis
	MANDATOS CON *USTEDES*	vivan, no vivan
	EL GERUNDIO	viviendo
	EL PARTICIPIO PASADO	vivido

Verbos reflexivos

levantarse	EL PRESENTE DEL INDICATIVO	me levanto, te levantas, se levanta; nos levantamos, os levantáis, se levantan
	EL PRESENTE DEL SUBJUNTIVO	me levante, te levantes, se levante; nos levantemos, os levantéis, se levanten
	EL PRETÉRITO	me levanté, te levantaste, se levantó; nos levantamos, os levantasteis, se levantaron
	EL IMPERFECTO DEL INDICATIVO	me levantaba, te levantabas, se levantaba; nos levantábamos, os levantabais, se levantaban
	EL IMPERFECTO DEL SUBJUNTIVO	me levantara, te levantaras, se levantara; nos levantáramos, os levantarais, se levantaran
	EL FUTURO	me levantaré, te levantarás, se levantará; nos levantaremos, os levantaréis, se levantarán
	EL FUTURO PERFECTO	me habré levantado, te habrás levantado, se habrá levantado; nos habremos levantado, os habréis levantado, se habrán levantado

levantarse *(continuación)*

EL CONDICIONAL	me levantaría, te levantarías, se levantaría; nos levantaríamos, os levantaríais, se levantarían
EL CONDICIONAL PERFECTO	me habría levantado, te habrías levantado, se habría levantado; nos habríamos levantado, os habríais levantado, se habrían levantado
EL PRESENTE PERFECTO DEL INDICATIVO	me he levantado, te has levantado, se ha levantado; nos hemos levantado, os habéis levantado, se han levantado
EL PRESENTE PERFECTO DEL SUBJUNTIVO	me haya levantado, te hayas levantado, se haya levantado; nos hayamos levantado, os hayáis levantado, se hayan levantado
EL PLUSCUAMPERFECTO DEL INDICATIVO	me había levantado, te habías levantado, se había levantado; nos habíamos levantado, os habíais levantado, se habían levantado
EL PLUSCUAMPERFECTO DEL SUBJUNTIVO	me hubiera levantado, te hubieras levantado, se hubiera levantado; nos hubiéramos levantado, os hubierais levantado, se hubieran levantado
MANDATOS CON *TÚ*	levántate, no te levantes
MANDATOS CON *USTED*	levántese, no se levante
MANDATOS CON *NOSOTROS*	levantémonos, no nos levantemos
MANDATOS CON *VOSOTROS*	levantaos, no os levantéis
MANDATOS CON *USTEDES*	levántense, no se levanten
EL GERUNDIO	levantándose
EL PARTICIPIO PASADO	levantado

Verbos de cambio radical

cerrar (e → ie)

EL PRESENTE DEL INDICATIVO	cierro, cierras, cierra; cerramos, cerráis, cierran
EL PRESENTE DEL SUBJUNTIVO	cierre, cierres, cierre; cerremos, cerréis, cierren
EL PRETÉRITO	cerré, cerraste, cerró; cerramos, cerrasteis, cerraron
EL IMPERFECTO DEL INDICATIVO	cerraba, cerrabas, cerraba; cerrábamos, cerrabais, cerraban
EL IMPERFECTO DEL SUBJUNTIVO	cerrara, cerraras, cerrara; cerráramos, cerrarais, cerraran
EL FUTURO	cerraré, cerrarás, cerrará; cerraremos, cerraréis, cerrarán
EL FUTURO PERFECTO	habré cerrado, habrás cerrado, habrá cerrado; habremos cerrado, habréis cerrado, habrán cerrado
EL CONDICIONAL	cerraría, cerrarías, cerraría; cerraríamos, cerraríais, cerrarían
EL CONDICIONAL PERFECTO	habría cerrado, habrías cerrado, habría cerrado; habríamos cerrado, habríais cerrado, habrían cerrado
EL PRESENTE PERFECTO DEL INDICATIVO	he cerrado, has cerrado, ha cerrado; hemos cerrado, habéis cerrado, han cerrado
EL PRESENTE PERFECTO DEL SUBJUNTIVO	haya cerrado, hayas cerrado, haya cerrado; hayamos cerrado, hayáis cerrado, hayan cerrado
EL PLUSCUAMPERFECTO DEL INDICATIVO	había cerrado, habías cerrado, había cerrado; habíamos cerrado, habíais cerrado, habían cerrado
EL PLUSCUAMPERFECTO DEL SUBJUNTIVO	hubiera cerrado, hubieras cerrado, hubiera cerrado; hubiéramos cerrado, hubierais cerrado, hubieran cerrado
MANDATOS CON *TÚ*	cierra, no cierres
MANDATOS CON *USTED*	cierre, no cierre
MANDATOS CON *NOSOTROS*	cerremos, no cerremos
MANDATOS CON *VOSOTROS*	cerrad, no cerréis
MANDATOS CON *USTEDES*	cierren, no cierren

cerrar *(continuación)*

	EL GERUNDIO	cerrando
	EL PARTICIPIO PASADO	cerrado

Otros verbos que siguen el ejemplo de **cerrar: despertarse, desterrar, encerrar, enterrar, negar (g → gu), pensar.**

---

conmover (o → ue)

EL PRESENTE DEL INDICATIVO	conmuevo, conmueves, conmueve; conmovemos, conmovéis, conmueven
EL PRESENTE DEL SUBJUNTIVO	conmueva, conmuevas, conmueva; conmovamos, conmováis, conmuevan
EL PRETÉRITO	conmoví, conmoviste, conmovió; conmovimos, conmovisteis, conmovieron
EL IMPERFECTO DEL INDICATIVO	conmovía, conmovías, conmovía; conmovíamos, conmovíais, conmovían
EL IMPERFECTO DEL SUBJUNTIVO	conmoviera, conmovieras, conmoviera; conmoviéramos, conmovierais, conmovieran
EL FUTURO	conmoveré, conmoverás, conmoverá; conmoveremos, conmoveréis, conmoverán
EL FUTURO PERFECTO	habré conmovido, habrás conmovido, habrá conmovido; habremos conmovido, habréis conmovido, habrán conmovido
EL CONDICIONAL	conmovería, conmoverías, conmovería; conmoveríamos, conmoveríais, conmoverían
EL CONDICIONAL PERFECTO	habría conmovido, habrías conmovido, habría conmovido; habríamos conmovido, habríais conmovido, habrían conmovido
EL PRESENTE PERFECTO DEL INDICATIVO	he conmovido, has conmovido, ha conmovido; hemos conmovido, habéis conmovido, han conmovido
EL PRESENTE PERFECTO DEL SUBJUNTIVO	haya conmovido, hayas conmovido, haya conmovido; hayamos conmovido, hayáis conmovido, hayan conmovido
EL PLUSCUAMPERFECTO DEL INDICATIVO	había conmovido, habías conmovido, había conmovido; habíamos conmovido, habíais conmovido, habían conmovido
EL PLUSCUAMPERFECTO DEL SUBJUNTIVO	hubiera conmovido, hubieras conmovido, hubiera conmovido; hubiéramos conmovido, hubierais conmovido, hubieran conmovido
MANDATOS CON *TÚ*	conmueve, no conmuevas
MANDATOS CON *USTED*	conmueva, no conmueva
MANDATOS CON *NOSOTROS*	conmovamos, no conmovamos
MANDATOS CON *VOSOTROS*	conmoved, no conmováis
MANDATOS CON *USTEDES*	conmuevan, no conmuevan
EL GERUNDIO	conmoviendo
EL PARTICIPIO PASADO	conmovido

Otros verbos que siguen el ejemplo de **conmover: doler, morder, soler.**

---

contar (o → ue)

EL PRESENTE DEL INDICATIVO	cuento, cuentas, cuenta; contamos, contáis, cuentan
EL PRESENTE DEL SUBJUNTIVO	cuente, cuentes, cuente; contemos, contéis, cuenten
EL PRETÉRITO	conté, contaste, contó; contamos, contasteis, contaron
EL IMPERFECTO DEL INDICATIVO	contaba, contabas, contaba; contábamos, contabais, contaban
EL IMPERFECTO DEL SUBJUNTIVO	contara, contaras, contara; contáramos, contarais, contaran
EL FUTURO	contaré, contarás, contará; contaremos, contaréis, contarán
EL FUTURO PERFECTO	habré contado, habrás contado, habrá contado; habremos contado, habréis contado, habrán contado
EL CONDICIONAL	contaría, contarías, contaría; contaríamos, contaríais, contarían
EL CONDICIONAL PERFECTO	habría contado, habrías contado, habría contado; habríamos contado, habríais contado, habrían contado

contar *(continuación)*

EL PRESENTE PERFECTO DEL INDICATIVO	he contado, has contado, ha contado; hemos contado, habéis contado, han contado
EL PRESENTE PERFECTO DEL SUBJUNTIVO	haya contado, hayas contado, haya contado; hayamos contado, hayáis contado, hayan contado
EL PLUSCUAMPERFECTO DEL INDICATIVO	había contado, habías contado, había contado; habíamos contado, habíais contado, habían contado
EL PLUSCUAMPERFECTO DEL SUBJUNTIVO	hubiera contado, hubieras contado, hubiera contado; hubiéramos contado, hubierais contado; hubieran contado
MANDATOS CON *TÚ*	cuenta, no cuentes
MANDATOS CON *USTED*	cuente, no cuente
MANDATOS CON *NOSOTROS*	contemos, no contemos
MANDATOS CON *VOSOTROS*	contad, no contéis
MANDATOS CON *USTEDES*	cuenten, no cuenten
EL GERUNDIO	contando
EL PARTICIPIO PASADO	contado

Otros verbos que siguen el ejemplo de **contar: acordarse, acostarse, colgar (g → gu), encontrar, esforzarse (z → c), probar, recordar, soltar, sonar, soñar, volar.**

---

dormir (o → ue) (o → u)

EL PRESENTE DEL INDICATIVO	duermo, duermes, duerme; dormimos, dormís, duermen
EL PRESENTE DEL SUBJUNTIVO	duerma, duermas, duerma; durmamos, durmáis, duerman
EL PRETÉRITO	dormí, dormiste, durmió; dormimos, dormisteis, durmieron
EL IMPERFECTO DEL INDICATIVO	dormía, dormías, dormía; dormíamos, dormíais, dormían
EL IMPERFECTO DEL SUBJUNTIVO	durmiera, durmieras, durmiera; durmiéramos, durmierais, durmieran
EL FUTURO	dormiré, dormirás, dormirá; dormiremos, dormiréis, dormirán
EL FUTURO PERFECTO	habré dormido, habrás dormido, habrá dormido; habremos dormido, habréis dormido, habrán dormido
EL CONDICIONAL	dormiría, dormirías, dormiría; dormiríamos, dormiríais, dormirían
EL CONDICIONAL PERFECTO	habría dormido, habrías dormido, habría dormido; habríamos dormido, habríais dormido, habrían dormido
EL PRESENTE PERFECTO DEL INDICATIVO	he dormido, has dormido, ha dormido; hemos dormido, habéis dormido, han dormido
EL PRESENTE PERFECTO DEL SUBJUNTIVO	haya dormido, hayas dormido, haya dormido; hayamos dormido, hayáis dormido, hayan dormido
EL PLUSCUAMPERFECTO DEL INDICATIVO	había dormido, habías dormido, había dormido; habíamos dormido, habíais dormido, habían dormido
EL PLUSCUAMPERFECTO DEL SUBJUNTIVO	hubiera dormido, hubieras dormido, hubiera dormido; hubiéramos dormido, hubierais dormido, hubieran dormido
MANDATOS CON *TÚ*	duerme, no duermas
MANDATOS CON *USTED*	duerma, no duerma
MANDATOS CON *NOSOTROS*	durmamos, no durmamos
MANDATOS CON *VOSOTROS*	dormid, no durmáis
MANDATOS CON *USTEDES*	duerman, no duerman
EL GERUNDIO	durmiendo
EL PARTICIPIO PASADO	dormido

---

empezar (e → ie)	EL PRESENTE DEL INDICATIVO	empiezo, empiezas, empieza;
		empezamos, empezáis, empiezan
	EL PRESENTE DEL SUBJUNTIVO	empiece, empieces, empiece;
		empecemos, empecéis, empiecen
	EL PRETÉRITO	empecé, empezaste, empezó;
		empezamos, empezasteis, empezaron
	EL IMPERFECTO DEL INDICATIVO	empezaba, empezabas, empezaba;
		empezábamos, empezabais, empezaban
	EL IMPERFECTO DEL SUBJUNTIVO	empezara, empezaras, empezara;
		empezáramos, empezarais, empezaran
	EL FUTURO	empezaré, empezarás, empezará;
		empezaremos, empezaréis, empezarán
	EL FUTURO PERFECTO	habré empezado, habrás empezado, habrá empezado;
		habremos empezado, habréis empezado, habrán empezado
	EL CONDICIONAL	empezaría, empezarías, empezaría;
		empezaríamos, empezaríais, empezarían
	EL CONDICIONAL PERFECTO	habría empezado, habrías empezado, habría empezado;
		habríamos empezado, habríais empezado, habrían empezado
	EL PRESENTE PERFECTO DEL INDICATIVO	he empezado, has empezado, ha empezado;
		hemos empezado, habéis empezado, han empezado
	EL PRESENTE PERFECTO DEL SUBJUNTIVO	haya empezado, hayas empezado, haya empezado;
		hayamos empezado, hayáis empezado, hayan empezado
	EL PLUSCUAMPERFECTO DEL INDICATIVO	había empezado, habías empezado, había empezado;
		habíamos empezado, habíais empezado, habían empezado
	EL PLUSCUAMPERFECTO DEL SUBJUNTIVO	hubiera empezado, hubieras empezado, hubiera empezado;
		hubiéramos empezado, hubierais empezado, hubieran empezado
	MANDATOS CON *TÚ*	empieza, no empieces
	MANDATOS CON *USTED*	empiece, no empiece
	MANDATOS CON *NOSOTROS*	empecemos, no empecemos
	MANDATOS CON *VOSOTROS*	empezad, no empecéis
	MANDATOS CON *USTEDES*	empiecen, no empiecen
	EL GERUNDIO	empezando
	EL PARTICIPIO PASADO	empezado

Otros verbos que siguen el ejemplo de **empezar: comenzar, tropezar.**

---

jugar (u → ue)	EL PRESENTE DEL INDICATIVO	juego, juegas, juega; jugamos, jugáis, juegan
	EL PRESENTE DEL SUBJUNTIVO	juegue, juegues, juegue; juguemos, juguéis, jueguen
	EL PRETÉRITO	jugué, jugaste, jugó; jugamos, jugasteis, jugaron
	EL IMPERFECTO DEL INDICATIVO	jugaba, jugabas, jugaba; jugábamos, jugábais, jugaban
	EL IMPERFECTO DEL SUBJUNTIVO	jugara, jugaras, jugara; jugáramos, jugarais, jugaran
	EL FUTURO	jugaré, jugarás, jugará; jugaremos, jugaréis, jugarán
	EL FUTURO PERFECTO	habré jugado, habrás jugado, habrá jugado;
		habremos jugado, habréis jugado, habrán jugado
	EL CONDICIONAL	jugaría, jugarías, jugaría; jugaríamos, jugaríais, jugarían
	EL CONDICIONAL PERFECTO	habría jugado, habrías jugado, habría jugado;
		habríamos jugado, habríais jugado, habrían jugado
	EL PRESENTE PERFECTO DEL INDICATIVO	he jugado, has jugado, ha jugado;
		hemos jugado, habéis jugado, han jugado
	EL PRESENTE PERFECTO DEL SUBJUNTIVO	haya jugado, hayas jugado, haya jugado;
		hayamos jugado, hayáis jugado, hayan jugado
	EL PLUSCUAMPERFECTO DEL INDICATIVO	había jugado, habías jugado, había jugado;
		habíamos jugado, habíais jugado, habían jugado

jugar *(continuación)*

EL PLUSCUAMPERFECTO DEL SUBJUNTIVO	hubiera jugado, hubieras jugado, hubiera jugado; hubiéramos jugado, hubierais jugado, hubieran jugado
MANDATOS CON *TÚ*	juega, no juegues
MANDATOS CON *USTED*	juegue, no juegue
MANDATOS CON *NOSOTROS*	juguemos, no juguemos
MANDATOS CON *VOSOTROS*	jugad, no juguéis
MANDATOS CON *USTEDES*	jueguen, no jueguen
EL GERUNDIO	jugando
EL PARTICIPIO PASADO	jugado

---

morir (o → ue) (o → u)

EL PRESENTE DEL INDICATIVO	muero, mueres, muere; morimos, morís, mueren
EL PRESENTE DEL SUBJUNTIVO	muera, mueras, muera; muramos, muráis, mueran
EL PRETÉRITO	morí, moriste, murió; morimos, moristeis, murieron
EL IMPERFECTO DEL INDICATIVO	moría, morías, moría; moríamos, moríais, morían
EL IMPERFECTO DEL SUBJUNTIVO	muriera, murieras, muriera; muriéramos, murierais, murieran
EL FUTURO	moriré, morirás, morirá; moriremos, moriréis, morirán
EL FUTURO PERFECTO	habré muerto, habrás muerto, habrá muerto; habremos muerto, habréis muerto, habrán muerto
EL CONDICIONAL	moriría, morirías, moriría; moriríamos, moriríais, morirían
EL CONDICIONAL PERFECTO	habría muerto, habrías muerto, habría muerto; habríamos muerto, habríais muerto, habrían muerto
EL PRESENTE PERFECTO DEL INDICATIVO	he muerto, has muerto, ha muerto; hemos muerto, habéis muerto, han muerto
EL PRESENTE PERFECTO DEL SUBJUNTIVO	haya muerto, hayas muerto, haya muerto; hayamos muerto, hayáis muerto, hayan muerto
EL PLUSCUAMPERFECTO DEL INDICATIVO	había muerto, habías muerto, había muerto; habíamos muerto, habíais muerto, habían muerto
EL PLUSCUAMPERFECTO DEL SUBJUNTIVO	hubiera muerto, hubieras muerto, hubiera muerto; hubiéramos muerto, hubierais muerto, hubieran muerto
MANDATOS CON *TÚ*	muere, no mueras
MANDATOS CON *USTED*	muera, no muera
MANDATOS CON *NOSOTROS*	muramos, no muramos
MANDATOS CON *VOSOTROS*	morid, no muráis
MANDATOS CON *USTEDES*	mueran, no mueran
EL GERUNDIO	muriendo
EL PARTICIPIO PASADO	muerto

---

pedir (e → i)

EL PRESENTE DEL INDICATIVO	pido, pides, pide; pedimos, pedís, piden
EL PRESENTE DEL SUBJUNTIVO	pida, pidas, pida; pidamos, pidáis, pidan
EL PRETÉRITO	pedí, pediste, pidió; pedimos, pedisteis, pidieron
EL IMPERFECTO DEL INDICATIVO	pedía, pedías, pedía; pedíamos, pedíais, pedían
EL IMPERFECTO DEL SUBJUNTIVO	pidiera, pidieras, pidiera; pidiéramos, pidierais, pidieran
EL FUTURO	pediré, pedirás, pedirá; pediremos, pediréis, pedirán
EL FUTURO PERFECTO	habré pedido, habrás pedido, habrá pedido; habremos pedido, habréis pedido, habrán pedido
EL CONDICIONAL	pediría, pedirías, pediría; pediríamos, pediríais, pedirían
EL CONDICIONAL PERFECTO	habría pedido, habrías pedido, habría pedido; habríamos pedido, habríais pedido, habrían pedido

pedir *(continuación)*

EL PRESENTE PERFECTO DEL INDICATIVO	he pedido, has pedido, ha pedido; hemos pedido, habéis pedido, han pedido
EL PRESENTE PERFECTO DEL SUBJUNTIVO	haya pedido, hayas pedido, haya pedido; hayamos pedido, hayáis pedido, hayan pedido
EL PLUSCUAMPERFECTO DEL INDICATIVO	había pedido, habías pedido, había pedido; habíamos pedido, habíais pedido, habían pedido
EL PLUSCUAMPERFECTO DEL SUBJUNTIVO	hubiera pedido, hubieras pedido, hubiera pedido; hubiéramos pedido, hubierais pedido, hubieran pedido
MANDATOS CON *TÚ*	pide, no pidas
MANDATOS CON *USTED*	pida, no pida
MANDATOS CON *NOSOTROS*	pidamos, no pidamos
MANDATOS CON *VOSOTROS*	pedid, no pidáis
MANDATOS CON *USTEDES*	pidan, no pidan
EL GERUNDIO	pidiendo
EL PARTICIPIO PASADO	pedido

Otros verbos que siguen el ejemplo de **pedir: despedirse, elegir (g → j), impedir, repetir, servir, vestir(se).**

---

perder (e → ie)

EL PRESENTE DEL INDICATIVO	pierdo, pierdes, pierde; perdemos, perdéis, pierden
EL PRESENTE DEL SUBJUNTIVO	pierda, pierdas, pierda; perdamos, perdáis, pierdan
EL PRETÉRITO	perdí, perdiste, perdió; perdimos, perdisteis, perdieron
EL IMPERFECTO DEL INDICATIVO	perdía, perdías, perdía; perdíamos, perdíais, perdían
EL IMPERFECTO DEL SUBJUNTIVO	perdiera, perdieras, perdiera; perdiéramos, perdierais, perdieran
EL FUTURO	perderé, perderás, perderá; perderemos, perderéis, perderán
EL FUTURO PERFECTO	habré perdido, habrás perdido, habrá perdido; habremos perdido, habréis perdido, habrán perdido
EL CONDICIONAL	perdería, perderías, perdería; perderíamos, perderíais, perderían
EL CONDICIONAL PERFECTO	habría perdido, habrías perdido, habría perdido; habríamos perdido, habríais perdido, habrían perdido
EL PRESENTE PERFECTO DEL INDICATIVO	he perdido, has perdido, ha perdido; hemos perdido, habéis perdido, han perdido
EL PRESENTE PERFECTO DEL SUBJUNTIVO	haya perdido, hayas perdido, haya perdido; hayamos perdido, hayáis perdido, hayan perdido
EL PLUSCUAMPERFECTO DEL INDICATIVO	había perdido, habías perdido, había perdido; habíamos perdido, habíais perdido, habían perdido
EL PLUSCUAMPERFECTO DEL SUBJUNTIVO	hubiera perdido, hubieras perdido, hubiera perdido; hubiéramos perdido, hubierais perdido, hubieran perdido
MANDATOS CON *TÚ*	pierde, no pierdas
MANDATOS CON *USTED*	pierda, no pierda
MANDATOS CON *NOSOTROS*	perdamos, no perdamos
MANDATOS CON *VOSOTROS*	perded, no perdáis
MANDATOS CON *USTEDES*	pierdan, no pierdan
EL GERUNDIO	perdiendo
EL PARTICIPIO PASADO	perdido

Otros verbos que siguen el ejemplo de **perder: atender, entender.**

preferir (e → ie) (e → i)

EL PRESENTE DEL INDICATIVO	prefiero, prefieres, prefiere; preferimos, preferís, prefieren
EL PRESENTE DEL SUBJUNTIVO	prefiera, prefieras, prefiera; prefiramos, prefiráis, prefieran
EL PRETÉRITO	preferí, preferiste, prefirió; preferimos, preferisteis, prefirieron
EL IMPERFECTO DEL INDICATIVO	prefería, preferías, prefería; preferíamos, preferíais, preferían
EL IMPERFECTO DEL SUBJUNTIVO	prefiriera, prefirieras, prefiriera; prefiriéramos, prefirierais, prefirieran
EL FUTURO	preferiré, preferirás, preferirá; preferiremos, preferiréis, preferirán
EL FUTURO PERFECTO	habré preferido, habrás preferido, habrá preferido; habremos preferido, habréis preferido, habrán preferido
EL CONDICIONAL	preferiría, preferirías, preferiría; preferiríamos, preferiríais, preferirían
EL CONDICIONAL PERFECTO	habría preferido, habrías preferido, habría preferido; habríamos preferido, habríais preferido, habrían preferido
EL PRESENTE PERFECTO DEL INDICATIVO	he preferido, has preferido, ha preferido; hemos preferido, habéis preferido, han preferido
EL PRESENTE PERFECTO DEL SUBJUNTIVO	haya preferido, hayas preferido, haya preferido; hayamos preferido, hayáis preferido, hayan preferido
EL PLUSCUAMPERFECTO DEL INDICATIVO	había preferido, habías preferido, había preferido; habíamos preferido, habíais preferido, habían preferido
EL PLUSCUAMPERFECTO DEL SUBJUNTIVO	hubiera preferido, hubieras preferido, hubiera preferido; hubiéramos preferido, hubierais preferido, hubieran preferido
MANDATOS CON *TÚ*	prefiere, no prefieras
MANDATOS CON *USTED*	prefiera, no prefiera
MANDATOS CON *NOSOTROS*	prefiramos, no prefiramos
MANDATOS CON *VOSOTROS*	preferid, no prefiráis
MANDATOS CON *USTEDES*	prefieran, no prefieran
EL GERUNDIO	prefiriendo
EL PARTICIPIO PASADO	preferido

Otros verbos que siguen el ejemplo de **preferir: consentir, convertir(se), divertir(se), mentir, sentir(se).**

---

volver (o → ue)

EL PRESENTE DEL INDICATIVO	vuelvo, vuelves, vuelve; volvemos, volvéis, vuelven
EL PRESENTE DEL SUBJUNTIVO	vuelva, vuelvas, vuelva; volvamos, volváis, vuelvan
EL PRETÉRITO	volví, volviste, volvió; volvimos, volvisteis, volvieron
EL IMPERFECTO DEL INDICATIVO	volvía, volvías, volvía; volvíamos, volvíais, volvían
EL IMPERFECTO DEL SUBJUNTIVO	volviera, volvieras, volviera; volviéramos, volvierais, volvieran
EL FUTURO	volveré, volverás, volverá; volveremos, volveréis, volverán
EL FUTURO PERFECTO	habré vuelto, habrás vuelto, habrá vuelto; habremos vuelto, habréis vuelto, habrán vuelto
EL CONDICIONAL	volvería, volverías, volvería; volveríamos, volveríais, volverían
EL CONDICIONAL PERFECTO	habría vuelto, habrías vuelto, habría vuelto; habríamos vuelto, habríais vuelto, habrían vuelto
EL PRESENTE PERFECTO DEL INDICATIVO	he vuelto, has vuelto, ha vuelto; hemos vuelto, habéis vuelto, han vuelto
EL PRESENTE PERFECTO DEL SUBJUNTIVO	haya vuelto, hayas vuelto, haya vuelto; hayamos vuelto, hayáis vuelto, hayan vuelto
EL PLUSCUAMPERFECTO DEL INDICATIVO	había vuelto, habías vuelto, había vuelto; habíamos vuelto, habíais vuelto, habían vuelto

volver *(continuación)*

EL PLUSCUAMPERFECTO DEL SUBJUNTIVO	hubiera vuelto, hubieras vuelto, hubiera vuelto;
	hubiéramos vuelto, hubierais vuelto, hubieran vuelto
MANDATOS CON *TÚ*	vuelve, no vuelvas
MANDATOS CON *USTED*	vuelva, no vuelva
MANDATOS CON *NOSOTROS*	volvamos, no volvamos
MANDATOS CON *VOSOTROS*	volved, no volváis
MANDATOS CON *USTEDES*	vuelvan, no vuelvan
EL GERUNDIO	volviendo
EL PARTICIPIO PASADO	vuelto

Otros verbos que siguen el ejemplo de **volver: devolver, resolver (participio pasado = resuelto).**

Verbos con cambio de ortografía

actuar (u → ú)

EL PRESENTE DEL INDICATIVO	actúo, actúas, actúa; actuamos, actuáis, actúan
EL PRESENTE DEL SUBJUNTIVO	actúe, actúes, actúe; actuemos, actuéis, actúen
EL PRETÉRITO	actué, actuaste, actuó; actuamos, actuasteis, actuaron
EL IMPERFECTO DEL INDICATIVO	actuaba, actuabas, actuaba; actuábamos, actuabais, actuaban
EL IMPERFECTO DEL SUBJUNTIVO	actuara, actuaras, actuara; actuáramos, actuarais, actuaran
EL FUTURO	actuaré, actuarás, actuará; actuaremos, actuaréis, actuarán
EL FUTURO PERFECTO	habré actuado, habrás actuado, habrá actuado;
	habremos actuado, habréis actuado, habrán actuado
EL CONDICIONAL	actuaría, actuarías, actuaría; actuaríamos, actuaríais, actuarían
EL CONDICIONAL PERFECTO	habría actuado, habrías actuado, habría actuado;
	habríamos actuado, habríais actuado, habrían actuado
EL PRESENTE PERFECTO DEL INDICATIVO	he actuado, has actuado, ha actuado;
	hemos actuado, habéis actuado, han actuado
EL PRESENTE PERFECTO DEL SUBJUNTIVO	haya actuado, hayas actuado, haya actuado;
	hayamos actuado, hayáis actuado, hayan actuado
EL PLUSCUAMPERFECTO DEL INDICATIVO	había actuado, habías actuado, había actuado;
	habíamos actuado, habíais actuado, habían actuado
EL PLUSCUAMPERFECTO DEL SUBJUNTIVO	hubiera actuado, hubieras actuado, hubiera actuado;
	hubiéramos actuado, hubierais actuado, hubieran actuado
MANDATOS CON *TÚ*	actúa, no actúes
MANDATOS CON *USTED*	actúe, no actúe
MANDATOS CON *NOSOTROS*	actuemos, no actuemos
MANDATOS CON *VOSOTROS*	actuad, no actuéis
MANDATOS CON *USTEDES*	actúen, no actúen
EL GERUNDIO	actuando
EL PARTICIPIO PASADO	actuado

Otros verbos que siguen el ejemplo de **actuar: continuar, graduarse.**

---

ansiar (i → í)

EL PRESENTE DEL INDICATIVO	ansío, ansías, ansía; ansiamos, ansiáis, ansían
EL PRESENTE DEL SUBJUNTIVO	ansíe, ansíes, ansíe; ansiemos, ansiéis, ansíen
EL PRETÉRITO	ansié, ansiaste, ansió; ansiamos, ansiasteis, ansiaron
EL IMPERFECTO DEL INDICATIVO	ansiaba, ansiabas, ansiaba; ansiábamos, ansiabais, ansiaban
EL IMPERFECTO DEL SUBJUNTIVO	ansiara, ansiaras, ansiara; ansiáramos, ansiarais, ansiaran
EL FUTURO	ansiaré, ansiarás, ansiará; ansiaremos, ansiaréis, ansiarán
EL FUTURO PERFECTO	habré ansiado, habrás ansiado, habrá ansiado;
	habremos ansiado, habréis ansiado, habrán ansiado
EL CONDICIONAL	ansiaría, ansiarías, ansiaría; ansiaríamos, ansiaríais, ansiarían

ansiar *(continuación)*

EL CONDICIONAL PERFECTO	habría ansiado, habrías ansiado, habría ansiado;
	habríamos ansiado, habríais ansiado, habrían ansiado
EL PRESENTE PERFECTO DEL INDICATIVO	he ansiado, has ansiado, ha ansiado;
	hemos ansiado, habéis ansiado, han ansiado
EL PRESENTE PERFECTO DEL SUBJUNTIVO	haya ansiado, hayas ansiado, haya ansiado;
	hayamos ansiado, hayáis ansiado, hayan ansiado
EL PLUSCUAMPERFECTO DEL INDICATIVO	había ansiado, habías ansiado, había ansiado;
	habíamos ansiado, habíais ansiado, habían ansiado
EL PLUSCUAMPERFECTO DEL SUBJUNTIVO	hubiera ansiado, hubieras ansiado, hubiera ansiado;
	hubiéramos ansiado, hubierais ansiado, hubieran ansiado
MANDATOS CON *TÚ*	ansía, no ansíes
MANDATOS CON *USTED*	ansíe, no ansíe
MANDATOS CON *NOSOTROS*	ansiemos, no ansiemos
MANDATOS CON *VOSOTROS*	ansiad, no ansiéis
MANDATOS CON *USTEDES*	ansíen, no ansíen
EL GERUNDIO	ansiando
EL PARTICIPIO PASADO	ansiado

Otros verbos que siguen el ejemplo de **ansiar:** **aliarse, criar, enfriar, enviar.**

---

apagar (g → gu)

EL PRESENTE DEL INDICATIVO	apago, apagas, apaga; apagamos, apagáis, apagan
EL PRESENTE DEL SUBJUNTIVO	apague, apagues, apague; apaguemos, apaguéis, apaguen
EL PRETÉRITO	apagué, apagaste, apagó; apagamos, apagasteis, apagaron
EL IMPERFECTO DEL INDICATIVO	apagaba, apagabas, apagaba;
	apagábamos, apagabais, apagaban
EL IMPERFECTO DEL SUBJUNTIVO	apagara, apagaras, apagara; apagáramos, apagarais, apagaran
EL FUTURO	apagaré, apagarás, apagará; apagaremos, apagaréis, apagarán
EL FUTURO PERFECTO	habré apagado, habrás apagado, habrá apagado;
	habremos apagado, habréis apagado, habrán apagado
EL CONDICIONAL	apagaría, apagarías, apagaría;
	apagaríamos, apagaríais, apagarían
EL CONDICIONAL PERFECTO	habría apagado, habrías apagado, habría apagado;
	habríamos apagado, habríais apagado, habrían apagado
EL PRESENTE PERFECTO DEL INDICATIVO	he apagado, has apagado, ha apagado;
	hemos apagado, habéis apagado, han apagado
EL PRESENTE PERFECTO DEL SUBJUNTIVO	haya apagado, hayas apagado, haya apagado;
	hayamos apagado, hayáis apagado, hayan apagado
EL PLUSCUAMPERFECTO DEL INDICATIVO	había apagado, habías apagado, había apagado;
	habíamos apagado, habíais apagado, habían apagado
EL PLUSCUAMPERFECTO DEL SUBJUNTIVO	hubiera apagado, hubieras apagado, hubiera apagado;
	hubiéramos apagado, hubierais apagado, hubieran apagado
MANDATOS CON *TÚ*	apaga, no apagues
MANDATOS CON *USTED*	apague, no apague
MANDATOS CON *NOSOTROS*	apaguemos, no apaguemos
MANDATOS CON *VOSOTROS*	apagad, no apaguéis
MANDATOS CON *USTEDES*	apaguen, no apaguen
EL GERUNDIO	apagando
EL PARTICIPIO PASADO	apagado

Otros verbos que siguen el ejemplo de **apagar:** **ahogar(se), colgar (u → ue), juzgar, llegar, negar (e → ie), obligar, pagar, pegar.**

---

averiguar (u → ü)

EL PRESENTE DEL INDICATIVO	averiguo, averiguas, averigua; averiguamos, averiguáis, averiguan
EL PRESENTE DEL SUBJUNTIVO	averigüe, averigües, averigüe; averigüemos, averigüéis, averigüen
EL PRETÉRITO	averigüé, averiguaste, averiguó; averiguamos, averiguasteis, averiguaron
EL IMPERFECTO DEL INDICATIVO	averiguaba, averiguabas, averiguaba; averiguábamos, averiguabais, averiguaban
EL IMPERFECTO DEL SUBJUNTIVO	averiguara, averiguaras, averiguara; averiguáramos, averiguarais, averiguaran
EL FUTURO	averiguaré, averiguarás, averiguará; averiguaremos, averiguaréis, averiguarán
EL FUTURO PERFECTO	habré averiguado, habrás averiguado, habrá averiguado; habremos averiguado, habréis averiguado, habrán averiguado
EL CONDICIONAL	averiguaría, averiguarías, averiguaría; averiguaríamos, averiguaríais, averiguarían
EL CONDICIONAL PERFECTO	habría averiguado, habrías averiguado, habría averiguado; habríamos averiguado, habríais averiguado, habrían averiguado
EL PRESENTE PERFECTO DEL INDICATIVO	he averiguado, has averiguado, ha averiguado; hemos averiguado, habéis averiguado, han averiguado
EL PRESENTE PERFECTO DEL SUBJUNTIVO	haya averiguado, hayas averiguado, haya averiguado; hayamos averiguado, hayáis averiguado, hayan averiguado
EL PLUSCUAMPERFECTO DEL INDICATIVO	había averiguado, habías averiguado, había averiguado; habíamos averiguado, habíais averiguado, habían averiguado
EL PLUSCUAMPERFECTO DEL SUBJUNTIVO	hubiera averiguado, hubieras averiguado, hubiera averiguado; hubiéramos averiguado, hubierais averiguado, hubieran averiguado
MANDATOS CON *TÚ*	averigua, no averigües
MANDATOS CON *USTED*	averigüe, no averigüe
MANDATOS CON *NOSOTROS*	averigüemos, no averigüemos
MANDATOS CON *VOSOTROS*	averiguad, no averigüéis
MANDATOS CON *USTEDES*	averigüen, no averigüen
EL GERUNDIO	averiguando
EL PARTICIPIO PASADO	averiguado

---

buscar (c → qu)

EL PRESENTE DEL INDICATIVO	busco, buscas, busca; buscamos, buscáis, buscan
EL PRESENTE DEL SUBJUNTIVO	busque, busques, busque; busquemos, busquéis, busquen
EL PRETÉRITO	busqué, buscaste, buscó; buscamos, buscasteis, buscaron
EL IMPERFECTO DEL INDICATIVO	buscaba, buscabas, buscaba; buscábamos, buscabais, buscaban
EL IMPERFECTO DEL SUBJUNTIVO	buscara, buscaras, buscara; buscáramos, buscarais, buscaran
EL FUTURO	buscaré, buscarás, buscará; buscaremos, buscaréis, buscarán
EL FUTURO PERFECTO	habré buscado, habrás buscado, habrá buscado; habremos buscado, habréis buscado, habrán buscado
EL CONDICIONAL	buscaría, buscarías, buscaría; buscaríamos, buscaríais, buscarían
EL CONDICIONAL PERFECTO	habría buscado, habrías buscado, habría buscado; habríamos buscado, habríais buscado, habrían buscado
EL PRESENTE PERFECTO DEL INDICATIVO	he buscado, has buscado, ha buscado; hemos buscado, habéis buscado, han buscado
EL PRESENTE PERFECTO DEL SUBJUNTIVO	haya buscado, hayas buscado, haya buscado; hayamos buscado, hayáis buscado, hayan buscado

buscar *(continuación)*

EL PLUSCUAMPERFECTO DEL INDICATIVO	había buscado, habías buscado, había buscado; habíamos buscado, habíais buscado, habían buscado
EL PLUSCUAMPERFECTO DEL SUBJUNTIVO	hubiera buscado, hubieras buscado, hubiera buscado; hubiéramos buscado, hubierais buscado, hubieran buscado
MANDATOS CON *TÚ*	busca, no busques
MANDATOS CON *USTED*	busque, no busque
MANDATOS CON *NOSOTROS*	busquemos, no busquemos
MANDATOS CON *VOSOTROS*	buscad, no busquéis
MANDATOS CON *USTEDES*	busquen, no busquen
EL GERUNDIO	buscando
EL PARTICIPIO PASADO	buscado

Otros verbos que siguen el ejemplo de **buscar: acercarse, brincar, chocar, equivocarse, fabricar, picar, provocar, suplicar, tocar.**

---

conocer (c → zc)

EL PRESENTE DEL INDICATIVO	conozco, conoces, conoce; conocemos, conocéis, conocen
EL PRESENTE DEL SUBJUNTIVO	conozca, conozcas, conozca; conozcamos, conozcáis, conozcan
EL PRETÉRITO	conocí, conociste, conoció; conocimos, conocisteis, conocieron
EL IMPERFECTO DEL INDICATIVO	conocía, conocías, conocía; conocíamos, conocíais, conocían
EL IMPERFECTO DEL SUBJUNTIVO	conociera, conocieras, conociera; conociéramos, conocierais, conocieran
EL FUTURO	conoceré, conocerás, conocerá; conoceremos, conoceréis, conocerán
EL FUTURO PERFECTO	habré conocido, habrás conocido, habrá conocido; habremos conocido, habréis conocido, habrán conocido
EL CONDICIONAL	conocería, conocerías, conocería; conoceríamos, conoceríais, conocerían
EL CONDICIONAL PERFECTO	habría conocido, habrías conocido, habría conocido; habríamos conocido, habríais conocido, habrían conocido
EL PRESENTE PERFECTO DEL INDICATIVO	he conocido, has conocido, ha conocido; hemos conocido, habéis conocido, han conocido
EL PRESENTE PERFECTO DEL SUBJUNTIVO	haya conocido, hayas conocido, haya conocido; hayamos conocido, hayáis conocido, hayan conocido
EL PLUSCUAMPERFECTO DEL INDICATIVO	había conocido, habías conocido, había conocido; habíamos conocido, habíais conocido, habían conocido
EL PLUSCUAMPERFECTO DEL SUBJUNTIVO	hubiera conocido, hubieras conocido, hubiera conocido; hubiéramos conocido, hubierais conocido, hubieran conocido
MANDATOS CON *TÚ*	conoce, no conozcas
MANDATOS CON *USTED*	conozca, no conozca
MANDATOS CON *NOSOTROS*	conozcamos, no conozcamos
MANDATOS CON *VOSOTROS*	conoced, no conozcáis
MANDATOS CON *USTEDES*	conozcan, no conozcan
EL GERUNDIO	conociendo
EL PARTICIPIO PASADO	conocido

Otros verbos que siguen el ejemplo de **conocer: crecer, entristecer(se), estremecer(se), merecer, nacer, ofrecer, parecer(se), permanecer, pertenecer.**

---

construir (i → y)

EL PRESENTE DEL INDICATIVO	construyo, construyes, construye; construimos, construís, construyen
EL PRESENTE DEL SUBJUNTIVO	construya, contruyas, construya; construyamos, construyáis, construyan
EL PRETÉRITO	construí, construiste, construyó; construimos, construisteis, construyeron
EL IMPERFECTO DEL INDICATIVO	construía, construías, construía; construíamos, construíais, construían
EL IMPERFECTO DEL SUBJUNTIVO	construyera, construyeras, construyera; construyéramos, construyerais, construyeran
EL FUTURO	construiré, construirás, construirá; construiremos, construiréis, construirán
EL FUTURO PERFECTO	habré construido, habrás construido, habrá construido; habremos construido, habréis construido, habrán construido
EL CONDICIONAL	construiría, construirías, construiría; construiríamos, construiríais, construirían
EL CONDICIONAL PERFECTO	habría construido, habrías construido, habría construido; habríamos construido, habríais construido, habrían construido
EL PRESENTE PERFECTO DEL INDICATIVO	he construido, has construido, ha construido; hemos construido, habéis construido, han construido
EL PRESENTE PERFECTO DEL SUBJUNTIVO	haya construido, hayas construido, haya construido; hayamos construido, hayáis construido, hayan construido
EL PLUSCUAMPERFECTO DEL INDICATIVO	había construido, habías construido, había construido; habíamos construido, habíais construido, habían construido
EL PLUSCUAMPERFECTO DEL SUBJUNTIVO	hubiera construido, hubieras construido, hubiera construido; hubiéramos construido, hubierais construido, hubieran construido
MANDATOS CON *TÚ*	construye, no construyas
MANDATOS CON *USTED*	construya, no construya
MANDATOS CON *NOSOTROS*	construyamos, no construyamos
MANDATOS CON *VOSOTROS*	construid, no construyáis
MANDATOS CON *USTEDES*	construyan, no construyan
EL GERUNDIO	construyendo
EL PARTICIPIO PASADO	construido

Otros verbos que siguen el ejemplo de **construir: atribuir, contribuir, destruir, distribuir, huir, influir.**

---

convencer (c → z)

EL PRESENTE DEL INDICATIVO	convenzo, convences, convence; convencemos, convencéis, convencen
EL PRESENTE DEL SUBJUNTIVO	convenza, convenzas, convenza; convenzamos, convenzáis, convenzan
EL PRETÉRITO	convencí, convenciste, convenció; convencimos, convencisteis, convencieron
EL IMPERFECTO DEL INDICATIVO	convencía, convencías, convencía; convencíamos, convencíais, convencían
EL IMPERFECTO DEL SUBJUNTIVO	convenciera, convencieras, convenciera; convenciéramos, convencierais, convencieran
EL FUTURO	convenceré, convencerás, convencerá; convenceremos, convenceréis, convencerán
EL FUTURO PERFECTO	habré convencido, habrás convencido, habrá convencido; habremos convencido, habréis convencido, habrán convencido
EL CONDICIONAL	convencería, convencerías, convencería; convenceríamos, convenceríais, convencerían

convencer *(continuación)*

EL CONDICIONAL PERFECTO	habría convencido, habrías convencido, habría convencido; habríamos convencido, habríais convencido, habrían convencido
EL PRESENTE PERFECTO DEL INDICATIVO	he convencido, has convencido, ha convencido; hemos convencido, habéis convencido, han convencido
EL PRESENTE PERFECTO DEL SUBJUNTIVO	haya convencido, hayas convencido, haya convencido; hayamos convencido, hayáis convencido, hayan convencido
EL PLUSCUAMPERFECTO DEL INDICATIVO	había convencido, habías convencido, había convencido; habíamos convencido, habíais convencido, habían convencido
EL PLUSCUAMPERFECTO DEL SUBJUNTIVO	hubiera convencido, hubieras convencido, hubiera convencido; hubiéramos convencido, hubierais convencido, hubieran convencido
MANDATOS CON *TÚ*	convence, no convenzas
MANDATOS CON *USTED*	convenza, no convenza
MANDATOS CON *NOSOTROS*	convenzamos, no convenzamos
MANDATOS CON *VOSOTROS*	convenced, no convenzáis
MANDATOS CON *USTEDES*	convenzan, no convenzan
EL GERUNDIO	convenciendo
EL PARTICIPIO PASADO	convencido

Otros verbos que siguen el ejemplo de **convencer: ejercer, vencer.**

---

creer (i → y)

EL PRESENTE DEL INDICATIVO	creo, crees, cree; creemos, creéis, creen
EL PRESENTE DEL SUBJUNTIVO	crea, creas, crea; creamos, creáis, crean
EL PRETÉRITO	creí, creíste, creyó; creímos, creísteis, creyeron
EL IMPERFECTO DEL INDICATIVO	creía, creías, creía; creíamos, creíais, creían
EL IMPERFECTO DEL SUBJUNTIVO	creyera, creyeras, creyera; creyéramos, creyerais, creyeran
EL FUTURO	creeré, creerás, creerá; creeremos, creeréis, creerán
EL FUTURO PERFECTO	habré creído, habrás creído, habrá creído; habremos creído, habréis creído, habrán creído
EL CONDICIONAL	creería, creerías, creería; creeríamos, creeríais, creerían
EL CONDICIONAL PERFECTO	habría creído, habrías creído, habría creído; habríamos creído, habríais creído, habrían creído
EL PRESENTE PERFECTO DEL INDICATIVO	he creído, has creído, ha creído; hemos creído, habéis creído, han creído
EL PRESENTE PERFECTO DEL SUBJUNTIVO	haya creído, hayas creído, haya creído; hayamos creído, hayáis creído, hayan creído
EL PLUSCUAMPERFECTO DEL INDICATIVO	había creído, habías creído, había creído; habíamos creído, habíais creído, habían creído
EL PLUSCUAMPERFECTO DEL SUBJUNTIVO	hubiera creído, hubieras creído, hubiera creído; hubiéramos creído, hubierais creído, hubieran creído
MANDATOS CON *TÚ*	cree, no creas
MANDATOS CON *USTED*	crea, no crea
MANDATOS CON *NOSOTROS*	creamos, no creamos
MANDATOS CON *VOSOTROS*	creed, no creáis
MANDATOS CON *USTEDES*	crean, no crean
EL GERUNDIO	creyendo
EL PARTICIPIO PASADO	creído

Otros verbos que siguen el ejemplo de **creer: leer, proveer (participio pasado = provisto).**

---

cruzar (z → c)		
	EL PRESENTE DEL INDICATIVO	cruzo, cruzas, cruza; cruzamos, cruzáis, cruzan
	EL PRESENTE DEL SUBJUNTIVO	cruce, cruces, cruce; crucemos, crucéis, crucen
	EL PRETÉRITO	crucé, cruzaste, cruzó; cruzamos, cruzasteis, cruzaron
	EL IMPERFECTO DEL INDICATIVO	cruzaba, cruzabas, cruzaba; cruzábamos, cruzabais, cruzaban
	EL IMPERFECTO DEL SUBJUNTIVO	cruzara, cruzaras, cruzara; cruzáramos, cruzarais, cruzaran
	EL FUTURO	cruzaré, cruzarás, cruzará; cruzaremos, cruzaréis, cruzarán
	EL FUTURO PERFECTO	habré cruzado, habrás cruzado, habrá cruzado; habremos cruzado, habréis cruzado, habrán cruzado
	EL CONDICIONAL	cruzaría, cruzarías, cruzaría; cruzaríamos, cruzaríais, cruzarían
	EL CONDICIONAL PERFECTO	habría cruzado, habrías cruzado, habría cruzado; habríamos cruzado, habríais cruzado, habrían cruzado
	EL PRESENTE PERFECTO DEL INDICATIVO	he cruzado, has cruzado, ha cruzado; hemos cruzado, habéis cruzado, han cruzado
	EL PRESENTE PERFECTO DEL SUBJUNTIVO	haya cruzado, hayas cruzado, haya cruzado; hayamos cruzado, hayáis cruzado, hayan cruzado
	EL PLUSCUAMPERFECTO DEL INDICATIVO	había cruzado, habías cruzado, había cruzado; habíamos cruzado, habíais cruzado, habían cruzado
	EL PLUSCUAMPERFECTO DEL SUBJUNTIVO	hubiera cruzado, hubieras cruzado, hubiera cruzado; hubiéramos cruzado, hubierais cruzado, hubieran cruzado
	MANDATOS CON *TÚ*	cruza, no cruces
	MANDATOS CON *USTED*	cruce, no cruce
	MANDATOS CON *NOSOTROS*	crucemos, no crucemos
	MANDATOS CON *VOSOTROS*	cruzad, no crucéis
	MANDATOS CON *USTEDES*	crucen, no crucen
	EL GERUNDIO	cruzando
	EL PARTICIPIO PASADO	cruzado

Otros verbos que siguen el ejemplo de **cruzar**: agonizar, alcanzar, amenazar, aterrorizar(se), **comenzar (e → ie), disfrazar(se), esforzarse (o → ue), realizar, rezar, tropezar (e → ie).**

---

dirigir (g → j)		
	EL PRESENTE DEL INDICATIVO	dirijo, diriges, dirige; dirigimos, dirigís, dirigen
	EL PRESENTE DEL SUBJUNTIVO	dirija, dirijas, dirija; dirijamos, dirijáis, dirijan
	EL PRETÉRITO	dirigí, dirigiste, dirigió; dirigimos, dirigisteis, dirigieron
	EL IMPERFECTO DEL INDICATIVO	dirigía, dirigías, dirigía; dirigíamos, dirigíais, dirigían
	EL IMPERFECTO DEL SUBJUNTIVO	dirigiera, dirigieras, dirigiera; dirigiéramos, dirigierais, dirigieran
	EL FUTURO	dirigiré, dirigirás, dirigirá; dirigiremos, dirigiréis, dirigirán
	EL FUTURO PERFECTO	habré dirigido, habrás dirigido, habrá dirigido; habremos dirigido, habréis dirigido, habrán dirigido
	EL CONDICIONAL	dirigiría, dirigirías, dirigiría; dirigiríamos, dirigiríais, dirigirían
	EL CONDICIONAL PERFECTO	habría dirigido, habrías dirigido, habría dirigido; habríamos dirigido, habríais dirigido, habrían dirigido
	EL PRESENTE PERFECTO DEL INDICATIVO	he dirigido, has dirigido, ha dirigido; hemos dirigido, habéis dirigido, han dirigido
	EL PRESENTE PERFECTO DEL SUBJUNTIVO	haya dirigido, hayas dirigido, haya dirigido; hayamos dirigido, hayáis dirigido, hayan dirigido
	EL PLUSCUAMPERFECTO DEL INDICATIVO	había dirigido, habías dirigido, había dirigido; habíamos dirigido, habíais dirigido, habían dirigido
	EL PLUSCUAMPERFECTO DEL SUBJUNTIVO	hubiera dirigido, hubieras dirigido, hubiera dirigido; hubiéramos dirigido, hubierais dirigido, hubieran dirigido
	MANDATOS CON *TÚ*	dirige, no dirijas

dirigir *(continuación)*

MANDATOS CON *USTED*	dirija, no dirija
MANDATOS CON *NOSOTROS*	dirijamos, no dirijamos
MANDATOS CON *VOSOTROS*	dirigid, no dirijáis
MANDATOS CON *USTEDES*	dirijan, no dirijan
EL GERUNDIO	dirigiendo
EL PARTICIPIO PASADO	dirigido

Otros verbos que siguen el ejemplo de **dirigir:** elegir (e → i), **fingir.**

---

distinguir (gu → g)

EL PRESENTE DEL INDICATIVO	distingo, distingues, distingue; distinguimos, distinguís, distinguen
EL PRESENTE DEL SUBJUNTIVO	distinga, distingas, distinga; distingamos, distingáis, distingan
EL PRETÉRITO	distinguí, distinguiste, distinguió; distinguimos, distinguisteis, distinguieron
EL IMPERFECTO DEL INDICATIVO	distinguía, distinguías, distinguía; distinguíamos, distinguíais, distinguían
EL IMPERFECTO DEL SUBJUNTIVO	distinguiera, distinguieras, distinguiera; distinguiéramos, distinguierais, distinguieran
EL FUTURO	distinguiré, distinguirás, distinguirá; distinguiremos, distinguiréis, distinguirán
EL FUTURO PERFECTO	habré distinguido, habrás distinguido, habrá distinguido; habremos distinguido, habréis distinguido, habrán distinguido
EL CONDICIONAL	distinguiría, distinguirías, distinguiría; distinguiríamos, distinguiríais, distinguirían
EL CONDICIONAL PERFECTO	habría distinguido, habrías distinguido, habría distinguido; habríamos distinguido, habríais distinguido, habrían distinguido
EL PRESENTE PERFECTO DEL INDICATIVO	he distinguido, has distinguido, ha distinguido; hemos distinguido, habéis distinguido, han distinguido
EL PRESENTE PERFECTO DEL SUBJUNTIVO	haya distinguido, hayas distinguido, haya distinguido; hayamos distinguido, hayáis distinguido, hayan distinguido
EL PLUSCUAMPERFECTO DEL INDICATIVO	había distinguido, habías distinguido, había distinguido; habíamos distinguido, habíais distinguido, habían distinguido
EL PLUSCUAMPERFECTO DEL SUBJUNTIVO	hubiera distinguido, hubieras distinguido, hubiera distinguido; hubiéramos distinguido, hubierais distinguido, hubieran distinguido
MANDATOS CON *TÚ*	distingue, no distingas
MANDATOS CON *USTED*	distinga, no distinga
MANDATOS CON *NOSOTROS*	distingamos, no distingamos
MANDATOS CON *VOSOTROS*	distinguid, no distingáis
MANDATOS CON *USTEDES*	distingan, no distingan
EL GERUNDIO	distinguiendo
EL PARTICIPIO PASADO	distinguido

Otros verbos que siguen el ejemplo de **distinguir:** **extinguir.**

---

empezar (z → c) Ve Verbos de cambio radical.

---

escoger (g → j)		
	EL PRESENTE DEL INDICATIVO	escojo, escoges, escoge; escogemos, escogéis, escogen
	EL PRESENTE DEL SUBJUNTIVO	escoja, escojas, escoja; escojamos, escojáis, escojan
	EL PRETÉRITO	escogí, escogiste, escogió; escogimos, escogisteis, escogieron
	EL IMPERFECTO DEL INDICATIVO	escogía, escogías, escogía; escogíamos, escogíais, escogían
	EL IMPERFECTO DEL SUBJUNTIVO	escogiera, escogieras, escogiera; escogiéramos, escogierais, escogieran
	EL FUTURO	escogeré, escogerás, escogerá; escogeremos, escogeréis, escogerán
	EL FUTURO PERFECTO	habré escogido, habrás escogido, habrá escogido; habremos escogido, habréis escogido, habrán escogido
	EL CONDICIONAL	escogería, escogerías, escogería; escogeríamos, escogeríais, escogerían
	EL CONDICIONAL PERFECTO	habría escogido, habrías escogido, habría escogido; habríamos escogido, habríais escogido, habrían escogido
	EL PRESENTE PERFECTO DEL INDICATIVO	he escogido, has escogido, ha escogido; hemos escogido, habéis escogido, han escogido
	EL PRESENTE PERFECTO DEL SUBJUNTIVO	haya escogido, hayas escogido, haya escogido; hayamos escogido, hayáis escogido, hayan escogido
	EL PLUSCUAMPERFECTO DEL INDICATIVO	había escogido, habías escogido, había escogido; habíamos escogido, habíais escogido, habían escogido
	EL PLUSCUAMPERFECTO DEL SUBJUNTIVO	hubiera escogido, hubieras escogido, hubiera escogido; hubiéramos escogido, hubierais escogido, hubieran escogido
	MANDATOS CON *TÚ*	escoge, no escojas
	MANDATOS CON *USTED*	escoja, no escoja
	MANDATOS CON *NOSOTROS*	escojamos, no escojamos
	MANDATOS CON *VOSOTROS*	escoged, no escojáis
	MANDATOS CON *USTEDES*	escojan, no escojan
	EL GERUNDIO	escogiendo
	EL PARTICIPIO PASADO	escogido

Otros verbos que siguen el ejemplo de **escoger**: **coger, recoger.**

---

jugar (g → gu) Ve Verbos con cambio radical.

---

lucir (c → zc)		
	EL PRESENTE DEL INDICATIVO	luzco, luces, luce; lucimos, lucís, lucen
	EL PRESENTE DEL SUBJUNTIVO	luzca, luzcas, luzca; luzcamos, luzcáis, luzcan
	EL PRETÉRITO	lucí, luciste, lució; lucimos, lucisteis, lucieron
	EL IMPERFECTO DEL INDICATIVO	lucía, lucías, lucía; lucíamos, lucíais, lucían
	EL IMPERFECTO DEL SUBJUNTIVO	luciera, lucieras, luciera; luciéramos, lucierais, lucieran
	EL FUTURO	luciré, lucirás, lucirá; luciremos, luciréis, lucirán
	EL FUTURO PERFECTO	habré lucido, habrás lucido, habrá lucido; habremos lucido, habréis lucido, habrán lucido
	EL CONDICIONAL	luciría, lucirías, luciría; luciríamos, luciríais, lucirían
	EL CONDICIONAL PERFECTO	habría lucido, habrías lucido, habría lucido; habríamos lucido, habríais lucido, habrían lucido
	EL PRESENTE PERFECTO DEL INDICATIVO	he lucido, has lucido, ha lucido; hemos lucido, habéis lucido, han lucido
	EL PRESENTE PERFECTO DEL SUBJUNTIVO	haya lucido, hayas lucido, haya lucido; hayamos lucido, hayáis lucido, hayan lucido
	EL PLUSCUAMPERFECTO DEL INDICATIVO	había lucido, habías lucido, había lucido; habíamos lucido, habíais lucido, habían lucido
	EL PLUSCUAMPERFECTO DEL SUBJUNTIVO	hubiera lucido, hubieras lucido, hubiera lucido; hubiéramos lucido, hubierais lucido, hubieran lucido

lucir *(continuación)*	MANDATOS CON *TÚ*	luce, no luzcas
	MANDATOS CON *USTED*	luzca, no luzca
	MANDATOS CON *NOSOTROS*	luzcamos, no luzcamos
	MANDATOS CON *VOSOTROS*	lucid, no luzcáis
	MANDATOS CON *USTEDES*	luzcan, no luzcan
	EL GERUNDIO	luciendo
	EL PARTICIPIO PASADO	lucido

reunirse (u → ú)	EL PRESENTE DEL INDICATIVO	me reúno, te reúnes, se reúne;
		nos reunimos, os reunís, se reúnen
	EL PRESENTE DEL SUBJUNTIVO	me reúna, te reúnas, se reúna;
		nos reunamos, os reunáis, se reúnan
	EL PRETÉRITO	me reuní, te reuniste, se reunió;
		nos reunimos, os reunisteis, se reunieron
	EL IMPERFECTO DEL INDICATIVO	me reunía, te reunías, se reunía;
		nos reuníamos, os reuníais, se reunían
	EL IMPERFECTO DEL SUBJUNTIVO	me reuniera, te reunieras, se reuniera;
		nos reuniéramos, os reunierais, se reunieran
	EL FUTURO	me reuniré, te reunirás, se reunirá;
		nos reuniremos, os reuniréis, se reunirán
	EL FUTURO PERFECTO	me habré reunido, te habrás reunido, se habrá reunido;
		nos habremos reunido, os habréis reunido, se habrán reunido
	EL CONDICIONAL	me reuniría, te reunirías, se reuniría;
		nos reuniríamos, os reuniríais, se reunirían
	EL CONDICIONAL PERFECTO	me habría reunido, te habrías reunido, se habría reunido;
		nos habríamos reunido, os habríais reunido, se habrían reunido
	EL PRESENTE PERFECTO DEL INDICATIVO	me he reunido, te has reunido, se ha reunido;
		nos hemos reunido, os habéis reunido, se han reunido
	EL PRESENTE PERFECTO DEL SUBJUNTIVO	me haya reunido, te hayas reunido, se haya reunido;
		nos hayamos reunido, os hayáis reunido, se hayan reunido
	EL PLUSCUAMPERFECTO DEL INDICATIVO	me había reunido, te habías reunido, se había reunido;
		nos habíamos reunido, os habíais reunido, se habían reunido
	EL PLUSCUAMPERFECTO DEL SUBJUNTIVO	me hubiera reunido, te hubieras reunido, se hubiera reunido;
		nos hubiéramos reunido, os hubierais reunido, se hubieran reunido
	MANDATOS CON *TÚ*	reúnete, no te reúnas
	MANDATOS CON *USTED*	reúnase, no se reúna
	MANDATOS CON *NOSOTROS*	reunámonos, no nos reunamos
	MANDATOS CON *VOSOTROS*	reuníos, no os reunáis
	MANDATOS CON *USTEDES*	reúnanse, no se reúnan
	EL GERUNDIO	reuniéndose
	EL PARTICIPIO PASADO	reunido

seguir (gu → g) (e → i)

EL PRESENTE DEL INDICATIVO	sigo, sigues, sigue; seguimos, seguís, siguen
EL PRESENTE DEL SUBJUNTIVO	siga, sigas, siga; sigamos, sigáis, sigan
EL PRETÉRITO	seguí, seguiste, siguió;
	seguimos, seguisteis, siguieron
EL IMPERFECTO DEL INDICATIVO	seguía, seguías, seguía;
	seguíamos, seguíais, seguían
EL IMPERFECTO DEL SUBJUNTIVO	siguiera, siguieras, siguiera;
	siguiéramos, siguierais, siguieran
EL FUTURO	seguiré, seguirás, seguirá;
	seguiremos, seguiréis, seguirán
EL FUTURO PERFECTO	habré seguido, habrás seguido, habrá seguido;
	habremos seguido, habréis seguido, habrán seguido
EL CONDICIONAL	seguiría, seguirías, seguiría;
	seguiríamos, seguiríais, seguirían
EL CONDICIONAL PERFECTO	habría seguido, habrías seguido, habría seguido;
	habríamos seguido, habríais seguido, habrían seguido
EL PRESENTE PERFECTO DEL INDICATIVO	he seguido, has seguido, ha seguido;
	hemos seguido, habéis seguido, han seguido
EL PRESENTE PERFECTO DEL SUBJUNTIVO	haya seguido, hayas seguido, haya seguido;
	hayamos seguido, hayáis seguido, hayan seguido
EL PLUSCUAMPERFECTO DEL INDICATIVO	había seguido, habías seguido, había seguido;
	habíamos seguido, habíais seguido, habían seguido
EL PLUSCUAMPERFECTO DEL SUBJUNTIVO	hubiera seguido, hubieras seguido, hubiera seguido;
	hubiéramos seguido, hubierais seguido, hubieran seguido
MANDATOS CON *TÚ*	sigue, no sigas
MANDATOS CON *USTED*	siga, no siga
MANDATOS CON *NOSOTROS*	sigamos, no sigamos
MANDATOS CON *VOSOTROS*	seguid, no sigáis
MANDATOS CON *USTEDES*	sigan, no sigan
EL GERUNDIO	siguiendo
EL PARTICIPIO PASADO	seguido

Otros verbos que siguen el ejemplo de **seguir: conseguir, perseguir.**

Verbos irregulares

andar

EL PRESENTE DEL INDICATIVO	ando, andas, anda; andamos, andáis, andan
EL PRESENTE DEL SUBJUNTIVO	ande, andes, ande; andemos, andéis, anden
EL PRETÉRITO	anduve, anduviste, anduvo; anduvimos, anduvisteis, anduvieron
EL IMPERFECTO DEL INDICATIVO	andaba, andabas, andaba; andábamos, andabais, andaban
EL IMPERFECTO DEL SUBJUNTIVO	anduviera, anduvieras, anduviera; anduviéramos, anduvierais, anduvieran
EL FUTURO	andaré, andarás, andará; andaremos, andaréis, andarán
EL FUTURO PERFECTO	habré andado, habrás andado, habrá andado; habremos andado, habréis andado, habrán andado
EL CONDICIONAL	andaría, andarías, andaría; andaríamos, andaríais, andarían
EL CONDICIONAL PERFECTO	habría andado, habrías andado, habría andado; habríamos andado, habríais andado, habrían andado
EL PRESENTE PERFECTO DEL INDICATIVO	he andado, has andado, ha andado; hemos andado, habéis andado, han andado
EL PRESENTE PERFECTO DEL SUBJUNTIVO	haya andado, hayas andado, haya andado; hayamos andado, hayáis andado, hayan andado
EL PLUSCUAMPERFECTO DEL INDICATIVO	había andado, habías andado, había andado; habíamos andado, habíais andado, habían andado
EL PLUSCUAMPERFECTO DEL SUBJUNTIVO	hubiera andado, hubieras andado, hubiera andado; hubiéramos andado, hubierais andado, hubieran andado
MANDATOS CON *TÚ*	anda, no andes
MANDATOS CON *USTED*	ande, no ande
MANDATOS CON *NOSOTROS*	andemos, no andemos
MANDATOS CON *VOSOTROS*	andad, no andéis
MANDATOS CON *USTEDES*	anden, no anden
EL GERUNDIO	andando
EL PARTICIPIO PASADO	andado

---

bendecir

EL PRESENTE DEL INDICATIVO	bendigo, bendices, bendice; bendecimos, bendecís, bendicen
EL PRESENTE DEL SUBJUNTIVO	bendiga, bendigas, bendiga; bendigamos, bendigáis, bendigan
EL PRETÉRITO	bendije, bendijiste, bendijo; bendijimos, bendijisteis, bendijeron
EL IMPERFECTO DEL INDICATIVO	bendecía, bendecías, bendecía; bendecíamos, bendecíais, bendecían
EL IMPERFECTO DEL SUBJUNTIVO	bendijera, bendijeras, bendijera; bendijéramos, bendijerais, bendijeran
EL FUTURO	bendeciré, bendecirás, bendecirá; bendeciremos, bendeciréis, bendecirán
EL FUTURO PERFECTO	habré bendecido, habrás bendecido, habrá bendecido; habremos bendecido, habréis bendecido, habrán bendecido
EL CONDICIONAL	bendeciría, bendecirías, bendeciría; bendeciríamos, bendeciríais, bendecirían
EL CONDICIONAL PERFECTO	habría bendecido, habrías bendecido, habría bendecido; habríamos bendecido, habríais bendecido, habrían bendecido
EL PRESENTE PERFECTO DEL INDICATIVO	he bendecido, has bendecido, ha bendecido; hemos bendecido, habéis bendecido, han bendecido
EL PRESENTE PERFECTO DEL SUBJUNTIVO	haya bendecido, hayas bendecido, haya bendecido; hayamos bendecido, hayáis bendecido, hayan bendecido
EL PLUSCUAMPERFECTO DEL INDICATIVO	había bendecido, habías bendecido, había bendecido; habíamos bendecido, habíais bendecido, habían bendecido

bendecir *(continuación)*

EL PLUSCUAMPERFECTO DEL SUBJUNTIVO	hubiera bendecido, hubieras bendecido, hubiera bendecido; hubiéramos bendecido, hubierais bendecido, hubieran bendecido
MANDATOS CON *TÚ*	bendice, no bendigas
MANDATOS CON *USTED*	bendiga, no bendiga
MANDATOS CON *NOSOTROS*	bendigamos, no bendigamos
MANDATOS CON *VOSOTROS*	bendecid, no bendigáis
MANDATOS CON *USTEDES*	bendigan, no bendigan
EL GERUNDIO	bendiciendo
EL PARTICIPIO PASADO	bendecido (bendito)

caber

EL PRESENTE DEL INDICATIVO	quepo, cabes, cabe; cabemos, cabéis, caben
EL PRESENTE DEL SUBJUNTIVO	quepa, quepas, quepa; quepamos, quepáis, quepan
EL PRETÉRITO	cupe, cupiste, cupo; cupimos, cupisteis, cupieron
EL IMPERFECTO DEL INDICATIVO	cabía, cabías, cabía; cabíamos, cabíais, cabían
EL IMPERFECTO DEL SUBJUNTIVO	cupiera, cupieras, cupiera; cupiéramos, cupierais, cupieran
EL FUTURO	cabré, cabrás, cabrá; cabremos, cabréis, cabrán
EL FUTURO PERFECTO	habré cabido, habrás cabido, habrá cabido; habremos cabido, habréis cabido, habrán cabido
EL CONDICIONAL	cabría, cabrías, cabría; cabríamos, cabríais, cabrían
EL CONDICIONAL PERFECTO	habría cabido, habrías cabido, habría cabido; habríamos cabido, habríais cabido, habrían cabido
EL PRESENTE PERFECTO DEL INDICATIVO	he cabido, has cabido, ha cabido; hemos cabido, habéis cabido, han cabido
EL PRESENTE PERFECTO DEL SUBJUNTIVO	haya cabido, hayas cabido, haya cabido; hayamos cabido, hayáis cabido, hayan cabido
EL PLUSCUAMPERFECTO DEL INDICATIVO	había cabido, habías cabido, había cabido; habíamos cabido, habíais cabido, habían cabido
EL PLUSCUAMPERFECTO DEL SUBJUNTIVO	hubiera cabido, hubieras cabido, hubiera cabido; hubiéramos cabido, hubierais cabido, hubieran cabido
MANDATOS CON *TÚ*	cabe, no quepas
MANDATOS CON *USTED*	quepa, no quepa
MANDATOS CON *NOSOTROS*	quepamos, no quepamos
MANDATOS CON *VOSOTROS*	cabed, no quepáis
MANDATOS CON *USTEDES*	quepan, no quepan
EL GERUNDIO	cabiendo
EL PARTICIPIO PASADO	cabido

caer

EL PRESENTE DEL INDICATIVO	caigo, caes, cae; caemos, caéis, caen
EL PRESENTE DEL SUBJUNTIVO	caiga, caigas, caiga; caigamos, caigáis, caigan
EL PRETÉRITO	caí, caíste, cayó; caímos, caísteis, cayeron
EL IMPERFECTO DEL INDICATIVO	caía, caías, caía; caíamos, caíais, caían
EL IMPERFECTO DEL SUBJUNTIVO	cayera, cayeras, cayera; cayéramos, cayerais, cayeran
EL FUTURO	caeré, caerás, caerá; caeremos, caeréis, caerán
EL FUTURO PERFECTO	habré caído, habrás caído, habrá caído; habremos caído, habréis caído, habrán caído
EL CONDICIONAL	caería, caerías, caería; caeríamos, caeríais, caerían
EL CONDICIONAL PERFECTO	habría caído, habrías caído, habría caído; habríamos caído, habríais caído, habrían caído
EL PRESENTE PERFECTO DEL INDICATIVO	he caído, has caído, ha caído; hemos caído, habéis caído, han caído

caer *(continuación)*

EL PRESENTE PERFECTO DEL SUBJUNTIVO	haya caído, hayas caído, haya caído;
	hayamos caído, hayáis caído, hayan caído
EL PLUSCUAMPERFECTO DEL INDICATIVO	había caído, habías caído, había caído;
	habíamos caído, habíais caído, habían caído
EL PLUSCUAMPERFECTO DEL SUBJUNTIVO	hubiera caído, hubieras caído, hubiera caído;
	hubiéramos caído, hubierais caído, hubieran caído
MANDATOS CON *TÚ*	cae, no caigas
MANDATOS CON *USTED*	caiga, no caiga
MANDATOS CON *NOSOTROS*	caigamos, no caigamos
MANDATOS CON *VOSOTROS*	caed, no caigáis
MANDATOS CON *USTEDES*	caigan, no caigan
EL GERUNDIO	cayendo
EL PARTICIPIO PASADO	caído

dar

EL PRESENTE DEL INDICATIVO	doy, das, da; damos, dais, dan
EL PRESENTE DEL SUBJUNTIVO	dé, des, dé; demos, deis, den
EL PRETÉRITO	di, diste, dio; dimos, disteis, dieron
EL IMPERFECTO DEL INDICATIVO	daba, dabas, daba; dábamos, dabais, daban
EL IMPERFECTO DEL SUBJUNTIVO	diera, dieras, diera; diéramos, dierais, dieran
EL FUTURO	daré, darás, dará; daremos, daréis, darán
EL FUTURO PERFECTO	habré dado, habrás dado, habrá dado;
	habremos dado, habréis dado, habrán dado
EL CONDICIONAL	daría, darías, daría; daríamos, daríais, darían
EL CONDICIONAL PERFECTO	habría dado, habrías dado, habría dado;
	habríamos dado, habríais dado, habrían dado
EL PRESENTE PERFECTO DEL INDICATIVO	he dado, has dado, ha dado;
	hemos dado, habéis dado, han dado
EL PRESENTE PERFECTO DEL SUBJUNTIVO	haya dado, hayas dado, haya dado;
	hayamos dado, hayáis dado, hayan dado
EL PLUSCUAMPERFECTO DEL INDICATIVO	había dado, habías dado, había dado;
	habíamos dado, habíais dado, habían dado
EL PLUSCUAMPERFECTO DEL SUBJUNTIVO	hubiera dado, hubieras dado, hubiera dado;
	hubiéramos dado, hubierais dado, hubieran dado
MANDATOS CON *TÚ*	da, no des
MANDATOS CON *USTED*	dé, no dé
MANDATOS CON *NOSOTROS*	demos, no demos
MANDATOS CON *VOSOTROS*	dad, no deis
MANDATOS CON *USTEDES*	den, no den
EL GERUNDIO	dando
EL PARTICIPIO PASADO	dado

decir

EL PRESENTE DEL INDICATIVO	digo, dices, dice; decimos, decís, dicen
EL PRESENTE DEL SUBJUNTIVO	diga, digas, diga; digamos, digáis, digan
EL PRETÉRITO	dije, dijiste, dijo; dijimos, dijisteis, dijeron
EL IMPERFECTO DEL INDICATIVO	decía, decías, decía; decíamos, decíais, decían
EL IMPERFECTO DEL SUBJUNTIVO	dijera, dijeras, dijera; dijéramos, dijerais, dijeran
EL FUTURO	diré, dirás, dirá; diremos, diréis, dirán
EL FUTURO PERFECTO	habré dicho, habrás dicho, habrá dicho;
	habremos dicho, habréis dicho, habrán dicho
EL CONDICIONAL	diría, dirías, diría; diríamos, diríais, dirían
EL CONDICIONAL PERFECTO	habría dicho, habrías dicho, habría dicho;
	habríamos dicho, habríais dicho, habrían dicho

decir *(continuación)*

EL PRESENTE PERFECTO DEL INDICATIVO	he dicho, has dicho, ha dicho; hemos dicho, habéis dicho, han dicho
EL PRESENTE PERFECTO DEL SUBJUNTIVO	haya dicho, hayas dicho, haya dicho; hayamos dicho, hayáis dicho, hayan dicho
EL PLUSCUAMPERFECTO DEL INDICATIVO	había dicho, habías dicho, había dicho; habíamos dicho, habíais dicho, habían dicho
EL PLUSCUAMPERFECTO DEL SUBJUNTIVO	hubiera dicho, hubieras dicho, hubiera dicho; hubiéramos dicho, hubierais dicho, hubieran dicho
MANDATOS CON *TÚ*	di, no digas
MANDATOS CON *USTED*	diga, no diga
MANDATOS CON *NOSOTROS*	digamos, no digamos
MANDATOS CON *VOSOTROS*	decid, no digáis
MANDATOS CON *USTEDES*	digan, no digan
EL GERUNDIO	diciendo
EL PARTICIPIO PASADO	dicho

estar

EL PRESENTE DEL INDICATIVO	estoy, estás, está; estamos, estáis, están
EL PRESENTE DEL SUBJUNTIVO	esté, estés, esté; estemos, estéis, estén
EL PRETÉRITO	estuve, estuviste, estuvo; estuvimos, estuvisteis, estuvieron
EL IMPERFECTO DEL INDICATIVO	estaba, estabas, estaba; estábamos, estabais, estaban
EL IMPERFECTO DEL SUBJUNTIVO	estuviera, estuvieras, estuviera; estuviéramos, estuvierais, estuvieran
EL FUTURO	estaré, estarás, estará; estaremos, estaréis, estarán
EL FUTURO PERFECTO	habré estado, habrás estado, habrá estado; habremos estado, habréis estado, habrán estado
EL CONDICIONAL	estaría, estarías, estaría; estaríamos, estaríais, estarían
EL CONDICIONAL PERFECTO	habría estado, habrías estado, habría estado; habríamos estado, habríais estado, habrían estado
EL PRESENTE PERFECTO DEL INDICATIVO	he estado, has estado, ha estado; hemos estado, habéis estado, han estado
EL PRESENTE PERFECTO DEL SUBJUNTIVO	haya estado, hayas estado, haya estado; hayamos estado, hayáis estado, hayan estado
EL PLUSCUAMPERFECTO DEL INDICATIVO	había estado, habías estado, había estado; habíamos estado, habíais estado, habían estado
EL PLUSCUAMPERFECTO DEL SUBJUNTIVO	hubiera estado, hubieras estado, hubiera estado; hubiéramos estado, hubierais estado, hubieran estado
MANDATOS CON *TÚ*	está, no estés
MANDATOS CON *USTED*	esté, no esté
MANDATOS CON *NOSOTROS*	estemos, no estemos
MANDATOS CON *VOSOTROS*	estad, no estéis
MANDATOS CON *USTEDES*	estén, no estén
EL GERUNDIO	estando
EL PARTICIPIO PASADO	estado

haber

EL PRESENTE DEL INDICATIVO	he, has, ha; hemos, habéis, han
EL PRESENTE DEL SUBJUNTIVO	haya, hayas, haya; hayamos, hayáis, hayan
EL PRETÉRITO	hube, hubiste, hubo; hubimos, hubisteis, hubieron
EL IMPERFECTO DEL INDICATIVO	había, habías, había; habíamos, habíais, habían
EL IMPERFECTO DEL SUBJUNTIVO	hubiera, hubieras, hubiera; hubiéramos, hubierais, hubieran
EL FUTURO	habré, habrás, habrá; habremos, habréis, habrán

haber *(continuación)*

EL FUTURO PERFECTO	habré habido, habrás habido, habrá habido;
	habremos habido; habréis habido, habrán habido
EL CONDICIONAL	habría, habrías, habría; habríamos, habríais, habrían
EL CONDICIONAL PERFECTO	habría habido, habrías habido, habría habido;
	habríamos habido, habríais habido, habrían habido
EL PRESENTE PERFECTO DEL INDICATIVO	he habido, has habido, ha habido;
	hemos habido, habéis habido, han habido
EL PRESENTE PERFECTO DEL SUBJUNTIVO	haya habido, hayas habido, haya habido;
	hayamos habido, hayáis habido, hayan habido
EL PLUSCUAMPERFECTO DEL INDICATIVO	había habido, habías habido, había habido;
	habíamos habido, habíais habido, habían habido
EL PLUSCUAMPERFECTO DEL SUBJUNTIVO	hubiera habido, hubieras habido, hubiera habido;
	hubiéramos habido, hubierais habido, hubieran habido
MANDATOS CON *TÚ*	he, no hayas
MANDATOS CON *USTED*	haya, no haya
MANDATOS CON *NOSOTROS*	hayamos, no hayamos
MANDATOS CON *VOSOTROS*	habed, no hayáis
MANDATOS CON *USTEDES*	hayan, no hayan
EL GERUNDIO	habiendo
EL PARTICIPIO PASADO	habido

hacer

EL PRESENTE DEL INDICATIVO	hago, haces, hace; hacemos, hacéis, hacen
EL PRESENTE DEL SUBJUNTIVO	haga, hagas, haga; hagamos, hagáis, hagan
EL PRETÉRITO	hice, hiciste, hizo; hicimos, hicisteis, hicieron
EL IMPERFECTO DEL INDICATIVO	hacía, hacías, hacía; hacíamos, hacíais, hacían
EL IMPERFECTO DEL SUBJUNTIVO	hiciera, hicieras, hiciera; hiciéramos, hicierais, hicieran
EL FUTURO	haré, harás, hará; haremos, haréis, harán
EL FUTURO PERFECTO	habré hecho, habrás hecho, habrá hecho;
	habremos hecho, habréis hecho, habrán hecho
EL CONDICIONAL	haría, harías, haría; haríamos, haríais, harían
EL CONDICIONAL PERFECTO	habría hecho, habrías hecho, habría hecho;
	habríamos hecho, habríais hecho, habrían hecho
EL PRESENTE PERFECTO DEL INDICATIVO	he hecho, has hecho, ha hecho;
	hemos hecho, habéis hecho, han hecho
EL PRESENTE PERFECTO DEL SUBJUNTIVO	haya hecho, hayas hecho, haya hecho;
	hayamos hecho, hayáis hecho, hayan hecho
EL PLUSCUAMPERFECTO DEL INDICATIVO	había hecho, habías hecho, había hecho;
	habíamos hecho, habíais hecho, habían hecho
EL PLUSCUAMPERFECTO DEL SUBJUNTIVO	hubiera hecho, hubieras hecho, hubiera hecho;
	hubiéramos hecho, hubierais hecho, hubieran hecho
MANDATOS CON *TÚ*	haz, no hagas
MANDATOS CON *USTED*	haga, no haga
MANDATOS CON *NOSOTROS*	hagamos, no hagamos
MANDATOS CON *VOSOTROS*	haced, no hagáis
MANDATOS CON *USTEDES*	hagan, no hagan
EL GERUNDIO	haciendo
EL PARTICIPIO PASADO	hecho

ir		
	EL PRESENTE DEL INDICATIVO	voy, vas, va; vamos, vais, van
	EL PRESENTE DEL SUBJUNTIVO	vaya, vayas, vaya; vayamos, vayáis, vayan
	EL PRETÉRITO	fui, fuiste, fue; fuimos, fuisteis, fueron
	EL IMPERFECTO DEL INDICATIVO	iba, ibas, iba; íbamos, ibais, iban
	EL IMPERFECTO DEL SUBJUNTIVO	fuera, fueras, fuera; fuéramos, fuerais, fueran
	EL FUTURO	iré, irás, irá; iremos, iréis, irán
	EL FUTURO PERFECTO	habré ido, habrás ido, habrá ido; habremos ido, habréis ido, habrán ido
	EL CONDICIONAL	iría, irías, iría; iríamos, iríais, irían
	EL CONDICIONAL PERFECTO	habría ido, habrías ido, habría ido; habríamos ido, habríais ido, habrían ido
	EL PRESENTE PERFECTO DEL INDICATIVO	he ido, has ido, ha ido; hemos ido, habéis ido, han ido
	EL PRESENTE PERFECTO DEL SUBJUNTIVO	haya ido, hayas ido, haya ido; hayamos ido, hayáis ido, hayan ido
	EL PLUSCUAMPERFECTO DEL INDICATIVO	había ido, habías ido, había ido; habíamos ido, habíais ido, habían ido
	EL PLUSCUAMPERFECTO DEL SUBJUNTIVO	hubiera ido, hubieras ido, hubiera ido; hubiéramos ido, hubierais ido, hubieran ido
	MANDATOS CON *TÚ*	ve, no vayas
	MANDATOS CON *USTED*	vaya, no vaya
	MANDATOS CON *NOSOTROS*	vamos, no vayamos
	MANDATOS CON *VOSOTROS*	id, no vayáis
	MANDATOS CON *USTEDES*	vayan, no vayan
	EL GERUNDIO	yendo
	EL PARTICIPIO PASADO	ido

oír		
	EL PRESENTE DEL INDICATIVO	oigo, oyes, oye; oímos, oís, oyen
	EL PRESENTE DEL SUBJUNTIVO	oiga, oigas, oiga; oigamos, oigáis, oigan
	EL PRETÉRITO	oí, oíste, oyó; oímos, oísteis, oyeron
	EL IMPERFECTO DEL INDICATIVO	oía, oías, oía; oíamos, oíais, oían
	EL IMPERFECTO DEL SUBJUNTIVO	oyera, oyeras, oyera; oyéramos, oyerais, oyeran
	EL FUTURO	oiré, oirás, oirá; oiremos, oiréis, oirán
	EL FUTURO PERFECTO	habré oído, habrás oído, habrá oido; habremos oído, habréis oído, habrán oído
	EL CONDICIONAL	oiría, oirías, oiría; oiríamos, oiríais, oirían
	EL CONDICIONAL PERFECTO	habría oído, habrías oído, habría oído; habríamos oído, habríais oído, habrían oído
	EL PRESENTE PERFECTO DEL INDICATIVO	he oído, has oído, ha oído; hemos oído, habéis oído, han oído
	EL PRESENTE PERFECTO DEL SUBJUNTIVO	haya oído, hayas oído, haya oído; hayamos oído, hayáis oído, hayan oído
	EL PLUSCUAMPERFECTO DEL INDICATIVO	había oído, habías oído, había oído; habíamos oído, habíais oído, habían oído
	EL PLUSCUAMPERFECTO DEL SUBJUNTIVO	hubiera oído, hubieras oído, hubiera oído; hubiéramos oído, hubierais oído, hubieran oído
	MANDATOS CON *TÚ*	oye, no oigas
	MANDATOS CON *USTED*	oiga, no oiga
	MANDATOS CON *NOSOTROS*	oigamos, no oigamos
	MANDATOS CON *VOSOTROS*	oíd, no oigáis
	MANDATOS CON *USTEDES*	oigan, no oigan
	EL GERUNDIO	oyendo
	EL PARTICIPIO PASADO	oído

poder

EL PRESENTE DEL INDICATIVO	puedo, puedes, puede; podemos, podéis, pueden
EL PRESENTE DEL SUBJUNTIVO	pueda, puedas, pueda; podamos, podáis, puedan
EL PRETÉRITO	pude, pudiste, pudo; pudimos, pudisteis, pudieron
EL IMPERFECTO DEL INDICATIVO	podía, podías, podía; podíamos, podíais, podían
EL IMPERFECTO DEL SUBJUNTIVO	pudiera, pudieras, pudiera; pudiéramos, pudierais, pudieran
EL FUTURO	podré, podrás, podrá; podremos, podréis, podrán
EL FUTURO PERFECTO	habré podido, habrás podido, habrá podido;
	habremos podido, habréis podido, habrán podido
EL CONDICIONAL	podría, podrías, podría; podríamos, podríais, podrían
EL CONDICIONAL PERFECTO	habría podido, habrías podido, habría podido;
	habríamos podido, habríais podido, habrían podido
EL PRESENTE PERFECTO DEL INDICATIVO	he podido, has podido, ha podido;
	hemos podido, habéis podido, han podido
EL PRESENTE PERFECTO DEL SUBJUNTIVO	haya podido, hayas podido, haya podido;
	hayamos podido, hayáis podido, hayan podido
EL PLUSCUAMPERFECTO DEL INDICATIVO	había podido, habías podido, había podido;
	habíamos podido, habíais podido, habían podido
EL PLUSCUAMPERFECTO DEL SUBJUNTIVO	hubiera podido, hubieras podido, hubiera podido;
	hubiéramos podido, hubierais podido, hubieran podido
MANDATOS CON *TÚ*	puede, no puedas *(not ordinarily used)*
MANDATOS CON *USTED*	pueda, no pueda
MANDATOS CON *NOSOTROS*	podamos, no podamos
MANDATOS CON *VOSOTROS*	poded, no podáis
MANDATOS CON *USTEDES*	puedan, no puedan
EL GERUNDIO	pudiendo
EL PARTICIPIO PASADO	podido

---

poner

EL PRESENTE DEL INDICATIVO	pongo, pones, pone; ponemos, ponéis, ponen
EL PRESENTE DEL SUBJUNTIVO	ponga, pongas, ponga; pongamos, pongáis, pongan
EL PRETÉRITO	puse, pusiste, puso; pusimos, pusisteis, pusieron
EL IMPERFECTO DEL INDICATIVO	ponía, ponías, ponía; poníamos, poníais, ponían
EL IMPERFECTO DEL SUBJUNTIVO	pusiera, pusieras, pusiera; pusiéramos, pusierais, pusieran
EL FUTURO	pondré, pondrás, pondrá; pondremos, pondréis, pondrán
EL FUTURO PERFECTO	habré puesto, habrás puesto, habrá puesto;
	habremos puesto, habréis puesto, habrán puesto
EL CONDICIONAL	pondría, pondrías, pondría; pondríamos, pondríais, pondrían
EL CONDICIONAL PERFECTO	habría puesto, habrías puesto, habría puesto;
	habríamos puesto, habríais puesto, habrían puesto
EL PRESENTE PERFECTO DEL INDICATIVO	he puesto, has puesto, ha puesto;
	hemos puesto, habéis puesto, han puesto
EL PRESENTE PERFECTO DEL SUBJUNTIVO	haya puesto, hayas puesto, haya puesto;
	hayamos puesto, hayáis puesto, hayan puesto
EL PLUSCUAMPERFECTO DEL INDICATIVO	había puesto, habías puesto, había puesto;
	habíamos puesto, habíais puesto, habían puesto
EL PLUSCUAMPERFECTO DEL SUBJUNTIVO	hubiera puesto, hubieras puesto, hubiera puesto;
	hubiéramos puesto, hubierais puesto, hubieran puesto
MANDATOS CON *TÚ*	pon, no pongas
MANDATOS CON *USTED*	ponga, no ponga
MANDATOS CON *NOSOTROS*	pongamos, no pongamos
MANDATOS CON *VOSOTROS*	poned, no pongáis
MANDATOS CON *USTEDES*	pongan, no pongan

poner *(continuación)*

	EL GERUNDIO	poniendo
	EL PARTICIPIO PASADO	puesto

Otros verbos que siguen el ejemplo de **poner: imponer, suponer.**

---

producir

EL PRESENTE DEL INDICATIVO	produzco, produces, produce; producimos, producís, producen
EL PRESENTE DEL SUBJUNTIVO	produzca, produzcas, produzca; produzcamos, produzcáis, produzcan
EL PRETÉRITO	produje, produjiste, produjo; produjimos, produjisteis, produjeron
EL IMPERFECTO DEL INDICATIVO	producía, producías, producía; producíamos, producíais, producían
EL IMPERFECTO DEL SUBJUNTIVO	produjera, produjeras, produjera; produjéramos, produjerais, produjeran
EL FUTURO	produciré, producirás, producirá; produciremos, produciréis, producirán
EL FUTURO PERFECTO	habré producido, habrás producido, habrá producido; habremos producido, habréis producido, habrán producido
EL CONDICIONAL	produciría, producirías, produciría; produciríamos, produciríais, producirían
EL CONDICIONAL PERFECTO	habría producido, habrías producido, habría producido; habríamos producido, habríais producido, habrían producido
EL PRESENTE PERFECTO DEL INDICATIVO	he producido, has producido, ha producido; hemos producido, habéis producido, han producido
EL PRESENTE PERFECTO DEL SUBJUNTIVO	haya producido, hayas producido, haya producido; hayamos producido, hayáis producido, hayan producido
EL PLUSCUAMPERFECTO DEL INDICATIVO	había producido, habías producido, había producido; habíamos producido, habíais producido, habían producido
EL PLUSCUAMPERFECTO DEL SUBJUNTIVO	hubiera producido, hubieras producido, hubiera producido; hubiéramos producido, hubierais producido, hubieran producido
MANDATOS CON *TÚ*	produce, no produzcas
MANDATOS CON *USTED*	produzca, no produzca
MANDATOS CON *NOSOTROS*	produzcamos, no produzcamos
MANDATOS CON *VOSOTROS*	producid, no produzcáis
MANDATOS CON *USTEDES*	produzcan, no produzcan
EL GERUNDIO	produciendo
EL PARTICIPIO PASADO	producido

Otros verbos que siguen el ejemplo de **producir: conducir, reducir, traducir.**

---

querer

EL PRESENTE DEL INDICATIVO	quiero, quieres, quiere; queremos, queréis, quieren
EL PRESENTE DEL SUBJUNTIVO	quiera, quieras, quiera; queramos, queráis, quieran
EL PRETÉRITO	quise, quisiste, quiso; quisimos, quisisteis, quisieron
EL IMPERFECTO DEL INDICATIVO	quería, querías, quería; queríamos, queríais, querían
EL IMPERFECTO DEL SUBJUNTIVO	quisiera, quisieras, quisiera; quisiéramos, quisierais, quisieran
EL FUTURO	querré, querrás, querrá; querremos, querréis, querrán
EL FUTURO PERFECTO	habré querido, habrás querido, habrá querido; habremos querido, habréis querido, habrán querido
EL CONDICIONAL	querría, querrías, querría; querríamos, querríais, querrían
EL CONDICIONAL PERFECTO	habría querido, habrías querido, habría querido; habríamos querido, habríais querido, habrían querido
EL PRESENTE PERFECTO DEL INDICATIVO	he querido, has querido, ha querido; hemos querido, habéis querido, han querido

querer *(continuación)*

EL PRESENTE PERFECTO DEL SUBJUNTIVO	haya querido, hayas querido, haya querido; hayamos querido, hayáis querido, hayan querido
EL PLUSCUAMPERFECTO DEL INDICATIVO	había querido, habías querido, había querido; habíamos querido, habíais querido, habían querido
EL PLUSCUAMPERFECTO DEL SUBJUNTIVO	hubiera querido, hubieras querido, hubiera querido hubiéramos querido, hubierais querido, hubieran querido
MANDATOS CON *TÚ*	quiere, no quieras
MANDATOS CON *USTED*	quiera, no quiera
MANDATOS CON *NOSOTROS*	queramos, no queramos
MANDATOS CON *VOSOTROS*	quered, no queráis
MANDATOS CON *USTEDES*	quieran, no quieran
EL GERUNDIO	queriendo
EL PARTICIPIO PASADO	querido

reírse

EL PRESENTE DEL INDICATIVO	me río, te ríes, se ríe; nos reímos, os reís, se ríen
EL PRESENTE DEL SUBJUNTIVO	me ría, te rías, se ría; nos riamos, os riáis, se rían
EL PRETÉRITO	me reí, te reíste, se rio; nos reímos, os reísteis, se rieron
EL IMPERFECTO DEL INDICATIVO	me reía, te reías, se reía; nos reíamos, os reíais, se reían
EL IMPERFECTO DEL SUBJUNTIVO	me riera, te rieras, se riera; nos riéramos, os rierais, se rieran
EL FUTURO	me reiré, te reirás, se reirá; nos reiremos, os reiréis, se reirán
EL FUTURO PERFECTO	me habré reído, te habrás reído, se habrá reído; nos habremos reído, os habréis reído, se habrán reído
EL CONDICIONAL	me reiría, te reirías, se reiría; nos reiríamos, os reiríais, se reirían
EL CONDICIONAL PERFECTO	me habría reído, te habrías reído, se habría reído; nos habríamos reído, os habríais reído, se habrían reído
EL PRESENTE PERFECTO DEL INDICATIVO	me he reído, te has reído, se ha reído; nos hemos reído, os habéis reído, se han reído
EL PRESENTE PERFECTO DEL SUBJUNTIVO	me haya reído, te hayas reído, se haya reído; nos hayamos reído, os hayáis reído, se hayan reído
EL PLUSCUAMPERFECTO DEL INDICATIVO	me había reído, te habías reído, se había reído; nos habíamos reído, os habíais reído, se habían reído
EL PLUSCUAMPERFECTO DEL SUBJUNTIVO	me hubiera reído, te hubieras reído, se hubiera reído; nos hubiéramos reído, os hubierais reído, se hubieran reído
MANDATOS CON *TÚ*	ríete, no te rías
MANDATOS CON *USTED*	ríase, no se ría
MANDATOS CON *NOSOTROS*	riámonos, no nos riamos
MANDATOS CON *VOSOTROS*	reíos, no os riáis
MANDATOS CON *USTEDES*	ríanse, no se rían
EL GERUNDIO	riéndose
EL PARTICIPIO PASADO	reído

Otros verbos que siguen el ejemplo de **reírse: sonreír.**

reñir

EL PRESENTE DEL INDICATIVO	riño, riñes, riñe; reñimos, reñís, riñen
EL PRESENTE DEL SUBJUNTIVO	riña, riñas, riña; riñamos, riñáis, riñan
EL PRETÉRITO	reñí, reñiste, riñó; reñimos, reñisteis, riñeron
EL IMPERFECTO DEL INDICATIVO	reñía, reñías, reñía; reñíamos, reñíais, reñían
EL IMPERFECTO DEL SUBJUNTIVO	riñera, riñeras, riñera; riñéramos, riñerais, riñeran
EL FUTURO	reñiré, reñirás, reñirá; reñiremos, reñiréis, reñirán
EL FUTURO PERFECTO	habré reñido, habrás reñido, habrá reñido; habremos reñido, habréis reñido, habrán reñido

reñir *(continuación)*	EL CONDICIONAL	reñiría, reñirías, reñiría; reñiríamos, reñiríais, reñirían
	EL CONDICIONAL PERFECTO	habría reñido, habrías reñido, habría reñido;
		habríamos reñido, habríais reñido, habrían reñido
	EL PRESENTE PERFECTO DEL INDICATIVO	he reñido, has reñido, ha reñido;
		hemos reñido, habéis reñido, han reñido
	EL PRESENTE PERFECTO DEL SUBJUNTIVO	haya reñido, hayas reñido, haya reñido;
		hayamos reñido, hayáis reñido, hayan reñido
	EL PLUSCUAMPERFECTO DEL INDICATIVO	había reñido, habías reñido, había reñido;
		habíamos reñido, habíais reñido, habían reñido
	EL PLUSCUAMPERFECTO DEL SUBJUNTIVO	hubiera reñido, hubieras reñido, hubiera reñido;
		hubiéramos reñido, hubierais reñido, hubieran reñido
	MANDATOS CON *TÚ*	riñe, no riñas
	MANDATOS CON *USTED*	riña, no riña
	MANDATOS CON *NOSOTROS*	riñamos, no riñamos
	MANDATOS CON *VOSOTROS*	reñid, no riñáis
	MANDATOS CON *USTEDES*	riñan, no riñan
	EL GERUNDIO	riñendo
	EL PARTICIPIO PASADO	reñido

saber	EL PRESENTE DEL INDICATIVO	sé, sabes, sabe; sabemos, sabéis, saben
	EL PRESENTE DEL SUBJUNTIVO	sepa, sepas, sepa; sepamos, sepáis, sepan
	EL PRETÉRITO	supe, supiste, supo; supimos, supisteis, supieron
	EL IMPERFECTO DEL INDICATIVO	sabía, sabías, sabía; sabíamos, sabíais, sabían
	EL IMPERFECTO DEL SUBJUNTIVO	supiera, supieras, supiera; supiéramos, supierais, supieran
	EL FUTURO	sabré, sabrás, sabrá; sabremos, sabréis, sabrán
	EL FUTURO PERFECTO	habré sabido, habrás sabido, habrá sabido;
		habremos sabido, habréis sabido, habrán sabido
	EL CONDICIONAL	sabría, sabrías, sabría; sabríamos, sabríais, sabrían
	EL CONDICIONAL PERFECTO	habría sabido, habrías sabido, habría sabido;
		habríamos sabido, habríais sabido, habrían sabido
	EL PRESENTE PERFECTO DEL INDICATIVO	he sabido, has sabido, ha sabido;
		hemos sabido, habéis sabido, han sabido
	EL PRESENTE PERFECTO DEL SUBJUNTIVO	haya sabido, hayas sabido, haya sabido;
		hayamos sabido, hayáis sabido, hayan sabido
	EL PLUSCUAMPERFECTO DEL INDICATIVO	había sabido, habías sabido, había sabido;
		habíamos sabido, habíais sabido, habían sabido
	EL PLUSCUAMPERFECTO DEL SUBJUNTIVO	hubiera sabido, hubieras sabido, hubiera sabido;
		hubiéramos sabido, hubierais sabido, hubieran sabido
	MANDATOS CON *TÚ*	sabe, no sepas
	MANDATOS CON *USTED*	sepa, no sepa
	MANDATOS CON *NOSOTROS*	sepamos, no sepamos
	MANDATOS CON *VOSOTROS*	sabed, no sepáis
	MANDATOS CON *USTEDES*	sepan, no sepan
	EL GERUNDIO	sabiendo
	EL PARTICIPIO PASADO	sabido

salir	EL PRESENTE DEL INDICATIVO	salgo, sales, sale; salimos, salís, salen
	EL PRESENTE DEL SUBJUNTIVO	salga, salgas, salga; salgamos, salgáis, salgan
	EL PRETÉRITO	salí, saliste, salió; salimos, salisteis, salieron
	EL IMPERFECTO DEL INDICATIVO	salía, salías, salía; salíamos, salíais, salían
	EL IMPERFECTO DEL SUBJUNTIVO	saliera, salieras, saliera; saliéramos, salierais, salieran
	EL FUTURO	saldré, saldrás, saldrá; saldremos, saldréis, saldrán

salir *(continuación)*

EL FUTURO PERFECTO	habré salido, habrás salido, habrá salido; habremos salido, habréis salido, habrán salido
EL CONDICIONAL	saldría, saldrías, saldría; saldríamos, saldríais, saldrían
EL CONDICIONAL PERFECTO	habría salido, habrías salido, habría salido; habríamos salido, habríais salido, habrían salido
EL PRESENTE PERFECTO DEL INDICATIVO	he salido, has salido, ha salido; hemos salido, habéis salido, han salido
EL PRESENTE PERFECTO DEL SUBJUNTIVO	haya salido, hayas salido, haya salido; hayamos salido, hayáis salido, hayan salido
EL PLUSCUAMPERFECTO DEL INDICATIVO	había salido, habías salido, había salido; habíamos salido, habíais salido, habían salido
EL PLUSCUAMPERFECTO DEL SUBJUNTIVO	hubiera salido, hubieras salido, hubiera salido; hubiéramos salido, hubierais salido, hubieran salido
MANDATOS CON *TÚ*	sal, no salgas
MANDATOS CON *USTED*	salga, no salga
MANDATOS CON *NOSOTROS*	salgamos, no salgamos
MANDATOS CON *VOSOTROS*	salid, no salgáis
MANDATOS CON *USTEDES*	salgan, no salgan
EL GERUNDIO	saliendo
EL PARTICIPIO PASADO	salido

ser

EL PRESENTE DEL INDICATIVO	soy, eres, es; somos, sois, son
EL PRESENTE DEL SUBJUNTIVO	sea, seas, sea; seamos, seáis, sean
EL PRETÉRITO	fui, fuiste, fue; fuimos, fuisteis, fueron
EL IMPERFECTO DEL INDICATIVO	era, eras, era; éramos, erais, eran
EL IMPERFECTO DEL SUBJUNTIVO	fuera, fueras, fuera; fuéramos, fuerais, fueran
EL FUTURO	seré, serás, será; seremos, seréis, serán
EL FUTURO PERFECTO	habré sido, habrás sido, habrá sido; habremos sido, habréis sido, habrán sido
EL CONDICIONAL	sería, serías, sería; seríamos, seríais, serían
EL CONDICIONAL PERFECTO	habría sido, habrías sido, habría sido; habríamos sido, habríais sido, habrían sido
EL PRESENTE PERFECTO DEL INDICATIVO	he sido, has sido, ha sido; hemos sido, habéis sido, han sido
EL PRESENTE PERFECTO DEL SUBJUNTIVO	haya sido, hayas sido, haya sido; hayamos sido, hayáis sido, hayan sido
EL PLUSCUAMPERFECTO DEL INDICATIVO	había sido, habías sido, había sido; habíamos sido, habíais sido, habían sido
EL PLUSCUAMPERFECTO DEL SUBJUNTIVO	hubiera sido, hubieras sido, hubiera sido; hubiéramos sido, hubierais sido, hubieran sido
MANDATOS CON *TÚ*	sé, no seas
MANDATOS CON *USTED*	sea, no sea
MANDATOS CON *NOSOTROS*	seamos, no seamos
MANDATOS CON *VOSOTROS*	sed, no seáis
MANDATOS CON *USTEDES*	sean, no sean
EL GERUNDIO	siendo
EL PARTICIPIO PASADO	sido

tener	EL PRESENTE DEL INDICATIVO	tengo, tienes, tiene; tenemos, tenéis, tienen
	EL PRESENTE DEL SUBJUNTIVO	tenga, tengas, tenga; tengamos, tengáis, tengan
	EL PRETÉRITO	tuve, tuviste, tuvo; tuvimos, tuvisteis, tuvieron
	EL IMPERFECTO DEL INDICATIVO	tenía, tenías, tenía; teníamos, teníais, tenían
	EL IMPERFECTO DEL SUBJUNTIVO	tuviera, tuvieras, tuviera; tuviéramos, tuvierais, tuvieran
	EL FUTURO	tendré, tendrás, tendrá; tendremos, tendréis, tendrán
	EL FUTURO PERFECTO	habré tenido, habrás tenido, habrá tenido; habremos tenido, habréis tenido, habrán tenido
	EL CONDICIONAL	tendría, tendrías, tendría; tendríamos, tendríais, tendrían
	EL CONDICIONAL PERFECTO	habría tenido, habrías tenido, habría tenido; habríamos tenido, habríais tenido, habrían tenido
	EL PRESENTE PERFECTO DEL INDICATIVO	he tenido, has tenido, ha tenido; hemos tenido, habéis tenido, han tenido
	EL PRESENTE PERFECTO DEL SUBJUNTIVO	haya tenido, hayas tenido, haya tenido; hayamos tenido, hayáis tenido, hayan tenido
	EL PLUSCUAMPERFECTO DEL INDICATIVO	había tenido, habías tenido, había tenido; habíamos tenido, habíais tenido, habían tenido
	EL PLUSCUAMPERFECTO DEL SUBJUNTIVO	hubiera tenido, hubieras tenido, hubiera tenido; hubiéramos tenido, hubierais tenido, hubieran tenido
	MANDATOS CON *TÚ*	ten, no tengas
	MANDATOS CON *USTED*	tenga, no tenga
	MANDATOS CON *NOSOTROS*	tengamos, no tengamos
	MANDATOS CON *VOSOTROS*	tened, no tengáis
	MANDATOS CON *USTEDES*	tengan, no tengan
	EL GERUNDIO	teniendo
	EL PARTICIPIO PASADO	tenido

Otros verbos que siguen el ejemplo de **tener: entretener(se), mantener, obtener.**

---

traer	EL PRESENTE DEL INDICATIVO	traigo, traes, trae; traemos, traéis, traen
	EL PRESENTE DEL SUBJUNTIVO	traiga, traigas, traiga; traigamos, traigáis, traigan
	EL PRETÉRITO	traje, trajiste, trajo; trajimos, trajisteis, trajeron
	EL IMPERFECTO DEL INDICATIVO	traía, traías, traía; traíamos, traíais, traían
	EL IMPERFECTO DEL SUBJUNTIVO	trajera, trajeras, trajera; trajéramos, trajerais, trajeran
	EL FUTURO	traeré, traerás, traerá; traeremos, traeréis, traerán
	EL FUTURO PERFECTO	habré traído, habrás traído, habrá traído; habremos traído, habréis traído, habrán traído
	EL CONDICIONAL	traería, traerías, traería; traeríamos, traeríais, traerían
	EL CONDICIONAL PERFECTO	habría traído, habrías traído, habría traído; habríamos traído, habríais traído, habrían traído
	EL PRESENTE PERFECTO DEL INDICATIVO	he traído, has traído, ha traído; hemos traído, habéis traído, han traído
	EL PRESENTE PERFECTO DEL SUBJUNTIVO	haya traído, hayas traído, haya traído; hayamos traído, hayáis traído, hayan traído
	EL PLUSCUAMPERFECTO DEL INDICATIVO	había traído, habías traído, había traído; habíamos traído, habíais traído, habían traído
	EL PLUSCUAMPERFECTO DEL SUBJUNTIVO	hubiera traído, hubieras traído, hubiera traído; hubiéramos traído, hubierais traído, hubieran traído
	MANDATOS CON *TÚ*	trae, no traigas
	MANDATOS CON *USTED*	traiga, no traiga
	MANDATOS CON *NOSOTROS*	traigamos, no traigamos
	MANDATOS CON *VOSOTROS*	traed, no traigáis

traer *(continuación)*

MANDATOS CON *USTEDES*	traigan, no traigan
EL GERUNDIO	trayendo
EL PARTICIPIO PASADO	traído

---

valer

EL PRESENTE DEL INDICATIVO	valgo, vales, vale; valemos, valéis, valen
EL PRESENTE DEL SUBJUNTIVO	valga, valgas, valga; valgamos, valgáis, valgan
EL PRETÉRITO	valí, valiste, valió; valimos, valisteis, valieron
EL IMPERFECTO DEL INDICATIVO	valía, valías, valía; valíamos, valíais, valían
EL IMPERFECTO DEL SUBJUNTIVO	valiera, valieras, valiera; valiéramos, valierais, valieran
EL FUTURO	valdré, valdrás, valdrá; valdremos, valdréis, valdrán
EL FUTURO PERFECTO	habré valido, habrás valido, habrá valido; habremos valido, habréis valido, habrán valido
EL CONDICIONAL	valdría, valdrías, valdría; valdríamos, valdríais, valdrían
EL CONDICIONAL PERFECTO	habría valido, habrías valido, habría valido; habríamos valido, habríais valido, habrían valido
EL PRESENTE PERFECTO DEL INDICATIVO	he valido, has valido, ha valido; hemos valido, habéis valido, han valido
EL PRESENTE PERFECTO DEL SUBJUNTIVO	haya valido, hayas valido, haya valido; hayamos valido, hayáis valido, hayan valido
EL PLUSCUAMPERFECTO DEL INDICATIVO	había valido, habías valido, había valido; habíamos valido, habíais valido, habían valido
EL PLUSCUAMPERFECTO DEL SUBJUNTIVO	hubiera valido, hubieras valido, hubiera valido; hubiéramos valido, hubierais valido, hubieran valido
MANDATOS CON *TÚ*	val, no valgas
MANDATOS CON *USTED*	valga, no valga
MANDATOS CON *NOSOTROS*	valgamos, no valgamos
MANDATOS CON *VOSOTROS*	valed, no valgáis
MANDATOS CON *USTEDES*	valgan, no valgan
EL GERUNDIO	valiendo
EL PARTICIPIO PASADO	valido

---

venir

EL PRESENTE DEL INDICATIVO	vengo, vienes, viene; venimos, venís, vienen
EL PRESENTE DEL SUBJUNTIVO	venga, vengas, venga; vengamos, vengáis, vengan
EL PRETÉRITO	vine, viniste, vino; vinimos, vinisteis, vinieron
EL IMPERFECTO DEL INDICATIVO	venía, venías, venía; veníamos, veníais, venían
EL IMPERFECTO DEL SUBJUNTIVO	viniera, vinieras, viniera; viniéramos, vinierais, vinieran
EL FUTURO	vendré, vendrás, vendrá; vendremos, vendréis, vendrán
EL FUTURO PERFECTO	habré venido, habrás venido, habrá venido; habremos venido, habréis venido, habrán venido
EL CONDICIONAL	vendría, vendrías, vendría; vendríamos, vendríais, vendrían
EL CONDICIONAL PERFECTO	habría venido, habrías venido, habría venido; habríamos venido, habríais venido, habrían venido
EL PRESENTE PERFECTO DEL INDICATIVO	he venido, has venido, ha venido; hemos venido, habéis venido, han venido
EL PRESENTE PERFECTO DEL SUBJUNTIVO	haya venido, hayas venido, haya venido; hayamos venido, hayáis venido, hayan venido
EL PLUSCUAMPERFECTO DEL INDICATIVO	había venido, habías venido, había venido; habíamos venido, habíais venido, habían venido
EL PLUSCUAMPERFECTO DEL SUBJUNTIVO	hubiera venido, hubieras venido, hubiera venido; hubiéramos venido, hubierais venido, hubieran venido
MANDATOS CON *TÚ*	ven, no vengas
MANDATOS CON *USTED*	venga, no venga

venir *(continuación)*

MANDATOS CON *NOSOTROS*	vengamos, no vengamos
MANDATOS CON *VOSOTROS*	venid, no vengáis
MANDATOS CON *USTEDES*	vengan, no vengan
EL GERUNDIO	viniendo
EL PARTICIPIO PASADO	venido

Otros verbos que siguen el ejemplo de **venir: convenir, intervenir.**

---

ver

EL PRESENTE DEL INDICATIVO	veo, ves, ve; vemos, veis, ven
EL PRESENTE DEL SUBJUNTIVO	vea, veas, vea; veamos, veáis, vean
EL PRETÉRITO	vi, viste, vio; vimos, visteis, vieron
EL IMPERFECTO DEL INDICATIVO	veía, veías, veía; veíamos, veíais, veían
EL IMPERFECTO DEL SUBJUNTIVO	viera, vieras, viera; viéramos, vierais, vieran
EL FUTURO	veré, verás, verá; veremos, veréis, verán
EL FUTURO PERFECTO	habré visto, habrás visto, habrá visto; habremos visto, habréis visto, habrán visto
EL CONDICIONAL	vería, verías, vería; veríamos, veríais, verían
EL CONDICIONAL PERFECTO	habría visto, habrías visto, habría visto; habríamos visto, habríais visto, habrían visto
EL PRESENTE PERFECTO DEL INDICATIVO	he visto, has visto, ha visto; hemos visto, habéis visto, han visto
EL PRESENTE PERFECTO DEL SUBJUNTIVO	haya visto, hayas visto, haya visto; hayamos visto, hayáis visto, hayan visto
EL PLUSCUAMPERFECTO DEL INDICATIVO	había visto, habías visto, había visto; habíamos visto, habíais visto, habían visto
EL PLUSCUAMPERFECTO DEL SUBJUNTIVO	hubiera visto, hubieras visto, hubiera visto; hubiéramos visto, hubierais visto, hubieran visto
MANDATOS CON *TÚ*	ve, no veas
MANDATOS CON *USTED*	vea, no vea
MANDATOS CON *NOSOTROS*	veamos, no veamos
MANDATOS CON *VOSOTROS*	ved, no veáis
MANDATOS CON *USTEDES*	vean, no vean
EL GERUNDIO	viendo
EL PARTICIPIO PASADO	visto

Vocabulario

This *Vocabulario* includes all active vocabulary from *Encuentros maravillosos* as well as any vocabulary used in the chapters that might not be generally known to an upper level high school Spanish student. It does not, however, include the footnotes that accompany each reading.

A dash (—) represents the main entry word. For example, **el medio —** after **el ambiente** means **el medio ambiente.**

The following abbreviations are used: *adj.* (adjective), *adv.* (adverb), *conj.* (conjunction), *dir. obj.* (direct object), *f.* (feminine), *fam.* (familiar), *ind. obj.* (indirect object), *inf.* (infinitive), *m.* (masculine), *pl.* (plural), *prep.* (preposition), *pron.* (pronoun), *sing.* (singular), *subj.* (subjunctive).

la abeja bee
el abismo abyss; deep hole
el abogado, la abogada lawyer
el abrigo overcoat
  abrochar to fasten
  aburrir to bore
    —se to be or get bored
  acabar to finish; to finish off
    — de + *inf.* to have just *(done something)*
el acantilado cliff; steep slope
  acariciar to caress
  acaso maybe; perhaps
el aceite oil
  acelerar to accelerate; to make faster
  acercarse (qu) a to approach
el acero steel
  aclarar to clarify
  acomodado, -a rich; comfortable
  acomodar to accommodate; to make comfortable
  aconsejar to advise
  acontecer to happen
el acontecimiento event; happening
  acordar (ue) to agree
    —se (ue) de to remember
  acortar to shorten
  acostumbrado, -a accustomed; used to
  acostumbrar to accustom
    —se a to get used to; to become accustomed to
la actitud attitude
  actual current; present; pertaining to now
la actualidad the present time
  actualmente currently; now

el acuerdo agreement; accord
  estar de — to agree
  acumular to accumulate; to amass
  adecuado, -a adequate
  adelante ahead; forward
    de aquí en — from now on
  además in addition
  adivinar to guess
  adondequiera wherever
el adoquín, *pl.* **los adoquines** cement block
  adorar to adore; to worship
el adorno decoration; adornment
  advertir (ie, i) to warn
  afeitar to shave
el aficionado, la aficionada (a) fan (of); enthusiast
  afiebrado, -a feverish
  afirmar to affirm; to swear to
  afortunado, -a lucky
  afuera outside
el / la agente agent; doer of an action
  agitar to shake; to wag
la agonía agony
  agonizar (c) to be in agony; to be dying
  agradable pleasant
  agradar to please, to be pleasing
  agradecido, -a grateful
  agrícola agricultural
  aguantar to bear; to stand; to tolerate; to hold
el agüero omen; augury; sign of things to come; presage
el agujero hole
el ahogado, la ahogada drowned man, drowned woman

  ahogar(se) (gu) to drown; to choke; to smother
  ahorrar to save *(money);* to hoard
el aislamiento isolation
  ajeno, -a pertaining to or belonging to another
el ajo garlic
  alborotar to upset; to disturb; to agitate; to excite
el alboroto disturbance; excitement
el alcance reach
  alcanzar (c) to catch up to; to reach; to get; to achieve
la aldea village
  alegrarse (de) to be glad (about)
  alejarse (de) to move away (from)
la alfombra carpet; rug
  algo something
  alguien someone, somebody
  alguno (algún), -a *adj.* some, any; *pron.* some; someone, somebody
  aliarse (í) (yo me alío, tú te alías, etc.) to form an alliance; to ally oneself; to become an ally of
el aliento breath
  alimentar to feed
el alma *f., pl.* **las almas** soul
  alrededor around
  alterar to change; to alter
  alucinado, -a dazzled; deluded
  alumbrado, -a shining
  alumbrar to illuminate
el alumnado student body
  alzar to raise or lift up

el amanecer dawn
el / la amante lover
amargo, -a bitter
amarrar to tie
el ambiente atmosphere; ambiance
el medio — environment
ambos, -as both
ambulante traveling; wandering
(ambulatory)
la amenaza threat
amenazar (c) to threaten
la amistad friendship
el amor propio self-esteem
amoroso, -a amorous; loving
el amuleto charm; amulet
análogo, -a similar
ancho, -a wide
la ancla anchor
andar to walk
anglohablante English-speaking
el ángulo angle
el anhelo strong desire
el anillo ring
el ánimo spirit
el ansia f. anguish; eagerness
ansiar (í) to want; to covet; to
desire
la ansiedad anxiety; eagerness
ansioso, -a desirous; eager
antecedente antecedent;
something that came before
antemano beforehand
el antepasado ancestor
antes de + inf. before + verb +
-ing
— que conj. before
antiguo, -a old; antiquated
antiquísimo, -a ancient
la antología anthology; literary
collection
antropomórfico, -a
anthropomorphic,
resembling human beings
anunciar to announce
el anuncio announcement;
advertisement
añadir to add
la añoranza longing
añorar to long for
apagar (gu) to put out; to
extinguish
la apariencia appearance

apartar to separate; to divide
el apellido last name
apenado, -a troubled; sad
apenar to trouble; to cause pain;
to make sad
apenas hardly; barely
el apio celery
el apóstrofe poetic technique in
which the poet speaks
directly to someone or
something
apoyar to support
el apoyo support
el aprendizaje apprenticeship,
learning period
apresurarse to hurry
apropiado, -a appropriate;
proper
aprovechar to profit by; to make
good use of; to enjoy; to
benefit from
—se de to take advantage of
la aptitud aptitude
los apuntes notes
el apuro trouble; problem
aquel, aquella; aquellos, -as adj.
that (over there); those
(over there)
aquél, aquélla; aquéllos, -as
pron. that one (over there);
those (over there); the
former
aquello pron. that (idea,
concept)
la araña spider; arachnid
el archivo file cabinet; file; archive
el arcón, pl. los arcones large
chest or bin
la arena sand
la aridez dryness
árido, -a arid; dry
el armario closet
arquitectónico, -a architectural
arrancar (qu) to pull out; to tear
off; to start
arrastrar to drag
el arrebato strong burst of
emotion; fit
el arreglo arrangement
arrepentido, -a sorry
arrepentirse (ie, i) to repent, to
be sorry

arriba above
arribar to arrive
la artesanía craftsmanship
articular to articulate; to give
voice to
ascender to rise up, ascend
el asco repugnance; nausea
asesinar to kill; to murder; to
assassinate
el asesinato murder; assassination
el asesino, la asesina murderer,
assassin
asfixiar to smother; to
asphyxiate
así que as soon as
asombrado, -a amazed
asombrar to amaze; to frighten
—se to be amazed
astuto, -a astute; clever; alert
el asunto subject; topic
asustarse to get scared,
frightened, shocked
atar to tie; to tie up
el ataúd, pl. los ataúdes coffin
atender (ie) to attend to; to help
atento, -a attentive
aterrador, -a terrifying
aterrorizar (c) to terrorize; to
terrify; to frighten
—se (c) to become frightened
atraer to attract
atrapar to trap
atrás behind; in the back;
backward
atreverse (a) to dare (to do
something)
atrevido, -a daring; bold
atribuir (y) to attribute; to credit
qualities to someone or
something
el atributo attribute
audaz audacious, bold, daring
aumentar to make larger; to
augment; to increase
aunque although
la ausencia absence
avanzar (c) to advance; to
progress
la avena oatmeal
avergonzado, -a ashamed
averiguar (ü) to inquire; to
investigate; to find out

avisar to warn; to inform
el aviso warning
el azúcar sugar

balcánico, -a relating to the Balkan region
la ballena whale
el banco bench; bank
la bandera flag
la bañera bathtub
el barco boat
bárbaro, -a barbaric
el barquero, la barquera boatman, boatwoman
barrer to sweep
la barriga belly
¡Basta ya! Enough already!
bastante enough
bastar to be enough
la basura garbage
la belleza beauty
bello, -a beautiful
bendecir to bless; to give a benediction
beneficiar to benefit
el beneficio benefit
besar to kiss
el beso kiss
el bibliotecario, la bibliotecaria librarian
el bienestar well-being; welfare
bienvenido welcome
el bisabuelo, la bisabuela great-grandfather, great-grandmother
el bizcocho cake
el blancor whiteness
el bobo, la boba foolish person; silly person
el bocado mouthful
la boda wedding
la bondad goodness
bondadoso, -a good; kind
borgiano, -a pertaining to Borges
el borracho, la borracha drunk person
borrar to erase
el bote boat
el — de basura garbage pail
la botella bottle
brincar (qu) to jump

la broma joke
bruscamente suddenly
brusco, -a sudden
la bruja witch
el buey ox
el buey de mar, *pl.* **los bueyes de mar** manatee
el buque boat
la burguesía bourgeoisie; middle class
burlarse (de) to make fun (of)
la búsqueda search

el caballo horse
caber (yo quepo, tú cabes, etc.) to fit
el cabo end; tip; extremity; last or final part
al fin y al — after all, finally
la cacerola casserole dish
el cadáver dead body, cadaver
la cadera hip
caer to fall
—se to fall down
la caja box
calato, -a nude; naked
el calcetín, *pl.* **los calcetines** sock; stocking
calentar (ie) to heat
la calidad quality
calificar (qu) to qualify; to rate; to judge
el calor heat
callarse to be quiet
el camión, *pl.* **los camiones** truck
el / la caminante walker, traveler
el camino road
la campanita little bell
el campo field; country
las canas gray hair
cándido, -a frank; innocent
el cansancio tiredness; fatigue
la cantidad quantity
la caña cane, sugar cane
el cañón, *pl.* **los cañones** cannon
caótico, -a chaotic, disorderly
la capa cape
la capacidad capacity; capability
el caparazón, *pl.* **los caparazones** shell *(of a turtle)*
capaz, *pl.* **capaces** capable

Caperucita Roja Little Red Riding Hood
caprichoso, -a capricious; acting according to whim
capturar to capture
el caramelo candy
la cárcel, *pl.* **las cárceles** jail; place of incarceration
el cardumen school *(of fish)*
el cariño affection
cariñoso, -a affectionate
la carlinga rigging
la carne meat; flesh
la carnicería butcher shop
la carrera career
casarse (con) to get married (to)
caso: en — de que in case
castigar (gu) to punish; to castigate
el castigo punishment
el castillo castle
la casualidad coincidence; chance
por — by chance, by coincidence, unexpectedly
la catadura face; expression
la catedral cathedral
cautivar to capture; to captivate
el cautivo, la cautiva captive
la cebolla onion
la cebolleta tender, spring onion
celeste celestial; heavenly
el cementerio cemetery
la Cenicienta Cinderella
la cercanía nearness; proximity
el cerdito little pig
el cerdo pig
el cerebro brain, cerebral organ
el cerro hill
la certeza certainty; sureness
la cerveza beer
cesar to stop; to cease
la cesta basket
charlar to chat
el charol patent leather
chequear to check
el chisme gossip
chismoso, -a gossipy
el chivo goat
chocar (qu) (con) to crash (into); to clash; to displease
el chófer driver; chauffeur
el chorizo sausage

chorrear to spout; to drip

ciego, -a blind

el cielo sky; heaven

cierto, -a certain; sure

el cilantro flavorful herb

el cimiento foundation

el cínico, la cínica cynic

la cintura waist

el cinturón, pl. los cinturones belt

el circo circus

circunscrito, -a circumscribed; limited

clandestino, -a secret; clandestine

la cláusula clause

el / la cobarde coward

cobrar to charge a given amount

el cocinero, la cocinera cook

la codicia greed

el código code

el codo elbow

el cofundador, la cofundadora co-founder

coger (j) to catch; to grab

el cognado cognate; word that resembles another word because of a common root

el cohete rocket

coincidir to coincide

cojo, -a walking with a limp

la cola tail

el colador strainer

colar (ue) to strain

colgar (ue) (gu) to be suspended from; to hang

el collar necklace

la colocación, pl. las colocaciones location

colocar (qu) to place; to put; to locate

el comedor eater; dining room

el comino cumin (spice)

como like

tan + adj. + — as + adj. + as

tanto(a), tantos(as) + noun + — as much (many) + noun + as

¿cómo? how?

cómodo, -a comfortable

comoquiera however

el compadre comrade

el compañero, la compañera companion

el compañero de cuarto, la compañera de cuarto roommate

compasivo, -a compassionate

la competencia competition

competir (i) to compete

complejo, -a complex; complicated

el complemento object pronoun

componer to compose, make up

comportarse to behave oneself

concordar (ue) to agree

condenar to condemn

conducir to take; to lead; to drive

la confianza confidence

confundir to confuse

—se to get mixed up, to get confused

la conjetura conjecture; guess or supposition

el conjunto collection; combination

conmigo with me

conmover (ue) to move (emotionally); to inspire emotions

conocer (zc) to know, to be acquainted with

el conocimiento knowledge

la conquista conquest

conquistar to conquer

conseguir (i) (g) to get; to obtain

los consejos advice

consentir (ie, i) (en) to consent (to); to agree; to say yes

consigo with him; with her; with you

consistir en to consist of

consolar (ue) to console; to comfort

el consuelo consolation; solace

construir (y) to build

contar (ue) to tell (story)

— (ue) con to count on

el / la contendiente combatant; fighter

la contestación, pl. las contestaciones answer

contigo with you fam.

contra against

contrario, -a contrary; against

convencer (z) to convince

convertirse (ie, i) (en) to be transformed; to be changed (into)

la copa wine glass

el corazón, pl. los corazones heart

cornudo, -a with horns

corpulento, -a fleshy; fat; corpulent

corregir (i) (j) to correct

el correo post office; mail

corresponder to correspond; to respond to; to return (affection)

coser to sew

la costumbre custom

el creador, la creadora creator

crear to create

crecer (zc) to grow; to increase

la creencia belief

el criado, la criada servant

criar (í) (yo crío, tú crías, etc.) to raise (children)

la criatura creature; child

el crimen crime

el crucero cruiser; ship

la cruz, pl. las cruces cross

la cuaderna maestra midship frame

cual:

el / la / los / las —(es) pron. which; who; the one(s) that; the one(s) who

lo — pron. which

¿cuál(es)? what? which? which one(s)?

la cualidad trait; characteristic; quality

cualquier whichever

¡cuán + adj. / adv.! how + adj. / adv.!

cuando when

¿cuándo? when?

cuandoquiera whenever

cuanto: en — as soon as

¡cuánto + verb! how + verb!

¡— + noun! ¡how much + noun!

¿cuántos, -as? how many?

la cucaracha cockroach

la cucharada tablespoon

la cucharadita teaspoon

el cuello neck

la **cuenta** bill; accounting; account
el **cuento de hadas** fairy tale
cuidadoso, -a careful
cuidar to take care of
la **culpa** guilt; fault
culpable guilty; culpable
el **culto** homage, reverence;
    cultured
la **cumbre** highest point
cumplir (con) to comply with;
    to fulfill
cuyo, -a whose

dañar to harm, to injure, to hurt
el **daño** harm
dar to give
    — **con** to come across; to find
    — **por** to consider
    —**le a uno la gana** to feel like
      (doing something)
    —**se cuenta de** to realize, be
      aware of
deber should; ought to
debido, -a owing (to); because (of)
débil weak, debilitated
debilitar to weaken
la **decadencia** decadence; moral
    decline
las **decenas** tens
la **dedicatoria** dedication *(to a*
    book, etc.)
decir to say, to tell
el **dedo** finger
deducir to deduce
deforme deformed
dejar to leave, abandon
    — **de** to stop *(doing*
      something)
    —**se** to allow something to
      happen *(to oneself)*
el **delantal** apron
el **delfín,** *pl.* **los delfines** dolphin
la **dentición** teething
deprimente depressing
deprimido, -a depressed
deprimirse to get depressed
el **derecho** right *(as in legal rights)*
derramar to spill
desafortunado, -a unfortunate;
    unlucky
desagradable unpleasant;

displeasing; disagreeable
desalmado, -a heartless; without
    a soul
desanimarse to get discouraged
desarrollar to develop; to unroll
el **desastre** disaster
desbordar to overflow
descalzo, -a barefoot
el **descanso** rest
la **descarga** discharge
el **desconocido, la desconocida**
    stranger; unknown
desde since; from
desesperado, -a desperate
el **desgarramiento** tearing; heart
    breaking
la **desgracia** bad luck; misery;
    misfortune
    por — unfortunately
desgraciado, -a unfortunate;
    unhappy
desierto, -a deserted, abandoned
la **desilusión,** *pl.* **las desilusiones**
    disappointment
desilusionar to disappoint; to
    disillusion
desnudo, -a nude; naked
desnutrido, -a undernourished
el **desorden** disorder;
    disorganization; mess
desorganizado, -a disorganized
despachar to dispatch; to eat or
    drink a large quantity all at
    once
despedezar to break into pieces
despedirse (i) (de) to say good-
    bye; to take leave of
despertarse (ie) to wake up
después de + *inf.* after + *verb* +
    -ing
    — **que** *conj.* after
destacarse (qu) to stand out
destejer to unravel
el **desterrado, la desterrada** exiled
    person
desterrar (ie) to exile
el **destierro** exile; state of exile
desvelado, -a watchful; vigilant;
    careful
la **desventaja** disadvantage
el **detalle** detail
detener to detain

devolver (ue) to return
    (something)
dialogar (gu) to carry on a
    dialogue
el **diamante** diamond
diario, -a daily
la **diarrea** diarrhea
dibujar to draw; to sketch
el **dictador, la dictadora** dictator
la **dictadura** dictatorship
dictar to dictate
la **dignidad** dignity
digno, -a worthy
dirigir (j) to head toward; to
    direct something toward
    —**se (j) a** to head toward; to
      direct oneself to
el **disco** record; disk
discreto, -a discreet; prudent
discriminar to discriminate; to
    be prejudiced
disculpar to excuse; to clear of
    blame
el **discurso** speech; discourse
disfrazar (c) to disguise or hide
    one's emotions
    —**se (c)** to disguise oneself
disfrutar to enjoy
disgustar to be displeasing
disimular to pretend; to
    dissemble
distinguir (g) to distinguish
distinto, -a different
distraer to distract
diverso, -a diverse; varied;
    different
divertido, -a fun; funny
divertir (ie, i) to amuse
    —**se (ie, i)** to have a good
      time; to enjoy oneself
doblar to double; to fold; to
    bend
la **docena** dozen
dócil docile; submissive
dócilmente submissively
la **dolencia** ailment
doler (ue) to hurt; to ache
el **dolor** pain
doloroso, -a painful
¿dónde? where?
dormir (ue, u) to sleep
    —**se (ue, u)** to fall asleep

dotar to endow; to give as a gift
el dramaturgo, la dramaturga dramatist
la duda doubt
dudar to doubt
dudoso, -a doubtful
el dueño, la dueña owner
dulce sweet
el — candy
la dulzura sweetness
durar to last

el edificio building
la educación education; upbringing
la mala — bad manners
la eficacia efficiency
eficaz, *pl.* **eficaces** effective; efficient
egoísta selfish
egotista conceited; egotistical
ejemplar exemplary; to be used as an example
ejercer (z) (yo ejerzo, tú ejerces, etc.) to exercise
el ejército army
el the *m. sing.*
el / la / los / las + de *pron.+ noun* that of, those of
el / la / los / las + que *pron.+ noun* the one(s) that, the one(s) who
él he; him *after prep.*
elegir (i) (j) to elect; to choose; to select
ella she; her *after prep.*
ellos, ellas they; them *after prep.*
embargo: sin — nevertheless
emborracharse to get drunk
emplear to employ; to use
empujar to push
enamorarse (de) to fall in love (with); to be enamored (of)
encadenar to chain
encantar to enchant; to charm
el encanto charm
encendido, -a lit; lit up
encerrado, -a locked up; closed in

encerrar (ie) to lock up; to close in; to enclose
encinta pregnant
el encuentro meeting; encounter
enfadar to make angry
—se to get angry
enfrentarse to face
enfriar (í) (yo enfrío, tú enfrías, etc.) to cool
engañar to deceive; to fool
el engaño deceit
engenderer to engender, to produce
enojado, -a angry
enojar to anger
—se to get angry
ensayar to try, to try out
el ensayo essay
enseñar to teach; to show
enterarse (de) to find out (about)
enterrar (ie) to bury
el entierro burial
entintado, -a containing ink
la entrada ticket
entreabierto, -a half-open
la entrevista interview
entristecer (zc) to sadden, make sad
—se (zc) to become sad
envenenado, -a poisoned
la época epoch; era; time period
la epopeya epic
el equilibrio balance; equilibrium
equivocarse (qu) (de) to make a mistake
el escándalo scandal
escaso, -a scarce
escoger (j) to choose, to select
esconder to hide (something)
—se to hide (oneself)
el escribidor, la escribidora writer; script writer
escrutar to study, to scrutinize
escuálido, -a squalid; miserable
escurridizo, -a slippery
ese, -a; -os, -as *adj.* that; those
ése, -a; -os, -as *pron.* that one; those
esencial essential
esforzarse (ue) (c) to make an effort; to try

el esfuerzo effort
eso that *(idea, concept)*
— de that matter of, that business about
el espacio space
la espalda back *(of a body)*
el espantapájaros scarecrow
espantar to scare; to frighten
espantoso, -a frightening
el espárrago asparagus
espartano, -a Spartan
la especie kind, type; species
especular to speculate
el espejo mirror
la esperanza hope
el espíritu spirit
espiritual spiritual
esporádico, -a sporadic; irregular
el esqueleto skeleton
la esquina corner; street corner
establecer (zc) to establish
estacionar to park
el estadio stadium
estallar to break out *(war)*
el estaño tin
estar to be
— de acuerdo to agree
la estatua statue
este, -a; -os, -as *adj.* this; these
éste, -a; -os, -as *pron.* this one; these; the latter
el estereotipo stereotype
el estilo style
estimar to respect; to esteem
esto this *(idea, concept)*
el estómago stomach
estorbar to get in the way
el estorbo obstacle
la estrategia strategy
estrechar to tighten; to squeeze
— la mano to shake hands
la estrechez narrowness
estrecho, -a narrow
la estrella star
estremecer(se) (zc) to tremble; to shake
estrenar to present for the first time
estricto, -a strict
la estrofa stanza *(poem)*
la estructura structure
eternizar (c) to make eternal

étnico, -a ethnic
evitar to avoid
la excentricidad eccentricity;
    quirk; strange behavior
exigir (j) to require; to demand
exiliar to exile
el exilio exile
el éxito success
la expectativa expectation
experimentar to experience;
    to experiment
la explicación, pl. las
    explicaciones explanation
el explotador, la explotadora
    exploiter
explotar to exploit
el éxtasis esctasy
la exterioridad exterior
extinguir (g) to extinguish
extraer to extract; to pull out;
    to obtain
extraño, -a strange
el / la extraterrestre
    extraterrestrial; creature
    from outer space
exuberante exuberant; full of
    energy

la fabricación manufacture; act of
    manufacturing
fabricar (qu) to produce; to
    build; to fabricate; to
    manufacture
la facultad ability; faculty
fallar to break down; to fail
la falta lack
    hacer(le) — to be necessary;
    to be missing; to be missed;
    to be needed
faltar to be missing; to be
    lacking
el fantasma ghost
fastidiar to annoy; to bother; to
    irritate
el fastidio annoyance; anger
el fiambre cold meat
ficticio, -a fictional
la fidelidad fidelity; faithfulness
los fideos noodles
fiel faithful
la fila row

el filamento tentacle
el fin end; goal; objective
fingir (j) to pretend; to feign
firmar to sign
físico, -a physical
flaco, -a skinny
fluvial pertaining to rivers
el fondo bottom
la fonética phonetics; sound
el forastero, la forastera stranger
la fortaleza strength
fracasar to fail
la fragua blacksmith's forge
la frase sentence; phrase
freír (í) (yo frío, tú fríes, etc.) to
    fry
frenético, -a frenetic; frenzied;
    wild
los frijoles beans
frito, -a fried
la frivolidad frivolity; silliness
la frontera border; frontier
fuerte strong
la fuerza force; strength
el fulano, la fulana so and so,
    "what's his or her name"
funcionar to work; to function

la gala elegant dress; fancy party
el galeón, pl. los galeones
    galleon; ship
la galleta cookie; cracker
la gallina hen; chicken
el gallo rooster
la gana wish; desire
    ganadero, -a pertaining to cattle
    ganas: tener — de + inf. to feel
    like (doing something)
el garaje garage
    gastar to spend (money)
el gaucho cowboy of the Argentine
    Pampas
el gazpacho gazpacho (cold
    Spanish soup)
el género genre (literary
    classification); gender
el genio talent; genius; mood
el germen, pl. los gérmenes germ
la gestación gestation; period of
    development before birth
el gineo flowering plant

girar to revolve; to turn
el gitano, la gitana gypsy
el golfo gulf
la golondrina swallow (kind of
    bird)
la golosina treat
golpear to hit
gozar (c) de to enjoy
la gracia grace
    tener — to be funny
gracioso, -a charming;
    humorous; gracious
griego, -a Greek
gris gray
gritar to yell; to scream
a gritos heavily, in great
    abundance
la grosería grossness; indecency
grosero, -a gross; ill-mannered
guardar to keep, to save; to put
    away; to guard
    — cama to stay in bed
la guerra war
el guerrero warrior
guiar to guide
el guisado stew
gustar to be pleasing

hábil able; capable
el / la habitante inhabitant; dweller
habituado, -a accustomed
el hablador, la habladora speaker;
    storyteller
el hacedor, la hacedora doer;
    maker
hacer to do; to make
    —se to become (with volition)
el hada f., pl. las hadas fairy
    el cuento de —s fairy tale
    el — madrina fairy
    godmother
hallar to find
el hambre f. hunger
hambriento, -a hungry
hasta que until
hay que it is necessary;
    one must
el hechicero, la hechicera sorcerer,
    sorceress; one who casts
    spells
el helado ice cream

la hembra female person or animal
heredar to inherit
la hermosura beauty
hervir (ie, i) to boil
la hierba grass
el hierro iron
el hilo thread
el himno hymn
el hogar hearth; fireplace; home
la hoja leaf; sheet of paper
el hombre lobo werewolf
la hombría manhood
el hombro shoulder
hondo, -a deep
la hondura depth
el horno oven
horripilante horrifying
horroroso, -a horrible
el huérfano, la huérfana orphan
el hueso bone
el huevo egg
huir (y) to flee
húmedo, -a humid, moist
humilde humble
el humo smoke
hundirse to sink

el idioma language
la idiotez idiocy; stupidity
ignorar to be ignorant of; not to
know
ilimitado, -a limitless
ilustre illustrious
impedir (i) to prevent; to
impede
el imperio empire
implacablemente implacably;
relentlessly
imponer to impose
importar to matter; to be
important
impresionante impressive
impresionar to impress
incapaz, pl. **incapaces** unable;
incapable
incorporarse to sit up
increíble incredible;
unbelievable
indefenso, -a helpless;
defenseless
indefinido, -a indefinite

el indicio hint; indication
indígena indigenous or native to
a particular region
el / la indígena native; person who is
a native of a region or
country
inesperado, -a unexpected
la inestabilidad instability
infantil pertaining to children;
childish; infantile
la infinidad infinity
infinito, -a infinite
infundir to inspire or cause (as
an emotion)
el ingenio sugar mill or plantation;
wit, cleverness
inmerecido, -a undeserved
inmerso, -a immersed
inofensivo, -a inoffensive
inquietar to disturb; to upset
inscrito, -a inscribed; containing
a written message
instantáneo, -a instantaneous
instruir (y) to instruct; to teach
la insurrección, pl. **las**
insurrecciones uprising;
revolution; insurrection
integrar to integrate
intentar to try; to attempt
interminable interminable;
endless
interpolar to interpolate, to add
or place among
la intimidad intimacy
íntimo, -a intimate; emotionally
close
intrínseco, -a intrinsic;
belonging to the real nature
of a thing
el intruso, la intrusa intruder
inundar to flood
el invitado, la invitada guest
invocar (qu) to invoke;
to call upon
ir to go
—se to go away
la irracionalidad irrationality;
craziness
irremediablemente
irremediably; pertaining to
that which cannot be
changed or remedied

irritar to irritate
-ísimo, -a very; extremely
la isla island

jamás never; ever
el jardín, pl. **los jardines** garden
la jaula cage
el jinete horseman
el júbilo joy; jubilation
el juglar roving minstrel
la juglaresca oral tradition;
pertaining to storytellers,
roving minstrels
el jugo juice
el juguete toy
juguetón, juguetona playful
el juicio judgment
juntar to join; to put together
—se to get together
junto, -a together
junto a next to, beside
jurar to swear
juvenil pertaining to youth;
juvenile
juzgar (gu) to judge

la the f. sing.; her, it dir. obj.
pron.
el labio lip
laborioso, -a laborious; difficult
el ladrillo brick
el ladrón, la ladrona thief
el lagarto lizard
el lago lake
la lágrima tear
lamentar to mourn; to lament
la langosta lobster
la lanza lance; spear
lanzar (c) to throw; to fling
las the f. pl.; them dir. obj. pron.
la lástima shame; pity
la lata tin can
el latido beating; heartbeat
el laurel bay leaf (flavorful herb)
le ind. obj. pron. (to) him, her,
it, you
la leche milk
la lengua tongue; language
los lentes glasses; lenses
el león, pl. **los leones** lion

leporino, -a harelike

les *ind. obj. pron.* (to) them

el letrero sign; billboard

la ley, *pl.* **las leyes** law

la leyenda legend

liberar to free; to liberate

la libertad freedom; liberty

la libra pound

la licenciatura educational degree

la licuadora food processor; blender

el / la líder leader

el lienzo canvas

la limonada lemonade

limpio, -a clean

la linterna lantern

el lío mess; confusing situation

liquidar to liquidate; to destroy

listo, -a clever

  estar — to be ready

  ser — to be clever

liviano, -a light, of little weight or substance

lívido, -a livid; very pale

llano, -a plain; flat area

el llanto weeping, crying

la llave key

llegar (gu) a to come to; to become

  — (gu) ser to become

llenar to fill

lleno, -a full

llorar to cry

lo *dir. obj. pron.* him, it

  — + *adj.* the . . . part, the . . . thing

  — cual which

  — que what, which

  subj. **+ — que +** *subj.* whatever; no matter what; no matter how much

el lobo, la loba wolf

la locura craziness; insanity

el lodo mud

lograr to achieve; to accomplish

el loro parrot

lorquiano, -a referring to García Lorca

los the *m. pl.; dir. obj. pron.* them

el loto lotus

la lucidez lucidity; clarity of thought

lucir (zc) to shine; to look, to appear a certain way

luego que as soon as

el lugar place; site; location

  en — de in place of; instead of

  tener — to happen, to take place

el lunar birthmark

la luz, *pl.* **las luces** light

machacado, -a crushed

macho used to describe exaggerated male characteristics

  el — male animal

la madera wood

la madrastra stepmother

la madrugada the early hours; dawn

madrugar (gu) to get up early

maduro, -a mature

la magia magic

mágico, -a magical

el mago wizard; magician

maldito, -a cursed

malgastar to waste; to spend badly

el malvado, la malvada villain; bad guy, bad woman

la mancha stain; mark

manco, -a crippled

el mandato command; order

la manera way

  de ninguna — no way

la manía mania; craziness; craze

el manicomio insane asylum

manifestar (ie) to show; to reflect; to manifest

el manotazo movement of the hand

manso, -a gentle

mantener to maintain

la manzana apple

el maquillaje make-up; cosmetics

la máquina machine

la maravilla wonder; wonderful thing; marvel

maravilloso, -a wonderful; marvelous

marcar (qu) to mark, to register (*measurement, time, etc.*)

marcharse to go (away), to leave

marchitar to wilt

el marinero sailor

marino, -a marine; pertaining to the sea

marquesiano, -a pertaining to García Márquez

más more, *adj.* + -er

  el / la / los / las — + *adj.* the most + *adj.*, the *adj.* + -est

  — + de + *number* more than

  — + *adj. / adv.* **+ que** more + *adj. / adv.* + than

la masa dough

masticar (qu) to chew

mayor older

  el / la — the oldest

la mayoría majority

me *obj. pron.* me

mediar to interfere; to mediate

el medicamento medicine

el medio means; method; mid(way); middle

  el — ambiente environment

  por — in the middle

medir (i) to measure

meditar to think about, meditate

la medusa jellyfish

mejor better

  el / la / los / las —(es) the best

  lo — the best (thing, part)

mejorar to improve; to get better

menester necessary; needed

menesteroso, -a needy

menor younger

  el / la — the youngest

menos less

  a — que unless

  — + *adj. / adv.* **+ que** less + *adj. / adv.* + than

el mensaje message

la mente mind

mentir (ie, i) to lie

la mentira lie; act of lying

las mercancías merchandise

merecer (zc) to deserve; to merit

mero, -a mere; pure; simple

el mesmerismo mesmerism; hypnosis

el mestizo, la mestiza person of racially mixed ancestry

el método method

mezclar to mix

mezquino, -a miserable; mean spirited; vile

mi, mis my

mí me *after prep.*

la miel honey

el miembro member

mientras while

— **tanto** meanwhile

la miga crumb

el milagro miracle

minucioso, -a tedious

mío, -a my, (of) mine

el mío, la mía mine

la mirada glance; gaze; look

el mito myth

los modales manners

el modo manner; way

de cualquier — no matter what

de ningún — no way

mojado, -a wet; damp

mojar to wet; to dampen

molestar to bother; to annoy

—**se** to be bothered

molido, -a ground

momentáneamente momentarily

la momia mummy

la monogamía monogamy; the practice of marrying only one person

el monstruo monster

el monte mountain

la moraleja moral *(of a story)*

morder (ue) to bite

la mortaja shroud; sheet used to cover a dead person

mortificado, -a mortified; shocked; horrified

la mosca fly *(insect)*

el mozo, la moza young man, young woman

mudarse to move from one place to another; to change dwellings

mudo, -a mute

los muebles furniture

la muestra sample

el mujeriego womanizer

mundial *adj.* world, pertaining to the whole world

el mundo world

el muñeco, la muñeca doll; figure

el muslo thigh

musulmán, musulmana Muslim

nadie no one

las narices nostrils

la nariz, *pl.* **las narices** nose

el narrador, la narradora narrator

la naturaleza nature

el naufragio shipwreck

nefasto, -a ominous; unlucky

negar (ie) (gu) to deny

—**se (ie) (gu) a** to refuse to

neoyorquino, -a pertaining to New York

neutro, -a neuter; neither male nor female

el nieto, la nieta grandson, granddaughter

ni . . . ni neither . . . nor, not . . . or

la ninfa nymph

ninguno (ningún), -a *adj.* no, not any; *pron.* none, no one

la niñez childhood

no no, not

la norma norm; standard; rule

nos *obj. pron.* us

nosotros, -as we; us *after prep.*

el noviazgo engagement

la nube cloud

nuestro, -a our; (of) ours

el nuestro, la nuestra ours

nunca never

o or

— . . . — either . . . or

obedecer (zc) to obey

obligar (gu) to force; to obligate

la obra work *(book, painting, etc.)*

el obrero, la obrera worker

obstante: no — nevertheless

obvio, -a obvious

ocupado, -a busy

la oda ode

odiar to hate

el oído ear; (sense of) hearing

oír to hear

ojalá if only; it is hoped that

oler (ue) (yo huelo, tú hueles, etc.) to smell

el olor odor; smell

olfatorio, -a pertaining to the sense of smell; olfactory

la olla kettle; pot

olvidar to forget

—**se de** to forget

el olvido forgetfulness

omitir to omit; to leave out

opinar to think; to have an opinion

opuesto, -a opposite

la oración, *pl.* **las oraciones** prayer

orar to pray

el orden order; organization

organizado, -a organized

la orilla shore

el oro gold

ortográfico, -a pertaining to spelling

la oscuridad darkness

oscuro, -a dark; obscure

el oso bear

oxidado, -a rusted

el país country; nation

la paja straw

la palabrota bad word; profanity

el pan bread

el pañuelo handkerchief

Papá Noel Santa Claus

el papel role

hacer el — **(de)** to play the part (of)

papista pertaining to the Pope

para for; by + *time; comparison* for

— + *inf.* to, in order to

— **que** *conj.* so that

¿— **qué?** for what purpose

servir (i) — to be used for

el paraíso paradise

parar to stop

parecer (zc) to seem

—se (zc) to look like, to resemble

parecido, -a similar

la pared wall (inside a house)

el parentesco blood relationship

parir to give birth to

la parodia parody; spoof

parpadear to blink

el párpado eyelid

el partido game; match

el pasaje passage

el pasajero, la pasajera passenger

pasar to spend (time); to pass

la pasividad passiveness

pasivo, -a passive

pasmado, -a stunned; astounded

el paso step; footstep

el pastel pie; cake

la pata paw; foot (of an animal)

el patín, pl. **los patines** skate

la patria country; homeland

patriarcal patriarchal; pertaining to rule by fathers or men

la paz peace

el pecho chest (of a man's body)

pedagógico, -a having to do with teaching

pedir (i) to ask for; to order

pegar (gu) to stick on; to unite; to fasten to; to attach; to hit; to strike

pelar to peel

la pelea fight

pelear to fight

el peligro danger

peligroso, -a dangerous

la pena emotional pain; grief; trouble

peor worse

el / la / los / las —(es) the worst

lo — the worst (thing, part)

el pepino cucumber

perecedero, -a perishable; not lasting

perezoso, -a lazy

el / la periodista journalist; newspaper reporter

permanecer (zc) to stay; to remain

el perno bolt

perseguir (i) (g) to pursue

el personaje character (in a book, movie, etc.)

la perspectiva perspective; point of view

pertenecer (zc) to belong; to pertain to

la perturbación, pl. **las perturbaciones** disturbance; state of being perturbed

las pes plural de la letra p

pesado, -a heavy; unpleasant; boring

la pesadumbre sadness; grief

pesar to weigh; to cause sadness

a — de in spite of

el pescado seafood; fish

el peso weight

la peste plague

picante piquant; having a strong flavor

picar (qu) to bite; to sting; to cut up; to chop; to dice

picaresco, -a picaresque; pertaining to a *pícaro,* a child alone in a tough world, fending for himself

pico a little bit (treinta y pico *thirty something*)

picotear to peck

la piedra stone

la piel skin; coat, fur or hide of an animal

el pimiento green or red pepper

pintoresco, -a picturesque

la pintura paint; painting

el / la pirata pirate

pisar to tread; to step on

el piso floor; story (of a building)

la pizarra chalkboard

el placer pleasure

planear to plan

la planificación planning; plan

plantado, -a set up; established

la plata silver

plenamente fully; completely

pleno, -a full; complete

el plomo lead (metal)

la pluma feather; plume; pen

la población, pl. **las poblaciones** town; population

el poder power

poderoso, -a powerful

la poligamía polygamy; the practice of marrying more than one person

el pollo chicken

el polvo dust

poner to put; to place

—se to become (without volition)

—se a to begin to

por for; by; through; because of; during; in exchange for; (agent) by

— + adj. / adv. + que + subj. no matter . . .

¿— qué? why?

la porquería garbage (figurative); indecency; lowness

portarse to behave oneself

el porte bearing, the manner in which a person presents himself or herself

el porvenir future

poseer (y) to possess

el precio price

predecir to predict

la predicción, pl. **las predicciones** prediction

predilecto, -a favorite

el prejuicio prejudice

el premio prize; reward

prender to catch fire

preocuparse (de, por) to worry (about)

el presagio omen; presage; foreshadowing

la presión, pl. **las presiones** pressure

prestar to lend

— atención to pay attention

el pretendiente suitor; a man seeking to marry a woman

el primo, la prima cousin

principiar to begin; to initiate

el principio beginning

la prisa haste; hurriedness

el prisionero, la prisionera prisoner

privar (de) to deprive (of)

probar (ue) to prove; to try; to try on; to test out; to taste procrear to procreate, give birth to

procurar to try

producir to produce

la profecía prophecy

profundo, -a deep; profound

prohibir to forbid; to prohibit

la promesa promise

prometer to promise

el pronombre pronoun

pronosticar (qu) to predict; to prognosticate

el pronóstico prediction; prophecy

pronto: tan — como as soon as

la propaganda advertisement; propaganda

propio, -a own

proponer to propose

el propósito purpose

la prosa prose; writing other than poetry

prosaico, -a prosaic; ordinary

el / la protagonista main character

proteger (j) to protect

proveer (y) to provide

provocar (qu) to provoke; to cause; to bring about

próximo, -a next

el proyecto project

la prueba proof; test

el / la psiquíatra psychiatrist

el puerco pig

la pulsera de orientación wrist compass

la punta point, tip

el punto point

    el — de vista point of view

    en — exactly, on the dot

que than; pron. who; that

    el / la / los / las — pron. the one(s) that; the one(s) who; he / she / those who

    lo — what, which

¿qué? what?

    ¡— + adj. / adv.! how + adj. / adv.!

    ¡— + noun + más + adj.! what a(n) + adj. + noun!

quedarse to stay; to remain

la queja complaint

quejarse (de) to complain (about)

quemar to burn

querer to want

quien(es) pron. who

¿quién(es)? who? whom?

quienquiera whoever

la rabia ire; anger; rage

la radionovela serial drama on radio

la raíz, pl. las raíces root

la rama branch; twig

raro, -a unusual; strange; rare

el rasgo characteristic

raspar to scrape off

el rato short time, while

la razón, pl. las razones reason; reasonableness

reaccionar to react

realizar (c) to realize; to make real; to become real

rebelde rebellious

el / la rebelde rebel

la receta recipe

rechazar (c) to reject

recluido, -a like a recluse or hermit; alone

recobrar to recover

recoger (j) to gather up; to pick up

reconciliar to reconcile; to make peace with

reconfortante comforting

reconocer (zc) to recognize

recordar (ue) to remember; to remind

el recuerdo memory; souvenir

recuperar to recover

    —se to recover from an illness

el recurso resource

redondo, -a round

reducir to reduce

refugiarse to take refuge in, find safety in

el refugio refuge; shelter

regalar to give as a gift

la regla rule

la reina queen

reírse (í) (de) to laugh (at)

relacionarse (con) to relate (to)

el relámpago lightning

relatar to tell a story; to relate

el relato story

rellenar to stuff; to fill

el reloj clock; watch

el remedio remedy

remojar to soak

remoto, -a remote; far off

reñir (i) to quarrel

el repente sudden movement

    de — suddenly

repudiar to repudiate; to dismiss

resistente strong; resistent

respirar to breathe, to respire

responder (a) to respond; to answer

la respuesta answer

los restos remains

resueltamente with resolve; with determination

el resumen, pl. los resúmenes summary

retener to keep, to retain

retirar to retire; to withdraw

reunirse (ú) to get together; to meet

el revés reverse

    al — in reverse; backward

el rey, pl. los reyes king

rezar to pray

Ricitos de Oro Goldilocks

la rigidez rigidity

el rincón, pl. los rincones corner

la riña quarrel, argument

la risa laughter

el ritmo rhythm

el rito rite; ceremony

la rivalidad rivalry; competition

robar to steal; to rob

el robo robbery

robustecer (zc) to make stronger, more robust

rodear to surround

la rodilla knee

rubio, -a blond

el ruido noise

el rumbo route

la sábana bed sheet

saber to know (how)

la sabiduría wisdom

el **sabor** flavor

sabroso, -a flavorful; savory

sagrado, -a sacred

la **sal** salt

salir to go out, to leave

la **salsa** sauce

saltar to jump

la **salud** health

saludar to greet, to offer a salutation

salvadoreño, -a from El Salvador

salvaje savage; wild

salvar to save; to rescue

salvo, -a safe; unharmed; except

la **sangre** blood

sano, -a healthy

santamente in a holy way

santo, -a holy; saint

el **santuario** sanctuary, holy place

el **sastre** tailor

satisfecho, -a satisfied

seco, -a dry

seguir (i) (g) to continue, to follow

— + *present participle* to continue + *verb* + -ing

según according to

la **seguridad** security

la **selva** jungle

el **semblante** look; expression; aspect

sembrar (ie) to plant

la **semejanza** similarity

sencillo, -a simple

el **seno** bosom, bust

sensible sensitive

sentir (ie, i) to feel; to hear; to perceive

la **señal** sign; signal

ser to be

el **ser** being

el — **humano** human being

la **serie** series

servicial obliging; helpful

servir (i): — para to be used for

severo, -a harsh; severe

sexto, -a sixth

sí yes; *after prep.* himself; herself; yourself; itself; oneself; themselves; yourselves

— **mismo, -a** *after prep.* himself; herself; yourself, itself; oneself

— **mismos, -as** *after prep.* themselves; yourselves

siempre always

sigilosamente quietly; sneakily

sigiloso, -a quiet; sneaky

el **siglo** century

el **significado** meaning

la **sílaba** syllable

simétrico, -a symmetrical; even

simular to pretend; to simulate

sin without

— **que** *conj.* without

sino but rather

el **síntoma** symptom

la **sirena** mermaid, sea nymph

el **sirviente, la sirvienta** servant

el **sitio** site; location; siege

sobrevivir to survive

la **soga** rope

el **soldado, la soldada** soldier

la **soledad** state of being alone

soler (ue) to have the habit or custom of doing something

la **solidaridad** solidarity; unity

solitario, -a alone; lonely; solitary

soltar (ue) to let loose; to set free

la **sombra** shade; shadow; spirit; ghost

sombrío, -a dark; gloomy

sonar (ue) to sound; to produce a sound

sonreír (í) to smile

el **soñador, la soñadora** dreamer

soñar (ue) (con) to dream (about)

soplar to blow

sordo, -a deaf

sorprendente surprising

sorprender to surprise

la **sorpresa** surprise

sospechar to suspect

sospechoso, -a suspicious

sostener to sustain; to support

su, sus his, her; your *formal,* their

suave soft

la **suerte** luck; condition

de — **que** in such a way that

subrayar to underline

suceder to happen

el **suceso** event

sucio, -a dirty

el **suegro, la suegra** father-in-law, mother-in-law

el **suelo** floor

suelto, -a free; loose

la **suerte** luck

sugerir (ie, i) to suggest

el / la **suicida** person who commits suicide

suicidarse to commit suicide

el **suicidio** suicide

sumar to add

sumiso, -a submissive; docile

la **superficie** surface

superior upper; superior

la **supervivencia** survival

suplicar (qu) to beg; to ask or request urgently

suspirar to sigh

el **suspiro** sigh

el **sustantivo** noun

sustituir (y) to substitute

el **susto** shock; fright

susurrar to whisper

sutil subtle

sutilmente subtly

suyo, -a his (of his), her (of hers), your (of yours), their (of theirs)

el **suyo, la suya** yours, his, hers, theirs

la **tabla** wooden plank

tal such

con — de que provided that

el **talento** talent; cleverness

el **tamaño** size

también also, too

el **tambor** drum

tampoco either, neither, not either

tan + *adj. / adv.* + **como** as + *adj. / adv.* + as

tanto(a), tantos(as) + *noun* + **como** as much / as many + *noun* + as

la **tapa** cover; lid

tardar en to delay; to take time (to)

el **tatuaje** tattoo
    tatuarse to tattoo oneself
la **taza** cup
    te *fam. obj. pron.* you
    tejer to knit; to weave
la **tela** fabric; cloth
la **telenovela** serial drama on
    television
la **telepatía** telepathy;
    communication through
    the mind
la **telequinesia** telekinesis; the
    ability to move objects
    through mental powers
el **tema** theme
    temblar (ie) to tremble
    tembloroso, -a shaky; trembling
    temer to fear
    temible fearsome; frightening
    temido, -a feared
el **temor** fear
la **tempestad** storm; tempest
    templado, -a temperate; neither
    hot nor cold
    tenaz, *pl.* **tenaces** stubborn;
    tenacious
    tender (ie) to stretch out; to
    spread out
    tener to have
la **tentación,** *pl.* **las tentaciones**
    temptation
la **teoría** theory
la **terminación,** *pl.* **las**
    terminaciones ending
el **término** end; term
    terrenal pertaining to the earth
    or land
    terrorífico, -a terrifying
el **tesoro** treasure
el / la **testigo** witness
    ti you *fam. after prep.*
la **timidez** shyness
    tímido, -a shy
el **tipo** type
la **tira** strip *(of leather, paper, etc.)*
la **tiranía** tyrant
    tiránico, -a tyrannical, acting
    like a dictator
el **tirón,** *pl.* **los tirones** pull;
    yank
    titulado, -a titled; entitled
la **tiza** chalk

la **toalla** towel
    todavía still
    todos, -as all; everyone
la **tontería** nonsense; foolishness
    tonto, -a foolish; silly
    tormentoso, -a stormy; turbulent
    torpemente awkwardly
la **torre** tower
la **torta** cake
la **tortuga** turtle; tortoise
    traducir to translate
    traer to bring
la **trama** plot *(of a novel, play, etc.)*
    tranquilizar (c) to calm; to make
    tranquil
    transcurrir to pass; to elapse
    trastabillar to stagger; to
    stumble
el **través** inclination; bias
    a — de through
el **travesaño** wooden beam
la **tribu** tribe
    triunfar to triumph; to win
    tropezar (ie) (c) (con) to trip
    (on, over)
el **tropiezo** obstacle in one's path
el **trozo** fragment; selection; part
el **truco** trick
el **trueno** thunder
    tu, tus your *fam.*
    tú you *fam.*
    tumultuoso, -a tumultuous;
    stormy
    tuyo, -a yours, (of) yours
el **tuyo, la tuya** yours

    último, -a last; ultimate
    unamuniano, -a pertaining to
    Unamuno
    único, -a only; unique
    unir to unite; to combine;
    to mix
la **uña** finger nail
    usted (Ud.) you *formal sing.*
    ustedes (Uds.) you *formal pl.*
    útil useful
la **utilidad** use; usefulness;
    utility
    utilitario, -a utilitarian; useful;
    practical
    utilizar (c) to use; to utilize

la **vaca** cow
    vacío, -a empty
el **vacío** emptiness; vacuum
    vago, -a vague
la **valentía** valor; courage;
    bravery
    vale la pena it's worth it, it's
    worth the trouble
    valer to be worth
el **valor** value; valor
el **vals** waltz
    vanidoso, -a vain; conceited
    vano, -a vain; useless
el **varón,** *pl.* **los varones** male
    (person)
el **vaso** drinking glass
el **vecino, la vecina** neighbor;
    one who lives in the
    vicinity
el **vehículo** vehicle
la **vejez** old age
    velar to stay awake; to keep a
    vigil over; to watch over; to
    have a wake for a dead
    person
la **velocidad** speed
la **vena** vein
    venidero, -a coming;
    approaching
    venir to come
la **ventaja** advantage
    verdadero, -a real; true
    vergonzoso, -a shameful
la **vergüenza** shame;
    embarrassment
    vertebral vertebral, having a
    backbone
    vértigo dizziness
la **vez,** *pl.* **las veces** time
    (countable)
    en — de instead of
la **vía** route; road
    vibrar to vibrate
el **vicio** vice; bad habit
el **vidrio** glass
el **viento** wind
el **vientre** stomach
    vigilar to keep watch over; to
    keep a vigil
    vil vile; wicked
el **vino** wine
la **virtud** virtue

la **vista** vision, eyesight; view

la **viuda** widow

la **vocal** vowel

volar (ue) to fly

el **voltaje** voltage; electric power

la **voluntad** volition; will

volver (ue) a to do (something) again

volverse (ue) to become (suddenly)

vosotros, -as you fam. pl.

la **voz,** pl. **las voces** voice

vuestro, -a your, (of) yours fam. pl.

el **vuestro, la vuestra** yours fam. pl.

vulgarón, vulgarona very vulgar

y and

ya already

— **no** no longer

— **que** since; seeing that

el **yerno** son-in-law

yo I

la **yuca** yucca (root vegetable)

la **zumaya** owl